THOMAS SCHÖTT

JIU JITSU
DOMRÖS – STYLE

Die Kampfkunst von Großmeister Norbert Domrös (10. Dan Jiu Jitsu).

aktualisierte Fassung, Stand 2022

Ein Buch mit Techniken zur Selbstverteidigung, zusammen getragen und aufgeschrieben für die eigenen Prüfungsvorbereitungen vom Autor, einem Schüler von Großmeister Norbert Domrös.

INHALTSVERZEICHNIS

I VORWORT

Jiu Jitsu kommt aus dem Japanischen und bedeutet „Sanfte Kunst“. Der „Domrös-Style“ der „SHITAYA-Sportschule“, benannt nach Großmeister Norbert Domrös, kommt aus Schleswig-Holstein (Deutschland) und lehrt (i. d. R.) Jiu-Jitsu-Techniken in einer präzisierten und formvollendeten Perfektion. Seit mehreren Jahrzehnten unterrichtet Norbert Domrös nunmehr dieses (sein) System. 1996 wurde er von internationalen Verbänden zum Großmeister ernannt, seit 2010 ist er Träger des 10. Meistergrades und hat damit die höchte Stufe erreicht. Außerdem ist er Inhaber der Marken „Domrös-Style“ sowie „Shitaya-Sportschule“, beides 2019 beim Deutschen Patent- und Markenamt in München eingetragene Patente. Der Fokus des „Domrös-Style“ liegt darauf, einen Angriff durch Ausnutzen und Umlenken der (Bewegungs-) Energie des Angreifers abzuwehren und dadurch eigene Kraftanstrengungen und Bewegungen auf ein Minimum zu beschränken. Die Abwehr erfolgt ohne eigene Waffen/Hilfsmittel und ohne dem Angreifer durch aktives Handeln einen (womöglich bleibenden) Schaden zuzufügen.
Bücher über Jiu Jitsu (und andere Kampfsport/Kampfkunstarten) gibt es viele. Keines dieser Werke möchte ich kritisieren oder verbessern. Das Ziel meines Buches (bzw. dessen jetziger Überarbeitung) ist es, das zu bewahren, was ich in den Jahren meines bisherigen Studiums der „Domrös-Style“-Techniken bei meinen Trainings-, Sondertrainings- sowie Camp-Aufenthalten erlernt und in unzähligen Notizen versucht habe festzuhalten, weil den Großmeister und mich (leider) ca. 500 km trennen. Und vielleicht interessiert es ja auch Andere, denn weitere veröffentlichte Werke über den „Domrös-Style“ gibt es aktuell nicht.
Die Techniken werden ganz traditionell vom Großmeister selbst oder von seinen Meisterschülern demonstriert und erklärt, ganz so, wie man es aus Filmen kennt. Ich stelle hier nach bestem Wissen und aus meiner Perspektive dar, wie ich die Techniken verstanden habe. Für die Korrektheit bis ins letzte Detail kann und will ich deshalb keine Gewähr übernehmen. Beim Nachtrainieren bitte ich außerdem um äußerste Vorsicht.
Großmeister Norbert Domrös wird sicher wieder schmunzeln, wenn er die eine oder andere Betitelung/Beschreibung seiner Techniken liest. Aber im Großen und Ganzen wird er das denken, was er uns Schülern mit einem Zwinkern oft beim Training sagt: „Das ist schon ganz schön gut, aber so gut nun auch wieder nicht. Komm, ich zeige/erkläre dir die Technik noch einmal im Detail.“ Ja, Norbert Domrös ist ein mega cooler Typ und versucht nie auf Oberlehrerhafte Art und Weise, sondern stets auf freundschaftlicher Basis, seine Definition der Kampfkunst in

Verbindung mit körperlicher und geistiger Ertüchtigung an den Mann oder an die Frau zu bringen. Ich bin immer wieder begeistert, wie er mit seiner Art zu lehren nicht nur Techniken zur Selbstverteidigung, sondern auch wertvolle Dinge des Lebens vermittelt, wie er den einen oder anderen von uns auf die richtige Bahn bringt oder auf die richtige Bahn zurück holt, wie er uns alle irgendwie positiv prägt und wie er es immer wieder schafft, Disziplin, Etikette und sinnvolle Freizeitgestaltung so miteinander zu kombinieren, dass die unterschiedlichsten Menschen unter einem gemeinsamen Gedanken Spaß haben. Und wie gut er damit bei uns Schülern ankommt. Mittlerweile können wir uns durchaus als „Shitaya"-Familie bezeichnen. Und das, was Norbert Domrös tut, das würde ich gern bezeichnen als: „mit Kampfkunst den Charakter formen".
Und eben weil ich Norbert Domrös so sehr schätze, deshalb hatte ich meine Aufzeichnungen zusammengefasst, um ihm diese zu einem besonderen Geburtstag zu widmen. Dass letztlich ein Buch daraus entstehen würde, das war so nicht geplant, das hat sich einfach so ergeben. Heute bin ich sehr dankbar für diese Fügung, auch wenn es sehr viel Arbeit war. Denn meine Technik-Beschreibungen begleiten nun nicht mehr nur mich beim Training. Ich weiß auch, dass Norbert Domrös dieses Buch schätzt, schon allein der Tatsache wegen, dass es überhaupt existiert. Und natürlich liegt mir das Einverständnis des Großmeisters zu diesem Buch vor. Da es auch jetzt (ca. 10 Jahre nach Erscheinen des Buches) noch so viele weitere Techniken zu geben scheint, von denen ich gar nicht weiß, dass sie existieren, deshalb nenne ich mein Buch ein lebendes Werk. Und mit dieser überarbeiteten Fassung aktualisiere ich zunächst das, was sich im Rahmen meines Trainingsfortschrittes verändert hat. Denn Großmeister Norbert Domrös hat viele Techniken zwischenzeitlich weiter verfeinert, neue Techniken kreiert sowie in den Prüfungskatalog aufgenommen und zeigt wiederum andere Techniken nicht mehr aktiv.

Wer sich selbst über den Großmeister und seine Schule informieren möchte, hier mit Einverständnis des Großmeisters die Kontaktdaten:

SHITAYA Sportschule (www.shitaya.de)

Juli 2022, Thomas Schött

II EINLEITUNG

Kampfsport = Kampf oder Sport? Und warum das alles überhaupt?

„Jeder vermiedene Kampf ist ein gewonnener Kampf."

Dieser Leitsatz hat mich immer begleitet. Es ist also keineswegs peinlich, dem „Feindkontakt" ein Ausweichen vorzuziehen. Begegnet man z. B. einer Gruppe lautstark gestikulierender Personen, kann man einfach die Straßenseite wechseln. Sollte es zu einem Anpöbeln kommen, kann reden helfen, die Situation zu entschärfen. Sollte es (dennoch) zu einem Angriff kommen, dann - wie heißt es in den „Karate-Kid"-Filmen so trefflich: „Wenn kämpfen müssen, dann gewinnen". Einer Abwehrhandlung mit Personenkontakt sollten dennoch zunächst Ausweichbewegungen ohne Personenkontakt vorausgehen (erst des Oberkörpers, dann Ganzkörper-Drehungen und Platzwechsel), allesamt locker und unter Beibehaltung bzw. Wiederherstellung des stabilen (Gleichgewichts-)Standes. Überkreuz-Bewegungen insbesondere der Füße/Beine sollten dabei vermieden werden. Ist ein Körperkontakt unausweichlich, sollte zunächst ein Blocken des Angriffsarms oder -beins erfolgen und erst dann eine zum Angriff verhältnismäßige Abwehr folgen. Jede der hier beschriebenen Techniken ist als Abwehr zu verstehen, auch wenn die eine oder andere auch als Angriff benutzt werden könnte!

Dass auch Norbert Domrös einmal als Schüler angefangen hat und von seinem/-n Meister/-n Technik für Technik vermittelt bekommen hat, das bedarf denke ich keiner gesonderten Erwähnung. Als Großmeister hat Norbert Domrös die Aufgabe, der Kampfkunst neue Impulse zu setzen, weiter seine eigene Note hinein zu bringen („Domrös-Style"), die Kampfkunst allgemein am Leben zu halten und zu bereichern. Aus diesem Grund tragen einige der Techniken hier auch die ursprünglichen Bezeichnungen weiter. Wegen des Urheberrechts sind diese in Anführungszeichen („") gesetzt. Sollten diese mal vergessen sein, sei es mir bitte nachgesehen. Die übrigen Techniken haben entweder die Shitaya-Bezeichnungen oder meine eigenen, letztere als eine Art Gedächtnis-Karteikarte (Eselsbrücke).

Das Buch ist grundsätzlich entsprechend der Prüfungsordnung der „Shitaya-Sportschule" kategorisiert. Und zu jedem Kapitel ist die für die jeweilige Graduierung (Gürtelfarbe) erforderliche Anzahl von Techniken beziffert.

III RECHTSKUNDE

Ich habe für mich wesentliche Aspekte, die Jeder kennen sollte, heraus gegriffen und mit eigenen Worten umschrieben. Wer den genauen Gesetzestext nachlesen möchte, den verweise ich auf die jeweils in Klammern angefügten Paragraphen und Gesetze.

Notwehr, Notstand (siehe § 32 StGB und §§ 227, 228 BGB)

Wenn ich mich einem Angriff gegen meine Person zur Wehr setze oder einer anderen Person in gleicher Lage zu Hilfe komme, dann ist das Notwehr. Ich verstoße damit gegen kein Gesetz, sofern zwei Merkmale erfüllt sind:

a) gegenwärtig, d. h. ein Angriff muss entweder unmittelbar bevor stehen oder im aktuellen Moment ausgeführt werden und er darf noch nicht abgeschlossen sein
b) verhältnismäßig, d. h. die Intensität und/oder die Mittel, mit denen die Abwehr erfolgt, müssen denen des Angriffs entsprechen (wenn der Angriff z. B. mit der bloßen Faust erfolgt und die Abwehr mit einem Messer, dann wäre das unverhältnismäßig)

Wenn ich im Rahmen der Notwehr eine Sache/einen Gegenstand beschädige/zerstöre, die/der aber weder mir selbst noch demjenigen gehört, dem ich gerade zu Hilfe komme, und die ich rein zum Zwecke der Verteidigung/Abwehr benötige/benutze, dann ist das nicht widerrechtlich, sofern keine Unverhältnismäßigkeit zwischen der Gefahr und der Maßnahme zur Verteidigung/Abwehr (siehe oben) besteht.

Selbsthilfe (siehe § 229 BGB)

Wenn ich zur Abwehr eines Angriffes / zur Verteidigung Jemandem eine Sache/einen Gegenstand wegnehme, beschädige oder zerstöre oder, sofern die Polizei o. ä. noch nicht eingetroffen ist, Jemanden, der flüchten könnte, festhalte oder Jemanden, der bereits auf der Flucht ist, verfolge, dann ist das nicht widerrechtlich.

IV HINWEISE und BEGRIFFE

Titel in der Kampfkunst:

Sensei	= Meister
Renshi	= Titel ab 5. Dan
Shihan	= Doktor-Titel (ab 6. Dan)
Kyoshi	= Professor-Titel (ab 6. Dan)
Hanshi	= höchste Ehrenbezeichnung (ab 8. Dan)
Soke	= höchster Titel (Großmeister, ab 9. Dan)

Hinweise und Begriffe:

Os	= Begrüßung/Verabschiedung (mit leichter Verbeugung)
Sensei ni rei	= Begrüßung des Trainers/Meisters
Seiza	= niederknien (zuerst mit links, hoch zuerst mit rechts)
Kyu	= Schülergrad/-graduierung
Dan	= Meistergrad/-graduierung
Dojo	= Trainings- oder Meditationsraum
Obi	= Gürtel
Gi	= Jacke oder Anzug
Tatami	= Matte
Tanto	= Messer
Bo	= langer Stock (182 cm)
Hanbo	= halblanger Stock (91 cm)
Tanbo	= kurzer Stock (46 cm)
Hidari	= links
Migi	= rechts
Kiay	= Kampfschrei

Die Darstellung der bzw. die Sichtweise auf die Techniken erfolgt immer aus meiner Perspektive, sofern nicht ausdrücklich etwas anderes geschrieben steht.

Angreifer = aktives Gegenüber, auf dessen Angriff ich reagiere
Gegner = passives Gegenüber zur Demonstration der Technik

Abwehrdauer = verhältnismäßige/angemessene Verteidigungszeit

Atmung:
kontrolliert, ruhig und gleichmäßig / während jeder Bewegung, die ein Körperteil (Arm, Bein) weg vom Körper führt (Faustschlag, Fußtritt), sollte mit einem kurzen Ausruf/Schrei die gebündelte Körperenergie (das so genannte Qi) ausgeatmet werden

Judo-Sitz:
hin knien, Zehen aufstellen, Gesäß auf den Fersen absetzen, Oberkörper gerade, rechte Hand auf rechtem Oberschenkel, linke Hand auf linkem Oberschenkel (Handrücken unten, Fingerspitzen nach innen)

Kehlkopf-Schutz:
blitzschnell beide Schultern nach oben ziehen und den Kopf mit dem Kinn voran auf die Brust kippen

Kamm-Griff:
mit leicht gewölbter Hand (Handfläche unten, Finger und Daumen liegen aneinander) von oben klemmen

Zangen-Griff:
mit dem Daumen auf der einen und den Fingern auf der anderen Seite fassen (zwischen meiner Handfläche und z.B. dem Handgelenk des Gegners ist Luft)

Feuerwehr-Griff:
4 gekrümmte Finger der von unten kommenden Hand krallen sich in 4 gekrümmte Finger der von oben kommenden Hand

Angriffs-Stufen:

gedan = untere Angriffsstufe (Hüfte abwärts)
chudan = mittlere Angriffsstufe (Oberkörper)
jodan = obere Angriffsstufe (Kopf)

(Fuß-)Stände:

„Kiba-Dachi“ (Reiter-Stellung)
doppelt Schulterbreiter Stand / beide Füße auf einer Linie (Zehenspitzen nach vorn) / mit beiden Beinen leicht in die Hocke gehen (Belastung 50% - 50%) / Blickrichtung = Angriffsrichtung

„Zenkutsu-Dachi“ (Vorwärts-Stellung)
Schulterbreiter Stand / den linken Fuß einen Schritt nach vorn setzen [Zehenspitzen leicht nach rechts (innen), linkes Bein gebeugt, das Knie über den Zehen, Belastung mit 70% des Körpergewichts] / rechtes Bein hinten und gestreckt [Zehenspitzen ebenfalls leicht nach rechts (außen) parallel zum linken Fuß] / Hüfte und Schultern: bei Angriff von vorn – gerade, bei Block – schräg nach vorn

„Kokutsu-Dachi“ (Rückwärts-Stellung)
linker Fuß weit vorn, linkes Bein aber nicht gestreckt (muss anhebbar sein) / rechter Fuß hinten (im rechten Winkel zum und mit der Ferse auf der Schrittlinie des linken Fußes (Zehenspitzen rechts), Belastung mit 70% des Körpergewichts / Hüfte eine Handbreit vor dem hinteren Fuß

Abwehr-/Kampf-Stellung:
Ich setze meinen rechten Fuß einen Schritt zurück (Fußspitzen nach gerade vorn). Die Zehenspitzen meines linken, vorn stehenden Fußes zeigen leicht nach rechts innen. Ich stehe schulterbreit, habe die Knie leicht gebeugt, den Oberkörper aufrecht und die Hüfte gerade (nach vorn) ausgerichtet - Körperspannung. Ich winkele meine Arme nach hinten (auf mich zu) an [ziehe quasi meine Unterarme (mit den Händen zusammen in einer Linie) bis in die Diagonale an mich heran) und halte dabei meinen rechten Arm hinter sowie leicht unterhalb meines linken Armes. Beide Hände sind leicht gewölbt und die Handflächen zeigen leicht nach innen unten. Ich schütze mit dieser Stellung meinen Kopf, habe meine Hände dazu auf der Höhe meines Kinns und schaue über meinen linken Handrücken zum Angreifer.

T-Schritt
einen Fuß nach vorn zwischen den Beinen des Angreifers hindurch bis hinter deren Schrittlinie setzen, den anderen Fuß im rechten Winkel an den vorn stehenden Fuß heran ziehen, sodass der vordere Fuß bildlich die Säule und der hintere Fuß das Dach des Buchstaben T bilden

(Handkanten-/Unterarm-)Block-Varianten:

„Age Uke" mit rechts
Block bei Schlag in Angriffsstufe jodan / Zenkudsu-Dachi" / rechte Hand zur Faust formen / rechten Arm anwinkeln und (Innenseite der Faust zu mir) vor meiner Körpermitte vom Bauchnabel bis über meinen Kopf führen / Faust drehen (Innenseite nach vorn) und den rechten Ellenbogen ruckartig nach rechts oben führen (der angewinkelte rechte Arm schützt insbesondere meinen Kopf – der Arm des Angreifers gleitet an meinem diagonal stehenden rechten Unterarm nach rechts in Richtung meines rechten Ellenbogens ab)

S-Block
Ich setze meinen linken Fuß einen Schritt gerade nach vorn, weiche so dem Schlag nach innen (in den Angreifer hinein) aus und fasse mit Schwung mit meiner linken, leicht mit den Fingerspitzen nach links außen gedrehten, Hand [-fläche, der Daumen liegt an den Fingern an, Handkante (Kleinfingerseite voran)] im Bogen von innen nach außen auf den rechten Oberarm (Bizeps) des Angreifers knapp über der Ellenbeuge (Kamm-Griff), sodass mein linker Unterarm und der rechte Unterarm des Angreifers parallel aneinander liegen, nur in entgegen gesetzten Richtungen, und der Schlag des Angreifers so abrupt gestoppt wird.

„Empi"
Stoß/Schlag mit dem Ellenbogen bei angewinkeltem Arm in verschiedene Richtungen: nach hinten gerade, nach hinten oben, zur Seite, nach vorn oben

(Fuß-)Tritte:

„Mae-Geri" (Fußtritt nach vorn)
Aus „Kokutsu-Dachi" heraus hebe ich mein linkes Bein an (bis sich der Oberschenkel in der Waagerechte befindet). Dann klappe ich meinen linken Unterschenkel nach vorn oben (mein linkes Bein ist dann komplett gestreckt), strecke meinen linken Fuß und treffe mit meinem linken Fußballen den Gegner (siehe verschiedene Angriffs-Stufen).

„Mawashi-Hiza-Geri" (Halbkreis-Fußtritt)
ein Bein wird angewinkelt und seitlich in die Waagerechte gehoben / von dort wird (Knie voran) ein Stoß ausgeführt

V FALLSCHUL-, FORMATIONS- ,GRUNDTECHNIKEN

Warum ist das Alles auch für Nicht-Kampfkunst-Interessierte nicht uninteressant?
Man stelle sich einfach vor, man rutscht bei Glatteis aus. Und um sich beim Abstützen (nach vorn oder nach hinten) nicht weh zu tun (z.B. Bruch des Handgelenks, Verletzung des Kopfes oder der Wirbelsäule), dafür ist die richtige Fallschul-Technik hilfreich. Bevor man jedoch mit dem Üben der Fallschule beginnt, ist eine gute Erwärmung erforderlich.

01. Fallschule seitwärts links „Bananen-Schale“ (aus dem Stand)
Meine Füße stehen im rechten Winkel zueinander. Ich schiebe meinen linken Fuß im rechten Winkel nahezu gestreckt am Boden entlang und dabei leicht nach rechts auf die Schrittlinie meines rechtes Fußes (bildlich: ausrutschen). Mein rechtes Bein bleibt stehen und wird wie bei einer einseitigen Hocke gebeugt. Während des „Ausrutschens“ schwinge ich meinen linken Arm ebenfalls gestreckt nach vorn, kippe meinen Kopf (Kinn voran) auf meine Brust und lasse mich so auf meine linke Körperseite fallen. Dadurch falle ich weder auf meinen (inneren) Rücken (insbesondere die Wirbelsäule) noch auf meinen Hinterkopf. Um mir das linke Handgelenk nicht zu verletzen, schlage ich mit meiner linken Hand (-fläche, Finger aneinander) in einer Linie mit meinem linken Unterarm links neben mir auf dem Boden ab. Meinen rechten Arm habe ich angewinkelt vor (im Liegen dann auf) meinem Bauch (Handfläche zum Bauch). Mein rechtes Bein lasse ich auch nach dem Fallen angewinkelt stehen und mein linkes Bein, das ich während des Fallens unter Spannung gehalten habe (damit es durch den Aufprall nicht verletzt wird), halte ich nun gestreckt und ebenso wie meinen Kopf ca. 10 cm über dem Boden. Mögliche Fortsetzung: Ich hake meinen rechten Fuß-Spann von unten in die Kniekehle meines linken Beines ein, nehme meinen Kopf nach seitlich links auf meine Brust und lege meinen rechten Arm nach 90 Grad rechts gestreckt auf die Matte (Handfläche unten). Nun drücke ich mich mit beiden Händen vom Boden ab, schwinge meine Beine diagonal rechts an meinem Kopf vorbei nach hinten, mein rechter Fuß in meiner linken Kniekehle zieht. Mein linkes Bein bleibt die ganze Zeit über gestreckt und ich setze es dann auch gestreckt auf den Zehenballen ab. Rechts komme ich auf Knie und Zehenballen auf. Das Ganze passiert auf einer Linie nach hinten. In dieser Haltung stehe ich mit Schwung auf, setze meinen rechten Fuß einen Schritt nach hinten und gehe in die Abwehr-Stellung (siehe S. 10).

02. Fallschule seitwärts rechts „Bananen-Schale" – analog

03. Rolle vorwärts rechts (aus dem Stand, symbolisiert ein Schubsen von hinten)

Beim Üben orientiere ich mich an einer Mattenlängslinie. Mein linker Fuß steht in doppelter Schulterbreite (Zehenspitzen 45 Grad links). Ich setze meinen rechten Fuß einen Schritt nach vorn und stehe auch hier in doppelter Schulterbreite, schiebe mein rechtes Knie über die Senkrechte des Unterschenkels hinaus nach vorn (mein linkes Bein dadurch diagonal nach hinten gestreckt, mein linker Fuß bleibt nach 45 Grad links gedreht) und beuge meinen Oberkörper auf auf der Mattenlängslinie nach vorn unten. Mein Becken bleibt gerade. Ich lege dabei meinen Kopf (rechte Seite) auf meinen rechten Oberarm (Innenseite, mein Arm schützt meinen Kopf) und drehe ihn in Richtung meines linken (hinteren) Beines. Sobald mein rechtes Knie tief genug ist, setze ich meine linke Hand (-fläche, Fingerspitzen vorn) zwischen den Fußlinien (es bildet sich ein Dreieck) auf den Boden. Weil ich mein rechtes Knie immer weiter nach vorn schiebe, kommt mein Körper immer tiefer (Knie und Becken zeigen weiter nach vorn). Dann schiebe ich meine rechte Hand (-kante, Tendenz zum Handrücken) bei leicht gebeugtem rechten Arm auf dem Boden von rechts außen nach links quasi unter meiner linken Achsel entlang in Richtung meines linken (hinteren) Beines und drehe meinen Oberkörper zusammen mit meinem rechten Arm in Richtung meines linken (hinteren) Beines. Auf Höhe meines rechte Knies berührt mein rechter Arm den Boden und ab da führe ich ihn immer runder. Nur aus dem Gleichgewichtsverlust nach vorn resultiert der Schwung für die Rolle (nicht aus dem auf die Zehenspitzen gehen). Ich setze erst mein rechtes Knie auf der Mattenlängslinie nach vorn auf bzw. schnell ausgeführt ohne Aufsetzen des Knies und dann meine rechte Schulter (Außen- bzw. Rückseite). Durch meinen Kopf auf meinem rechten Oberarm komme ich leicht in die Oberkörperdrehung nach links, rolle aber auf der Mattenlängslinie gerade nach vorn und liege quasi in der Fallschule seitwärts links, jedoch das linke Bein leicht angewinkelt. Ich schlage mit meiner linken Hand ab, um den Schwung zum Aufstehen zu bekommen, setze meinen rechten Fuß nach links gedreht über mein linkes am Boden liegendes Bein, stehe um 180 Grad nach links gedreht rückwärts auf (linker Fuß hinten, Zehenspitzen 45 Grad links, rechter Fuß gerade vorn, Schulterbreiter Stand) und begebe mich in die Abwehr-Stellung (siehe S.10, hier nur Seitenverkehrt).

04. Rolle vorwärts links (aus dem Stand) - analog

05. Sturz seitwärts rechts (aus dem Stand)
Meine Füße stehen parallel nebeneinander und im rechten Winkel auf einer gedachten Linie (Mattenquerlinie). Ich umfasse mit meiner rechten Hand meinen linken Daumen und ziehe (mit meiner linken voran) meine Arme nach links oben von meinem Körper weg (Blickrichtung nach links). Dadurch dreht sich mein Oberkörper nach links und ich knicke in der Hüfte ab - hüft aufwärts nach links, hüft abwärts inklusive Hüfte und Gesäß nach rechts, ohne die Standposition zu verändern (bildlich: Po nach rechts raus strecken). So lasse ich mich nach rechts auf der gedachten Linie (Mattenquerlinie) auf meine rechte Körperseite fallen. Dadurch falle ich weder auf meinen (inneren) Rücken (insbesondere die Wirbelsäule) noch auf meinen Hinterkopf. Um mir das rechte Handgelenk nicht zu verletzen, schlage ich mit meiner rechten Hand (-fläche, Finger aneinander) in einer Linie mit meinem rechten Unterarm rechts neben mir auf dem Boden ab. Meine linke Hand befindet sich nun auf meiner rechten Hand. Mein linkes Bein lasse ich nach dem Fallen angewinkelt stehen und mein rechtes Bein, das ich während des Fallens unter Spannung gehalten habe (damit es durch den Aufprall nicht verletzt wird), halte ich nun gestreckt und ebenso wie meinen Kopf ca. 10 cm über dem Boden.

06. Sturz seitwärts links (aus dem Stand) - analog

07. Sturz seitwärts rechts aus der Hocke gesprungen
Ich gehe in die Hocke, springe dann hoch und schwinge im Hochspringen meine Beine nach links - Armführung, Fallen und Landung analog Sturz seitwärts rechts (siehe Punkt 05).

08. Sturz seitwärts links aus der Hocke gesprungen - analog
Aus der Liegend-Position (Punkt 07.) ziehe ich meine Beine an und hocke mich hin, dann analog Punkt 07. (nur Seitenverkehrt) bis zur Landung.

09. Rolle rückwärts rechts (symbolisiert ein Schubsen von vorn)
Ich hocke, mein linker Fuß vorn (Zehenspitzen nach vorn), mein rechter Fuß (Ferse zu Ferse) hinter meinem linken Fuß (45 Grad nach rechts gedreht). Meinen Kopf (Kinn voran) kippe ich auf meine Brust sowie seitlich nach rechts, lasse mich nach hinten auf den Rücken fallen, schlage mit beiden Händen auf dem Boden ab, strecke dabei nahezu meine Arme und drücke meinen Körper vom Boden ab (Unterarme und

Handflächen bilden eine Gerade). So rolle ich über meinen Rücken nach hinten und schwinge gleichzeitig meine Beine diagonal links an meinem Kopf vorbei nach hinten, wobei ich meinen rechten Fuß (-spann) in meine linke Kniekehle einhake, diese Verbindung aber wieder löse, sobald sich meine Beine senkrecht über meinem Kopf befinden. Ich komme beidseitig mit den Knien auf dem Boden an, stehe rückwärts mit dem Schwung der Rolle auf (oder komme alternativ im Grätsch-Stand an), setze meinen linken Fuß einen Schritt nach hinten, wobei dieser auf Höhe des Gesäßes abschließt und begebe mich in die Abwehrstellung (siehe S. 10).

10. Rolle rückwärts links - analog

11. Kombination: rückwärts - rückwärts – Sprung

a) Rolle rückwärts
b) Rolle rückwärts
c) Rolle rückwärts gesprungen

12. Rolle rückwärts aus dem Liegen und anschließend nochmal Rolle rückwärts gesprungen

13. Rolle vorwärts rechts, Drehung 180 Grad, Rolle rückwärts

14. Rolle vorwärts rechts mit Anlauf, Drehung 180 Grad, Rolle rückwärts

15. Sturz vorwärts (symbolisiert ein Schubsen von hinten)
Ich stehe Schulterbreit (Beine leicht gebeugt), nehme meine Arme angewinkelt und parallel zueinander vor meine Brust (Handflächen zu mir) und lasse mich nach vorn fallen. Dabei drehe ich meine Hände um 180 Grad (Handflächen vorn) und schlage mit meinen Unterarmen und Händen voran der Länge lang und mit Körperspannung auf dem Boden auf (Unterarme parallel zueinander, Ober- und Unterarme im rechten Winkel zueinander, Finger und Daumen aneinander, meine Ellenbogen unter meinen Schultern, Zehen aufgestellt). Meinen Kopf halte ich oben (Gesicht unten). Nur Zehenballen, Hände/Unterarme stützen den Körper, der Rest wird hochgehalten (bildlich: Liegestütz-Stellung).

16. Sturz-Kombination vorwärts

a) Sturz aus dem Stand
b) Sturz (auf der Stelle) gesprungen
c) Sturz aus dem Laufen mit Richtungswechsel um 180 Grad

17. Sturz rückwärts (symbolisiert ein Schubsen vonvorn)
Ich stehe Schulterbreit (Beine leicht gebeugt), nehme meine Arme angewinkelt und gekreuzt vor meine Brust, die Hände zu Fäusten geballt (Handflächen zu mir). Ich schiebe Knie und Gesäß nach vorn (Füße komplett aufgestellt, nicht auf Zehenspitzen) und lasse mich nach hinten fallen. Dabei kippe ich meinen Kopf (Kinn voran) auf meine Brust. Während des Fallens mache ich ein Hohlkreuz, schlage beidseitig und gleichzeitig mit meinen Unterarmen/Händen in einer Linie nah am Körper ab und drücke mein Gesäß nach oben, komme also nur mit den Schulterblättern auf. Da meine Unterschenkel senkrecht stehen, berühren unterer Rücken und Becken nicht den Boden. Kopf- und Rückenverletzungen werden so vermieden. Nach dem Abschlagen überkreuze ich wieder meine Arme (und Fäuste) vor meiner Brust.

18. Handstand-Überschlag über beide Fäuste in Fallübung seitwärts

19. Handstand-Überschlag einarmig in Fallübung seitwärts

20. freie Rolle
Ich stehe, hebe mein rechtes Bein angewinkelt an und meine Arme gestreckt nach oben. Mit Bein und Armen Schwung holend, setze ich meinen rechten Fuß wieder auf und führe meine Arme nach unten und dabei meinen linken Arm an meiner linken Körperseite vorbei und meinen rechten Arm an meiner rechten Körperseite vorbei nach hinten – ich drehe mich in der Luft und lande analog Punkt 17 Sturz rückwärts.

21. FORMATIONS-Techniken und KREIS-Training
Eine Gruppe Trainierender steht sich Paarweise gegenüber, wobei immer eine Seite einen gleichartigen Angriff ausführt und die andere Seite diesen mit einer gleichartigen Technik abwehrt = Synchronität.

1. **Formations-Technik**
   Messer ziehen mit Kinn-Schrammer (Abwehr gerader Fauststoß 8, Seite 189)
2. **Formations-Technik**
   mit links ableiten, mit rechts fangen, „Mawashi-Hiza-Geri“ (Abwehr gerader Fauststoß 10, Seite 190)
3. **Formations-Technik**
   Spyder-Man-Technik (hoch krabbeln, Abwehr gerader Fauststoß 20, Seite 192)

4. **Formations-Technik**
   mit links nach links ableiten und mit rechts Kinn-Schrammer (Abwehr gerader Fauststoß 15, Seite 191)
5. **Formations-Technik**
   Boxer-Technik 1 (Abwehr gerader Fauststoß 25, Seite 194)
6. **Formations-Technik**
   Boxer-Technik 2 (Abwehr gerader Fauststoß 26, Seite 195)

Dies kann auch in einem Kreis trainiert werden. Hintereinander gehen die Trainierenden von Einem zum Anderen und werden mit der gleichen Technik angegriffen, die sie mit einer immer gleichen Technik abwehren

22. GRUND- und Ausweich-TECHNIKEN

Der Angreifer kommt mit einem geraden Fauststoß rechts.

1. ich setze meinen linken Fuß nach vorn links außen, drehe mich um 90 Grad nach rechts (rechter Fuß vorn, linker Fuß hinten), hebe meine Arme angewinkelt nach oben (Unterarm senkrecht, Oberarm waagerecht) und blocke den rechten Arm des Angreifers (Außenseite) nicht, sondern halte meine Hände hochkant und leicht gewölbt mit den Handflächen nach vorn (Fingerspitzen oben) an/vor den rechten Arm des Angreifers – meine linke an/vor seinen Ellenbogen, meine rechte an/vor sein Handgelenk
2. ich setze meinen rechten Fuß nach vorn (innen, in den Angreifer hinein), drehe mich um 90 Grad nach links (linker Fuß vorn, rechter Fuß hinten), hebe meine Arme angewinkelt nach oben (Unterarm senkrecht, Oberarm waagerecht) und blocke den rechten Arm des Angreifers (Innenseite) nicht, sondern halte meine Hände hochkant und leicht gewölbt mit den Handflächen nach vorn (Fingerspitzen oben) an/vor das rechte Handgelenk des Angreifers (Innenseite), stelle meine rechte Hand (Kleinfingerseite) dann sofort hochkant und klatsche mit meinem rechten Handrücken dem Angreifer an dessen rechte Gesichtshälfte (Schock)

23. KREISKAMPF-Training (das ist der Höhepunkt jeder Prüfung)

Einer steht im Kreis, der von mehreren Angreifern gebildet wird. Diese greifen nacheinander mit einer vorher nicht angesagten Technik an. Dies symbolisiert den Ernstfall (realitätsnahe Übung). Trainiert werden dabei Konzentration, Schnelligkeit und Präzision.

VI HEBEL- und WÜRGE-TECHNIKEN

Obwohl jede Technik eigenständig ist, werden Techniken teilweise und dann kapitelweise als Kür/Kata/Kette demonstriert, z.B. Handgelenk-Hebel. In diesem Beispiel bedeutet das, dass lediglich die Position des Hebels verändert wird, der Hebel an sich aber permanent besteht, ebenso wie der dauerhafte Schmerz beim Gegner/Angreifer. Wichtig ist mein stets stabiler/sicherer Stand. Den Techniken teilweise vorangestellt ist die Information „von wo nach wo" sich der Gegner bei der Ausführung der Technik bewegt, z.B. Stand auf Rücken.

01. HANDGELENK-HEBEL (Kette)

gelb 5 / orange 7 / grün 9 / blau 11 / violett 13 / 1.braun 15 / 2.braun 17 / 3.braun 19 / 1.Dan 21 / 2.Dan 23 / 3.Dan 25 / 4.Dan 27 / **5.Dan 29 Stück**

Stand- sowie Angriffs-Position

Wir stehen Angesicht zu Angesicht. Der Angreifer fasst mit seiner rechten Hand mein linkes Handgelenk von oben (Zangengriff).

Abwehr-Stellung 45 Grad für die Techniken 1 - 4

(Z- oder **Viereck**-Hebel) - Ich peile diagonal die linke Schulter des Angreifers an. So entsteht zwischen rechtem Unterarm, rechtem Oberarm, rechter sowie linker Schulter des Angreifers ein Viereck.
Meine rechte Hand (Handrücken oben, Fingerspitzen links, Kleinfingerseite zum Angreifer) führe ich vor meinem Bauch nach links und drücke meine(n) rechte(n) Daumen (-kuppe) zwischen Daumen und Zeigefinger seitlich auf die/den rechte/n) Hand (-rücken) des Angreifers. Dann spreize ich die Finger (bleiben aber seitlich zusammen) vom Daumen meiner rechten Hand ab, führe diese über den rechten Handrücken des Angreifers hinweg nach links und kralle sie von links außen oben (seine Kleinfingerseite) in die rechte Hand (-fläche) des Angreifers [unsere Hände befinden sich im rechten Winkel zueinander (Schritt 1)]. Jetzt spreize ich den Daumen von den Fingern meiner linken Hand ab, krümme sowohl Daumen als auch Finger (diese bleiben aber seitlich zusammen), klappe meine linke vom Angreifer von oben gehaltene Hand nach oben (meine Handfläche dann vorn) und fasse von unten das rechte Handgelenk des Angreifers (Zangen-Griff/Schritt 2), wodurch das rechte Handgelenk des Angreifers einknickt. Damit habe ich nun die rechte Hand des Angreifers sowohl von oben als auch

von unten fixiert. Würde ich Schritt 2 vor Schritt 1 machen, würde der Angreifer seine rechte Hand drehen und wegziehen können. Jetzt drehe ich erst meine rechte Hand, als würde ich beim Motorrad fahren Gas geben (meine Fingerspitzen zeigen weiter nach links) und führe dann mit beiden Händen die/den rechte(n) Hand/Arm des Angreifers im Bogen nach oben und weiter nach rechts (bildlich Halbkreis Nordhalbkugel), bis das rechte Handgelenk des Angreifers noch weiter eingeknickt und sich seine rechte Hand senkrecht (seine Kleinfingerseite oben, sein rechter Arm waagerecht zum Boden) sowie mittig mit etwas Abstand zu/vor meiner Brust befindet. Gleichzeitig setze ich meinen linken Fuß einen Schritt nach links, drehe mich nach rechts und stehe im 45-Grad-Winkel zur rechten Körperseite des Angreifers, meinen linken Fuß hinten, meinen rechten Fuß vorn (stabiler Schulterbreiter Stand). Dabei schiebe ich die rechte Hand des Angreifers in der Waagerecht-Stellung seines rechten Arms diagonal zur linken Schulter des Angreifers, stauche damit seinen rechten Arm zusammen und rutsche mit meinem rechten Daumen in die rechte Handfläche (zwischen seinem Daumen und seinem Zeigefinger) des Angreifers. Im Ergebnis stehen Oberarm und Unterarm des Angreifers sowie Unterarm und Hand des Angreifers jeweils im rechten Winkel zueinander (Buchstabe Z) und die in die Senkrechte gedrehte rechte Hand des Angreifers in einer Diagonal-Linie zur linken Schulter des Angreifers bei waagerecht zum Boden gehaltenem rechten Arm des Angreifers (Viereck aus seinen Schultern plus Unter- und Oberarm). Während der folgenden Z-Hebel bleibe ich in dieser Position, ich arbeite mit meiner linken Hand, während ich mit meiner rechten Hand die rechte Hand des Angreifers im Hebel halte.

Z- oder Viereck-Hebel 1 (waagerecht, mit beiden Händen, Blockade seiner rechten Schulter durch 2 Impulse) **= HGL-Hebel 1**
(kurze Version der Technik „Schulter-Nacken-eine-Linie“)

Ich rutsche mit meiner linken Hand vom rechten Handgelenk des Angreifers auf dessen rechte Hand (-fläche) und damit fasst meine linke Hand (-fläche) von links die rechte Hand (-fläche) des Angreifers und meine rechte Hand (-fläche) von rechts die/den rechte(n) Hand (-rücken) des Angreifers (somit ohne Gegenlager). Der Daumen des Angreifers bleibt frei (schaut unten raus), da ich mit beiden Händen nur die Finger der rechten Hand des Angreifers fasse. Mit beiden Händen kippe ich die rechte Hand des Angreifers mit etwas Abstand zu meiner Brust nach vorn, indem ich mit meinen Daumen am Zeigefinger des Angreifers von unten nach oben und gleichzeitig mit meinen kleinen Fingern das hochkant stehende rechte Handgelenk (Kleinfingerseite) des Angreifers von oben nach unten drücke (Vorspannung). Dann blockiere ich die rechte Schulter des Angreifers durch 2 Impulse: zuerst schiebe ich seine rechte Hand nach links und dann nach vorn zu seiner rechten Schulter. Mein rechter kleiner Finger ist am rechten Handgelenk des Angreifers, blockiert dieses aber nicht. Die Fingerspitzen der rechten Hand des Angreifers zeigen zu meiner Nase.

Z- oder Viereck-Hebel 2 (sein Unterarm) **= HGL-Hebel 2**

Ich löse meine linke Hand und halte den Z-Hebel nur mit meiner rechten Hand (auf Abstand vor meiner Brust) in der Vorspannung, fasse mit meiner linken Hand im rechten Winkel den rechten Unterarm des Angreifers (Zangen-Griff) und drehe diesen zu mir nach unten (Gas geben), während ich mit meiner rechten Hand die rechte Hand des Angreifers nach vorn oben drehe (gegenläufig).

Z- oder Viereck-Hebel 3 (Daumen) **= Handgelenk-Hebel 3**

Ich löse meine linke Hand und halte den Z-Hebel nur mit meiner rechten Hand (auf Abstand vor meiner Brust) in der Vorspannung, drücke meinen linken Daumen oder Zeigefinger gestreckt und senkrecht mit der Kuppe/Spitze von oben nach unten auf die Außenseite des rechten Unterarms des Angreifers (Nervendruckpunkt nahe des Ellenbogens) und diesen somit nach unten, während ich mit meiner rechten Hand die rechte Hand des Angreifers nach vorn oben drehe (gegenläufig).

Z- oder Viereck-Hebel 4 (hohle Hand / Blockade seiner rechten Schulter durch 2 Impulse) **= Handgelenk-Hebel 4**

Ich löse meinen linken Daumen oder Zeigefinger und halte den Z-Hebel nur mit meiner rechten Hand (auf Abstand vor meiner Brust) in der Vorspannung. Meine linke Hand setze ich hohl geformt (Schüssel, Fingerspitzen oben) von links außen am rechten Oberarm des Angreifers an, rutsche von dort nach unten zu seinem rechten Ellenbogen (Gegenlager) und schiebe dadurch seinen rechten Unterarm gegen sein rechtes Handgelenk. Dann blockiere ich die rechte Schulter des Angreifers durch 2 Impulse: zuerst schiebe ich seine rechte Hand in der Vorspannung nach links und dann nach vorn zu seiner rechten Schulter, meine linke Hand an seinem rechten Ellenbogen unterstützt.

Abwehr-Stellung 45 Grad für die Techniken 5 - 8

(Z- oder **Dreieck**-Hebel)

Ich löse meine linke Hand und fasse mit dieser (-fläche) die rechte Hand (-fläche) des Angreifers von links, während ich mit meiner rechten Hand (-fläche) weiter seine(n) rechte(n) Hand (-rücken) von rechts fasse (somit ohne Gegenlager / wieder Z- oder Viereck-Hebel 1). Dann verlagere ich meine Schrittstellung nach rechts (mein linker Fuß bleibt hinten). Der rechte Arm des Angreifers ist nur noch leicht gebeugt. Ich peile die rechte Schulter des Angreifers an. So entsteht zwischen rechtem Unterarm, rechtem Oberarm sowie rechter Schulter des Angreifers ein Dreieck. Aus dieser Position heraus sind wieder die Handgelenk-Z-Hebel 1 - 4 anwendbar. **= Handgelenk-Hebel 5 - 8**

Positions-Änderung in frontal für die Techniken 9 - 13

Ich löse den Griff meiner linken Hand und fasse mit dieser wieder analog Z-Hebel 1 [meine linke Hand (-fläche) von links die rechte Hand (-fläche) des Angreifers, meine rechte Hand (-fläche) von rechts die/den rechte(n) Hand (-rücken) des Angreifers (ohne Gegenlager). Der Daumen des Angreifers bleibt frei (schaut unten raus), da ich mit beiden Händen nur die Finger der rechten Hand des Angreifers fasse.] Mit beiden Händen kippe ich die rechte Hand des Angreifers mit etwas Abstand zu/vor meiner Brust nach vorn, indem ich mit meinen Daumen am Zeigefinger des Angreifers von unten nach oben und gleichzeitig mit meinen kleinen Fingern das hochkant stehende rechte Handgelenk (Kleinfingerseite oben) des Angreifers von oben nach unten drücke (Vorspannung). Meinen rechten Fuß setze ich einen Schritt (noch weiter) nach rechts vor die Körpermitte des Angreifers und ziehe meinen linken Fuß zum stabilen Schulterbreiten Stand nach, sodass dieser leicht vorn steht (Angesicht zu Angesicht). Gleichzeitig ziehe ich mit beiden Händen den rechten Arm des Angreifers mit und dabei so weit in die Länge, dass dieser zwar noch waagerecht zum Boden, aber nur noch im leichten Bogen steht.

leichter Bogen = Handgelenk-Hebel 9

Mit beiden Händen halte ich die rechte Hand des Angreifers in der beschriebenen Vorspannung, ziehe diese davon abweichend nun mittig bis zum Kontakt an meine Brust und beuge meinen Oberkörper leicht nach vorn, wodurch der Handgelenk-Hebel gerade nach unten wirkt.

Säge = Handgelenk-Hebel 10

Ich richte meinen Oberkörper wieder auf, bringe dadurch den rechten Arm des Angreifers zurück in die Ursprungsposition (waagerecht und im leichten Bogen), halte mit beiden Händen die rechte Hand des Angreifers in der Vorspannung wieder mit etwas Abstand zu meiner Brust und führe dann mit beiden Händen mittels Schiebe- und Ziehbewegungen den rechten Arm des Angreifers Stück für Stück, aber kontinuierlich, diagonal in Richtung Bauch des Angreifers nach unten, so wie eine Säge einen Baumstamm durchtrennen würde.

Specht = Handgelenk-Hebel 11
Ich ziehe mit beiden Händen den rechten Arm des Angreifers zurück in die Ursprungsposition (waagerecht, leichter Bogen, etwas Abstand zu meiner Brust, Vorspannung). Dann schiebe ich mit beiden Händen mittels ruckartiger Vorwärtsbewegungen (tack-tack-tack) den rechten Arm des Angreifers Stück für Stück diagonal in Richtung Bauch des Angreifers nach unten, wie ein Specht in einen Baum hämmern würde.

kleine Schlange = Handgelenk-Hebel 12
Ich ziehe mit beiden Händen den rechten Arm des Angreifers zurück in die Ursprungsposition (waagerecht, leichter Bogen, auf Abstand vor meiner Brust, Vorspannung). Dann bewege ich mit beiden Händen den rechten Arm des Angreifers in kleinen Seitwärts-Bögen zwischen seinen Brustwarzen hin und her und gleichzeitig in einer Spiral-Bewegung Stück für Stück diagonal in Richtung Bauch des Angreifers nach unten.

große Schlange = Handgelenk-Hebel 13
Ich ziehe mit beiden Händen den rechten Arm des Angreifers zurück in die Ursprungsposition (waagerecht, leichter Bogen, auf Abstand vor meiner Brust, Vorspannung). Dann bewege ich mit beiden Händen den rechten Arm des Angreifers in großen Seitwärts-Bögen zwischen seinen Schultern hin und her und gleichzeitig in einer Spiral-Bewegung Stück für Stück diagonal in Richtung Bauch des Angreifers nach unten.

Z- oder Viereck-Hebel (senkrecht, sein Ellenbogen oben) **als Handrücken-Schulter-Drücker = Handgelenk-Hebel 14**
Ich ziehe mit beiden Händen den rechten Arm des Angreifers zurück in die Ursprungsposition (waagerecht, leichter Bogen, etwas Abstand zu meiner Brust, Vorspannung, seine Kleinfingerseite oben). Dann löse ich den Griff meiner linken Hand, drücke diese hohl geformt (Schüssel, Fingerspitzen oben) von links außen unten gegen den rechten Ellenbogen des Angreifers (1. Gegenlager) und schiebe diesen dann so nach oben innen in die Senkrechte. Parallel schiebe ich den mit meiner rechten Hand noch immer gehaltenen Z-Hebel mit dem rechten Handrücken des Angreifers voran auf meine linke Schulter (2. Gegenlager, seine Finger zeigen hinter mich, seine Kleinfingerseite rechts) - Oberarm und Unterarm des Angreifers sowie Unterarm und Hand des Angreifers stehen jeweils im rechten Winkel zueinander (Buchstabe Z). Ich löse den Griff meiner rechten Hand, drücke währenddessen aber weiter mit meiner linken Hand am rechten Ellenbogen des Angreifers dessen rechten Unterarm gegen meine linke Schulter, und fasse mit meiner rechten Hand (Fingerspitzen links) im rechten Winkel von rechts auf meinen linken Handrücken (Fingerspitzen

rechts). Dann ziehe ich mit beiden Händen den rechten Ellenbogen des Angreifers gegen meine linke Schulter, setze meinen linken Fuß einen Schritt nach links vorn am Angreifer vorbei, gehe dabei leicht in die Hocke und während des wieder Hochkommens drücke ich die rechte Hand des Angreifers mit meiner linken Schulter im Bogen von unten nach oben in Richtung des rechten Ellenbogens des Angreifers und ziehe meinen rechten Fuß an meinen linken Fuß heran (kein T-Schritt).

U-Hebel (senkrecht, sein Ellenbogen oben) als Handfläche-Schulter-Drücker = Handgelenk-Hebel 15

Ich setze meinen rechten Fuß wieder einen Schritt zurück, um a) den Handgelenk-Hebel etwas zu lockern sowie verschiebbar zu machen und b) wieder einen Schulterbreiten stabilen Stand zu erhalten. Meine linke Hand belasse ich am rechten Ellenbogen des Angreifers, reduziere aber den Druck. Der rechte Arm des Angreifers steht weiter angewinkelt senkrecht. Mit meiner rechten Hand hebe ich die rechte Hand des Angreifers ein Stück von meiner linken Schulter, klappe diese um (anstatt seines Handrückens ist nun seine Handfläche unten) und lege nur deren Finger zurück auf meine linke Schulter (Fingerspitzen nun nach vorn, seine Kleinfingerseite rechts), die rechte Handfläche des Angreifers steht hinter meiner linken Schulter frei. Ich fasse mit meiner rechten Hand (Fingerspitzen links) wieder auf meinen linken Handrücken (Fingerspitzen rechts) und ziehe mit beiden Händen den rechten Ellenbogen des Angreifers gegen meine linke Schulter, wobei der Oberarm zum Unterarm sowie der Unterarm zur Hand jeweils einen rechten Winkel bilden (bildlich: Buchstabe U, liegend, zu ihm hin offen). Ich setze meinen linken Fuß einen Schritt nach links vorn am Angreifer vorbei, gehe dabei leicht in die Hocke und während des Hochkommens drücke ich seine rechte Hand mit meiner linken Schulter im Bogen von unten nach oben in Richtung seines rechten Ellenbogens und ziehe meinen rechten Fuß an meinen linken Fuß heran (kein T-Schritt).

U-Hebel (senkrecht, sein Ellenbogen unten) als Handfläche-Bauch-Drücker = HGL-Hebel 16

Ich setze meinen rechten Fuß wieder einen Schritt zurück, um a) den Handgelenk-Hebel etwas zu lockern sowie verschiebbar zu machen und b) wieder einen Schulterbreiten stabilen Stand zu erhalten. Ich löse den Griff meiner rechten Hand und fasse mit dieser die rechte Hand des Angreifers. Mit meiner linken Hand am rechten Ellenbogen des Angreifers drehe ich den rechten Arm des Angreifers mit dem Ellenbogen voran von oben über links außen nach unten und schiebe mit meiner rechten Hand die rechte Hand des Angreifers von meiner linken Schulter zu meinem Bauch. Die rechte Handfläche des Angreifers ist frei, Kontaktpunkt zu meinem Bauch (Gegenlager) sind seine Finger (Fingerspitzen oben, Kleinfingerseite links). Mit meiner linken Hand im rechten Winkel von links (Fingerspitzen rechts) und mit meiner rechten Hand im rechten Winkel von rechts (Fingerspitzen links) ziehe ich den rechten Ellenbogen des Angreifers gegen meinen Bauch, wobei der Oberarm zum Unterarm sowie der Unterarm zur Hand jeweils einen rechten Winkel bilden (bildlich: Buchstabe U, oben offen). Ich setze meinen linken Fuß einen Schritt nach links vorn am Angreifer vorbei, gehe dabei leicht in die Hocke und während des wieder Hochkommens drücke ich die rechte Hand des Angreifers im Bogen von unten nach oben in Richtung seines rechten Ellenbogens und ziehe meinen rechten Fuß an meinen linken Fuß heran (kein T-Schritt).

durch den Vorhang gehen = Handgelenk-Hebel 17

Ich setze meinen rechten Fuß wieder einen Schritt zurück, um a) den Handgelenk-Hebel etwas zu lockern sowie verschiebbar zu machen und b) wieder einen Schulterbreiten stabilen Stand zu erhalten. Ich löse meine rechte Hand vom rechten Ellenbogen des Angreifers und fasse mit ihr so, dass mein Daumen von rechts kommend mittig zwischen die Knöchel des rechten Handrückens (zeigt zum Angreifer) des Angreifers drückt und sich die Finger meiner rechten Hand von rechts sowie von hinten kommend in die rechte Handfläche des Angreifers (Daumenseite) krallen. Dann mache ich dasselbe mit meiner linken Hand von links (seine Kleinfingerseite). Meine Daumen lehnen mit dem vordersten Glied (stehen senkrecht / zur Kuppe hin) aneinander. Mit beiden Händen nehme ich die rechte Hand des Angreifers von meinem Bauch ab und drücke den rechten angewinkelten Arm des Angreifers nach oben, bis dessen Ellenbogen über dessen rechter Schulter steht (sein Handrücken zu mir, sein rechter Unterarm senkrecht, sein rechter Oberarm waagerecht). Dann tauche ich mit meinem rechten Fuß voran in gebückter Haltung (Oberkörper aber aufrecht) in einer Körperdrehung um 180 Grad nach links (mit meiner linken Kopfseite am rechten Unterarm des Angreifers um seinen Unterarm herum) unter dem rechten Oberarm des Angreifers entlang (Vorhang) und führe mit meinem rechten Ellenbogen (im Vorbeigehen) einen Empi gegen die rechte Bauchseite/Hüfte des Angreifers aus. Ich stehe dann mit beiden Füßen im stabilen Schulterbreiten Stand auf derselben Linie wie die Füße des Angreifers (Blickrichtung analog des Angreifers) mit meiner linken Körperseite an der rechten Körperseite des Angreifers mit noch immer derselben Finger-/Handstellung (seine Kleinfingerseite links). Meinen linken Ellenbogen stemme ich gegen die rechte Körperseite (Höhe Rippen) des Angreifers und mit beiden Händen überdrehe ich die rechte Hand des Angreifers nach links (Hebel), während die rechtwinklige Stellung des rechten Arms des Angreifers weiter besteht (seine Handfläche vorn, seine Fingerspitzen unten, seine Hand und sein Unterarm bilden eine Senkrechte, sein Unterarm und sein Oberarm stehen im rechten Winkel zueinander, sein rechter Ellenbogen ist der höchste Punkt und steht leicht höher als seine rechte Schulter).

Drehgriff-Hebel mit links = Handgelenk-Hebel 18

Ich setze meinen rechten Fuß einen großen Schritt (auf der Linie unserer Füße) nach rechts, ziehe meinen linken Fuß einen kleinen Schritt nach, schiebe meinen linken Daumen diagonal über den rechten Handrücken des Angreifers nach oben in Richtung dessen rechtem Handgelenk (Daumenseite, Finger noch von links in seiner rechten Handfläche, Kleinfingerseite), drehe mich auf der Stelle nach links, stehe im rechten Winkel zu seiner echten Körperseite (Schulterbreiter stabiler Stand, mein linker Fuß vorn) und (über-)drehe mit meiner linken Hand die/den rechte(n) Hand/Arm des Angreifers nach links (sein rechter Arm diagonal, sein Ellenbogen höher als seine Schulter).

Armdreh-Griff auf seinen Rücken (kurze Version in die rechte Ellenbeuge des Angreifers, er in Oberkörperbeuge) **= HGLH 19**

Ich lockere den Griff meiner linken Hand und führe mit dieser die rechte Hand des Angreifers (diese dreht sich in meiner linken Hand) im Bogen über links außen nach rechts oben und von der rechten Körperseite des Angreifers her auf dessen Rücken. Mit meiner rechten Hand fasse ich dabei über seinen rechten Arm hinweg und dann von links in seine rechte Ellenbeuge und ziehe diese (Mittelfinger voran) auf einer Diagonalen in Richtung meiner rechten Körperseite nach unten, wodurch sein rechter Arm einknickt und der Angreifer in die Oberkörperbeuge kommt. Mein linker Arm kommt unter den rechten Arm des Angreifers und dessen rechter Ellenbogen in meine linke Ellenbeuge (Sicherung). Ohne meinen linken Arm oder seinen rechten Arm auf dem Rücken des Angreifers aufzulegen, ziehe ich nun mit beiden Händen (jeweils von den Fingerspitzen des Angreifers her gefasst, meine rechte an seiner Daumenseite, meine linke an seiner Kleinfingerseite) seine rechte Hand (Handrücken zu mir, Kleinfingerseite unten) im kleinen Bogen nach links in seine rechte Ellenbeuge.

Armdreh-Griff auf seinen Rücken (lange Version über seine rechte Schulter in seine rechte Ellenbeuge, er Oberkörperbeuge) **= HGLH 20**

Arm-Strecker senkrecht (er in Oberkörperbeuge) **= HGLH 21**

Mit beiden Händen klappe ich den rechten Unterarm des Angreifers in dessen Arm-Seit-Lage waagerecht über dessen Rücken (er steht in

Oberkörperbeuge) nach links und strecke damit seinen rechten Arm (Kleinfingerseite unten) in Richtung seines Gesäßes. Ich drehe meine rechte Hand nach rechts und fasse mit dieser vom rechten Handgelenk des Angreifers her die rechte Hand des Angreifers (mein Daumen zwischen seinem Daumen und Zeigefinger, meine Finger von seiner Kleinfingerseite in seine Handfläche). Mit meiner linken Hand rutsche ich rum und fasse (Handfläche zu Handfläche) die rechte Hand des Angreifers. Mit beiden Händen richte ich den rechten Arm des Angreifers senkrecht über seinem Rücken auf und rutsche dann mit meiner linken Hand zum rechten Ellenbogen des Angreifers (Stand-/ Blickrichtung weiter im rechten Winkel zur rechten Körperseite des Angreifers, mein rechter Fuß vorn). Ich setze meinen linken Fuß dicht vor den Angreifer und drehe mich leicht nach rechts, damit ich, während ich mit meiner linken Hand an seinem rechten Ellenbogen nach links drehe, mit meiner rechten Hand genug Platz habe, seine rechte Hand nach rechts zu drehen (gegenläufig).

Schultern-Nacken-eine-Linie = Handgelenk-Hebel 22

Ich bleibe in der Stand-/Blickrichtung (rechter Winkel zur rechten Körperseite des Angreifers, mein rechter Fuß vorn) und der Angreifer weiter in der Oberkörperbeuge. Mit meiner linken Hand rutsche ich am rechten Unterarm des Angreifers nach oben, löse den Griff meiner rechten Hand und lasse die rechte Hand des Angreifers sich im lockeren Griff meiner linken Hand aus der Überdreht-Stellung nach links zurück drehen (sein rechter Handrücken dann zu mir, seine Kleinfingerseite rechts). Ich fasse die rechte Hand des Angreifers jeweils von dessen rechtem Handgelenk her erst mit meiner rechten Hand von der Kleinfingerseite sowie mit meiner linken Hand von der Daumenseite (meine Finger in seiner Handfläche, meine Daumen auf seinem Handrücken). Mit beiden Händen führe ich den rechten Arm des Angreifers erst nach links, dann mit Schwung in einem großen Bogen über den Rücken des Angreifers nach rechts und überdrehe dabei die rechte Hand des Angreifers (von mir aus gesehen) nach rechts - der Angreifer kommt dadurch in eine noch tiefere Oberkörperbeuge und kann sich nicht wegdrehen - und ziehe seinen rechten Arm dann erst auf mich zu in die Streckung, kippe dabei die rechte Hand des Angreifers nach vorn (Fingerspitzen oben, Handfläche vorn) und drücke sie dann zum rechten Ellenbogen des Angreifers und dadurch den gestreckten rechten Arm des Angreifers (Ellenbogen oben) diagonal nach unten in die rechte Schulter des Angreifers. Meinen rechten Fuß setze ich einen Schritt nach rechts hinten, damit Schultern, Nacken und rechter Arm des Angreifers eine Linie bilden und damit der rechte Arm des Angreifers leicht nach rechts vor seiner rechten Schulter steht (würde dieser links hinter der rechten Schulter des Angreifers bleiben, könnte der Angreifer auf mich zu kommen und mich attackieren).

freies Halten1 / U-Hebel (er in Oberkörperbeuge) **= HGLH 23**

Ich löse meine rechte Hand und halte den Hebel nur noch mit meiner linken Hand. Meinen rechten Fuß setze ich einen Schritt nach vorn auf die rechte Körperseite des weiter in der Oberkörperbeuge stehenden Angreifers zu. Mit meiner rechten Hand fasse ich dabei über den rechten Arm des Angreifers hinweg und dann von links in dessen rechte Ellenbeuge und ziehe diese (Mittelfinger voran) nach rechts oben, wodurch der rechte Arm des Angreifers nach oben einknickt und sich die rechte Hand des Angreifers mit bzw. in meiner linken Hand nach links unten dreht (seine rechte Hand zeigt nach links, Fingerspitzen links und liegt mit dem Handrücken in meiner linken Handfläche). Ich fasse mit meiner linken Hand wieder fest zu [im rechten Winkel (meine Fingerspitzen vorn)] sowie von unten [mein Daumen von seiner Kleinfingerseite (zu mir) in seine Handfläche (oben) / seine rechte Hand und sein rechter Oberarm stehen waagerecht, sein rechter Unterarm senkrecht zum Boden]. Mit meiner rechten Hand (-fläche) drücke ich den rechten Ellenbogen des Angreifers von oben nach senkrecht unten (Gegenlager), meine linke Hand hält/drückt von unten gegen die/den rechte(n) Hand (-rücken) des Angreifers. Ich halte alles frei vor meinem Körper (bildlich: Buchstabe U, seine linke Hand nach links gedreht).

an **Bauch-Zieher / U-Hebel** (er Oberkörperbeuge) **= HGLH 24**

Ich drehe mit meiner rechten Hand am rechten Ellenbogen des Angreifers dessen rechten Oberarm nach unten in die Senkrechte. Mit meiner linken Hand führe ich gleichzeitig die zum Hebel angewinkelte rechte Hand des Angreifers nach oben und damit seinen rechten Unterarm in die Waagerechte. Außerdem drehe ich mich auf der Stelle nach links (mein linker Fuß dann vorn) und stehe mit meiner rechten Körperseite zur rechten Körperseite des weiterhin in Oberkörperbeuge stehenden Angreifers (in entgegen gesetzter Richtung, aber mit Blick in seine rechte Handfläche, seine Fingerspitzen oben). Meine rechte Hand schiebe ich von hinten unter der rechten Achsel des Angreifers parallel zu dessen rechter Körperseite sowie parallel zu dessen rechtem Unterarm nach vorn oben und ziehe mit beiden Händen [meine linke von links (seine Kleinfingerseite), meine rechte von rechts (seine Daumenseite)] die rechte Hand und damit den rechten (Ober-)Arm des Angreifers gegen meinen Bauch (meine Finger auf seinem Handrücken, meine Daumen in seiner Handfläche / der rechte Oberarm, der rechte Unterarm, die rechte Hand des Angreifers = bildlich Buchstabe U, seine linke Hand nach oben gedreht).

Arm-Klemme / U-Hebel (er in Oberkörperbeuge) **= HGLH 25**

Ich drehe mich auf der Stelle um 180 Grad nach rechts, stehe dann mit meiner linken Körperseite an der rechten Körperseite des Angreifers (gleiche Blickrichtung, mein rechter Fuß vorn) und führe mit beiden Händen seine rechte Hand in der Stellung Technik 24 „an Bauch-Zieher" im Bogen (zwischen unseren Körpern entlang) über unten wieder nach oben mit (Seitenwechsel). Dann ziehe ich den rechten Oberarm (senkrecht) / Ellenbogen des Angreifers gegen meinen Bauch (Tendenz nach links, mein angewinkelter linker Arm liegt fest an meiner linken Körperseite an, damit sein Arm nicht durchrutscht) und ziehe mit beiden Händen seine wieder senkrecht stehende rechte Hand (Fingerspitzen oben, Blick in seine Handfläche, sein Unterarm waagerecht) in Richtung seines rechten Ellenbogens (bildlich: U).

freies Halten 2 / U-Hebel = Handgelenk-Hebel 26

Ich löse meine rechte Hand, drehe sie nach rechts (Handfläche oben) und fasse mit ihr von unten links die rechte Hand des Angreifers (seine Kleinfingerseite, mein Daumen von seiner Handfläche her im rechten Winkel seine Finger (Unterseiten), mit meinen Fingern von seinem Handrücken her im rechten Winkel auf seine Finger (Oberseiten). Ich löse meine linke Hand und die Achselklemme links, drehe mich auf der Stelle mit meiner linken Schulter voran um 90 Grad nach links hinten (im rechten Winkel zu seiner rechten Körperseite, mein linker Fuß vorn), führe mit meiner rechten Hand die rechte Hand sowie den rechten Unterarm des Angreifers nach links oben in die Senkrechte. Der Angreifer richtet sich auf. Mit meiner linken Hand (-fläche) fasse ich den rechten Ellenbogen/Oberarm des Angreifers von unten (Gegenlager) und drücke mit meiner rechten Hand gleichzeitig von oben die rechte im Handgelenk noch eingeknickte Hand (Handrücken oben) des Angreifers nach unten in Richtung seines rechten Ellenbogens. Die rechte Hand des Angreifers (Fingerspitzen zum Angreifer) und der rechte Oberarm des Angreifers stehen waagerecht und der rechte Oberarm, der rechte Unterarm sowie die rechte Hand des Angreifers bilden den Buchstaben U, zu ihm hin offen. Halten tue ich alles frei vor meinem Körper.

Schlangen-Kopf / Z-Hebel (oben) **= Handgelenk-Hebel 27**

Ich drehe mich auf der Stelle um 90 Grad nach rechts, nehme den Hebel mit und stehe mit meiner linken Körperseite an der rechten Körperseite des Angreifers (mein rechter Fuß vorn). Ich löse meine linke Hand am rechten Ellenbogen des Angreifers und hebe meinen linken Arm über den rechten Arm des Angreifers nach links und führe meinen linken (Unter-)Arm von dort unter dem rechten (Ober-)Arm des Angreifers (waagerecht) wieder nach rechts und fasse mit meiner linken

Hand meinen rechten (Ober-)Arm (Bizeps) nahe des Ellenbogens (Kamm-Griff). Ich setze den rechten (Ober-)Arm des Angreifers auf meinem linken (Unter-)Arm ab und klemme/presse diesen gleichzeitig mit meinem linken (Ober-)Arm an meine linke Körperseite, sodass sich der rechte Unterarm des Angreifers senkrecht vor meiner linken Brust befindet. Mit meiner rechten Hand (Daumen noch von der Kleinfingerseite her in seiner Handfläche, Finger auf seinem Handrücken) drücke ich die rechte, im Handgelenk noch eingeknickte, Hand des Angreifers (Handrücken oben, Fingerspitzen analog meiner Blickrichtung) in Richtung seines rechten Ellenbogens nach unten und quasi im kleinen Bogen unter seinem Unterarm wieder nach oben (in sein Handgelenk schnicken). Die rechte Hand und der rechte (Ober-) Arm des Angreifers stehen waagerecht, sein rechter Oberarm, sein rechter Unterarm und seine rechte Hand bilden den Buchstaben Z.

Schlangen-Kopf (unten) = **Handgelenk-Hebel 28**

Ich behalte Stand-Position und Hebel bei, kippe mit meiner rechten Hand den rechten (Unter-)Arm des Angreifers bis über die Waagerechte hinaus nach unten, ziehe seine rechte Hand (Fingerspitzen unten) unter seinem rechten Unterarm zu mir und kippe sie gleichzeitig im kleinen Bogen nach oben in Richtung seinem rechten Handgelenk (schnicken).

Schlangen-Kopf (mittig/waagerecht) = **HGL-Hebel 29**

Ich behalte Stand-Position und Hebel bei, bringe mit meiner rechten Hand den rechten (Unter-)Arm des Angreifers wieder bis in die Waagerechte nach oben (seine rechte Hand senkrecht, Fingerspitzen unten), ziehe die rechte Hand des Angreifers unter dessen rechtem Unterarm zu mir und kippe sie gleichzeitig im kleinen Bogen nach oben in Richtung seinem rechten Handgelenk (schnicken).

von hinten Einhaken = Handgelenk-Hebel 30

Ich behalte Stand-Position und Hebel bei, löse meine linke Hand und fasse mit ihr die rechte Hand des Angreifers von links (Daumenseite), während ich mit meiner rechten Hand die rechte Hand des Angreifers noch von rechts (Kleinfingerseite) halte. Dann ziehe ich mit beiden Händen den rechten Oberarm (senkrecht) / Ellenbogen des Angreifers gegen meinen Bauch (Tendenz nach links, mein angewinkelter linker Arm liegt fest an meiner linken Körperseite an, damit sein Arm nicht durchrutscht) und die senkrechte rechte Hand des Angreifers (seine Fingerspitzen unten, meine Finger auf seinem Handrücken, meine Daumen in seiner Handfläche) unter dessen rechtem Unterarm zu mir und kippe sie im kleinen Bogen nach oben zu seinem rechtem Handgelenk (schnicken).

Hunde-Schnauze = Handgelenk-Hebel 31

Ich rutsche mit meiner rechten Hand nach links auf den rechten Handrücken des Angreifers (meine Kleinfingerseite zu seinen Fingerspitzen, meine Finger von seiner Daumenseite in seine Handfläche, mein Daumen von seiner Kleinfingerseite in seine Handfläche) und drehe erst mit meiner rechten und dann mit beiden Händen die rechte Hand des Angreifers nach rechts (sein Daumen oben, sein Handrücken rechts). Mit meiner linken Hand von links (Finger oben, Daumen unten, zwischen unseren Handflächen ist Luft) und mit meiner rechten Hand von rechts (Finger oben, Daumen oben, zwischen meiner Handfläche und seinem Handrücken ist Luft) halte ich die rechte Hand des Angreifers hochkant im doppelten Zangen-Griff (ich fasse nur seine Finger, sein Daumen schaut oben raus). Dann kippe ich die rechte Hand des Angreifers nach vorn unten, indem ich mit meinen Fingern von oben nach unten und mit meinen Daumen von unten nach oben und gleichzeitig im kleinen Bogen in Richtung seinem rechten Handgelenk drücke (in sein Handgelenk schnicken).

Hand-Kipp-Drücker (Stand) = Handgelenk-Hebel 32

Ich bleibe auf der Stelle stehen, löse meine rechte Hand, drehe sie nach rechts und fasse im rechten Winkel die/den rechte(n) Hand (-rücken) des Angreifers von seinem Handgelenk her (mein Daumen zwischen seinem Daumen und seinem Zeigefinger in seine Handfläche, meine Finger um seinen kleinen Finger herum in seine Handfläche). Dann rutsche ich mit meiner linken Hand zum rechten Unterarm des Angreifers und fasse diesen von links, klemme diesen aber weiter mit meinem linken Unterarm (Unterarm-Innenseite an Unterarm-Innenseite). Dann drücke ich mit meiner rechten Hand die rechte Hand des Angreifers (seine Handfläche voran) in Richtung dessen rechter Ellenbeuge, lehne mich nach links und drücke mit meiner linken Achsel seinen rechten Arm (Höhe Ellenbeuge) nach unten.

Hand-Kipp-Hebel (Stand auf Boden) = HGL-Hebel 33a

(kurze Version = Arm an Brust ziehen / nur diese Technik in der Kette)

Ich löse meine linke Hand und fasse mit ihr von links die rechte Hand des Angreifers (Daumenseite). Dann drehe ich meine rechte Hand an der rechten Hand des Angreifers nach rechts und fasse analog (Kleinfingerseite), sodass sich die Finger meiner Hände von vorn in die rechte Handfläche des Angreifers krallen und meine Daumen (-kuppen) von hinten auf dessen Handrücken zwischen die Fingerknöchel drücken. Mit beiden Händen ziehe ich die rechte Hand des Angreifers (Fingerspitzen oben) mit dem Handrücken voran mittig an meine Brust (Kontakt) und dadurch seinen rechten Arm in die Streckung. Dann drehe ich mich mit meinem(r) linken Fuß/Schulter voran um 90 Grad nach links hinten und setze meinen linken Fuß im rechten Winkel auf die Standlinie meines rechten Fußes. Dabei kippe ich mit beiden Händen die rechte Hand des Angreifers im engwinkligen Bogen nach links. Dazu drücke ich mit meinem rechten Daumenballen nach vorn links und ziehe mit meiner linken Hand (kleiner Finger voran) nach hinten rechts (oder anders gesagt, ich erhöhe den Druck mit meiner rechten Hand im Vergleich zu meiner linken Hand) und folge der Handkippbewegung mit einer Oberkörperdrehung nach links. Der Angreifer fällt (Fallübung seitwärts links, Seite 12).

Hand-Kipp-Hebel (kleine Schüssel) **= HGL-Hebel 33b**

(im Bogen über seine rechte Ellenbeuge, ohne Kontakt)
Fass-Art und Kipp-Vorgang analog HGL-Hebel 33a, Abwandlung: Ich stehe auf der Stelle und führe seine Hand erst nach rechts innen und von dort in einem kleinen Bogen über seine rechte Ellenbeuge hinweg nach links außen, sein Arm knickt dabei ein (ist angewinkelt)

Hand-Kipp-Hebel = Handgelenk-Hebel 33c

(im halben Bogen über/hinter seine rechte Schulter, ohne Kontakt)
Fass-Art analog HGL-Hebel 33a. Ich setze meinen linken Fuß einen kleinen Schritt nach vorn links, führe die rechte Hand des Angreifers (Handrücken oben, Fingerspitzen vorn) bis über dessen rechte Schulter (bildlich, als wolle ich seine Fingerspitzen irgendwo reinstechen), kippe sie, wenn`s nicht mehr weiter geht, in dieser Waagerecht-Stellung im Bogen nach links unten und drehe meinen Oberkörper nach links mit.

Hand-Kipp-Hebel (tiefer gelegt) **= Handgelenk-Hebel 33d**

Fassart analog HGL-Hebel 33b, Abwandlung: Ich stehe auf der Stelle und drücke seine rechte Hand nach vorn unten, bis sein Handrücken oben ist und seine Fingerspitzen nach vorn zeigen, sein rechter Arm einknickt (Unterarm senkrecht). Der Angreifer geht in die Knie. Dann drehe ich seine rechte Hand in dieser Waagerecht-Stellung nach links.

Hand-Kipp-Hebel (tiefer gelegt + kleine Schüssel) **= HGLH 33e**

analog 33d, Abwandlung: im kleinen Bogen über seine Ellenbeuge

Hand-Kipp-Hebel „anders herum" = HGL-Hebel 33f

In der Fassart analog HGL-Hebel 33a kippe ich die rechte Hand des Angreifers nach links, fasse erst mit meiner linken und dann mit meiner rechten Hand um (bildlich als würde ich beim Linksabbiegen mit dem Auto am Lenkrad umfassen), sodass ich seine Hand von den

Fingerspitzen her greife (meine linke Hand an seiner Kleinfingerseite, meine rechte Hand an seiner Daumenseite), meine Daumen (-kuppen) drücken zwischen die Knöchel auf dem Handrücken und meine Finger krallen sich in die Handfläche. Mit beiden Händen drehe ich die rechte Hand des Angreifers weiter nach links (seine Fingerspitzen unten, sein rechter Arm knickt zu seiner Körpermitte hin ein, der Angreifer dreht sich nach links und kommt ins Hohlkreuz). Dann ziehe ich den rechten Unterarm des Angreifers quasi über dessen rechten Oberarm diagonal nach links unten auf meine linke Körperseite zu ziehe. Erst jetzt drehe ich mich mit meinem(r) linken Fuß/Schulter voran um 90 Grad nach links hinten und setze meinen linken Fuß auf die Standlinie meines rechten Fußes. Der Angreifer fällt (Fallschule seitwärts links, S. 12).

Fehler-Technik (aus der Grund-Technik 33f) **mit Handkipp-Hebel „anders herum" = Handgelenk-Hebel 33g**

Habe ich bei HGLH 33f erst meinen linken Fuß nach hinten gesetzt, dann funktioniert der Hebel nicht mehr. Korrektur: Ich schiebe den eingeknickten rechten Arm des Angreifers in Richtung seiner linken Schulter und drehe dabei seine rechte Hand (Handrücken dann oben) mit meiner linken Hand nach links unten und mit meiner rechten Hand nach rechts oben, wodurch sich die Hohlkreuzstellung des Angreifers verstärkt. Dann ziehe ich mit beiden Händen den rechten (Unter-)Arm des Angreifers über dessen rechten (Ober-)Arm diagonal nach links unten auf meine linke Körperseite zu. Der Angreifer fällt nach hinten.

kleiner Geh-Stock gerade / Z-Hebel (am Boden) **= HGLH 34**

Der Angreifer liegt auf dem Rücken (sein Kopf links von mir). Ich drehe mich auf der Stelle um 90 Grad nach rechts (Blickrichtung zu seinen Füßen, mein rechter Fuß vorn), knie mit links auf seinem rechten (Ober-)Arm/Bizeps ab (Fixierung), gehe rechts in die Hocke und fasse nur mit meiner rechten Hand von rechts kommend die rechte Hand des Angreifers (von seinen Fingerspitzen her, mein rechter Daumen von seiner Kleinfingerseite her von unten an/in seinem Handgelenk, sein Oberarm liegt waagerecht am Boden, sein Unterarm steht senkrecht und seine Hand steht waagerecht (Handrücken oben, bildlich: Buchstabe Z). Mit meiner rechten Hand drücke ich die rechte Hand des Angreifers zum Hebel nach unten.

kleiner Geh-Stock / Z-Hebel gedreht (am Boden) **= HGLH 35**

Position sowie Hebel analog. Mit meiner rechten Hand drücke ich die rechte Hand des Angreifers weiter nach unten und drehe sie zusätzlich nach rechts, mein rechter Daumen von unten an/in seinem Handgelenk.

kleiner Geh-Stock / Z-Hebel liegend gewinkelt = HGLH 36

Position sowie Hebel analog. Ich kippe den rechten Arm des Angreifers in dieser 2x90-Grad-Stellung nach vorn auf den Boden, halte denselben Hebel weiter (nun von rechts) und überdrehe diesen nach links oben, mein rechter Daumen von unten an/in seinem Handgelenk.

kleiner Geh-Stock liegend gestreckt = HGLH 37

Position sowie Hebel analog, nur ziehe ich seinen rechten Arm nun im rechten Winkel von seiner rechten Körperseite weg in die Streckung.

Arm-Streck-Dreher am Boden (Rücken auf Bauch) **= HGLH 38**

Ich rutsche in der bisherigen Stellung (links gekniet, rechts gehockt) hinter den Kopf des Angreifers und wechsele die Position (jetzt links gehockt und rechts gekniet). Mit meiner rechten Hand ziehe ich den rechten Arm des Angreifers am Boden nach rechts in die Streckung, führe diesen dann in derselben Fass-Art (von seinem Handrücken und seinen Fingerspitzen her) am Boden von rechts nach links, bis Körperachse und rechter Arm des Angreifers eine Linie bilden und mein linkes Bein diese Bewegung blockiert. Dabei überdrehe ich die rechte Hand sowie den rechten Unterarm des Angreifers so weit nach rechts (bildlich: Schraube eindrehen), dass sich der Angreifer von der Rückenlage nach rechts in die Bauchlage dreht.

großer Geh-Stock (Stand) **= Handgelenk-Hebel 39**

Mit meiner rechten Hand führe ich den gestreckten rechten Arm des Angreifers durch weiteres Überdrehen seiner rechten Hand (nach rechts) im Bogen am Boden erst nach links an mir vorbei und dann an der rechten Körperseite des Angreifers nach oben. Dazu drehe ich mich auf der Stelle um 180 Grad nach rechts in Richtung Kopf des Angreifers und stehe an der rechten Körperseite des weiterhin auf dem Bauch liegenden Angreifers auf (mein rechter Fuß vorn). Kurz vor der Senkrechtstellung des rechten Arms des Angreifers übernehme ich mit meiner linken Hand die rechte Hand des Angreifers und fasse diese in ihrer Überdreht-Stellung von oben [jetzt vom Handgelenk her auf den Handrücken (oben), seine Fingerspitzen und sein Ellenbogen zu seinem Kopf, mein Daumen an seiner Kleinfingerseite, meine Finger zwischen Daumen und Zeigefinger an seiner Daumenseite], drücke die waagerechte rechte Hand des Angreifers in Richtung Boden sowie den gestreckten rechten und senkrecht stehenden Arm des Angreifers damit in dessen rechte Schulter. Meinen linken Fuß schiebe ich ganz dicht an die rechte Körperseite/Schulter des Angreifers, lehne mein linkes Knie gegen den rechten Arm des Angreifers und drücke leicht diagonal in

Richtung Rücken/Kopf des Angreifers. Meinen rechten Fuß setze ich einen Schritt nach vorn und ziehe meine gedrehte rechte Faust (Handfläche oben) an meine rechte Hüfte.

Aufheber = Handgelenk-Hebel 40

Ich setze erst meinen rechten und dann meinen linken Fuß einen Schritt zurück, gehe rechts in die Hocke und knie mit meinem linken Bein eng an der rechten Körperseite des Angreifers ab. Meine linke Fußsohle (oben) schiebe ich mit den Zehen voran unter die rechte Körperseite des Angreifers, um zu merken, wenn der Angreifer versucht, aufzustehen. Gleichzeitig mit meiner "Abwärtsbewegung" nehme ich mit meiner linken Hand den noch gestreckten rechten Arm des Angreifers in Richtung des rechten Beins/Gesäßes des Angreifers mit, drehe dabei die rechte Hand des Angreifers über dessen Rücken nach links und sobald der rechte Arm des Angreifers in etwa diagonal nach hinten steht, fasse ich mit meiner rechten Hand von rechts nach links über den rechten Arm des Angreifers hinweg und ziehe mit meinem Zeige- oder Mittelfinger voran in der rechten Ellenbeuge des Angreifers von unten nach oben. Der rechte Arm des Angreifers knickt ein. Gleichzeitig führe ich mit meiner linken Hand (Griff noch vom rechten Handgelenk auf seinem Handrücken) die/den rechte(n) Hand/Unterarm des Angreifers unter dem rechten Oberarm des Angreifers nach rechts und dann neben diesem nach oben (also zwischen dem rechten Oberarm des Angreifers und meiner linken Körperseite, bildlich: einen Zollstock zusammen klappen). Dabei lasse ich die/den rechte(n) Hand (-rücken) des Angreifers sich in meiner linken Handfläche drehen (mein linker Daumen dann von seiner Daumenseite in seiner Handfläche), bevor ich jetzt von links und von unten wieder fest zugreife und nun von unten nach oben drücke (Hand-Kipp-Hebel anders herum). Der rechte Ellenbogen des Angreifers liegt an meiner linken Achsel (Fixierung). Ich fordere den Angreifer verbal zum Aufstehen auf. Der Schmerz, den die jetzt mit der Handfläche zu mir gekippte rechte Hand des Angreifers in dessen rechtem Handgelenk auslöst, hilft. Um zu vermeiden, dass der Angreifer mit dem linken Arm zu schlagen versucht, fordere ich ihn des Weiteren auf, mir seine linke Hand zu zeigen oder alternativ diese zu seiner rechten Hand zu führen. Sobald Letzteres geschehen ist, spreize ich die Finger meiner rechten Hand und greife so zwischen die Finger der linken Hand des Angreifers, knicke meine Finger ein und drücke meine Fingerkuppen auf das erste Fingergelenk des jeweiligen Fingers des Angreifers. Dann drehe ich mit meiner rechten Hand die linke Hand des Angreifers nach rechts (Handfläche oben und drücke diese in die linke Schulter des Angreifers (Fingerhebel).

02. ARM- und SCHULTER-HEBEL (Kette)

gelb 3 / orange 5 / grün 7 / blau 9 / violett 11 / 1.braun 13 / 2.braun 15 / 3.braun 17 / 1.Dan 19 / 2.Dan 21 / 3.Dan 23 / 4.Dan 25 / **5.Dan 27 Stück**

Wir stehen Angesicht zu Angesicht. Die Arme des Gegners hängen lang an der jeweiligen Körperseite herab.

Revers-Greifer (mein rechtes) = Arm-/Schulter-Hebel 1

Ich setze meinen linken Fuß einen Schritt nach schräg vorn links, führe meine rechte Hand diagonal nach links und fasse mit ihr das rechte Handgelenk des Gegners (Unterseite, Zangen-Griff, zwischen meiner Handfläche und seinem Handgelenk ist etwas Luft) und ziehe den rechten Arm des Gegners vom Gegner weg auf mich zu. Gleichzeitig hebe ich meinen linken Arm an meiner linken Körperseite angewinkelt bis über den rechten Arm des Gegners in die Waagerechte nach oben und lasse den Gegner mit dem Hals gegen die Außenseite meines linken Oberarms (Trizeps) laufen, während ich den rechten Arm des Gegners nach rechts oben in Richtung meiner rechten Schulter in die Streckung ziehe. So stoppe/strecke ich den Gegner, weil ich ihn auf meinen Ellenbogen (Empi) ziehe. Dadurch drehen wir uns beide leicht, ich nach rechts und der Gegner nach links, sodass ich dann mit meiner linken Körperseite an seiner rechten Körperseite stehe. Ich drehe das rechte Handgelenk des Gegners zu mir (Gas geben, seine Handfläche oben, sein Ellenbogen unten) und während ich mit meiner rechten Hand den gestreckten rechten Arm des Gegners weiter aufgespannt und etwas höher als waagerecht (seine Hand dabei der höchste Punkt) sowie mit Abstand vor meiner Brust halte, führe ich meinen linken Arm links vom rechten Arm des Gegners (Innenseite) nach unten und meinen rechten (Unter-)Arm dann unter dem rechten Arm des Gegners von innen nach außen und fasse, wieder vor meiner Brust angekommen, mit meiner linken Hand in mein rechtes Revers (Daumen innen, Finger außen). Der rechte Arm des Gegners ist eingewickelt/geklemmt. Mit meiner rechten Hand (Zangen-Griff) am rechten Handgelenk des Gegners halte ich den rechten Arm des Gegners auf Abstand zu mir, überdrehe diesen weiter zu mir (Gas geben, aufspannen / Kontaktpunkt auf meinem linken Unterarm ist sein Ellenbogen), aber ich drücke mit meiner rechten Hand seinen rechten Arm nicht nach unten.

Unterarm-Greifer (mein rechter) = **Arm-/Schulter-Hebel 2**
Nun klappe ich meinen rechten Oberarm mit dem Ellenbogen voran an meine rechte Brustseite, rutsche mit meiner linken Hand von meinem rechten Revers zu meinem rechten (Unter-)Arm und fasse diesen nahe der Ellenbeuge (Kamm-Griff). Mit meiner rechten Hand (Zangen-Griff) am rechten Handgelenk des Gegners halte ich den rechten Arm des Gegners auf Abstand zu mir, überdrehe diesen weiter zu mir (Gas geben, aufspannen) und kippe meine Arme nach rechts [linken Ellenbogen hoch, rechten Ellenbogen runter (bildlich: Wippe), aber ich drücke mit meiner rechten Hand seinen rechten Arm nicht nach unten.

Schulter-Stemmer = Arm-/Schulter-Hebel 3
Meine Position insgesamt und der Griff meiner rechten Hand bleiben unverändert. Ich löse meine linke Hand und führe meinen linken (Unter-) Arm unter dem rechten Arm des Gegners von meinem Körper weg nach links innen, hebe dann meinen kompletten linken Arm nach oben und führe ihn nach rechts über den rechten Arm des Gegners wieder zu mir, an meiner Körpermitte nach unten und dann nur meinen linken Unterarm unter dem rechten Arm des Gegners von meinem Körper weg nach innen und dann nach oben (insgesamt eine 1 ½-fache Drehung nach links um den rechten Arm des Gegners herum = ab- und aufwickeln). Dann fasse ich mit meiner linken Hand (Zangen-Griff) das rechte Handgelenk des Gegners von oben (Innen- bzw. Handflächenseite, zwischen unseren Handflächen ist Luft) und drehe dieses zu mir (aufspannen). Mit meiner rechten Hand von rechts (Handfläche unten) umfasse ich meine linke Hand (Höhe der Finger/ des Daumens) und presse meinen rechten Handballen auf die rechte Hand (-fläche) des Gegners (Daumenseite zu mir gekippt). Der rechte Ellenbogen des Gegners liegt in meiner linken Ellenbeuge. Mit meinen Händen halte ich den rechten Arm des Gegner auf Abstand zu mir, drehe meine Hände zu mir und drücke mit meinen Handballen voran die rechte Hand des Gegners nach unten und schiebe mit meinem(r) linken Arm/Hand (Ellenbogen voran) den rechten gesteckten Arm des Gegners in einem schwingenden Bogen von unten über die Körpermitte des Gegners nach links oben in dessen rechte Schulter (bildlich: schaukeln eines Babys). Dazu setze ich meinen rechten Fuß einen Schritt nach vorn und drehe meinen Oberkörperdrehung nach links.

Jacken-Fassen (normal) = **Arm-/Schulter-Hebel 4**
Ich setze meinen rechten Fuß einen Schritt zurück und führe den rechten gesteckten Arm des Gegners wieder waagerecht mit etwas Abstand vor meine Brust. Ich löse meine linke Hand, klappe meinen linken Unterarm von mir weg nach vorn und ziehe ihn unter dem rechten

Arm des Gegners zu mir. Dann spanne ich den Gegner wie folgt auf: Mit meiner rechten Hand halte ich den nahezu gestreckten rechten Arm des Gegners weiter an dessen Handgelenk (Unterseite oben) von oben (Zangen-Griff, zwischen meiner Handfläche und seinem Handgelenk ist Luft) in der Waagerechten und setze den Zeigefinger meiner senkrecht stehenden linken Hand (Daumenseite, Handrücken links, Daumen weg geklappt) von unten am rechten Ellenbogen des Gegners an. Dann (über-)drehe ich mit meiner rechten Hand das rechte Handgelenk des Gegners zu mir (Gas geben), setze meinen rechten Fuß einen Schritt nach vorn und schiebe meinen linken Unterarm vom Zeigefinger bis zur Ellenbeuge durch, stelle ihn zur Senkrechte auf, klappe ihn dann nach links und fasse bei gestrecktem linken Arm mit meiner linken Hand das linke Revers des Gegners (Finger innen, Daumen auf dem Jackenaufschlag). Der rechte Arm des Gegners liegt in meiner linken Ellenbeuge, wird versteift, sein Ellenbogen kommt nach vorn (von mir weg) und der Gegner leicht ins Hohlkreuz. Ich halte den rechten Arm des Angreifers auf Abstand zu mir und überdrehe diesen zu mir, drücke aber diesen nicht nach unten.

Jacken-Fassen (Arm hinter Hüfte) **= Arm-/Schulter-Hebel 5**

Ich behalte den Hebel (mit Abstand vor meiner Brust) mit meiner rechten Hand bei und belasse meine linke Hand am linken Revers des Gegners, auch die Position meiner Füße bleibt unverändert. Ohne neu aufzuspannen, also im direkten Übergang, drehe ich meine linke Hüfte nach links hinten, um Platz zu schaffen. Mit meiner rechten Hand schwinge ich den gestreckten, aufgedrehten und über meinen linken Arm gehebelten rechten Arm des Gegners hinter meine linke Hüfte, lasse los, drehe meine linke Hüfte wieder zurück nach vorn (Hüfte auf und zu) und klemme dadurch den Arm des Gegners dahinter ein.

Nacken-Fassen (normal) **= Arm-/Schulter-Hebel 6**

Meine linke Hand noch am linken Revers des Gegners, lasse ich mit einer leichten Hüftbewegung und dem dadurch genommenen Druck den rechten Arm des Gegners wieder vor meinen Körper gleiten. Dort fasse ich mit meiner rechten Hand wieder das rechte Handgelenk (Unterseite oben) des Gegners (Zangen-Griff) und führe den rechten Arm des Gegners waagerecht mit Abstand vor meine Brust. Ich löse meine linke Hand und setze meinen rechten Fuß zunächst einen Schritt zurück, um die Spannung zu nehmen, spanne den Gegner aber gleich wieder neu auf. Dazu setze ich meinen linken Zeigefinger bei senkrecht stehender Hand (Daumenseite, Handrücken links, Daumen weg geklappt) von unten am rechten Ellenbogen des Gegners an. Dann überdrehe ich das rechte Handgelenk des Gegners zu mir (Gas geben), setze meinen rechten Fuß einen Schritt nach vorn und schiebe meinen linken Unterarm vom Zeigefinger bis zur Ellenbeuge durch, stelle ihn zur Senkrechte auf, klappe ihn nach links und fasse bei gestrecktem linken Arm mit meiner linken Hand (-fläche / Daumen an Finger angelegt) den Hinterkopf des Gegners von dessen rechter Seite. Der rechte Arm des Gegners liegt in meiner linken Ellenbeuge, wird versteift, sein Ellenbogen kommt nach vorn (von mir weg) und der Gegner leicht ins Hohlkreuz. Ich halte den rechten Arm des Angreifers auf Abstand zu mir und überdrehe diesen zu mir, drücke aber diesen nicht nach unten.

Nacken fassen (Arm hinter Hüfte) **= Arm-/Schulter-Hebel 7**

Ich behalte den Hebel (mit Abstand vor meiner Brust) mit meiner rechten Hand bei und belasse meine linke Hand hinterm Kopf des Gegners, auch die Position meiner Füße bleibt unverändert. Ohne neu aufzuspannen, also im direkten Übergang, drehe ich meine linke Hüfte nach links hinten, um Platz zu schaffen. Mit meiner rechten Hand schwinge ich den gestreckten, aufgedrehten und über meinen linken Arm gehebelten rechten Arm des Gegners hinter meine linke Hüfte, lasse los, drehe meine linke Hüfte wieder zurück nach vorn (Hüfte auf und zu) und klemme dadurch den Arm des Gegners dahinter ein.

in die **Schulter-Schieber = Arm-/Schulter-Hebel 8**

Mit einer leichten Hüftbewegung und dem dadurch genommenen Druck lasse ich den rechten Arm des Gegners wieder vor meinen Körper gleiten. Dort fasse ich mit meiner rechten Hand wieder das rechte Handgelenk (Unterseite oben) des Gegners (Zangen-Griff) und führe den rechten Arm des Gegners waagerecht mit Abstand vor meine Brust. Ich löse den Griff meiner linken Hand und setze meinen rechten Fuß einen Schritt zurück, um zunächst die Spannung zu nehmen, spanne den Gegner aber gleich wieder neu auf. Dazu setze ich meinen linken Zeigefinger bei senkrecht stehender Hand (Daumenseite, Handrücken links, Daumen weg geklappt) von unten am rechten Ellenbogen des Gegners an, schiebe meinen linken Unterarm vom Zeigefinger bis zur Ellenbeuge durch (dabei zuerst ca. 10 cm nach schräg vorn oben und dann nach links in die rechte Schulter des Gegners), stelle meinen linken Unterarm zur Senkrechte auf (damit der Arm des Gegners nicht weg kann). Parallel überdrehe ich mit meiner rechten Hand das rechte Handgelenk des Gegners zu mir (Gas geben). Der rechte Arm des Gegners liegt in meiner linken Ellenbeuge, ist versteift, sein Ellenbogen hat sich nach vorn gedreht (von mir weg) und der Gegner leicht ins Hohlkreuz. Ich drehe meine linke Hüfte nach links hinten, um Platz zu schaffen. Mit meiner rechten Hand schwinge ich den gestreckten, aufgedrehten und über meinen linken Arm gehebelten rechten Arm des

Gegners hinter meine linke Hüfte, lasse los, drehe meine linke Hüfte wieder zurück nach vorn (Hüfte auf und zu) und klemme dadurch den rechten Arm des Gegners dahinter ein. Ich setze meinen rechten Fuß in einem großen Bogen nach links vor den Gegner (Angesicht zu Angesicht) und ziehe meinen linken Fuß leicht nach, gehe dabei leicht in die Hocke und stemme meinen rechten Arm mit Schwung nahezu gestreckt von unten nach oben in seine rechte Schulter, meine Hand fasst im Kamm-Griff. Während sich mein rechter Arm nach oben an meiner linken Hand vorbei schiebt, fasse ich mit dieser (Kamm-Griff) meinen rechten Unterarm nahe der Ellenbeuge. Mit doppelten Kippbewegungen (meine rechte Hand schiebe ich mit den Fingern nach vorn über/hinter seine rechte Schulter, meine linke Hand schiebe ich mit den Fingern nach rechts über meinen rechten Unterarm (bildlich: beidseitiges Gas weg nehmen) versteife ich seinen rechten Arm.

(Stand auf Rücken)
leicht **gehockter Hebel** (hinter meiner linken Achsel) **= ASH 9**
Griff-technisch bei der vorherigen Technik bleibend, richte ich mich aus der Hocke auf und spanne dadurch den Gegner nach hinten auf (Hohlkreuz). Dann drehe ich mich mit meinem(r) linken Fuß/Schulter voran um 90 Grad nach links hinten, drehe den Gegner mit und bringe ihn mit dem Rücken zu Boden (sein Kopf links von mir). Im rechten Winkel an der rechten Körperseite des Gegners stehend, ziehe ich den noch hinter meiner linken Achsel eingeklemmten rechten Arm des Gegners nach oben und den Gegner dadurch auf dessen linke Körperseite. Ich neige mich erst leicht nach vorn und stütze mein linkes Knie (Zehenspitzen-Stand) auf die rechte Halsseite des Gegners, während ich meinen rechten Fuß (-spann) von hinten leicht unter die linke Körperseite des Gegners (Höhe Rippen) schiebe (verhindert ein Zurückkippen des Gegners auf den Rücken) und lehne mich dann nach hinten (Hohlkreuz), verstärke mit beiden Händen den Druck (Gas wegnehmen) und ziehe den Gegner in seiner Seitenlage nach oben.

leicht **gehockter Hebel** (über meinem rechten Oberschenkel) **= Arm-/Schulter-Hebel 10**
Ich löse meine linke Hand, ziehe meine rechte Hand am rechten Arm des Gegners zurück zu mir und fasse mit ihr (Zangen-Griff) das rechte Handgelenk des Gegners (Unterseite), führe dessen rechten Arm vor meinem Körper nach rechts, überdrehe das rechte Handgelenk des Gegners zu mir (Gas geben) und drücke seinen rechten gestreckten Arm (Ellenbogen voran = Hebel-Kontakt-Punkt, seine Handfläche oben) über meinen rechten Oberschenkel nach unten.

leicht **gehockter Hebel** (vor meinem rechten Knie) **= ASH 11**
Ich lockere den Hebel und schiebe mit meiner rechten Hand (Zangen-Griff an seinem Handgelenk) den gestreckten rechten Arm des Gegners vor mein rechtes Knie, drehe meine rechte Hand nach vorn (Gas wegnehmen) und ziehe den gestreckten rechten Arm des Gegners mit dessen Ellenbogen voran (dieser befindet sich rechts von meinem Knie, seine Handfläche vorn) gegen/um mein rechtes Knie herum zu mir.

Hand-Treter / Z-Hebel = Arm-/Schulter-Hebel 12
Ich lockere den Hebel, überdrehe mit meiner rechten Hand das rechte Handgelenk des Gegners so weit nach vorn (Gas wegnehmen), dass sein rechter Arm nach oben einknickt (Ellenbogen oben, Handrücken oben) und führe seinen rechten (Unter-)Arm vor seinem rechten (Ober-) Arm nach links. Ich richte mich aus der leichten Hocke auf, setze meinen linken Fuß einen Schritt hinter dem Kopf des Gegners entlang (in Richtung seiner linken Schulter) und ziehe meinen rechten Fuß nach. Der Gegner dreht sich auf seine linke Körperseite. Währenddessen übernehme ich mit meiner linken Hand sein rechtes Handgelenk (Unterseite) und schiebe mit meiner rechten Hand am rechten Ellenbogen des Gegners mit, lege dann die rechte Hand des Gegners (Handrücken voran, sein Arm angewinkelt, seine Fingerspitzen links von ihm weg) neben dessen linker Körperseite auf den Boden und drücke mit meiner rechten Hand seinen rechten Ellenbogen (oben) nach unten (seine Hand und sein Oberarm waagerecht, sein Unterarm senkrecht zum Boden, bildlich: Buchstabe Z). Beide Hände/Arme des Gegners sind blockiert, der rechte im Z-Hebel und der linke, weil er noch vom Fallen dort lag und sich der Gegner nun darauf rollen musste.

Leistenstreck-Hebel mit meinem linken Bein **= A/S-Hebel 13**
Ich fasse mit beiden Händen das rechte Handgelenk des Gegners, gehe zurück neben die (im rechten Winkel zur) rechte Körperseite des Gegners (mein Oberkörper gerade) und führe den rechten Arm des Gegners mit. Dann schiebe ich meinen rechten Fuß unter seine rechte Körperseite (verhindert ein Wegdrehen des Gegners), schwinge/strecke mein linkes Bein über die/der Brust des Gegners, setze mich rückwärts auf den Boden und rutsche dabei mit meinem Gesäß ganz dicht an die rechte Körperseite des Gegners. Mit beiden Händen ziehe ich den rechten Arm des Gegners in die Streckung, lehne meinen Oberkörper dabei nach hinten und hebele den gestreckten rechten Arm des Gegners (Ellenbogen unten) über meine rechte Leiste, hebe mein Gesäß an und drücke mein linkes Bein (Wade) auf den Hals des Gegners.

Leistenstreck-Hebel mit beiden Beinen **= A/S-Hebel 14**

Ich komme mit meinem Oberkörper wieder nach oben (sitze), schwinge und strecke auch mein rechtes Bein auf/über die/der Brust des Gegners und halte den Gegner dann, indem ich meine Beine (parallel liegend) auf dessen Brust drücke. Ich lehne meinen Oberkörper wieder nach hinten und hebele mit beiden Händen den rechten Arm des Gegners (Ellenbogen unten) über meine rechte Leiste und hebe mein Gesäß an.

meinen **rechten Fuß in** seiner **Achsel = A/S-Hebel 15**

Ich komme mit meinem Oberkörper wieder nach oben (sitze), rutsche mit meinem Gesäß (das rechte Handgelenk des Gegners mit meiner rechten Hand weiter haltend) von der rechten Körperseite des Gegners weg und nehme erst mein linkes Bein vom Gegner runter in den einseitigen Judo-Sitz (sichert mich gegen Umfallen nach hinten), dann mein rechtes Bein in den einseitigen Schneider-Sitz (das Knie berührt den Boden nicht). Mit beiden Händen führe ich den gestreckten rechten Arm des Gegners (Blick auf seinen Handrücken) in einem Halbkreis (Nordhalbkugel) von rechts nach links und öffne damit die rechte Achsel des Gegners, in die ich meine(n) rechte(n) Fuß (-kante, Kleinzehenseite) stemme. Dann führe ich den rechten Arm des Gegners vor meinem Bauch nach rechts in die Streckung und fasse mit meiner rechten Hand sein rechtes Handgelenk von oben (Innenseite, Zangen-Griff), überdrehe dieses zu mir (Gas geben) und klemme den gestreckten rechten Arm des Gegners (so unter Spannung stehend) hinter (rechts neben) mein rechtes Knie (sein rechter Arm ist fest, seine Handfläche zu mir, seine Fingerspitzen rechts, sein Ellenbogen unten).

Zehenspitzen-Kralle mit links = Arm-/Schulter-Hebel 16

Position/Hebel haltend, führe ich meinen linken Fuß unter meinem(r) angewinkelten leicht gekippten rechten Bein/Kniekehle (Knie oben) nach rechts, kralle mit meinen Zehenspitzen das rechte Handgelenk des Gegners und drücke dieses nach unten. Ich halte den Hebel also nur mit meinem linken Fuß, lehne meinen Oberkörper in der sitzenden Position nach hinten und stütze mich mit beiden Händen hinter mir ab.

ihn am Kopf mit **Armstreck-Hebel vom Rücken auf den Bauch drehen = Arm-/Schulter-Hebel 17**

Ich komme mit meinem Oberkörper wieder nach oben (sitze), fasse, führe und drehe mit beiden Händen die rechte Hand des Gegners vor meine Körpermitte (Blick in seine Handfläche, seine Fingerspitzen oben). Ich lege mein linkes Bein angewinkelt auf den Boden (einseitiger Schneidersitz, Knie links) und führe mein rechtes Bein angewinkelt von rechts nach links über den rechten Arm des Gegners hinweg und dann meinen rechten Fuß (-spann, Zehenspitzen voran) hinter/unter den Kopf des Gegners (rechte Seite). Mit meiner linken Hand fasse ich die rechte Hand des Gegners von links (Kleinfingerseite) und mit meiner rechten Hand von rechts (Daumenseite), schaue in deren Handfläche, ziehe den rechten Arm des Gegners (mein Steuerknüppel) auf mich zu in die Streckung und „werfe“ meinen Oberkörper mit Schwung nach 45 Grad links hinten. Gleichzeitig drücke ich mich mit meinem linken Bein vom Boden ab (Spiralfeder), schwinge mein rechtes Bein (Knie voran) nach oben und hebe den Gegner von unter'm Kopf in die sitzende Position an. Dabei drehe ich mich auf meinem Gesäß um 90 Grad nach rechts, wodurch der Gegner sich auf den Bauch dreht/kippt. Mein linkes Bein ziehe ich auf den rechten (Ober-) Arm des Gegners nach und schlinge es dann im halben Schneidersitz (Knie links) von der rechten Schulter des Gegners her um dessen rechten Arm. Mein rechtes Bein liegt unter seinem rechten Arm auf dem Boden (Gegenlager). Ich führe den gestreckten rechten Arm des Gegners im Bogen von rechts unten nach links oben vor meine linke Schulter, umschlinge mit meinem linken Arm (Ellenbeuge) von links den rechten Ellenbogen (vorn) des Gegners, ziehe diesen zu mir / gegen meine linke Schulter und fasse mit meiner rechten Hand (-fläche) von rechts auf meine(n) linke(n) Hand (-rücken). Unterstützend lehne ich meinen Oberkörper nach links vorn.

halber **Schneider-Sitz = Arm-/Schulter-Hebel 18**

Ich lehne meinen Oberkörper leicht nach hinten und stütze mich mit meiner linken Hand nach hinten ab, löse so den Druck meiner(s) linken Schulter/Beines auf den senkrecht gestreckten rechten Arm des auf dem Bauch liegenden Gegners, lasse diesen einknicken und in meinen Schoß gleiten. Mit meiner rechten Hand drehe ich den rechten Arm des Gegners mit der Handfläche zu mir und knicke diesen dadurch weiter ein. Mit meinem linken Bein im halben Schneidersitz und nun mit beiden Händen nach hinten abgestützt, drücke ich mich vom Boden ab, bis mein Gesäß vom Boden abhebt / sich mein Oberkörper nach vorn neigt.

halber **Schneider-Sitz** (Bank über seinem Rücken) **= ASH 19**

Ich halte den Hebel und rutsche in gleicher Stellung mit meinem Gesäß in einer Körperdrehung nach rechts über den Rücken des Gegners, als wolle ich mich auf eine Bank setzen (aber nicht absetzen).

halber **Schneider-Sitz** mit Scheren-Schnitt **= A/S-Hebel 20**

Ich setze mich zurück auf den Boden und das parallel zur rechten Körperseite des mit dem Bauch liegenden Gegners (Blickrichtung zu seinem Kopf), strecke den rechten Arm des Gegners (Ellenbogen oben und frei), der zwischen meinem rechten Bein (unten) und meinem linken

Bein (oben) eingeklemmt ist, nach rechts über meinen rechten Oberschenkel und drücke mein linkes Bein (Oberschenkel) nach unten, strecke also beide Beine (bildlich, als seien die Beine die Schere und der Arm des Gegners der zu schneidende Stock (Scher-Bewegung).

großer Onkel (Knie-Fuß) **= Arm-/Schulter-Hebel 21**

Mit meiner rechten Hand (Zangen-Griff) fasse ich das rechte Handgelenk (Unterseite) des auf dem Bauch liegenden Gegners und drehe es nach vorn (Gas weg nehmen, seine Handfläche dann oben), fixiere seinen Handrücken am Boden (sein gestreckter rechter Arm weiter im rechten Winkel zu seiner rechten Körperseite), winkele meine Beine nach links an (Knie links) und ziehe mein linkes Bein vom rechten Arm des Gegners herunter sowie mein rechtes Bein unter dessen rechtem Arm hervor. Ich gehe vor dem rechten Arm des Gegners (Blickrichtung zu dessen Kopf) in die Hocke, schiebe meinen rechten Fuß (-spann) unter den rechten Handrücken des Gegners (Handfläche oben), belaste mit meinem linken Knie den rechten Ellenbogen (oben) des Gegners und hebe meinen rechten großen Zeh an.

großer Onkel (Fuß/Fuß) **= Arm-/Schulter-Hebel 22**

Ich stehe auf, halte vorübergehend mit meiner rechten Hand den gestreckten rechten Arm des auf dem Bauch liegenden Gegners (Handfläche oben) am Boden, trete (freihändig stehend) mit meinen linken Fuß auf den rechten Ellenbogen des Gegners (oben) und hebe meinen rechten großen Zeh unter dessen rechtem Handrücken an.

großer Geh-Stock (Leer-Lauf) **= Arm-/Schulter-Hebel 23**

Ich gehe gerade in die Hocke, fasse mit meiner rechten Hand (Zangen-Griff) das rechte Handgelenk (dessen oben befindliche Unterseite, weil Handfläche oben) und führe den gestreckten rechten Arm des auf dem Bauch liegenden Gegners von rechts nach links vor meinem Körper entlang und dann an der rechten Körperseite des Gegners nach oben. Kurz vor der Senkrechtstellung des rechten Arms des Gegners übernehme ich mit meiner linken Hand die rechte Hand des Gegners und fasse diese in ihrer Überdreht-Stellung von oben [jetzt vom Handgelenk her auf den Handrücken (oben), seine Fingerspitzen und sein Ellenbogen zu seinem Kopf, mein Daumen an seiner Kleinfingerseite, meine Finger zwischen Daumen und Zeigefinger an seiner Daumenseite], drücke die waagerechte rechte Hand des Gegners in Richtung Boden sowie den gestreckten rechten und senkrecht stehenden Arm des Gegners damit in dessen rechte Schulter. Meinen linken Fuß schiebe ich dicht an die rechte Körperseite/Schulter des Gegners, lehne mein linkes Knie gegen dessen rechten Arm und drücke leicht diagonal in Richtung Rücken/Kopf des Gegners. Meinen rechten Fuß setze ich einen Schritt nach vorn und ziehe meine gedrehte rechte Faust (Handfläche oben) an meine rechte Hüfte.

1. Gang = Arm-/Schulter-Hebel 24

In der gleichen Stellung drücke ich den rechten Arm des Gegners erst nach unten und dann diagonal nach vorn zum Kopf des Gegners. Dabei drehe ich den Gehstock, also die Hand des Gegners, mit nach links.

2. Gang = Arm-/Schulter-Hebel 25

In der gleichen Stellung schalte ich zunächst in den Leerlauf zurück und drücke den rechten Arm des Gegners erst nach links in Richtung Rückenmitte des Gegners und dann nach vorn zum Kopf des Gegners.

Arm-Streck-Klemme (mein linker Fuß unter seinem Kopf, Festlege-Technik 1) **= Arm-Schulter-Hebel 26**

Ich fasse mit meiner rechten Hand das rechte Handgelenk des auf dem Bauch liegenden Gegners von rechts, rutsche dann mit meiner linken Hand nach links vom rechten Handrücken des Gegners zu dessen Kleinfingerseite und fasse diese (mein Daumen auf seinem Handrücken, seine Fingerspitzen zu seinem Kopf). Mit beiden Händen ziehe ich den rechten Arm des Gegners nach oben, wodurch sich die rechte Oberkörperseite des Gegners vom Boden abhebt. Ich schlinge mein linkes Bein von links über dessen rechte Rückenseite um dessen rechten senkrecht stehenden Arm und schiebe meinen nach links gedrehten linken Fuß (Zehenspitzen links) von rechts unter den Kopf (Nacken, rechte Halsseite) des Gegners und drehe dadurch den Kopf des Gegners nach links (alternativ kann ich den Gegner auch verbal zu dieser Kopfdrehung auffordern). Der rechte Oberarm des Gegners liegt an meiner linken Wade, sein rechter Unterarm an meinem linken Oberschenkel (Innenseite), der rechte Arm des Gegners insgesamt befindet sich mittig zwischen meinen Beinen. Ich gehe (Oberkörper aufrecht) leicht in die Hocke und setze meinen rechten Fuß im Bogen nach links soweit es geht um den Kopf des Gegners herum (sein Kopf dann zwischen meinen Beinen). Damit steht der rechte Arm des Gegners so unter Spannung, dass ich meine Hände lösen kann und diese frei sind für Schläge, Druckpunkte, Abwehr von Angriffen Dritter.

Arme-Abspreizer (Festlege-Technik 2, Boden rutschig) **= Arm-/ Schulter-Hebel 27**

Will ich sicher gehen und deshalb beide Arme des Gegners fixieren, dann löse ich beintechnisch die Festlege-Technik 1 durch Zurückgehen neben die rechte Körperseite des auf dem Bauch liegenden Gegners (Blickrichtung zu dessen Kopf). Von dort gehe ich erneut mit meinem rechten Fuß voran um 180 Grad nach links hinter den Kopf des Gegners und stehe mit beiden Beinen hinter selbigem (Blickrichtung zu den Füßen des Gegners), habe dabei mit meiner linken Hand (den Handrücken gefasst) dessen rechte Hand um 180 Grad nach links gedreht (seine Fingerspitzen zu seinen Füßen). Nun nehme ich mit meiner rechten Hand zusätzlich den linken Arm des Gegners am Handgelenk auf und führe beide Arme des Gegners im Zangen-Griff in jeweils einer gleichzeitigen Kreisbewegung knapp über dem Boden von außen nach innen in Richtung Gesäß des Gegners zusammen und trenne diese von dort nach oben außen in Richtung Kopf des Gegners wieder (bildlich: seine Arme in seinen Schultern rühren). Mein linkes Bein bleibt stehen. Mit meinem rechten Fuß steige ich nach diagonal rechts über die linke Schulter (Achsel) des Gegners und klemme durch meine Schrittstellung seinen linken Arm hinter meinem rechten Oberschenkel (Pobacke) ein und spreize ihn ab, während ich mit meiner linken Hand die rechte Hand des Gegners weiter frei halte.

Arme-Abspreizer (Festlege-Technik 3, Boden nicht rutschig) **= Arm-/ Schulter-Hebel 28**

Ich steige auch mit meinem linken Bein über und zwar nach diagonal links über die rechte Schulter (Achsel) des Gegners, lehne dann in beidseitiger Hocke meinen Oberkörper nach hinten (bildlich wie auf der Toilette sitzen) und blockiere (klemme) beide Arme des Gegners mit meinen Oberschenkeln (spreize sie dahinter ab). Meine Hände sind frei.

auf die Seite ziehen (Festlege-Technik 4) **= ASH 29**

Aus der Festlege-Technik 3 beidseitig rückwärts in den Achseln des Gegners stehend, lege ich mit meiner linken Hand den rechten Arm des Gegners im rechten Winkel zur rechten Körperseite des auf dem Bauch liegenden Gegners hinter meinem linken Bein auf den Boden. Meinen linken Fuß ziehe ich mit der Ferse rückwärts zu mir sowie gegen den gestreckten rechten (Unter-)Arm des Gegners und spanne diesen auf (vorübergehende Stabilisierung). Dann steige ich mit meinem rechten Fuß rückwärts aus der linken Achsel des Gegners und drehe mich mit meinem(r) rechten Fuß/Schulter voran um 180 Grad nach rechts hinten und setze ihn nach rechts im rechten Winkel neben (mit Blick auf) die rechte Körperseite des Gegners, dessen rechter Arm dann zwischen meinen Beinen liegt. Gleichzeitig ziehe ich mit meiner rechten Hand den noch aus der Festlege-Technik 3 gehaltenen linken Arm des Gegners rechts neben mein rechtes Bein und damit den Gegner hochkant auf seine rechte Körperseite. Ich schiebe meinen linken Fuß an den Rücken des Gegners (Kontakt) und ziehe mit meinem rechten Fuß den rechten Arm des Gegners ein Stück am Boden in Richtung seines Gesäßes, drehe mich auf der Stelle nach rechts (Schulterbreiter stabiler Stand), klemme den gestreckten linken (Unter-)Arm des Gegners vor mein rechtes Knie, schiebe dieses dann über meinen rechten Fuß hinaus nach vorn und drücke damit mein rechtes Schienbein nach vorn unten gegen den linken Arm des Gegners. Damit steht der linke Arm des Gegners unter Spannung und ich habe meine Hände frei für Schläge, Druckpunkte, Abwehr von Angriffen Dritter.

Kopf-Einhaker (Festlege-Technik 5) **= ASH 30**

Ich löse den Druck meines rechten Knies auf den linken Unterarm des Gegners, fasse diesen mit meiner rechten Hand und drehe mich mit meinem rechten Fuß voran um 180 Grad nach links, stehe dann hinter dem Kopf des auf dem Bauch liegenden Gegners (Blickrichtung zu dessen Füßen) und lege den linken Arm des Gegners an dessen linker Körperseite ab. Ich nehme mit meiner rechten Hand den linken Arm und mit meiner linken Hand den rechten Arm des Gegners jeweils am Handgelenk auf und führe beide Arme des Gegners in jeweils einer gleichzeitigen Kreisbewegung knapp über dem Boden von außen nach innen in Richtung Gesäß des Gegners zusammen und trenne diese von dort wieder nach oben außen in Richtung Kopf des Gegners (bildlich: seine Arme in seinen Schultern rühren). Zuerst steige ich mit meinem linken Bein nach diagonal links über die rechte Schulter (Achsel) des Gegners, dann mit meinem rechten Bein nach diagonal rechts über die linke Schulter (Achsel) des Gegners und blockiere (klemme) beide Arme des Gegners mit meinen Oberschenkeln (spreize sie dahinter ab). Mit meiner linken Hand lege ich den rechten Arm des Gegners wieder im 90-Grad-Winkel zur rechten Körperseite des auf dem Bauch liegenden Gegners auf den Boden. Dann richte ich mich auf, winkele/ferse mein rechtes Bein an, hake es von vorn (da ich ja analog links in der Achsel des Gegners stehe) in die Ellenbeuge des mit meiner rechten Hand in der Senkrechte gehaltenen linken Arms des Gegners ein, drehe mich auf der Stelle und auf meinem linken Fuß nach 90 Grad rechts hinten (der linke Arm des Gegners knickt ein, (ähnlich Gewinde-Dreher zum Boden rechts = Fuß-/Bein-Hebel 15, Seite 60) und bringe dadurch den Gegner auf seine rechte Körperseite. Dann schiebe ich meinen rechten Fuß unter die rechte Halsseite des Gegners (von dessen Hinterkopf her) und gehe in die Hocke. Meine Hände sind dann frei.

03. TRANSPORT- und ABFÜHR-TECHNIKEN (Kette)

gelb 2 / orange 3 / grün 4 / blau 5 / violett 6 / 1.braun 7 / 2.braun 8 / 3. braun 9 / 1.Dan 12 / 2.Dan 13 / 3.Dan 14 / 4.Dan 16 **/ 5.Dan 18 Stück**

Als Abführender steuere ich den Angreifer/Gegner. Bei der Darstellung der Techniken in einer Kette demonstriere ich, dass ein Laufen mit dem Angreifer/Gegner in sämtliche Richtungen möglich ist.

Rücken-Gleitflug (wegwischen, sein rechter Arm gestreckt) **= Abführ-Technik 1**

Der Angreifer provoziert mich, indem er mit seiner rechten Hand diagonal meine rechte Hand fasst (Guten-Tag-Sagen), sie aber nicht wieder loslässt. Also drücke auch ich wieder zu und kippe dabei meine rechte Hand leicht nach links, bleibe aber auf der Stelle stehen, da mich der Angreifer einerseits fest im Griff hat und ich ihn anderseits in dem Glauben, er sei sich seiner Situation sicher, belassen will. Um den Angreifer zu schocken, trete ich ihm mit meinem rechten Fuß in den Genitalbereich (im Training an die Innenseite seines linken Oberschenkels) und setze meinen rechten Fuß dann einen Schritt nach hinten. Ich spreize den Daumen von den Fingern meiner freien linken Hand ab und setze meine linke Hand nach rechts gedreht nahezu senkrecht (Handfläche vorn, Fingerspitzen rechts, Kleinfingerseite oben) zwischen Daumen und Zeigefinger auf die schmale Innenseite meines rechten Unterarms (oben, Nähe Handgelenk). So schiebe ich meine linke Hand von dort auf meine rechte Hand (Daumenseite) und dabei erst gegen und dann unter den rechten Daumen des Angreifers, den ich dadurch von meiner rechten Hand nach links abspreize. Ich schließe meine linke Hand, sodass meine linke Handfläche seinen rechten Daumen von der Innenseite her vollständig umschließt und biege seinen Daumen weiter nach links unten (bildlich: wegwischen), wodurch sich die rechte Hand des Angreifers öffnet (Handfläche oben). Ich rutsche mit meinem linken Daumen am rechten Daumen des Angreifers entlang nach links, bis sich meine linke Daumeninnenseite von außen im rechten Winkel zu seiner rechten Daumeninnenseite befindet (meine linke sowie seine rechte Daumenspitze unten). Ich lege meinen linken Zeigefinger auf meinen linken Mittelfinger und beide mit dem Zeigefinger voran von unten an das rechte Daumenwurzelgelenk (Übergang Daumen – Handrücken) des Angreifers. Dann drücke ich mit meinem linken Daumen das rechte obere (zur Kuppe hin) Daumenglied des Angreifers (Innenseite an Innenseite) nach vorn unten (von mir weg) und ziehe gleichzeitig mit meinem linken Zeigefinger voran den rechten Daumen des Angreifers am Daumenwurzelgelenk zu mir nach oben und setze so seinen rechten Daumen auf Spannung. Mit meiner rechten Hand rutsche ich von der rechten Handfläche des Angreifers nach rechts zu seinem rechten kleinen Finger, lege meinen rechten Zeigefinger auf meinen rechten Mittelfinger und beide mit dem Zeigefinger voran von unten an sein rechtes Kleinfingerwurzelgelenk (Übergang Finger – Handrücken). Meinen rechten Daumen (Innenseite) lege ich (von mir aus) im rechten Winkel von außen am oberen Glied (Innenseite) des rechten kleinen Fingers des Angreifers an. Dann drücke ich mit meinem rechten Daumen den rechten kleinen Finger des Angreifers nach vorn unten (von mir weg) und ziehe gleichzeitig mit meinem rechten Zeigefinger voran seinen rechten kleinen Finger am Fingergelenk zu mir nach oben und setze so seinen rechten kleinen Finger auf Spannung. Weil der Daumen sowie der kleine Finger mit den Kuppen nach unten abgespreizt sind, zeigt die rechte Hand (-fläche) des Angreifers schon fast zu mir (bildlich: Spannweite eines Vogels im Rückengleitflug). Mit beiden Hebeln schiebe ich den gesteckten rechten Arm des Angreifers nahezu in der Waagerechten im Bogen über rechts unten und die Körpermitte des Angreifers nach diagonal links oben in dessen rechte Schulter und zwinge den Angreifer so zum nach hinten Gehen. Ich laufe vorwärts und steuere ihn über seinen kleinen Finger.

2-Finger-Hebel mit links von hinten (sein Ellenbogen unten) = **Abführ-Technik 2**

Während des Laufens rutsche ich mit meinem linken Zeigefinger vom rechten Daumen des Angreifers über dessen rechten Handrücken und umfasse mit den Fingern meiner linken Hand den mit meiner rechten Hand nach vorn unten über den rechten Handrücken des Angreifers hinaus dessen abgespreizten rechten kleinen Finger. Ich biege nun mit den Fingern meiner linken Hand den rechten kleinen Finger des Angreifers und mit meinem rechten Daumen den rechten Daumen des Angreifers über dessen rechtem Handrücken nach innen aufeinander zu und gleichzeitig über den rechten Handrücken des Angreifers hinaus von den übrigen Fingern seiner Hand weg in Richtung seinem rechten Ellenbogen. Ich löse meine rechte Hand und drehe mich mit meinem(r) linken Fuß/Schulter voran um 180 Grad nach rechts (meine linke Körperseite an seiner rechten Körperseite, gleiche Blickrichtung). Meinen linken Ellenbogen drücke ich von außen unten nach schräg oben gegen den rechten Ellenbogen (unten) des Angreifers, damit dieser nicht einknickt. Meine linke Hand drehe ich nach links, hebele dadurch im Bogen zur Körpermitte des Angreifers und laufe mit dem Angreifer in die entgegengesetzte Richtung. Meine rechte Hand ist frei.

Zeige-, Mittel-, Ringfinger-Hebel mit rechts von vorn = **Abführ-Technik 3**

Während des Laufens führe ich meine rechte Hand (Handfläche oben) nach links, schiebe deren Finger von vorn (von der Handfläche des Angreifers her) zwischen die frei nach unten stehenden Zeige-, Mittel- und Ringfinger der rechten Hand des Angreifers und lasse diese Finger des Angreifers in Höhe deren vorderster Fingergelenke (Richtung Fingerkuppe) bis zum Anschlag durch meine Finger durchrutschen. Dann krümme ich die Finger meiner rechten Hand und drücke mit deren Fingerkuppen jeweils gegen das mittlere Fingergelenk von Zeige-, Mittel- und Ringfinger der rechten Hand des Angreifers. Nun löse ich meine linke Hand, drehe mich mit meinem(r) rechten Fuß/Schulter voran um 180 Grad nach links, schiebe mit meiner rechten Hand die rechte Hand des Angreifers (über die gehebelten Finger) im Bogen zu dessen rechtem Ellenbogen sowie dessen rechten Arm über rechts unten und die Körpermitte des Angreifers nach diagonal links oben in dessen rechte Schulter. Ich laufe vorwärts und schiebe den Angreifer rückwärts. Meine linke Hand ist frei.

Zeigefinger-Durchsteck-Hebel mit links von hinten = **Abführ-Technik 4**

Während des Laufens führe ich meine linke Hand (Handrücken oben) nach rechts, schiebe meinen linken Zeigefinger gestreckt zwischen Zeige- sowie Mittelfinger der rechten Hand des Angreifers (vom Handrücken zur Handfläche) hindurch und fasse mit Mittel-, Ring- und kleinem Finger meiner linken Hand den rechten Mittelfinger des Angreifers von links und mit meinem linken Daumen den rechten Zeigefinger des Angreifers von rechts, biege beide über dem rechten Handrücken des Angreifers nach innen aufeinander zu und gleichzeitig nach hinten von den übrigen Fingern weg in Richtung des rechten Ellenbogens des Angreifers. Dann löse ich meine rechte Hand, drehe mich mit meinem(r) linken Fuß/Schulter voran um 180 Grad nach rechts (meine linke Körperseite an seiner rechten Körperseite, gleiche Blickrichtung). Meinen linken Ellenbogen drücke ich dabei von außen unten schräg gegen den rechten Ellenbogen (unten) des Angreifers, damit dieser nicht einknickt. Meine linke Hand drehe ich nach links, hebele dadurch im Bogen zur Körpermitte des Angreifers und laufe mit dem Angreifer in die entgegengesetzte Richtung. Meine rechte Hand ist frei.

rechten Daumen von vorn **in** seiner **Handfläche = Abführ-T. 5**

Während des Laufens führe ich meine rechte Hand (senkrecht) nach links (Handrücken rechts), krümme meinen rechten Daumen und setze dessen Kuppe auf den Druckpunkt mittig (Tendenz nach rechts) der rechten Handfläche des Angreifers, während ich mit den übrigen Fingern meiner rechten Hand den kleinen Finger sowie den Ringfinger der rechten Hand des Angreifers von rechts umfasse und über dessen rechtem Handrücken nach vorn zum Angreifer hin von dessen übrigen Fingern weg in Richtung seinem rechten Ellenbogen biege. Nun löse ich meine linke Hand, drehe mich mit meinem(r) rechten Fuß/Schulter um 180 Grad nach links, schiebe mit meiner rechten Hand über die abgespreizten Finger des Angreifers (Gegenlager ist mein rechter Handballen) die rechte Hand des Angreifers im Bogen zu dessen rechtem Ellenbogen (unten) sowie dessen rechten gestreckten Arm über rechts unten und die Körpermitte des Angreifers nach diagonal links oben in dessen rechte Schulter. Ich laufe vorwärts und schiebe den Angreifer rückwärts. Meine linke Hand ist frei.

Jackenfassen normal (Arm-/Schulter-Hebel 4, S. 36) **= Abführ-Technik 6** (Technik-Wechsel während des Laufens, ich laufe in die gleiche Richtung (vorwärts) weiter und schiebe den Angreifer rückwärts)

Brust-Hebel (rückwärts laufen) = Abführ-Technik 7

Ich halte mit meiner rechten Hand (Zangen-Griff) den rechten Arm des Angreifers am Handgelenk, löse meine linke Hand, klappe meinen linken Unterarm über die Senkrechte nach links auf die rechte Schulter des Angreifers, führe meinen linken Arm von dort um den Kopf/Hals des Angreifers (linke Seite) herum und ziehe mein linkes Handgelenk (Außenseite, Handrücken zu mir) quasi rückwärts gegen den Hals (Vorderseite) des Angreifers. Mit meiner rechten Hand im Zangen-Griff am rechten Handgelenk des Angreifers überdrehe ich dessen rechten Arm weiterhin auf mich zu (Gas geben) und ziehe diesen gleichzeitig waagerecht zum Boden um die rechte Seite meiner Brust in die Streckung (Kontakt-/Hebelpunkt ist sein Ellenbogen, während mindestens sein Unterarm nach seitlich rechts übersteht). Mit meinem rechten Fuß voran gehe ich nach hinten im Kreis, damit der rechte Arm des Angreifers gestreckt bleibt und ziehe dabei meine Hände zu mir nach hinten, wodurch der Angreifer an meiner Brust anliegt/anlehnt.

Pistolen-Hand = Abführ-Technik 8

Ich halte mit meiner rechten Hand (Zangen-Griff) den rechten Arm des Angreifers am Handgelenk, löse meine linke Hand vom/vorm Hals des Angreifers und ziehe meinen linken Arm über die linke Schulter des Angreifers und hinter dessen Rücken zu mir. Ich spreize den Daumen von den Fingern meiner linken Hand (Handrücken links) senkrecht (Kuppe oben) ab, setze meinen linken Zeigefinger von unten am rechten Ellenbogen des Angreifers an und schiebe ihn solange unterm seinem rechten Ellenbogen waagerecht nach vorn, bis sein Ellenbogen an meinem linken Daumen anliegt. Mit meiner rechten Hand (Zangen-Griff) am rechten Handgelenk des Angreifers (über-)drehe ich dessen rechten Arm weiterhin zu mir (Gas geben), halte diesen waagrecht nach rechts gestreckt nun mit Abstand vor meiner Brust und schiebe den Angreifer mittels des Drucks am Ellenbogen nach vorn. Wir laufen, ich hinter seinem rechten Unterarm, meine linke Körperseite an seiner rechten Körperseite (gleiche Blickrichtung) nach vorn.

Hebel über`n Nacken „Hüfte von hinten“**= Abführ-Technik 9**

Während des nach vorn Laufens setze ich meine Schritte wieder weiter nach links zum Angreifer, löse dabei meine linke Hand, fasse mit dieser um den Rücken des Angreifers herum den linken Ellenbogen des Angreifers von links außen und ziehe diesen an die linke Körperseite des Angreifers (bildlich: von hinten um die Hüfte fassen). Gleichzeitig hebe ich den mit meiner rechten Hand am rechten Handgelenk (Zangen-Griff) auf mich zu überdrehten rechten Arm des Angreifers (Gas geben) über meinen Kopf, lege ihn von links nach rechts gestreckt quer (Ellenbogen unten = Hebelpunkt) über meinen Nacken und ziehe diesen über meine rechte Schulter nach unten.

Hebel einarmig **über** meine rechte **Schulter = Abführ-T. 10**

Während des nach vorn Laufens löse ich meine linke Hand, ziehe meinen linken Arm hinter dem Rücken des Angreifers zu mir, gehe mit meinem linken Fuß voran nach diagonal links vor den Angreifer und laufe dort weiter. Mit meiner rechten Hand führe ich den gestreckten und überdrehten rechten Arm des Angreifers (Zangen-Griff) von rechts nach links mit, bis dieser im rechten Winkel zum Angreifer (und zu mir) waagerecht zum Boden auf meiner rechten Schulter liegt. Ich fasse mit meiner linken Hand von links (versetzt, drüber oder drunter) zu meiner rechten Hand das rechte Handgelenk des Angreifers, ziehe mit beiden Händen den Angreifer an meinen Rücken und dann dessen rechten Arm über meine rechte Schulter (Ellenbogen unten = Hebelpunkt) nach unten, während ich dessen rechte Hand mit meiner rechten Hand weiter (jetzt nach rechts außen) überdrehe.

Hebel über meine beiden **Schultern** beidarmig **= Abführ-T. 11**

Während des nach vorn Laufens (ich ziehe den Angreifer an meinen Rücken gezogen hinter mir her) fordere ich den Angreifer verbal auf, mir seinen linken Arm (Ellenbogen unten) auf meine linke Schulter zu geben, damit ich nicht seinen rechten Arm über meine rechte Schulter (aus Technik 11) breche. Ich löse meine linke Hand, fasse nun von links das linke Handgelenk des Angreifers [Unterseite (oben), Daumenseite, Zangen-Griff], überdrehe mit beiden Händen beide Arme des Angreifers nach außen und ziehe diese (Ellenbogen unten = Hebelpunkte) über meine Schultern nach unten (links-links, rechts-rechts).

Hebel über meine linke **Schulter** beidarmig **= Abführ-T. 12**

Während des nach vorn Laufens (ich ziehe den Angreifer an meinen Rücken gezogen hinter mir her) hebe ich mit meiner rechten Hand den gestreckten und nach rechts außen überdrehten rechten Arm des Angreifers von rechts nach links über meinen Kopf hinweg und lege diesen auf den gestreckten und mit meiner linken Hand nach links außen überdrehten sowie gleichzeitig über meine linke Schulter gehebelten linken Arm des Angreifers (rechter Ellenbogen auf linke Ellenbeuge). Während ich mit meiner linken Hand (Zangen-Griff) den linken Arm des Angreifers weiter nach links außen und mit meiner rechten Hand (Zangen-Griff) den rechten Arm des Angreifers weiter nach rechts außen aufdrehe, ziehe/hebele gleichzeitig beide Arme des Angreifers über meine linke Schulter nach unten.

Hebel über`n Nacken „Hüfte von vorn" **= Abführ-Technik 13**

Während des nach vorn Laufens (ich ziehe den Angreifer an meinen Rücken gezogen hinter mir her) hebe ich mit meiner rechten Hand den nach rechts überdrehten rechten Arm des Angreifers an dessen Handgelenk (Zangen-Griff) hoch und ziehe mit meiner linken Hand seinen linken Arm darunter hervor von meiner linken Schulter. Ich fasse nun mit meiner linken Hand das rechte Handgelenk (Kleinfingerseite) des Angreifers von links (Zangen-Griff), überdrehe es weiter nach rechts (Gas wegnehmen) und löse meine rechte Hand. Ich drehe mich mit meinem(r) linken Fuß/Schulter voran um 180 Grad nach links (Angesicht zu Angesicht, aber links versetzt neben seine rechte Körperseite) und lege dessen rechten Arm von rechts nach links waagerecht über meinem Nacken. Während ich mit meiner linken Hand seinen rechten Arm aufdrehe (nach vorn! Gas wegnehmen), ziehe ich diesen (Ellenbogen unten = Hebelpunkt) über meine linke Schulter nach unten. Mit meiner rechten Hand fasse ich um den Bauch des Angreifers herum seinen linken Ellenbogen von rechts und ziehe diesen an seine linke Körperseite (bildlich: von vorn um die Hüfte fassen).

Arme baumeln (seitwärts laufen) **= Abführ-Technik 14**

Während des nach vorn Laufens überdrehe ich mit meiner linken Hand (Zangen-Griff) weiter das rechte Handgelenk des Angreifers nach vorn (Gas wegnehmen) und drehe mich mit meinem(r) rechten Fuß/Schulter voran um 270 Grad nach links quasi um rechten Arm des Angreifers herum, bis ich im rechten Winkel zum Angreifer hinter dessen Rücken (seine rechte Körperseite) stehe. Mit meiner linken Hand führe ich den rechten Arm des Angreifers senkrecht hinter seinem Rücken nach unten und schiebe meinen rechten Arm mit Schwung zwischen dem rechten Arm des Angreifers und dem Rücken des Angreifers nach links in Richtung dessen linker Körperseite, umfasse dort mit meiner rechten Hand (Fingerspitzen links, Handrücken rechts) den linken Arm des Angreifers (Höhe Ellenbogen), ziehe seinen linken Arm zu seiner Rückenmitte und so seine beiden Arme aneinander. Die „baumelnden" Arme des nun im Hohlkreuz stehenden Angreifers schiebe ich mit rechts hinter dem Rücken des Angreifers nach oben in dessen Schultern und laufe gerade, während er seitlich rückwärts laufen muss.

Kreuzfessel-Griff = Abführ-Technik 15

Ich stoppe das Laufen, löse meine rechte Hand, ziehe sie zwischen Rücken und Armen des Angreifers zurück zu mir und bleibe mit meinem abgespreizten rechten Daumen (Außenseite) rückwärts in seiner rechten Ellenbeuge hängen. Gleichzeitig klappe ich meinen linken Daumen in meine linke Handfläche, setze meinen linken Zeigefinger (Handfläche oben) von rechts außen (von vor meinem Bauch) an das rechte Handgelenk (Außenseite) des Angreifers und während ich nun mit meinem linken Zeigefinger den rechten (Unter-)Arm des Angreifers hinter dessen Rücken nach oben schiebe, ziehe ich mit meinem rechten Daumen seinen rechten Ellenbogen auf mich zu und sein rechter Arm knickt ein. Dabei rutsche ich mit meinem linken Unterarm (von) unter seinem eingeknickten rechten Unterarm auf seinen rechten Oberarm und fasse mit meiner linken Hand nahe dem Ellenbogen (Kamm-Griff). Der rechte Unterarm des Angreifers liegt in meiner linken Ellenbeuge (fixiert/geklemmt). Mit meiner rechten Hand (-fläche) fasse ich auf meine(n) linke(n) Hand (-rücken) und mit beiden Händen führe ich den rechten Arm des Angreifers schwungvoll nach vorn, dann nach rechts vor meinen Bauch und wieder nach links hinten. Der Angreifer kommt aus dem Gleichgewicht. Ich klemme den rechten Arm des Angreifers mit dem Ellenbogen hinter meine linke Hüfte (öffnen/schließen) und drücke den rechten Arm des Angreifers mit meiner linken Hand weiter nach unten. Mit meiner rechten Hand fasse ich diagonal über den Hinterkopf des Angreifers dessen Kinn und ziehe dessen Kopf mit dem Kinn voran nach links oben (Blick auf seine linke Gesichtshälfte).

Kreuzfessel-Griff-Welle = Abführ-Technik 16

Ich löse meine rechte Hand vom Kinn des Angreifers und lege sie wieder auf meine(n) linke(n) Hand (-rücken) (noch im Kamm-Griff in der rechten Ellenbeuge auf dem rechten (Ober-)Arm des Angreifers). Ich kippe meinen angewinkelten linken Arm mit dem Ellenbogen voran circa 10 Zentimeter nach oben und drücke gleichzeitig mit meinen Händen den rechten (Ober-)Arm des Angreifers nach unten (Welle), wodurch sich die Oberkörperbeuge des Angreifers verstärkt. Sobald ich beginne zu laufen, geht der Angreifer zu Boden. Liegt der Angreifer auf dem Bauch, führe ich in derselben Position meinen angewinkelten linken Arm etwas nach vorn über seine rechte Schulter und kippe meinen linken Arm (Ellenbogen voran) wieder um circa 10 Zentimeter nach oben. Der Angreifer zuckt ein Mal, hebt sein Gesäß und presst seinen Kopf auf den Boden, er ist fest (Pause). Ich führe meinen angewinkelten linken Arm wieder ein Stück zurück (zu mir) und kippe ihn (Ellenbogen voran) ein weiteres Mal circa 10 Zentimeter nach oben. Der Angreifer muss über die Wangen-Rutsche und den Vierfüßler-Stand aufstehen. Ich halte den Angreifer noch immer im Kreuzfessel-Griff.

Hunde-Leine = Abführ-Technik 17

Ich bleibe stehen, halte den Angreifer weiter im Kreuzfessel-Griff, kippe meinen angewinkelten linken Arm mit dem Ellenbogen voran jetzt circa 20 Zentimeter nach oben und drücke gleichzeitig mit meinen Händen den rechten (Ober-)Arm des Angreifers kräftig nach unten (Welle). Der Angreifer muss in den Vierfüßler-Stand. Mit meiner rechten Hand fasse ich die/den rechte(n) Hand (-rücken) des Angreifers (mein Daumen zwischen seinem Daumen und Zeigefinger, meine Finger von seiner Kleinfingerseite in seine Handfläche), entschlängele meine linke Hand und stelle mit beiden Händen die/den rechte(n) Hand/Arm des Angreifers über dessen rechter Schulter senkrecht (seine Fingerspitzen oben), überdrehe mit beiden Händen die rechte Hand des Angreifers nach rechts und führe gleichzeitig den rechten Arm des Angreiders im Bogen nach rechts bis über die rechte Schulter des Angreifers hinaus nach vorn. Dann nur noch mit meiner linken Hand (-fläche) von links die rechte Hand (-fläche) des Angreifers gefasst drehe ich mich um 90 Grad nach rechts und führe den Angreifer bei derselben Vorspannung im Vierfüßler-Stand weiter.

Kreuzfessel-Griff (ihn rückwärts schieben) **= Abführ-T. 18**

Ich spreize den Daumen von den Fingern meiner rechten Hand ab, führe meinen rechten Arm nach diagonal links, setze meine rechte Hand (Handfläche zum Hinterkopf des Angreifers) wie eine Gabel von oben auf den Nacken des in Oberkörperbeuge stehenden Angreifers und drücke den Angreifer weiter nach unten. Ich drehe mich mit meinem(r) rechten Fuß/Schulter voran um 180 Grad nach links und stehe mit meiner rechten Körperseite an der rechten Körperseite des Angreifers in entgegengesetzter Richtung. Ich löse meine linke Hand, rutsche mit ihr

(Ellenbeuge) am rechten Arm des Angreifers nach unten (sein rechter Arm knickt ein) und fasse (quasi von vorn unter seiner rechten Achsel) auf dessen rechte Schulter (meine linker Arm waagerecht. Mit beiden Händen schiebe ich den Angreifer rückwärts.

Haar-Zug nach hinten = **Abführ-Technik 19**

Ich rutsche mit meiner linken Hand nach links und fasse von hinten mittig in den Kragen des Angreifers. Dabei laufe ich schneller vorwärts als ich den Angreifer rückwärts schiebe, drehe mich während des quasi Überholvorgangs (nach hinten) nach rechts und stehe nun mittig hinter dem Angreifer (gleiche Blickrichtung). Ich löse meine rechte Hand am Nacken des Angreifers und ziehe mit meiner linken Hand den Angreifer nach hinten oben, bis der Angreifer wieder aufrecht steht. Dann fasse ich mit meiner rechten Hand von hinten in die Haare des Angreifers und trete ihm mit meinem linken Knie in den Rücken, sodass dieser ins Hohlkreuz kommt. Mit meiner rechten Hand im Haar und mit meiner linken Hand mittig am Kragen des Angreifers schiebe ich diesen in der Hohlkreuzlage nach vorn. Die Arme des Angreifers hängen/baumeln nach hinten unten.

durch die Beine = Abführ-Technik 20

Mit meiner rechten Hand fasse ich das rechte Handgelenk des Angreifers, laufe nun etwas schneller als der Angreifer und während des quasi Überholvorgangs (nach vorn) führe ich den rechten Arm des Angreifers vor dessen Körpermitte (Handrücken oben), von dort gestreckt und mit Schwung von vorn nach hinten durch die Beine des Angreifers. Mit meiner linken Hand übernehme ich den rechten Arm des Angreifers hinter dessen Gesäß, fasse das rechte Handgelenk, überdrehe es und den rechten Arm des Angreifers (Gas wegnehmen) und ziehe diesen von innen unten nach oben außen (sein Ellenbogen voran) gegen den rechten Oberschenkel (Innenseite) des Angreifers auf mich zu. Der Angreifer kommt dadurch in die Oberkörperbeuge und muss auf dem linken Bein hüpfen, da sich sein rechtes Bein zunehmend nicht mehr am Boden befindet. Mit meiner rechten Hand fasse ich diagonal über den Hinterkopf des Angreifers dessen Kinn und ziehe dessen Kopf mit dem Kinn voran nach links oben, sodass die linke Gesichtshälfte zu sehen ist.

04. FUSS- und BEIN-HEBEL (Kette)

gelb 2 / orange 4 / grün 6 / blau 7 / violett 8 / 1.braun 9 / 2.braun 10 / 3.braun 11 / 1.Dan 12 / 2.Dan 13 / 3.Dan 14 / 4.Dan 16 / **5.Dan 18 Stück**

Entweder stehe ich und der Gegner liegt mir auf dem Rücken gegenüber (sein Kopf ist das am weitesten von mir entfernte Körperteil) oder der Gegner steht mir (Angesicht zu Angesicht) schulterbreit gegenüber und ich muss ihn erst auf den Rücken zu Fall bringen mit **Morote-Gari** [Hand-/Schulterwurf 1, Seite 104 **(ohne Zählung)]**

Fuß-Achsel-Klemm-Hebel (beide Beine) **= Fuß-/Bein-H. 1**

Ich halte oder fasse mit meiner linken Hand von links hinten das rechte Hosenbein des Gegners und mit meiner rechten Hand von rechts hinten dessen linkes Hosenbein (jeweils Höhe Wade), ziehe sein rechtes Bein an meiner linken Hüfte und sein linkes Bein an meiner rechten Hüfte vorbei auf mich zu und soweit nach oben, dass ich sein rechtes Fußgelenk unter meiner linken Achsel und sein linkes Fußgelenk unter meiner rechten Achsel einklemmen kann. Die Achselklemmen haltend, löse ich meine Hände und fasse unter den Unterschenkeln des Gegners mit meiner linken Hand mein rechtes Handgelenk, sodass sein rechter Unterschenkel auf meinem linken Unterarm und sein linker Unterschenkel auf meinem rechten Unterarm liegt. Dann gehe ich leicht in die Hocke, lehne meinen Oberkörper nach hinten und führe die Beine des Gegners mit den Knien voran in der beschriebenen angewinkelten Stellung weiter nach oben, bis sich das Gesäß des Gegners vom Boden abhebt und der Gegner nur noch auf den Schultern liegt. Der Hebel entsteht durch die Streckung des vorderen Fußes in Richtung Fußsohle.

Fuß-Achsel-Klemm-Hebel mit Drehung (beide Beine) **= FBH 2**

Ich behalte den beidseitigen Fuß-/Beinhebel bei, hebe meinen linken Unterarm und damit das/die rechte Bein/Körperseite des Gegners leicht an, laufe (tippel – tappel) mit meinem linken Fuß voran und mit meinem rechten Fuß folgend in einem Bogen um 90 Grad nach rechts auf die rechte Körperseite des Gegners zu, wodurch sich der Gegner von der Rücken- links herum in die Bauchlage dreht, seine Beine sind weiter in Hüft- und Kniegelenken eingeknickt, die Füße zeigen mit den Fersen zum Gesäß des Gegners. Ich setze mein linkes Knie kurz (Schmerz für den Gegner) auf dem Rücken (Lendenwirbelbereich) des Gegners ab.

Fuß-Achsel-Klemm-Hebel (sein rechtes Bein) **= FBH 3**

So wie ich mich eingedreht habe, drehe ich mich wieder raus und dabei den Gegner zurück auf den Rücken. Ich lasse das linke Bein des Gegners aus meiner Achselklemme rechts heraus auf den Boden fallen, während ich den rechten Fuß des Gegners weiter unter meiner linken Achsel eingeklemmt halte und nun mit beiden Händen von unten am Hosenbein (Höhe Wade) fasse. Der rechte Unterschenkel des Gegners liegt auf meinem linken Unterarm. Ich gehe leicht in die Hocke, lehne meinen Oberkörper über die Senkrechte hinaus nach hinten und führe das rechte Bein des Gegners mit dem Knie voran in der angewinkelten Stellung weiter nach oben, bis sich das Gesäß des Gegners vom Boden abhebt und der Gegner nur noch auf den Schultern liegt. Der Hebel entsteht durch die Streckung des vorderen Fußes in Richtung Fußsohle.

Fuß-Achsel-Klemm-Hebel mit Drehung (sein rechtes Bein) **= Fuß-/Bein-Hebel 4**

Ich behalte den einseitigen Fuß-/Beinhebel bei, hebe meinen linken Unterarm und damit das/die rechte Bein/Körperseite des Gegners leicht an, laufe (tippel – tappel) mit meinem linken Fuß voran und mit meinen rechten Fuß folgend in einem Bogen um 90 Grad nach rechts auf die rechte Körperseite des Gegners zu, wodurch sich der Gegner von der Rücken- links herum in die Bauchlage dreht, sein rechtes Bein ist weiter im Hüft- und Kniegelenk eingeknickt, der Fuß zeigt mit der Ferse zum Gesäß des Gegners. Ich setze mein linkes Knie kurz (Schmerz für den Gegner) auf dem Rücken (Lendenwirbelbereich) des Gegners ab.

Ferse - Oberschenkel (Nervendruck-Punkt) = Fuß-/Bein-H. 5

Ich halte das rechte Bein des Gegners in der Diagonale, drehe mich mit meinem(r) rechten Fuß/Schulter voran um 180 Grad nach links vor das rechte Bein des auf dem Rücken liegenden Gegners (Angesicht zu Angesicht) und tausche den Griff meiner Hände. Mit meiner rechten Hand fasse ich unter die rechte Ferse des Gegners, mit meiner linken Hand den rechten Fuß (-spann) des Gegners von rechts oben innen (Großzehenseite von den Zehenspitzen her, Kamm-Griff). Mit links drücke ich nach links außen unten und mit rechts ziehe ich nach rechts innen oben. Gleichzeitig trete ich mit meiner rechten Ferse diagonal in den Druckpunkt am inneren Oberschenkel des am Boden liegenden linken Beins des Gegners. Dies ist die einzige Fuß-/Bein-Hebel-Technik, bei der der Fuß des Gegners nach außen gedreht wird.

Knie-Drücker rechts **= Fuß-/Bein-Hebel 6**

Ich drehe mich mit meinem(r) rechten Fuß/Schulter voran um 90 Grad nach links und stehe im rechten Winkel zum diagonal hoch gehaltenen rechten Bein des Gegners zwischen dessen Beinen (er liegt auf dem Rücken, sein linkes Bein ebenso, meine rechte Körperseite zu seinem Kopf). Ich fasse mit meiner rechten Hand über den rechten Fuß des Gegners hinweg dann von außen dessen rechte Ferse, drehe meine linke Hand auf dem rechten Fuß (-spann) des Gegners und fasse diesen nun von der Kleinzehenseite (Kamm-Griff). Ich setze mein rechtes Knie unterhalb seines rechten Knies an, schiebe mein Knie von unten nach oben gegen sein rechtes Knie und drücke sein rechtes Bein in die Streckung. Unterstützend ziehe ich mit meiner rechten Hand die rechte Ferse des Gegners nach außen oben und drücke mit meiner linken Hand den rechten Fuß (-spann) des Gegners nach innen unten.

Fußaußenkante-Drücker rechts **= Fuß-/Bein-Hebel 7**

Anstatt meines Knies setze ich nun meinen rechten Fuß nach links gedreht (Fußsohle links) mit der Fußaußenkante (Kleinzehenseite) unterhalb des rechten Knies des Gegners an, schiebe meinen Fuß von unten nach oben gegen sein rechtes Knie und drücke sein rechtes Bein in die Streckung. Unterstützend ziehe ich mit meiner rechten Hand die rechte Ferse des Gegners nach außen oben und drücke mit meiner linken Hand den rechten Fuß (-spann) des Gegners nach innen unten.

Fußspann-Hebel = Fuß-/Bein-Hebel 8

Ich steige nacheinander mit beiden Beinen über das rechte Bein des Gegners nach außen und stehe dann rechts neben seinem rechten Bein (Höhe seines Fußes, Rücken zu seinem Kopf). Meinen linken Arm schiebe ich von innen nach außen unter seinem rechten Knöchel entlang und fasse mein rechtes Handgelenk von oben (Kamm-Griff), während ich mit meiner rechten Hand von rechts außen auf den rechten Fuß (-spann) des Gegners fasse (weit vorn an den Zehenspitzen). Meine Arme stehen nahezu waagerecht im rechten Winkel zueinander. Mit meiner linken Hand mache ich eine Kipp-Bewegung nach vorn, mit meiner rechten Hand eine Kipp-Bewegung nach rechts zum Fuß-Hebel.

Schienbein-Herabgleiter (sein rechtes Bein) sowie **Fuß-Achsel-Klemme** (sein linkes Bein) **= Fuß-/Bein-Hebel 9**

Ich drehe mich auf der Stelle um 180 Grad (Angesicht zu Angesicht) und halte das rechte Bein des Gegners in der Diagonale rechts neben meinem(r) rechten Knie (Außenseite) bzw. Körperseite, steige dann mit meinem linken Bein von links außen nach rechts innen über das rechte Bein des Gegners (in Höhe seines Knies) und schiebe meinen linken Fuß/Knöchel (Zehenspitzen links) von innen (zwischen seinen Beinen) in/unter seiner rechten Kniekehle entlang nach links außen, bis mein Fuß aufsteht. Meinen rechten Fuß schiebe ich am Boden auf den

Gegner zu (in Richtung dessen linker Pobacke), löse meine Hände und lasse das/den rechte(n) Schienbein/Fußspann des Gegners an meinem rechten Schienbein zu Boden rutschen. Ich gehe leicht nach rechts vorn gedreht in die Hocke und drücke meine Knie nach außen.

Fuß-(Achsel)-Klemm-Hebel (sein rechtes Bein) **mit Hinlegen = Fuß-Bein-Hebel 10**

Mit beiden Händen hebe ich das linke Bein des Gegners vom Boden auf, klemme dessen Fußgelenk unter meiner rechten Achsel ein und fasse mit beiden Händen von unten am Hosenbein (Höhe Wade). Der linke Unterschenkel des Gegners liegt auf meinem rechten Unterarm. Ich gehe rückwärts in die Hocke, ziehe das linke Bein des Gegners mit und begebe mich über die Sitz- in die Liegend-Position und überstrecke/hebele dabei den linken (Vorder-) Fuß (-spann) des Gegners unter meiner rechten Achsel zum Fußhebel.

Fuß-Dreher im Liegen und Scheren-Wagenheber (Schere 1 letzter Teil, S. 96) **= Fuß-Bein-Hebel 11**

Ich „entlasse" den linken Fuß des Gegners aus meiner Achselklemme rechts, setze mich auf und stütze mich mit beiden Händen nach hinten ab. Meinen linken Fuß (Hacke) lasse ich von innen in seiner rechten Kniekehle und meinen rechten Fußspann drücke ich weiter von vorn gegen sein rechtes Fußgelenk (sein rechtes Bein liegt angewinkelt, sein rechtes Knie links von mir). Ich drehe mich, weiter sitzend und mit den Armen nach hinten abgestützt, mit meinem Oberkörper nach links und drehe gleichzeitig mit meinen Beinen seinen rechten Unterschenkel nach links, wodurch sich der Gegner auf den Bauch dreht. Nun drehe ich mich, weiter sitzend und mit den Armen nach hinten abgestützt, mit meinem Oberkörper nach rechts und wechsele meine Füße: meinen rechten Knöchel lege ich von oben in die rechte Kniekehle des Gegners und drücke mit meinem linken Fuß (-spann) den rechten Fuß (-spann) des Gegners zu dessen rechter Pobacke. Ich drehe mich auf dem Boden um meine Längsachse solange nach rechts (auf/über meine rechte Körperseite), halte den Bein-/Fußkontakt aufrecht und drücke mich wie beim Sturz vorwärts vom Boden ab, bis der Gegner mit seiner Körpervorderseite fest auf dem Boden liegt. Mit meinem linken Fuß (-spann) rutsche ich im rechten Winkel so weit als möglich auf seinem rechten Fuß (-spann) nach oben (für max. Hebelwirkung).

Bauch-Drücker = Fuß-Bein-Hebel 12

Ich wechsele in den einseitigen Knie-Stand links, während ich mein rechtes Fußgelenk (Bein angewinkelt und waagerecht, Knie rechts) von rechts außen weiter in der rechten Kniekehle des Gegners belasse. Ich führe den rechten Fuß (-spann) des Gegners mittig vor meine Brust und klemme diesen. Mit meinen Händen drücke ich mich am Boden ab. Mein Gesäß hebt sich, was den Druck über den Fuß (-spann) des Gegners auf dessen rechten Unterschenkel erhöht (ich drücke dabei erst zum Gesäß des Gegners und dann nach rechts).

Bein-Umschlinger (sein Bein diagonal) = **Fuß-Bein-Hebel 13**

Ich stehe zwischen den Beinen des Gegners auf, nehme das rechte Bein des weiter auf dem Bauch liegenden Gegners mit und an meine linke Körperseite. Mit meiner linken Hand fasse ich über sein rechtes Bein hinweg dessen Knöchel von rechts außen und mit meiner rechten Hand seinen rechten Fuß (-spann) von unten (Blick auf seine Fußsohle). Dann steige ich mit meinem linken Bein von innen nach außen über sein rechtes Bein (Rückseite, sein Knie unten) und schiebe (Höhe seines Knies) meinen linken Fuß (Zehenspitzen links) von rechts nach links unter sein rechtes Knie, bis mein Fuß aufsteht. Dann klemme ich seinen rechten Fuß (-spann, Blick weiter auf seine Fußsohle) hinter meine linke Hüfte, gehe leicht in die Hocke, setze meinen rechten Fuß im Bogen auf den Gegner zu und nehme meine Hände nach oben.

Fuß-/Bein-Dreher (sein rechtes Bein) = **ohne Zählung**

Ich fasse mit meiner linken Hand seinen rechten Fuß (-spann) von links unten (nahe der Zehen) und mit meiner rechten Hand von rechts oben an dessen Ferse und überdrehe sein rechtes Bein nach rechts. Der Gegner dreht sich (von mir aus gesehen) nach rechts auf den Bauch.

Hexen-Besen = Fuß-/Bein-Hebel 14

Ich halte das rechte Bein des Gegners in der Diagonalen, steige mit meinem rechten Bein im rechten Winkel zu seinem rechten Bein von innen (zwischen seinen Beinen) nach außen über und setze mich mit meinem rechten Oberschenkel unterhalb seines Knies auf seinen rechten Oberschenkel. Mit meiner linken Hand drücke ich den rechten Fuß (-spann) des Gegners nach innen unten, führe meine rechte Hand von rechts außen unterhalb seines rechten Unterschenkels nach innen und fasse mein linkes Handgelenk (Kamm-Griff).

Gewinde-Dreher zum Boden mit rechts = **Fuß-/Bein-H. 15**

Ich richte mich auf und setze meinen linken Fuß von zwischen den Beinen des Gegners über sein auf dem Boden liegendes linkes Bein hinweg im rechten Winkel zu diesem nach hinten. Während ich mit meiner rechten Hand die rechte Ferse des Gegners nach außen oben ziehe und mit meiner linken Hand den rechten Fuß (-spann) des Gegners nach innen unten drücke (nun von seinem Fußgelenk her gehalten, mein Daumen an seiner Kleinzehenseite), hake ich meinen rechten Fuß (Hacke) rückwärts in seine rechte Kniekehle ein, drehe mich auf meinem linken Fußballen um 90 Grad nach rechts und ziehe mit meiner rechten Hacke sein rechtes Bein mit, wodurch sich der Gegner auf den Bauch dreht. Ich gehe in den Judo-Sitz (mein Blick über seinen Rücken zu seinem Hinterkopf), mein rechtes Knie im rechten Winkel zum Gegner nach rechts abgespreizt, führe den rechten Fuß (-spann) des Gegners mittig vor meine Brust und klemme diesen. Mit meinen Händen drücke ich mich am Boden ab. Mein Gesäß hebt sich, was den Druck über seinen Fuß auf seinen rechten Unterschenkel erhöht (ich drücke erst zu seinem Gesäß und dann nach rechts).

Handgelenk rechts von rechts **in Kniekehle** rechts **= FBH 16**

Ich wechsele in den Judo-Sitz (mein Blick über seinen Rücken zu seinem Hinterkopf), tausche meinen rechten Knöchel gegen mein rechtes Handgelenk, lege dieses im rechten Winkel von rechts außen in seine rechte Kniekehle und drücke mit meiner linken Hand am rechten Fuß (-spann, oberster Punkt) des Gegners zu dessen Gesäß.

Fußgelenk links von links **in Kniekehle** rechts **= FBH 17**

Ich setze mich auf meine rechte Pobacke, tausche mein rechtes Handgelenk gegen meinen linken Knöchel und lege diesen im rechten Winkel von links innen (zwischen seinen Beinen) in seine rechte Kniekehle. Mit meiner rechten Hand drücke ich mich nach hinten ab, mit meiner linken Hand seinen rechten Fuß (-spann) zu seinem Gesäß.

beide Beine Drücker über vorn zur Seite **= Fuß-/Bein-H. 18**

Ich wechsele wieder in den Judo-Sitz vor die Füße des Gegners (Blickrichtung über dessen Rücken zu dessen Kopf) und drücke seine Füße (am Spann) erst zu seinem Gesäß und dann nach jeweils außen.

beide Beine Drücker nur zur Seite = Fuß-/Bein-Hebel 19

Ich rutsche mit beiden Händen jeweils vom Fußspann zum Fußknöchel, des Gegners, halte beide Unterschenkel senkrecht, rücke die Beine (Knie) des Gegners aneinander, und drücke mit meiner rechten Hand den rechten Unterschenkel des Gegners nach rechts außen und mit meiner linken Hand dessen linken Unterschenkel nach links außen.

05. WÜRGE-GRIFFE

gelb 1 / orange 2 / grün 3 / blau 4 / violett 5 / 1.braun 6 / 2.braun 7 / 3.braun 8 / 1.Dan 10 / 2.Dan 12 / 3.Dan 14 / **4.Dan 16** / 5.Dan 18 **Stück**

Die Darstellung erfolgt am passiven Gegner. Bei den Techniken 1 - 9 stehen wir Angesicht zu Angesicht.

Karate-Würger mit Unterarm-Empi **= Würge-Griff 1**
Ich fasse mit meiner linken Hand (-fläche rechts, Daumen oben) über die rechte Schulter des Gegners hinweg dessen Hinterkopf von links (Gegenlager). Meinen rechten Arm winkele ich an und führe mit Schwung einen waagerechten Unterarm-Empi gegen die linke Hals- bis Hals-Vorderseite des Gegners aus, wobei sich mein Ellenbogen schneller auf den Gegner zu bewegt als meine Faust.

Gabel- oder Zangen-Griff-Würger = Würge-Griff 2
Ich fasse mit meiner linken Hand (-fläche rechts, Daumen oben) über die rechte Schulter des Gegners hinweg dessen Hinterkopf von links (Gegenlager). Ich spreize den Daumen von den Fingern meiner rechten Hand ab, krümme Daumen und meine senkrecht über- sowie aneinander liegenden Finger, ohne jedoch dass Daumenkuppe und Fingerspitzen sich berühren, und setze so meine rechte Hand (Daumen und Zeigefinger waagerecht, Handrücken zu mir) unter`m Kehlkopf des Gegners an, drücke erst rein und schiebe dann im Bogen nach oben.

Blut-Würger = Würge-Griff 3
Ich fasse mit meiner linken Hand (-fläche rechts, Daumen oben) über die rechte Schulter des Gegners hinweg dessen rechte Halsseite (Gegenlager). Meinen rechte Hand forme ich zur Faust, halte diese waagerecht (Handrücken oben), strecke den Daumen nach links heraus und drücke diesen mit seiner Kuppe voran von rechts nach links gegen die Halsschlagader der linken Halsseite des Gegners. Aber Vorsicht!

Stopp-Streck-Würger = Würge-Griff 4
Ich drehe meine Hände nach innen (Handflächen außen, Daumen unten), fasse so mit meiner linken Hand in den rechten Kragen des Gegners und mit meiner rechten Hand in den linken Kragen des Gegners (Finger innen, Daumen außen, Hände weit an seinem Hals nach hinten geschoben, Fingerknöchel an seinem Hals). Ich schließe

meine Hände zu Fäusten, um den Kragen des Gegners fest zu greifen, setze meinen rechten Fuß einen Schritt gerade nach hinten und ziehe den Gegner ruckartig mit meinen leicht gebeugten Armen mit. Kurz vor Vollendung meines Schrittes drehe ich meine Fäuste nach innen aufeinander zu (waagerecht, Handrücken oben, Daumen sowie Zeigefinger meiner Hände liegen aneinander) und drücke durch Strecken meiner Arme den auf mich zu stürzenden Gegner wieder von mir weg und mache so die Würge zu (Würge-Kontaktpunkt = beide Hals-Schlagadern, nicht der Kehlkopf / meine Daumen und Zeigefinger oberhalb seines Kehlkopfes).

Kreuz-Würger von vorn mit T-Schritt = Würge-Griff 5

Ich winkele meine Arme leicht an, überkreuze sie auf dem Weg zum Gegner (Handrücken oben, Kleinfingerseiten innen) und fasse mit meiner linken Hand diagonal in seinen linken Kragen und gleichzeitig mit meiner rechten Hand diagonal über meinen linken Arm hinweg in seinen rechten Kragen (Daumen unten und im Kragen, Finger oben auf dem Kragen). Ich schließe meine Hände zu Fäusten, um den Kragen des Gegners fest zu greifen, und setze meinen rechten Fuß einen Schritt gerade nach vorn zwischen die Beine des Gegners sowie hinter dessen Schrittlinie (Gleichgewichtsbruch zur Vermeidung eines Ausweichschrittes nach hinten). Mein Körpergewicht lastet nun vorrangig auf meinem rechten Bein, während ich leicht nach links gedreht mit meiner rechten Körperseite vorn (schmal) stehe und den Gegner leicht nach hinten drücke. Ich ziehe meinen linken Arm nach diagonal links oben und meinen rechten Arm nach diagonal rechts oben, bis sich beide Ellenbogen leicht über der Waagerechten befinden, und drehe dabei die Daumenseiten meiner Hände nach unten (aufdrehen). Dadurch drücken meine Handgelenk-Außenseiten von beiden Seiten gegen den Hals des Gegners und schnüren gleichzeitig dessen Hals von vorn ab (Höhe Kehlkopf, Scher-Bewegung). Durch das Ziehen knicken meine Arme noch weiter ein. Um eine Kollision unserer Köpfe zu vermeiden, nehme ich meinen Kopf nach links. Meinen linken Fuß ziehe ich im rechten Winkel (Zehenspitzen links) an meinen rechten Fuß heran (T-Schritt), wodurch sich der Druck auf mein rechtes Handgelenk und damit auf den Hals des Gegners erhöht.

Unterarm-Hals-Würge rechts mit T-Schritt = Würge-Griff 6

Ich winkele meine Arme leicht an, fasse mit meiner rechten Hand (-rücken oben) diagonal in den rechten Kragen des Gegners (Daumen innen, Finger außen) und mit meiner linken Hand diagonal unter meinem rechten Arm entlang in das linke Revers des Gegners (Finger innen, Daumen außen) und ziehe dieses senkrecht nach unten. Ich setze meinen rechten Fuß einen Schritt gerade nach vorn zwischen die Beine des Gegners und hinter dessen Schrittlinie (Gleichgewichtsbruch zur Vermeidung eines Ausweichschrittes nach hinten). Mein Körpergewicht lastet nun vorrangig auf meinem rechten Bein, während ich leicht nach links gedreht mit meiner rechten Körperseite vorn (schmal) stehe und den Gegner leicht nach hinten drücke. Meine rechte Hand drehe ich (Daumenseite) nach links unten, dadurch meinen rechten Unterarm mit dem Ellenbogen voran nach oben und drücke dessen Außenseite von vorn gegen den Hals des Gegners (aufdrehen). Um eine Kollision unserer Köpfe zu vermeiden, nehme ich meinen Kopf nach links. Meinen linken Fuß ziehe ich im rechten Winkel (Zehenspitzen links) an meinen rechten Fuß heran (T-Schritt), wodurch sich der Druck auf meinen rechten Unterarm und damit auf den Hals des Gegners erhöht.

Unterarm-Hals-Würge links mit T-Schritt = Würge-Griff 7

Ich winkele meine Arme leicht an, fasse mit meiner linken Hand (-fläche oben) diagonal in den linken Kragen des Gegners (Daumen außen, Finger innen) und mit meiner rechten Hand diagonal unter meinem linken Arm in das rechte Revers des Gegners (Finger innen, Daumen außen) und ziehe dieses senkrecht nach unten. Ich setze meinen linken Fuß einen Schritt gerade nach vorn zwischen die Beine des Gegners und hinter dessen Schrittlinie (Gleichgewichtsbruch zur Vermeidung eines Ausweichschrittes nach hinten). Mein Körpergewicht lastet vorrangig auf meinem linken Bein, während ich leicht nach rechts gedreht mit meiner linken Körperseite vorn (schmal) stehe und den Gegner leicht nach hinten drücke. Meine linke Hand drehe ich (Daumenseite) nach rechts unten, dadurch meinen linken Unterarm mit dem Ellenbogen voran nach oben und drücke dessen Außenseite von vorn gegen den Hals des Gegners (aufdrehen). Um eine Kollision unserer Köpfe zu vermeiden, nehme ich meinen Kopf nach rechts. Meinen rechten Fuß ziehe ich im rechten Winkel (Zehenspitzen rechts) an meinen linken Fuß heran (T-Schritt), wodurch sich der Druck auf meinen linken Unterarm und damit auf den Hals des Gegners erhöht.

Kopf-Schere im Stehen = Würge-Griff 8 (ab hier eine Kette)

Mit meiner rechten Hand (-rücken rechts) fasse ich weit oben in den linken Kragen des Gegners (Finger außen, Daumen innen). Mit meiner linken Hand (-rücken links) fasse ich diagonal unterhalb meines rechten Armes in auch das linke Revers des Gegners (Abstand beider Hände zueinander ca. 20 cm). Ich setze meinen rechten Fuß einen Schritt gerade nach hinten, aber mit den Zehenspitzen 90 Grad nach rechts gedreht, drehe dabei meine rechte Schulter nach rechts hinten (um

Platz zu schaffen), winkele meine Arme an und ziehe den Gegner an seinem linken Revers gerade nach unten in die Oberkörperbeuge. Dann drehe ich meinen rechten Arm mit dem Ellenbogen voran nach links oben über den Kopf des Gegners hinweg. Der Kopf des Gegners ist nun zwischen meinen Unterarmen eingeschlossen, meine rechte Unterarm-Oberseite drückt von oben nach unten auf den Nacken des Gegners (Tendenz zu seiner rechten Halsseite) und meine linke Unterarm-Oberseite drückt von unten nach oben gegen den Kehlkopf (Tendenz zu seiner linker Halsseite), meine Unterarme überkreuzen sich. Nun führe ich meine Ellenbogen nach außen (Scher-Bewegung = Würge).

Kopf-Schere mit Übergang zum Boden = Würge-Griff 9

In der „Kopfschere im Stehen" drehe/schnicke ich meine linke Hand kurz nach rechts, meine Fingerknöchel drücken von unten nach oben gegen den Kehlkopf des Gegners, wodurch dieser einen Würgereflex bekommt und nach hinten oben ausweichen will, was aber mein rechter Arm blockiert. Ich drehe mich mit meinem(r) linken Fuß/Schulter voran um 90 Grad nach links hinten und drehe den Gegner mit meiner linken Hand führend, aber grundsätzlich mit beiden Händen, mit seinem(r) linken Fuß/Schulter voran (er im Einbein-Stand rechts) ins Hohlkreuz (sein Rücken zu mir) und weiter auf seine linke Körperseite zu Boden.

Bei den Techniken 10 - 14 sitzt der Gegner mit dem Rücken zu mir.

Handkanten-Schiebe-Würge mit links von hinten = Würge 10

Ich richte den Gegner nach rechts in die sitzende Position auf, gehe links in die Hocke und knie rechts ab. Mit geöffneten Oberschenkeln und aufrechtem Oberkörper rutsche ich an den Rücken des Gegners (Blockade nach hinten). Mit meiner rechten Hand fasse ich über die rechte Schulter des Gegners hinweg vor dessen Brust entlang in dessen linkes Revers (Finger außen, Daumen innen). Meine linke Handkante (Kleinfingerseite, Handrücken oben) setze ich, ebenfalls von (über) der rechten Schulter des Gegners kommend, an dessen rechter Halsseite an, schiebe diese vor und im Bogen am nackten Hals des Gegners entlang in Richtung dessen linker Schulter und ziehe gleichzeitig mit meinen rechten Arm (fast bis zur Streckung) das linke Revers des Gegners von links unten unter meinem linken Arm entlang nach rechts oben (Scher-Bewegung). Dazu drehe ich meinen Oberkörper leicht nach rechts (bildlich: Bogen spannen).

Würge „offene Hände" = Würge-Griff 11

Ich behalte die Hock- (links) / Knie-Position (rechts) bei. Mein linkes Handgelenk (Handfläche oben) lege ich im rechten Winkel, waagerecht und mit Kontakt zur linken Halsseite des Gegners von hinten auf dessen linke Schulter. Meine rechte Hand (-fläche unten) führe ich über die rechte Schulter des Gegners hinweg an dessen Hals entlang (Kontakt) zu dessen linker Schulter und fasse dort von oben in meine linke Hand (meine Daumen überkreuzen sich). Der Hals des Gegners befindet sich zwischen meinen Unterarmen. Ich drehe/schnicke meine Hände (Hand in Hand) in der Waagerechten nach rechts und ziehe dadurch meinen rechten Unterarm zu mir und somit gegen den Hals des Gegners.

Ellenbogen-Aufsetzer mit Kopf-Drücker = Würge-Griff 12

Ich behalte die Hock- (links) / Knie-Position (rechts) bei. Ich löse meine rechte Hand, hebe sie kurz an, schiebe meinen bereits angewinkelten linken Arm nach vorn oben (Unterarm senkrecht) und setze meinen linken Oberarm waagerecht (nahe des Ellenbogens) auf die linke Schulter des Gegners. Mit meiner rechten Hand fasse ich (Kamm-Griff) auf meinen linken Oberarm/Bizeps und mit meiner linken Hand (-fläche vorn) fasse ich den Hinterkopf des Gegners. Damit ist der Kopf des Gegners wieder zwischen meinen Armen eingeschlossen. Während ich mit meiner linken Hand den Kopf des Gegners nach vorn und somit dessen Hals gegen meinen rechten Unterarm drücke, ziehe ich meinen rechten Arm (Ellenbogen voran) nach rechts hinten (zu mir).

Revers-Zieh-Würge am nackten Hals entlang = Würge-Griff 13

Ich behalte die Hock- (links) / Knie-Position (rechts) bei. Ich löse meine linke Hand vom Hinterkopf des Gegners, klappe meinen linken Unterarm an meinem rechten Unterarm vorbei nach rechts unten und fasse mit meiner linken Hand das rechte Revers des Gegners (Finger außen, Daumen innen). Mit meiner rechten Hand fasse ich über die rechte Schulter des Gegners hinweg sein linkes Revers (in Höhe seiner Brust, Finger außen, Daumen innen) und ziehe dieses am nackten Hals des Gegners nach rechts hinten oben zu mir, während ich mit meiner linken Hand sein rechtes Revers nach senkrecht unten ziehe.

Kreuz-Würger von hinten zum Hochziehen = Würge-Griff 14

Ich stelle mich hin, schlage mit meiner linken Handkante von hinten kommend gegen die rechte Halsseite des Gegners, schiebe meine linke Hand dann weiter durch und fasse das linke Revers des Gegners [in Höhe seiner Brust, mein(e) Handrücken/Finger oben, mein Daumen innen]. Mit meiner rechten Hand fasse ich über die linke Schulter des Gegners hinweg auch dessen linkes Revers (in Höhe seiner linken Halsseite, Handrücken oben). Ich drehe meine Hände nach vorn (Gas wegnehmen) und ziehe den Gegner dabei in den Stand. Der Kopf des Gegners befindet sich zwischen meinen Unterarmen und seinem nun waagerechten linken Revers-Stoff (Würge-Kontakt ist der Stoff).

Maikäfer auf dem Rücken = Würge-Griff 15

Ich bringe den Gegner rückwärts wieder in die sitzende Position (ich hinter ihm). Mit meiner rechten Hand fasse ich über die rechte Schulter des Gegners hinweg von vorn (um seinen Hals herum) in dessen linken Kragen. Meine linke Hand schiebe ich von hinten unter der linken Achsel des Gegners entlang nach oben und fasse den Hinterkopf des Gegners. Meine Beine schiebe ich an den Körperseiten des Gegners nach vorn und schlinge (nur) mein linkes Bein von oben und dann innen um das linke Bein des Gegners. Während ich mit meiner linken Hand den Kopf des Gegners nach vorn und somit den Hals des Gegners gegen meinen rechten Unterarm drücke, ziehe ich meinen rechten Arm (Ellenbogen voran) nach rechts hinten (zu mir). Dabei lege ich mich nach hinten auf meinem Rücken ab und ziehe den Gegner auf mich.

Kreuz-Würger am Boden = Würge-Griff 16

Ich löse die Würge, rutsche unter dem Gegner hervor (der liegt dann auf dem Rücken) und schwinge mich im Reit-Sitz auf ihn. Ich winkele meine Arme leicht an und überkreuze sie (Handrücken oben, Kleinfingerseiten jeweils innen). Mit meiner linken Hand fasse ich diagonal in den linken Kragen des Gegners und gleichzeitig mit meiner rechten Hand diagonal über meinen linken Arm hinweg in den rechten Kragen des Gegners (Daumen jeweils innen, Finger außen). Ich schließe meine Hände zu Fäusten, um den Kragen des Gegners von beiden Seiten fest zu greifen. Ich drücke meinen linken Arm nach diagonal links unten und meinen rechten Arm nach diagonal rechts unten, beuge meinen Oberkörper nach unten, drehe meine Hände mit den Daumenseiten nach unten (aufdrehen) und ziehe meine Ellenbogen nach außen oben. So ziehe ich den Gegner leicht vom Boden weg. Meine Handgelenk-Außenseiten drücken von beiden Seiten gegen seinen Hals und schnüren ihn (Höhe Kehlkopf) von vorn zu (Scher-Bewegung).

Umdreh-Kreuz-Würger mit Nieren-Schere (Schere 6, S. 99) = Würge-Griff 17

Im „Kreuz-Würger am Boden“ drehe ich mich auf den Rücken und ziehe den Gegner auf mich (Angesicht zu Angesicht). Ich schwinge meine Beine an seinen Hüften nach oben (meine Knie an seinen Hüften) und umschlinge diese oberhalb des Beckenknochens, verhake meine Füße ineinander und strecke dann meine Beine nach oben. Meinen linken Arm drücke ich nach diagonal links oben und meinen rechten Arm nach diagonal rechts oben und drehe dabei meine Hände mit den Daumenseiten nach unten (aufdrehen). Meine Handgelenk-Außenseiten drücken von beiden Seiten gegen den Hals des Gegners und schnüren diesen (Höhe Kehlkopf) von vorn zu (Scher-Bewegung).

06. am BODEN-FESTHALTER (Kette)

gelb 1 / orange 2 / grün 3 / blau 4 / violett 5 / 1.braun 6 / 2.braun 7 / 3.braun 8 / 1.Dan 10 / 2.Dan 12 / 3.Dan 14 / 4.Dan 16 / **5.Dan 18 Stück**

Ziel ist, den Gegner festzusetzen, bis Hilfe kommt (im Wettkampf ihn mind. 30 Sekunden lang mit dem Rücken auf dem Boden zu halten).

„Kesa-Gatame“ = am Boden-Festhalter (aBoF) 1

Der Gegner liegt auf dem Rücken (sein Kopf links von mir). Ich fasse mit meiner linken Hand (Zangen-Griff) das rechte Handgelenk des Gegners von oben und ziehe seinen rechten Arm nach links von seinem Körper weg (öffne quasi seine rechte Achsel). Dann knie ich nieder und rutsche sogleich mit meinem Gesäß nach rechts von meinen Fersen herunter in die rechte Achsel des Gegners (Blick zu ihm), führe meinen rechten Arm von rechts (über seine linke Schulter) um den (Hinter-)Kopf des Gegners und über dessen rechte Schulter wieder nach vorn, fasse mit meiner rechten Hand seinen rechten Jackenärmel (Höhe Oberarm) und ziehe mit meiner linken Hand seinen rechten Arm nach links hinten um meine linke Taille herum, klemme diesen mit meinem linken (Unter-)Arm an meine linke Körperseite und fasse dann mit meiner linken Hand seinen rechten Jackenärmel (Höhe Ellenbogen). Ich halte meinen Kopf links vor dem Kopf des Gegners tief und belaste mit meiner rechten Körperseite die rechte Körperseite des Gegners. Meine angewinkelten Beine liegen nach rechts geklappt am Boden, das rechte Bein vorn, das linke Bein weit zurück. Versucht der Gegner, sich herauszudrehen oder mich über sich hinweg zu heben, kauere ich mich zusammen, erhöhe den Druck auf seinen Oberkörper und schnüre ihn mit beiden Händen/Armen fest zusammen. Alternativ kann ich mein linkes Bein über mein rechtes Bein nach vorn setzen, es angewinkelt aufstellen und von dort nach links hinten (Richtung meiner linken Pobacke) über den Boden ziehen, während mein rechtes Bein am Boden liegend schiebt und ich so unsere Körper in eine Kreisbewegung nach rechts bringe.

„Kutsuri-Kesa-Gatame“ (kampfmäßiger „Kesa-Gatama“/Drehung auf den Bauch) = Boden-Festhalter 2

Kutsuri = Abwandlung. Ich drehe mich in „Kesa-Gatame“ nach rechts, ziehe mein linkes Knie an den Hals des Gegners und strecke mein rechtes Bein (am Boden). Dann belaste ich mit meiner Brust die Brust des Gegners, halte meinen Kopf weiter tief (links vor seinem Kopf).

„Kata-Gatame“ (mit Drehung auf den Bauch) **= aBoF 3**
Ich wechsele zurück in „Kesa Gatame“ und der Gegner hat es geschafft, seinen rechten Arm zu befreien und versucht, mit seiner(m) rechten Hand (-ballen) an meinem Kinn meinen Kopf nach oben zu drücken und mich über sich hinweg zu schieben. Ich setze meine hohl geformte linke Hand am rechten Ellenbogen des Gegners an und schiebe dessen rechten Arm rechts an meinem Kopf vorbei (zwischen unseren Köpfen hindurch) nach hinten. Variante 1: ich drücke mit meiner linken Hand den rechten (Ober-)Arm des Gegners (am Trizeps) gegen dessen Hals (mit seinem Bizeps), Variante 2: ich klemme den rechten (Ober-)Arm des Gegners (Trizeps) hinter meinen Nacken (rechte Seite) und verbinde meine Hände zum Feuerwehr-Griff. Meinen Kopf halte ich in beiden Fällen tief und nach links gedreht. Versucht der Gegner, sich herauszudrehen oder mich über sich hinweg zu heben, kauere ich mich zusammen, erhöhe den Druck auf seinen Oberkörper, schnüre ihn mit beiden Händen/Armen fest zusammen und drehe mich nach rechts, ziehe mein linkes Knie an den Hals des Gegners und strecke mein rechtes Bein (am Boden). Dann belaste ich mit meiner Brust die Brust des Gegners, halte meinen Kopf weiter tief (links vor seinem Kopf).

„Kutsuri-Kata-Gatame“ (kampfmäßiger „Kata-Gatame“ / Drehung auf den Bauch, linkes Bein abgespreizt) **= am Boden Festhalter 4**
Kutsuri = Abwandlung. Ich tausche in „Kata Gatame“ meine Beine, indem ich mein rechtes Bein (hinten) mit dem Knie voran im schon bestehenden rechten Winkel an die rechte Hüfte des Gegners ziehe und mein linkes Bein (vorn) nach links nahezu parallel zum Körper des Gegners (in dessen Fortsetzung, quasi rückwärts) strecke und meinen linken Fuß seitlich aufsetze (Großzehen-Seite, nicht Zehenspitzen).

„Kami-Shiho-Gatame“ = am Boden-Festhalter 5
Ich löse die Festhalte und ziehe meinen rechten Arm nur langsam unter dem Kopf des Gegners hervor, um den Kontakt nicht zu verlieren. Dabei drehe ich mich über seinem Kopf nach rechts (nahe einer Vertikal-Körper-Rolle), fasse mit meiner linken Hand über den Kopf sowie über den linken Arm des Gegners hinweg seinen Gürtel (an seiner linken Hüfte) und mit meiner rechten Hand unter dem rechten Arm des Gegners entlang seinen Gürtel (an seiner rechten Hüfte) -alternativ jeweils die Jacke- und rutsche von der rechten Schulter des Gegners (sein Kopf links, Blickrichtung zu seinen Füßen) mit meinem Oberkörper auf die Brust des Gegners. Mit beiden Händen ziehe ich am Gürtel (Jacke) des Gegners, mache mich schwer und halte so den Gegner fest. Meine Beine strecke ich gegrätscht (Zehenspitzen), meinen Kopf halte ich nach links gedreht tief oder lege ihn auf die Brust des Gegners.

„Kutsuri-Kami-Shiho-Gatame“ 1 (Schoß) **= aBoF 6**

Kutsuri = Abwandlung. Ich ziehe in „Kami-Shio-Gatame“ meine Beine an, richte mich in den Knie-Stand/Judo-Sitz hinter dem Kopf des Gegners auf (Blick zu seinen Füßen). Den Griff mit meiner linken Hand behalte ich bei, auch wenn der linke Arm des Gegners frei ist. Den Griff meiner rechten Hand löse ich, kippe sie an (Handfläche oben, Fingerspitzen zu mir) und fasse bei angewinkeltem rechten Arm unter der rechten Achsel des Gegners entlang von hinten unten in dessen rechten Kragen (bildlich: am Strand ein Loch buddeln). So ziehe ich mit beiden Händen den Gegner mit dem Rücken auf meine linke Schoß-Seite und beuge meinen Oberkörper über seinen Kopf nach vorn.

„Kutsuri-Kami-Shiho-Gatame“ 2 (Schlaufen) **= aBoF 7**

Kutsuri = Abwandlung. Ich fasse mit meiner linken Hand unter der linken Achsel des Gegners entlang nach hinten, löse den Griff meiner rechten Hand, verbinde beide zum Feuerwehr-Griff, belasse den Oberkörper des Gegners auf meinem Schoß und klappe meine angewinkelten Arme (Ellenbogen voran) an meinen Körper - seine Arme werden abgespreizt.

„Mune-Gatame“ (Brücke) **= am Boden-Festhalter 8**

Ich rutsche vom Gegner weg nach hinten, sein Kopf rutscht von meinem Schoß. Er liegt wieder komplett auf dem Rücken (seine Arme auch) und ich rutsche im Knie-Stand/Judo-Sitz an seine rechte Körperseite (sein Kopf links von mir), beuge mich im rechten Winkel über seinen Bauch sowie seinen linken Arm hinweg und stütze mich mit beiden Unterarmen (parallel zu seinem Körper, meine Hände/Fingerspitzen zueinander) an der linken Körperseite des Gegners am Boden auf (bildlich: Brücke). Mit meiner rechten Hand fasse ich von rechts (von seinen Beinen her) seinen linken Arm (Höhe Ellenbogen), mit meinem linken Arm umschlinge ich von links (von seinem Kopf her) seine linke Schulter (meine linke Ellenbeuge = Kontaktpunkt) und fasse mit meiner linken Hand ebenfalls den linken Arm des Gegners. Mit beiden Armen ziehe ich den linken Arm des Gegners an seine linke Körperseite (dabei bildet sich zwischen meinem Bauch und seinem Bauch ein Freiraum, da ich meinen Rücken leicht wölben muss) und damit den Gegner mit seiner rechten Körperseite an seinen rechten Arm sowie diesen gegen meine Knie. Damit sind beide Arme des Gegners eingeklemmt.

„Kutsuri-Mune-Gatame“ (meinen linken Arm um seinen Kopf, Hüfte platt legen) **= am Boden-Festhalter 9**

Kutsuri = Abwandlung. In „Mune-Gatame“ führe ich meinen linken Arm von links um den Kopf (rechte Seite, Nacken) des Gegners und fasse mit meiner linken Hand den linken Arm des Gegners (der Griff meiner rechten Hand ist unverändert). Mit beiden Armen ziehe ich den linken Arm des Gegners an seine linke Körperseite. Damit kein Freiraum zwischen unseren Bäuchen entsteht, lege ich mein rechtes Bein (Innenseite) angewinkelt auf den Boden (Knie rechts) und ziehe den Oberschenkel an die rechte Körperseite des Gegners, um wieder beide Arme des Gegners einzuklemmen. Dann drücke ich meine rechte Hüfte in Richtung Boden platt und strecke mein linkes Bein (Zehenspitzen).

„Yoko-Shiho-Gatame“ (Arm um Kopf, ein Bein) **= aBoF 10**

Ich lasse meinen linken Arm von links um den Kopf des Gegners und meine linke Hand an seinem linken Oberarm. Ich ziehe mein linkes Bein an und befinde mich im Judo-Sitz im rechten Winkel an der rechten Körperseite des Gegners und fixiere mit meinen Knien seinen rechten Arm an seiner rechten Körperseite. Mit meinem rechten Arm umschlinge ich das rechte Bein des Gegners (Kniekehle) von rechts (von seinen Füßen her), wodurch es sich anwinkelt, und fasse mit meiner rechten Hand auch den linken Oberarm des Gegners. Ich beuge mich im rechten Winkel zur rechten Körperseite des Gegners über seinen Bauch und drücke/schnüre mit meinen Armen den Gegner soweit zusammen, dass sein Oberkörper und seine Beine vom Boden abheben (sich aufeinander zu bewegen) und der Gegner sich leicht auf die linke Körperseite dreht. Meinen Kopf senke ich tief auf seine Brust. Versucht der Gegner, sich nach links zu drehen, um mich über sich drüber zu heben, dann strecke ich meine Beine gegrätscht (auf Zehenspitzen), ansonsten bleibe ich in der Judo-Sitz-Vorbeuge. (Hinweis: ich nehme immer das mir am nächsten befindliche Bein des Gegners).

„Kutsuri-Yoko-Shiho-Gatame“ (Arm um Kopf, beide Beine) **= am Boden-Festhalter 11**

Kutsuri = Abwandlung. In „Yoko-Shiho-Gatame“ umschlinge ich mit meinem rechten Arm zusätzlich das linke Bein (zuerst das rechte obere Bein) des Gegners, wodurch sich beide Beine des Gegners anwinkeln, und fasse mit meiner rechten Hand wieder den linken Oberarm des Gegners. Mit beiden Armen drücke/schnüre ich den Gegner soweit zusammen, dass sein Oberkörper und seine Beine vom Boden abheben (sich aufeinander zu bewegen) und der Gegner sich leicht auf die linke Körperseite dreht (bildlich: ein Baby auf dem Arm halten). Meinen Kopf senke ich tief auf die Brust des Gegners. Versucht der Gegner, sich nach links zu drehen, um mich über sich drüber zu heben, dann strecke ich meine Beine gegrätscht (auf Zehenspitzen), ansonsten bleibe ich in der Judo-Sitz-Vorbeuge.

„Tate-Shiho-Gatame“ (Reit-Sitz) = aBoF 12

Ich löse „Kutsuri-Yoko-Shiho-Gatame“, schwinge mich von der rechten Körperseite des auf dem Rücken liegenden Gegners im Reit-Sitz auf dessen Bauch (Angesicht zu Angesicht, seine Arme liegen nicht an seinem Körper an) und schiebe meine Füße jeweils von der Seite leicht unter seine Oberschenkel (Fußsohlen oben). Ich führe meinen rechten Arm von rechts um den Kopf (Nacken) des Gegners (linke Kopf-Seite) und fasse in seinen rechten Kragen (Daumen innen). Mit meiner linken Hand lege ich den rechten Arm des Gegners nach rechts über meinen rechten Arm, klemme diesen mit meiner rechten Hals-Seite und stütze mich mit meiner linken Hand links neben seiner rechten Schulter ab.

Arm-Dreieck mit Hand-raus-Zieher = aBoF 13

Ich steige vom Gegner ab, gehe im rechten Winkel zur rechten Körperseite des auf dem Rücken liegenden Gegners (sein Kopf links) in einseitige Hocke links und knie rechts ab. Mit meiner linken Hand führe ich den rechten Arm des Gegners über dessen rechter Schulter in die Senkrechte, dann darüber hinaus nach links hinten und übernehme dann mit meiner rechten Hand, indem ich mit dieser von links hinter/neben dem rechten Arm des Gegners dessen rechte Hand (-fläche, Zangen-Griff) fasse, den rechten Arm des Gegners nach unten einknicke und den rechten Unterarm des Gegners links an dessen rechtem Oberarm vorbei (auf mich zu) ziehe. Während ich nun mit meiner rechten Hand die rechte Hand des Gegners (Handrücken voran) am Boden fixiere, drücke ich mit meiner linken Hand den rechten Arm des Gegners am Ellenbogen von oben rechts nach links unten außen.

Kopf-Umschlinger (Bagger) mit 2x90-Grad-Hand-/Arm-Hebel = aBoF 14

Ich stehe an der rechten Körperseite des auf dem Rücken liegenden Gegners auf (sein Kopf links von mir), nehme mit meiner linken Hand den rechten Arm des Gegners (an dessen Handgelenk gefasst) mit, fasse dann mit meiner rechten Hand von rechts und danach mit meiner linken Hand um und von links die rechte Hand des Gegners (meine Daumen in dessen Handfläche, meine Finger jeweils auf dessen Handrücken (unten). So halte ich den rechten Arm des Gegners mit beiden Händen vor meiner Körpermitte, führe ihn dann in einem Bogen über dem Bauch des Gegners wieder zu mir, knicke dabei sowohl seinen rechten Arm als auch seine rechte Hand ein (bildlich: Bagger) und ziehe seine Hand (Handfläche und Fingerspitzen oben) über seiner rechten Schulter wieder bis an meinen Bauch nach oben (quasi in seine rechte Ellenbeuge). Dadurch dreht sich der Gegner (von mir weg) auf seine linke Körperseite. Variante 1: Ich knie beidseitig ab (mit links auf seiner rechten Halsseite, mit rechts auf seiner rechten Hüfte) oder Variante 2: ich steige mit meinem linken Bein über/um den Hals des Gegners (rechte Halsseite) und ziehe meinen linken Fuß mit der Ferse voran rückwärts unter/hinter dem Nacken des Gegners wieder auf mich zu und knie links ab. Rechts gehe ich in einseitige Hocke. Der Kopf des Gegners liegt mit der linken Seite zum Boden gerichtet in meiner linken Kniekehle und ist von meinem Ober- sowie Unterschenkel eingeschlossen.

Arm-Streck-Klemme (Arm-/Schulter-Hebel 26, S. 44) **= aBoF 15**

Arme-Abspreizer (Boden nicht rutschig, Arm-/Schulter-Hebel 28, S. 45) **= aBF 16**

Arme-Abspreizer (Boden rutschig, Arm-/Schulter-Hebel 27, S. 44) **= aBF 17**

auf die Seite ziehen (Arm-/Schulter-Hebel 29, S. 45) **= aBoF 18**

Kopf-Einhaker (Arm-/Schulter-Hebel 30, S. 46) **= aBoF 19**

Tipps für den Bodenkampf:

Wir befinden uns (Angesicht zu Angesicht, Schulterbreiter stabiler Knie-Stand oder aufgestellten Judo-Sitz). Ich (Rechts-Händer) rutsche nach seitlich rechts (rechtes Knie vorn), meine rechte Körperseite ist näher zum Gegner als meine linke Körperseite mit dem Ziel, nur eine schmale Angriffsfläche bieten. Mit meiner rechten Hand fasse ich soweit und so hoch wie möglich in den linken Kragen des Gegners (nahe des Nackens, mein Daumen innen), drehe meine rechte Hand nach rechts (senkrechte Faust) und drücke mit den Fingerknöcheln voran gegen die linke Hals-Seite des Gegners und so dessen Oberkörper zunächst leicht nach links (unter Spannung setzen). Mit meiner linken Hand fasse ich den rechten Ärmel des Gegners von unten (Höhe Ellenbogen). Mit diesen weit auseinander liegenden Griffen mache ich ein Oberkörper-Rad mit dem Gegner nach links, indem ich mit meiner linken Hand seinen rechten Arm erst nach links unten, dann auf mich zu und dann im Bogen vor meinem Bauch entlang nach rechts ziehe, während ich mit meiner rechten Hand den Gegner im Bogen (nun mit vollem Druck) nach links hinten drücke/schiebe und diesen so nach links auf die rechte Körperseite zu Fall bringen. Weiter z.B. mit „Kesa-Gatame“ (Boden-Festhalter 1, S. 68).

07. UMDREH- und AUFHEBE-TECHNIKEN (Kette)

gelb 1 / orange 2 / grün 3 / blau 4 / violett 5 / 1.braun 6 / 2.braun 7 / 3.braun 8, 1.Dan 10 / 2.Dan 12 / 3.Dan 14 / 4.Dan 16 / **5.Dan 18 Stück**

(Rücken auf Bauch)

Marmeladen-Glas (mit seinem gestreckten rechten Arm um seinen Kopf laufen) **= Umdreh-Technik 1**

Ich stehe im rechten Winkel zur rechten Körperseite des auf dem Rücken liegenden Gegners (sein Kopf links von mir). Mit meiner linken Hand ziehe ich den rechten Arm des Gegners am Handgelenk nach oben, bis sich dieser senkrecht vor meinem Bauch / mittig vor/zwischen meinen Beinen befindet und drehe dabei meine linke Hand nach rechts (Gas wegnehmen). Mit meiner nach links geklappten rechten Hand fasse ich um die rechte Hand des Gegners herum im rechten Winkel von rechts die/den rechte(n) Hand (-rücken) des Gegners (mein Daumen zwischen seinem Daumen und seinem Zeigefinger sowie meine Finger von seiner Kleinfingerseite in seine Handfläche, seine Fingerspitzen oben). Mit meiner linken Hand (-fläche) fasse ich um und die rechte Hand (-fläche) des Gegners von links (mein Daumen zwischen seinem Daumen und seinem Zeigefinger sowie meine Finger von seiner Kleinfingerseite auf seinen Handrücken, unsere 3 Daumen sind beieinander) und (über-)drehe seine rechte Hand nach rechts (Vorspannung). Jetzt "ziehen/drehen/laufen", d.h. mit beiden Händen ziehe ich die rechte Hand und den rechten Arm des Gegners nach oben, bis sich seine rechte Schulter vom Boden abhebt, überdrehe die rechte Hand des Gegners dann solange weiter nach rechts, bis der Gegner beginnt, sich auf dem Boden (von sich aus gesehen nach links / von mir weg) auf den Bauch zu drehen. Erst dann laufe ich los und zwar einfach hinterher und um seinen Kopf herum (mit meinem linken Fuß voran und ziehe meinen rechten Fuß nach), bis ich wieder im rechten Winkel an der rechten Körperseite des nun auf dem Bauch liegenden Gegners stehe (sein Kopf rechts von mir).

(Bauch auf Rücken)

Handkipp-Hebel (Handgelenk-Hebel 33b, kleine Schüssel über seine rechte Ellenbeuge, S. 31) **am Boden = Umdreh-Technik 2**

Mit meinem(r) rechten Fuß/Schulter voran und meinen linken Fuß nachziehend gehe ich nach rechts hinter den Kopf des Gegners, knie rechts ab und gehe links in einseitige Hocke. Mit beiden Händen führe ich den gestreckten rechten Arm des Gegners mit, lockere unterwegs meinen Griff insoweit, dass sich die rechte Hand des Gegners zwischen meinen Händen dreht und sich meine Daumen auf deren Handrücken und sich die Finger meiner Hände in deren Handfläche wieder finden. Während meiner Drehung setze ich mein linkes Knie leicht nach links hinten versetzt neben dem Kopf des Gegners ab (Blick in Längsrichtung zu seinen Füßen) und gehe rechts in einseitige Hocke (Platz schaffen für seine Körperdrehung nach links, sein Arm ist die Verlängerung seiner Wirbelsäule). Weiter mit Hand-Kipp-Hebel 33b und leichtem Schwung (kleine Schüssel über seine rechte Ellenbeuge, ohne Kontakt).

(Rücken auf Bauch)

Abwandlung (andere Fassart) **Arm-Streck-Dreher am Boden** (an seinem gestreckten rechten Arm, Handgelenk-Hebel 38, S.33) **=**

Umdreh-Technik 3

Ich bleibe hinter dem Kopf des Gegners (Blick in Längsrichtung zu seinen Füßen), lediglich jetzt links gehockt und rechts gekniet (Platz schaffen für seine Körperdrehung nach rechts). Mit meiner rechten Hand (-fläche) fasse ich von den Fingerspitzen des Gegners aus auf seinen rechten Handrücken (sein rechtes Handgelenk ist nicht eingeknickt) und ziehe seinen rechten Arm am Boden in Längsrichtung zu seinem Körper über seinen Kopf hinaus in die Streckung. Dann (über-)drehe ich mit meiner rechten Hand die rechte Hand des Gegners (anfangs sind unsere Handrücken oben) und dadurch seinen kompletten rechten Arm am Boden (kleine enge Kreise) so weit nach rechts, bis sich meine rechte Hand nicht mehr weiter drehen lässt. Der rechte Arm des Gegners knickt ein (Ellenbogen oben). Dann übernehme ich das (Über-)drehen mit meiner linken Hand von unten (anfangs sind unsere Handrücken unten), drehe bis sich meine linke Hand nicht mehr weiterdrehen lässt und übergebe wieder an meine rechte Hand (unsere Handrücken sind dann wieder oben) usw. Dabei führe ich den rechten Arm des Gegners am Boden vor mir und an seinem Kopf vorbei nach links. Der Gegner dreht sich in Folge des Schmerzes nach rechts auf seinen Bauch. Weiter mit Handgelenk-Hebel 39 „großer Geh-Stock“, Seite 33.

(Bauch in Stand)

Aufheber (Handgelenk-Hebel 40, S. 34) **= Aufhebe-Technik 4**

(Stand auf Rücken)

Hand-Kipp-Hebel (Handgelenk-Hebel 33b, auf der Stelle, kleine Schüssel über seine rechte Ellenbeuge, S. 31) **= ohne Zählung**

(Rücken auf Bauch)

um's Knie-Dreher = Umdreh-Technik 5

Mit meinem(r) rechten Fuß/Schulter voran drehe ich mich nach 90 Grad links und stehe im rechten Winkel zur rechten Körperseite des auf dem Rücken liegenden Gegners (auf Höhe seiner rechten Schulter, sein Kopf links von mir, mein rechter Fuß vorn) und halte aus dem Hand-Kipp-Hebel (Technik vorher) nur mit meiner linken Hand noch seine rechte Hand (waagerecht zum Boden, seine Handfläche unten, seine Fingerspitzen in Richtung seiner linken Körperseite) mittig meiner Beine senkrecht nach oben. Ich fasse mit meiner nach links gedrehten rechten Hand seine(n) rechte(n) Hand (-rücken) von seinen Fingerspitzen her (Zangen-Griff, mein Daumen von seiner Kleinfingerseite und meine Finger zwischen seinem Daumen und seinem Zeigefinger in seine Handfläche), führe nur mit meiner rechten Hand den rechten Arm des Gegners von mittig meiner Beine nach rechts und ziehe diesen dann an der Außenseite meines rechten Knies (Kontakt) entlang und damit im rechten Winkel von der rechten Körperseite des Gegners weg (sein rechter Arm sowie seine Schultern und sein Nacken bilden eine Gerade). Dabei drehe ich meine rechte Hand nach vorn (Gas weg nehmen), biege den rechten Arm des Gegners (Kontaktpunkt = sein Ellenbogen) um die Außenseite meines rechten Knies in Richtung mittig meiner Beine (jetzt von hinten) und schiebe dabei mein rechtes Knie erst nach vorn (in Richtung seiner rechten Körperseite, mein Bein leicht gebeugt) und drehe es dann von links nach rechts hinten. In Folge des Schmerzes dreht sich der Gegner von der Rücken- über die Sitzend- dann nach rechts in die Bauchlage. Ich führe mit meiner rechten Hand den gestreckten rechten Arm des Gegners weiter (überdrehe diesen dabei auch weiter - Gas wegnehmen) und vor meinem Körper (sein Handrücken zu mir) dann an seiner rechten Körperseite nach oben. Dabei drehe ich mich mit meinem(r) linken Fuß/Schulter voran um 90 Grad nach rechts und stehe im rechten Winkel zur rechten Körperseite des auf dem Bauch liegenden Gegners (sein Kopf rechts von mir, Ansatz wie Handgelenk-Hebel 39 „großer Geh-Stock“, S. 33).

(Bauch in Stand)

rückwärts Hochziehen = Aufhebe-Technik 6

Sobald ich mit meiner rechten Hand die rechte Hand des Gegners auf dem Weg zum „großen Gehstock“ so weit nach links (über-)gedreht habe, dass sein rechter Handrücken in Richtung seiner Füße zeigt, fasse ich (abweichend zum „großen Geh-Stock“) mit meiner linken Hand (-fläche zu seinem Kopf) die/den rechte(n) Hand (-rücken) des Gegners von seinen Fingerspitzen (oben) her (mein linker und sein rechter Arm bilden eine senkrechte Gerade), mit meinem Daumen zwischen seinem

Daumen und seinem Zeigefinger in seine Handfläche, mit meinen Fingern von seiner Kleinfingerseite in seine Handfläche). Ich drehe mich mit meinem(r) rechten Fuß/Schulter voran um 90 Grad nach links und stehe hinter den rechten Arm des Gegners (Blickrichtung zu seinen Füßen, mein rechtes Bein nahe seinem Kopf). Mit meiner rechten Hand fasse ich von rechts über den rechten Arm des Gegners hinweg die/den rechte(n) Hand (-rücken) des Gegners von hinten [von seinen Füßen sowie seinem Handgelenk her, mein rechter Daumen von rechts zwischen seinem Daumen und seinem Zeigefinger in seine Handfläche, meine Finger von links (Kleinfingerseite) in seine Handfläche]. Dann fasse ich mit meiner linken Hand um und von links unten die rechte Hand (-fläche) des Gegners [von dessen Handgelenk her, mein Daumen von rechts zwischen seinem Daumen und seinem Zeigefinger auf seinen Handrücken, meine Finger von links (Kleinfingerseite) auf seinen Handrücken, Blick auf unsere 3 Daumen]. Ich ziehe die rechte Hand des Gegners leicht nach oben [der Gegner hebt leicht vom Boden ab und sein rechter Arm knickt leicht ein, sein Ellenbogen kommt auf mich zu bzw. in Richtung seines Kopfes (sein Unterarm waagerecht, sein Oberarm diagonal zum Boden)], dann drehe ich meine Hände zu mir (Gas geben mit rechts) und gehe dann rückwärts nach 45 Grad links hinten, ziehe den Gegner hinter mir her und dabei (für ihn nach vorn) über den Vorwärts-Krabbler in den Stand.

(Stand auf Bauch)

Kanu-Paddel (Abwandlung) **= ohne Zählung**

Ich drehe mich mit meinem(r) linken Fuß/Schulter voran um etwas mehr als 90 Grad nach rechts und stehe mit meiner linken Körperseite an der rechten Körperseite des Gegners hinter dessen rechtem Arm (gleiche Blickrichtung). Während meiner Körperdrehung habe ich den Griff meiner rechten Hand geändert und fasse mit dieser nun das rechte Handgelenk des Gegners (Kamm-Griff, von rechts und seiner Kleinfingerseite her, Blick in seine Handfläche) und schiebe den rechten Unterarm des Gegners nach links zum Gegner (sein Unterarm dann senkrecht, sein Oberarm waagerecht zum Boden). Dabei löse ich auch meine linke Hand und setze meine linke Hand (-kante, Kleinfingerseite) von schräg unten am Ellenbogen des angewinkelten rechten Arms (Ellenbogen oben) des Gegners an und schiebe/drücke/drehe damit seinen rechten Arm im Bogen nach vorn unten. Mit meiner rechten Hand halte ich den nun angewinkelten rechten Arm des Gegners weiter vor meinem Bauch. Dabei laufe ich nach vorn, der Gegner geht über den Kniestand auf den Bauch zu Boden.

(Bauch in Stand)

Kreuzfessel-Griff zum Aufstehen = Aufhebe-Technik 7

Ich knie hinter dem mit meiner rechten Hand nach rechts gehaltenen rechten Arm des auf dem Bauch liegenden Gegners (gleiche Blickrichtung) mit links dicht an dessen rechter Körperseite ab und gehe rechts in einseitige Hocke. Während sich meine linke Hand (-kante, Kleinfingerseite) noch aus der Technik „Kanu-Paddel" in der rechten (jetzt) Ellenbeuge des Gegners befindet, führe ich mit meiner rechten Hand den rechten (Unter-)Arm des Gegners nach links an meinem Bauch sowie an meinem linken (Ober-)Arm vorbei zu dessem Rücken (sein rechter Arm knickt ein). Ich klemme seinen rechten (Unter-)Arm (seine Handfläche oben) in meiner linken Ellenbeuge ein und fasse mit meiner linken Hand (Daumen voran) ganz engwinklig nach rechts auf seinen rechten Oberarm (nahe des Ellenbogens). Mit meiner rechten Hand (-fläche) fasse ich auf meine(n) linke(n) Hand (-rücken). Mit diesem Griff (meine Hände von oben, mein angewinkelter linker Arm von unten) drehe ich den angewinkelten rechten Arm des Gegners über dessen Rücken in einem waagerechten Bogen um seine rechte Schulter herum, drücke dann mit beiden Händen seinen rechten Oberarm nach vorn unten und kippe mit meinem linken Arm seinen rechten Unterarm (Hand voran) nach oben, stehe auf und ziehe den Gegner in den Stand.

(Stand auf Rücken)

falscher **"O-Soto-Gari"** (ohne Bein-Einsatz, mit Wangen-Klatsche) = **ohne Zählung**

Mit meiner linken Hand (im Kreuzfessel-Griff) fasse und ziehe ich den rechten Ellenbogen des Gegners in einer Kreisbewegung über oben nach hinten und wieder nach unten, wodurch sich der Gegner aufrichtet, sich nach links an mir vorbei bewegt und ins Hohlkreuz kommt (sein Unterarm liegt noch in meiner linken Ellenbeuge). Gleichzeitig drehe ich mich mit meinem(r) rechten Fuß/Schulter um 180 Grad nach links (Angesicht zu Angesicht). Mit meiner sich nun von unten am rechten Oberarm des Gegners befindlichen linken Hand fasse ich dort (sein Ellenbogen unten) die Jacke des Gegners und ziehe dessen rechten Arm sowohl weiter nach links auf mich zu, während ich als Gegenbewegung mit meiner rechten Hand (-fläche) den Gegner an dessen linker Wange nach hinten links schiebe und so dessen Hohlkreuzlage verstärke. Durch mein Ziehen mit links (sein rechter Arm knickt in die andere Richtung ein, sein Ellenbogen jetzt vorn vor seiner Brust) und mein Schieben mit rechts fällt der Gegner mit dem Kopf links von mir auf den Rücken.

(Rücken in Stand)

Einkuppeln 1 [ich stehe dicht an ihm / sein rechter Arm an meinem linken Oberschenkel (Innenseite)] **= Aufhebe-Technik 8**

Ich stehe im rechten Winkel dicht an der rechten Körperseite des auf dem Rücken liegenden Gegners (sein Kopf links von mir, mein linker Fuß vorn und nah an seinem Kopf), fasse mit meiner rechten Hand (-fläche) im rechten Winkel von rechts die/den rechte(n) Hand (-rücken) des Gegners (mein Daumen zwischen seinem Daumen und seinem Zeigefinger in seine Handfläche, meine Finger von seiner Kleinfingerseite in seine Handfläche) und mit meiner linken Hand (-fläche) von links die rechte Hand (-fläche) des Gegners (mein Daumen zwischen seinem Daumen und seinem Zeigefinger auf seinen Handrücken, meine Finger von seiner Kleinfingerseite auf seinen Handrücken, unsere 3 Daumen sind beieinander), halte so den rechten Arm des Gegners mittig zwischen meinen Beinen senkrecht nach oben (seine Fingerspitzen oben) und (über-)drehe die rechte Hand des Gegners nach rechts (Vorspannung). Ich setze meinen rechten Fuß einen Schritt nach hinten, gehe dabei in die Oberkörperbeuge, drücke die rechte Hand des Gegners nach unten, bis sein Unterarm und sein Oberarm im rechten Winkel zueinander stehen, sein Unterarm diagonal steht und sein rechter Ellenbogen seitlich an der (Innen-) Seite meines linken Unterschenkels anliegt (kuppeln). Unter Beibehaltung von Vorspannung und tiefer Stellung des rechten Unterarms des Gegners führe ich seine rechte Hand (sein Arm ist angewinkelt und versteift) über seine rechte Schulter und von dort nach rechts, drehe mich mit meinem(r) rechten Fuß/Schulter voran (in einem kleinen Kreis) nach rechts hinten und ziehe seinen rechten Arm so kräftig nach diagonal rechts hinten oben in die Streckung, dass der Gegner aufstehen muss (bildlich: weg schleudern, in der Kette halte ich mit rechts fest).

(Stand auf Rücken)

Hand-Kipp-Hebel (Handgelenk-Hebel 33b, S. 31, kleine Schüssel über seine Ellenbeuge) **= ohne Zählung**

(Rücken in Stand)

Einkuppeln 2 (ich stehe auf Abstand / einkuppeln / „ziehen, drehen, drücken") **= Aufhebe-Technik 9**

Ich stehe im rechten Winkel mit Abstand an der rechten Körperseite des auf dem Rücken liegenden Gegners (sein Kopf links von mir). Mit meiner linken Hand ziehe ich den rechten Arm des Gegners am Handgelenk nach oben, bis sich dieser senkrecht vor meinem Bauch / mittig vor/zwischen meinen Beinen befindet und drehe dabei meine linke Hand nach rechts (Gas wegnehmen). Mit meiner nach links geklappten rechten Hand fasse ich um die rechte Hand des Gegners herum im rechten Winkel von rechts die/den rechte(n) Hand (-rücken) des Gegners (mein Daumen zwischen seinem Daumen und seinem Zeigefinger sowie meine Finger von seiner Kleinfingerseite in seine Handfläche, seine Fingerspitzen oben). Mit meiner linken Hand (-fläche) fasse ich um und die rechte Hand (-fläche) des Gegners von links (mein Daumen zwischen seinem Daumen und seinem Zeigefinger sowie meine Finger von seiner Kleinfingerseite auf seinen Handrücken, unsere 3 Daumen sind beieinander) und (über-)drehe seine rechte Hand nach rechts (Vorspannung). Mit beiden Händen führe ich den rechten Arm des Gegners in einem Kreis über links nach rechts (kuppeln), wodurch der rechte Arm des Gegners einknickt, sich sein Oberarm vom Boden abhebt und sein Unterarm senkrecht zwischen meinen Beinen steht. Jetzt „ziehen/drehen/drücken", d.h. ich ziehe die rechte Hand des Gegners leicht zu mir nach oben, drehe diese in dieser gezogenen Stellung (von mir aus gesehen) nach rechts, drücke sie dann kurz in Richtung der rechten Ellenbeuge des Gegners zusammen und ziehe seinen rechten Arm dann senkrecht nach oben in die Streckung und den Gegner in den Stand.

(Stand auf Rücken)

Hand-Kipp-Hebel (Handgelenk-Hebel 33b, S. 31, kleine Schüssel über seine Ellenbeuge) **= ohne Zählung**

(Rücken in Stand)

Einkuppeln 3 (ich stehe dicht / über seine Augen drehen, dann über seine rechte Schulter in sein rechtes Handgelenk drehen; seinen dann angewinkelten versteiften Arm im Bogen nach rechts in die Streckung ziehen) **= Aufhebe-Technik 10**

Ich stehe im rechten Winkel dicht an der rechten Körperseite des auf dem Rücken liegenden Gegners (sein Kopf links von mir, mein linker Fuß vorn und nah an seinem Kopf). Mit meiner linken Hand ziehe ich den rechten Arm des Gegners am Handgelenk nach oben, bis sich dieser senkrecht vor meinem Bauch / mittig vor/zwischen meinen Beinen befindet und drehe dabei meine linke Hand nach rechts (Gas wegnehmen). Mit meiner nach links geklappten rechten Hand fasse ich um die rechte Hand des Gegners herum im rechten Winkel von rechts die/den rechte(n) Hand (-rücken) des Gegners (mein Daumen zwischen seinem Daumen und seinem Zeigefinger sowie meine Finger von seiner Kleinfingerseite in seine Handfläche, seine Fingerspitzen oben). Mit meiner linken Hand (-fläche) fasse ich um und die rechte Hand (-fläche) des Gegners von links (mein Daumen zwischen seinem Daumen und seinem Zeigefinger sowie meine Finger von seiner Kleinfingerseite auf seinen Handrücken, unsere 3 Daumen sind beieinander) und (über-) drehe seine rechte Hand nach rechts (Vorspannung). Mit beiden Händen drehe ich den rechten Arm des Gegners nach links über die Augen des Gegners, dann im Bogen nach rechts über seine rechte Schulter, drücke dabei seine rechte Hand nach unten, bis sein rechter Unterarm nahezu waagerecht zum Boden steht, drehe dann meine rechte Hand nach links und somit seine rechte Hand in sein rechtes Handgelenk, wodurch sein angewinkelter rechter Arm „fest geht". Mit beiden Händen führe ich den versteiften angewinkelten rechten Arm des Gegners im Bogen weiter nach rechts auf mich zu, drehe mich dabei mit meinem(r) rechten Fuß/Schulter voran um 180 Grad nach rechts hinten und ziehe dann den rechten Arm des Gegners in die Streckung. Der Gegner kommt in die sitzende Position, dreht sich nach rechts, kommt in den Kniestand und muss aufstehen.

(Stand auf Rücken)

Hand-Kipp-Hebel (Handgelenk-Hebel 33b, S. 31, kleine Schüssel über seine Ellenbeuge) **= ohne Zählung**

(Rücken auf Bauch)

Einkuppeln 4 = Umdreh-Technik 11

Wie Aufhebe-Technik 10 „Einkuppeln 3", Abwandlung: Ich drehe mich mit meinem(r) rechten Fuß/Schulter voran in einem kleinen Kreis um 180 Grad nach rechts hinten. Der Gegner dreht sich vom Rücken auf den Bauch.

(Bauch in Stand)

Daumen – und Kleinfinger-Hebel 1 = Aufhebe-Technik 12

Ich knie an der rechten Körperseite des auf dem Bauch liegenden Gegners (sein Kopf rechts) mit rechts ab und gehe links in einseitige Hocke. Ich ziehe den rechten Arm des Gegners (sein Ellenbogen sowie seine Handfläche oben) auf mich zu. Ich spreize Daumen und Zeigefinger meiner rechten Hand voneinander ab und schiebe diese von rechts sowie im rechten Winkel auf den kleinen Finger des Gegners. Analog spreize ich Daumen und Zeigefinger meiner linken Hand voneinander ab und schiebe diese von links sowie im rechten Winkel auf den Daumen des Gegners. Mit meinen Daumen von oben und mit meinen Zeigefingern von unten (jeweils auch im rechten Winkel am rechten Handrücken des Gegners als Gegenlager) biege ich rechten Daumen und rechten kleinen Finger des Gegners nach unten (seine rechte Hand steht senkrecht nach unten / sein rechter Arm knickt ein, sein Ellenbogen oben, Blick in seine Handfläche) und schiebe seinen (Unter-)Arm unter seinen Oberarm auf den Gegner zu, der aufsteht.

(Stand auf Rücken)

Hand-Kipp-Hebel (Handgelenk-Hebel 33b, S. 31, kleine Schüssel über seine Ellenbeuge) = **ohne Zählung**

(Rücken auf Bauch)

Welle am Boden = Umdreh-Technik 13

Ich laufe mit meinem rechten Fuß voran hinter dem (um) den Kopf des Gegners (Laufrichtung: Schultern-Nacken-eine-Linie) und ziehe mit beiden Händen (Fass-Art: noch Handkipp-Hebel) den Gegner an seiner rechten Hand wie folgt mit: Ich führe seine rechte Hand mit den Fingerspitzen voran dicht über seinen Brustkorb in Richtung seiner linken Körperseite (bildlich: in den Boden rammen) und dort nach oben (seinen rechten Arm in die Streckung), wodurch sich der Gegner vom Rücken auf den Bauch dreht. An der rechten Schulter des Gegners drehe ich mich um 180 Grad nach rechts und stehe im rechten Winkel zu dessen rechter Körperseite (mein rechter Fuß vorn, Blickrichtung zu seinem Kopf). Variante 1 (beschrieben): nur durch Ziehen am Arm, Variante 2: durch zusätzliches Schieben mit meinem rechten Knie an seinem rechten Ellenbogen, Variante 3: nur Ziehen mit meiner linken Hand plus Schieben mit meiner rechten Hand (-kante, Kleinfingerseite) an seinem rechten Ellenbogen. Weiter mit "großer Geh-Stock (Handgelenk-Hebel 39, S. 33).

(Bauch in Stand)

Daumen - und Kleinfinger-Hebel 2 = Aufhebe-Technik 14

Mit meiner linken Hand führe ich den rechten Arm des auf dem Bauch liegenden Gegners an dessen rechter Körperseite nach unten (sein Ellenbogen unten, seine Handfläche oben) und gehe leicht in die Hocke. Ich spreize Daumen und Zeigefinger meiner rechten Hand voneinander ab und schiebe diese von rechts sowie im rechten Winkel auf den kleinen Finger des Gegners. Analog spreize ich Daumen und Zeigefinger meiner linken Hand voneinander ab und schiebe diese von links sowie im rechten Winkel auf den Daumen des Gegners. Mit meinen Daumen von oben und mit meinen Zeigefingern von unten (jeweils auch im rechten Winkel am rechten Handrücken des Gegners als Gegenlager) biege ich rechten Daumen und rechten kleinen Finger des Gegners nach unten (seine rechte Hand steht senkrecht nach unten / sein rechter Arm knickt ein, sein Ellenbogen unten) und schiebe seinen (Unter-)Arm auf den Gegner zu nach oben. Der Gegner steht auf.

(Stand auf Rücken, sein Kopf links von mir)

Z-/Viereck-Hebel 1 nach links unten gedrückt (Handgelenk-Hebel 1, S. 19) = **ohne Zählung**

(Rücken auf Bauch)

große Wende (Rühren) an seinem rechten gestreckten Arm = Umdreh-Technik 15

Ich stehe im rechten Winkel zur rechten Körperseite des auf dem Rücken liegenden Gegners (sein Kopf links von mir), mein linker Fuß vorn. Noch in der gleichen Fassart wie beim Z-Hebel - meine linke Hand (-fläche) von links an der rechten Hand (-fläche) des Gegners (mein Daumen zwischen seinem Daumen und seinem Zeigefinger sowie meine Finger von seiner Kleinfingerseite auf seinen Handrücken), meine rechte Hand (-fläche) von rechts an der / am rechte(n) Hand (-rücken) des Gegners (mein Daumen zwischen seinem Daumen und seinem Zeigefinger sowie meine Finger von seiner Kleinfingerseite in seine Handfläche, unsere 3 Daumen sind beieinander), halte/ziehe so den rechten Arm des Gegners mittig zwischen meinen Beinen senkrecht nach oben (seine Fingerspitzen oben) und (über-)drehe die rechte Hand des Gegners nach rechts (Vorspannung). Mit beiden Händen führe ich den gestreckten rechten Arm des Gegners in einem großen Bogen von links (sein Kopf) über seine Augen und seine Brust nach rechts und weiter in der Streckung auf mich zu, während ich mich mit meinem(r) rechten(r) Fuß/Schulter um 180 Grad nach rechts hinten drehe (um Platz für seine Drehung zu schaffen). Der Gegner dreht sich von der Rücken- über die Sitzend- nach rechts in die Bauchlage. Ich stehe an der rechten Körperseite des auf dem Bauch liegenden Gegners.

(Bauch auf Rücken)

Umdreher am Boden nach links (am gestreckten Arm) = **Umdreh-Technik 16**

Ich drehe mich mit meinem(r) rechten Fuß/Schulter voran um 90 Grad nach links hinter den Kopf des Gegners (Blick in Längsrichtung zu seinen Füßen), knie links ab und gehe rechts in die Hocke (Platz schaffen für die Körperdrehung des Gegners im Liegen um seine Längsachse nach links). Den rechten Arm des Gegners habe ich mitgeführt, den Griff meiner Hände dabei so gelockert, dass sich die rechte Hand des Gegners vom bisherigen Überdrehen nach rechts nun wieder nach links dreht (entspannt). Ich fasse mit meiner rechten Hand (-fläche) von den Fingerspitzen des Gegners dessen rechte(n) Hand (-rücken, unten) von rechts unten und ziehe den rechten Arm des Gegners am Boden in Längsrichtung zu seinem Körper über seinen Kopf hinaus auf mich zu in die Streckung. Dann (über-) drehe ich mit meiner rechten Hand die rechte Hand des Gegners (anfangs sind unsere Handrücken unten) und dadurch seinen kompletten rechten Arm am Boden (kleine enge Kreise) so weit nach links, bis sich meine rechte Hand nicht weiter drehen lässt. Der rechte Arm des Gegners knickt ein

(Ellenbogen oben). Dann übernehme ich das (Über-)drehen mit meiner linken Hand von links oben (unsere Handrücken links oben), drehe nach links, bis sich meine linke Hand nicht weiterdrehen lässt und übergebe wieder an meine rechte Hand (unsere Handrücken wieder rechts unten) usw., bis sich der Gegner nach links auf den Rücken dreht.

(Rücken in Stand)

Schulter-Stecher = Aufhebe-Technik 17

Ich stehe im rechten Winkel zur rechten Körperseite des auf dem Rücken liegenden Gegners (sein Kopf links von mir) auf, nehme mit meiner linken Hand den rechten Arm des Gegners an dessen Handgelenk nach oben mit und drehe meine linke Hand dabei nach rechts (Gas wegnehmen). Mit meiner nach links geklappten rechten Hand fasse ich um die rechte Hand des Gegners herum im rechten Winkel von rechts die/den rechte(n) Hand (-rücken) des Gegners (mein Daumen zwischen seinem Daumen und seinem Zeigefinger sowie meine Finger von seiner Kleinfingerseite in seine Handfläche). Mit meiner linken Hand fasse ich um und von links die rechte Hand (-fläche) des Gegners (mein Daumen zwischen seinem Daumen und seinem Zeigefinger sowie meine Finger von seiner Kleinfingerseite auf seinen Handrücken, unsere 3 Daumen sind beieinander), halte so den rechten Arm des Gegners mittig zwischen meinen Beinen senkrecht nach oben (seine Fingerspitzen oben) und (über-)drehe die rechte Hand des Gegners nach rechts (Vorspannung analog Z-Hebel). Jetzt „ziehen/drehen/drücken", d.h. ich ziehe mit beiden Händen den rechten Arm des Gegners kurz senkrecht nach oben, (über-)drehe seine rechte Hand unter Beibehaltung der Vorspannung in einem Kreis über links nach rechts (bildlich: um den Rand eines Bechers), stauche seinen rechten Arm dann in Richtung seiner rechten Schulter nach unten zusammen (sein Arm knickt ein) und ziehe seinen rechten Arm dann ruckartig wieder senkrecht vor meinem Körper nach oben. Der Gegner wird quasi sprunghaft über die Hocke in den Stand gezogen.

(Stand auf Bauch)

Kanu-Paddel (Abwandlung, siehe S. 77) = ohne Zählung

(Bauch in Stand)

rückseitiger Schulter-Stecher = Aufhebe-Technik 18

Ich stehe im rechten Winkel zur rechten Körperseite des auf dem Bauch liegenden Gegners (sein Kopf rechts von mir), ziehe mit meiner rechten Hand den rechten Arm des Gegners senkrecht vor meinem Bauch / ittig vor/zwischen meinen Beinen nach oben und halte seine rechte Hand weiter in der Vorspannung (noch aus Technik „Kanu-Paddel"). Mit meiner linken Hand (-fläche) fasse ich von links die rechte Hand (-fläche) des Gegners (mein Daumen zwischen seinem Daumen und seinem Zeigefinger sowie meine Finger von seiner Kleinfingerseite auf seinen Handrücken, unsere 3 Daumen sind beieinander). Jetzt „ziehen/drehen/drücken“, d.h. ich ziehe mit beiden Händen den rechten Arm des Gegners kurz senkrecht nach oben, (über-)drehe seine rechte Hand unter Beibehaltung der Vorspannung in einem Kreis über links nach rechts (bildlich: um den Rand eines Bechers), stauche seinen rechten Arm dann in Richtung seiner rechten Schulter nach unten zusammen (sein Arm knickt ein) und ziehe seinen rechten Arm dann ruckartig wieder senkrecht vor meinem Körper nach oben. Der Gegner wird quasi sprunghaft über die Hocke in den Stand gezogen.

(Stand auf Rücken)

Quark-Tasche (Handkipp-Hebel „anders herum“, Hand-Befreiung 14, Seite 126) **= ohne Zählung**

(Rücken auf Bauch)

Durchgreif-Fingerhebel (Schublade) = Umdreh-Technik 19

Ich gehe im rechten Winkel zur rechten Körperseite des auf dem Rücken liegenden Gegners (sein Kopf links von mir) in Höhe seiner rechten Schulter mit rechts in die Hocke, setze mein linkes Bein einen Schritt zurück und knie ab. Mit meiner linken Hand fasse ich die rechte Hand des Gegners von der Daumenseite (mein linker Daumen in seiner Handfläche -Fixierung-, damit sich seine Hand nicht wegdreht, Blick in seine rechte Handfläche, sein Ellenbogen unten, seine Fingerspitzen zu mir nach unten). Mit den voneinander abgespreizten Fingern meiner rechten Hand fasse ich von oben in die rechte Handfläche des Gegners und lasse dessen Finger jeweils in Höhe des obersten Fingergelenks (Richtung Fingerkuppe) bis zum Anschlag durch meine Finger durchrutschen, krümme dann die Finger meiner rechten Hand und drücke mit deren Fingerkuppen jeweils von unten gegen das mittlere Fingergelenk (Außenseite) der rechten Hand des Gegners (auf Spannung setzen). Dann drücke ich meinen rechten Handballen nach vorn zum Gegner, ziehe meine Finger gekrümmt gegen seine Fingerknöchel auf mich zu, drehe meine rechte Hand ein Stück nach rechts und biege so seine rechte Hand (Fingerspitzen unten) noch stärker in Richtung seinem rechten Ellenbogen. So führe ich den gestreckten rechten Arm des Gegners in eine hohe Diagonale, wodurch dessen rechter Arm (sein rechter Ellenbogen dreht sich nach rechts) nach oben einknickt und wodurch der Gegner beginnt, sich auf seine linke Körperseite (von mir weg) zu drehen, aber nicht weg kann. Ich stehe auf und gehe mit meinem linken Fuß voran nach links hinter bzw.

um den Kopf des Angreifers herum (Laufrichtung = Schultern-Nacken-eine-Linie) und führe dessen rechten Arm mit. Der Angreifer dreht sich dadurch weiter und auf den Bauch. An der rechten Schulter des dann auf dem Bauch liegenden Gegners drehe ich mich um 180 Grad nach rechts und stehe im rechten Winkel zu dessen rechter Körperseite (mein rechter Fuß vorn, Blickrichtung zum Kopf des Gegners).

(Bauch in Stand, sein Ellenbogen oben)

Durchgreif-Fingerhebel mit **Hoch-Rüttler = Aufhebe-Technik 20**

Ich bleibe beim Durchgreif-Fingerhebel (Umdreh-Technik 19) und kippe meine rechte Hand mit der Handfläche zu mir oben (Gas wegnehmen unten rum, seine Fingerspitzen unten) und schiebe die rechte Hand des Gegners im rechten Winkel in Richtung seiner rechten Körperseite, wodurch sein rechter Arm einknickt (sein Ellenbogen oben). Dann bewege ich meine rechte Hand in der Waagerechten seitlich hin und her und schiebe/drücke dabei seinen angewinkelten rechten Arm (Ellenbogen oben) Stück für Stück nach oben. Der Gegner steht auf.

08. FINGER-HEBEL (teilweise als Kette)

gelb 1 / orange 2 / grün 3 / blau 4 / violett 5 / 1.braun 6 / 2.braun 7 / 3.braun 8, 1.Dan 10 / 2.Dan 12 / 3.Dan 14 / 4.Dan 16 / **5.Dan 18** Stück

Situationen wie aus dem Leben gegriffen (Kneipe, Disco) - ein auf Provokation beruhendes ganz normales Guten-Tag-Sagen. Wir stehen Angesicht zu Angesicht, der Angreifer fasst mit seiner rechten Hand diagonal meine rechte Hand, lässt sie aber nicht mehr los.

für die Techniken 1 – 4 gilt:
Ich drücke auch wieder zu, bleibe aber auf der Stelle stehen, da mich der Angreifer fest im Griff hat und ich ihn in dem Glauben belassen will, er sei sich seiner Situation sicher. Jedoch kippe ich meine rechte Hand leicht nach links und fasse mit meiner linken Hand (-fläche) von links oben im rechten Winkel auf das Paket unserer Hände (Fixierung). Erst dann führe ich mit meinem rechten Fuß(-spann) einen Tritt in die Genitalien (im Training gegen seinen linken Oberschenkel (Innenseite) aus (Schock) und setze meinen rechten Fuß einen Schritt nach hinten.

(Daumen-) Kuppe = Finger-Hebel 1

Ich spreize Zeige- und Mittelfinger meiner linken Hand (-rücken zu ihm) voneinander ab und setze diese Gabel senkrecht von oben auf das rechte Handgelenk des Angreifers (Daumenseite). Ich spreize meinen linken Daumen ab und setze dessen oberes Glied (Innenseite) von vorn auf die rechte Daumenspitze des Angreifers, drücke auf diese und dadurch seinen Daumen schmerzhaft in Richtung seiner Handfläche in sich zusammen (bildlich: Feuerzeug bedienen). Mit diesem Daumen-Hebel drehe ich meine linke Hand in einem kleinen Bogen nach links außen unten und reiße die rechte Hand des Angreifers (halte sie aber mit links) von meiner rechten Hand weg (seine Handfläche oben), während ich meinen rechten Arm angewinkelt mit meiner zur Faust geschlossenen rechten Hand (-rücken unten) an meine rechte Hüfte ziehe und meinen rechten Fuß einen Schritt nach hinten setze.

Haken (Daumen-Pendler 1) = Finger-Hebel 2

Ich löse meine linke Hand und öffne, strecke und drehe meine rechte Hand (obwohl sie festgehalten wird) in einem kleinen Bogen über die rechte Hand des Angreifers hinaus nach links, bis sich sein Griff lockert, sich seine rechte Hand (-fläche oben) öffnet und sich sein rechter Daumen gestreckt an meiner rechten Handfläche (unten) befindet. Ich ändere die Richtung und führe meine rechte Hand waagerecht zum

Boden über die rechte Hand des Angreifers zurück nach rechts und dabei in Etappen nach unten, bis seine rechte Hand (-fläche) über die Senkrechte hinaus nach rechts unten steht und sich meine rechte Hand (Fingerspitzen vorn) rechts neben seiner rechten Hand befindet. Bei diesem Zurückpendeln knicke ich meinen rechten Daumen ein, klemme damit den rechten Daumen des Angreifers von links außen und nehme diesen wie mit einem Haken mit (unsere Daumen im rechten Winkel zueinander, seine Daumenkuppe oben, seine Fingerspitzen zu mir). Ich setze meinen rechten Fuß einen Schritt nach hinten und ziehe den Angreifer mit einem Ruck an meiner rechten Körperseite vorbei nach hinten. Der Angreifer macht einen Sturz vorwärts.

Gleit-Flug über seinen Ellenbogen (Daumen-Pendler 2 / kurze Version, sein Handrücken oben, Hebel von seiner Handfläche her) **= Finger-Hebel 3a**

Ich löse meine linke Hand und öffne, strecke und drehe meine rechte Hand (obwohl sie festgehalten wird) in einem kleinen Bogen über die rechte Hand des Angreifers hinaus nach links, bis sich sein Griff lockert, sich seine rechte Hand (-fläche oben) öffnet und sich sein rechter Daumen gestreckt an meiner rechten Handfläche (unten) befindet. Ich ändere die Richtung und führe meine rechte Hand waagerecht zum Boden über die rechte Hand des Angreifers zurück nach rechts und dabei in Etappen nach unten, bis seine rechte Hand (-fläche) über die Senkrechte hinaus nach rechts unten steht und sich meine rechte Hand (Fingerspitzen vorn) rechts neben seiner rechten Hand befindet. Bei diesem Zurückpendeln knicke ich meinen rechten Daumen ein, klemme damit den rechten Daumen des Angreifers von links außen und nehme diesen wie mit einem Haken mit (unsere Daumen im rechten Winkel zueinander, seine Daumenkuppe oben, seine Fingerspitzen zu mir). Ich rutsche mit meinem(r) rechten Daumen (-innenseite) am rechten Daumen des Angreifers nach rechts zu seiner Daumen-Innenseite (unsere Daumenspitzen oben), lege meinen rechten Zeigefinger auf meinen rechten Mittelfinger und schwinge beide von der Daumenseite der rechten Hand des Angreifers her mit dem Mittelfinger voran auf dessen rechtes Daumen-Wurzelgelenk (Übergang Daumen - Handrücken). Dann drücke ich mit meinem rechten Daumen das rechte obere (zur Kuppe hin) Daumenglied des Angreifers nach vorn (von mir weg) und ziehe gleichzeitig mit meinem rechten Mittelfinger voran an seinem Daumen-Wurzelgelenk zu mir nach oben. Meine(n) linke(n) Daumen (-innenseite) lege ich (von mir her) an den rechten kleinen Finger (Innenseite) des Angreifers (meine Daumenspitze sowie seine Kleinfingerspitze oben), lege dann meinen linken Zeigefinger auf meinen linken Mittelfinger und schwinge beide von der Kleinfingerseite der rechten Hand des Angreifers her mit dem Mittelfinger voran auf dessen Kleinfinger-Wurzelgelenk (Übergang Finger – Handrücken). Dann drücke ich mit meinem linken Daumen das rechte obere (zur Kuppe hin) Kleinfingerglied des Angreifers nach vorn (von mir weg) und ziehe gleichzeitig mit meinem linken Mittelfinger voran an seinem Kleinfinger-Wurzelgelenk zu mir nach oben (bildlich: Spannweite eines Vogels). Mit beiden Hebeln führe ich die rechte Hand des Angreifers im Bogen von oben nach unten über dem rechten Unterarm/Handgelenk des Angreifers (bildlich: um einen Ball herum, Blick in seine Handfläche) und ziehe gleichzeitig am Daumen- bzw. Kleinfinger-Wurzelgelenk stärker auf mich zu, als ich mit meinen Daumen seinen Daumen sowie seinen kleinen Finger nach vorn von mir weg drücke und seine rechte Hand dabei diagonal auf mich zu nach unten ziehe. Vorrangig steuere ich über den kleinen Finger des Angreifers. Meinen linken Fuß setze ich einen Schritt nach hinten und mein rechtes Bein beuge ich leicht (Oberkörper aufrecht). Der Angreifer kommt in die Oberkörperbeuge und prallt mit seiner Stirn auf mein rechtes Knie.

Gleit-Flug (seine rechte Schulter / Daumen-Pendler 3) = FH 3b

Abweichung zu 3a: Ich führe die rechte Hand des Angreifers gerade nach vorn zu seiner rechten Schulter und ziehe sie dann in einem Bogen über rechts und seine Körpermitte schräg zu mir nach unten.

Gleit-Flug (seine beiden Schultern / Daumen-Pendler 4) = FH 3c

Abweichung zu 3a: Ich führe die rechte Hand des Angreifers gerade nach vorn zu seiner rechten Schulter, dann in der Waagerechten nach rechts zu seiner linker Schulter und ziehe sie dann zu mir nach unten.

Hülse (Daumen-Pendler 5) = Finger-Hebel 4

Ich löse meine linke Hand und öffne, strecke und drehe meine rechte Hand (obwohl sie festgehalten wird) in einem kleinen Bogen über die rechte Hand des Angreifers hinaus nach links, bis sich sein Griff lockert, sich seine rechte Hand (-fläche oben) öffnet und sich sein rechter Daumen gestreckt an meiner rechten Handfläche (unten) befindet. Ich ändere die Richtung und führe meine rechte Hand waagerecht zum Boden über die rechte Hand des Angreifers zurück nach rechts und dabei in Etappen nach unten, bis die rechte Hand des Angreifers über die Senkrechte hinaus steht und umschließe dann mit meinem rechten Zeige- sowie Mittelfinger von rechts seinen rechten Daumen, während ich meinen rechten Mittel- und kleinen Finger auf die Daumenwurzel lege (Stabilisierung). Mit meinem linken Zeige- sowie Mittelfinger umfasse ich von links meine rechte Hand, während ich meinen linken Mittel- sowie kleinen Finger auf seine rechte Daumenwurzel lege

(Stabilisierung). Meine kleinen Finger drücken bei nun senkrechtem rechten Handgelenk des Angreifers (Daumenseite oben) auf seine rechte Daumenwurzel. Mit meinen Fingern ziehe ich seine rechte Daumenwurzel zu mir (Gas weg nehmen mit beiden Händen) und biege mit meinen Daumen gleichzeitig seinen rechten Daumen auf ihn zu nach unten (bildlich: um einen Ball, Kippbewegung). Meinen linken Fuß setze ich einen Schritt nach hinten, mein rechtes Bein beuge ich leicht (Oberkörper aufrecht). Der Angreifer kommt in die Oberkörper-Beuge und prallt mit seiner Stirn auf mein rechtes Knie.

(ab hier Übergang in die Kette)

Rücken-Gleitflug (seine Handfläche oben, sein Ellenbogen unten, sein Arm gebeugt, Impuls in seine rechte Schulter) **= Finger-H. 5**
Analog Abführ-Technik 1, S. 47 (Rücken-Gleitflug – weg wischen), Abweichung: Ich biege mit meinen Daumen seinen Daumen und seinen kleinen Finger über meine kleinen Finger nach hinten unten in Richtung seines Handrückens/Ellenbogens (unten, sein Arm gebeugt) und steuere über seinen kleinen Finger, indem ich seine rechte Hand (von mir aus gesehen) nach links kippe und seinen kleinen Finger dabei durch nach vorn Schieben weiter abspreize als seinen Daumen (Impuls in seine rechte Schulter).

2-Finger-Hebel mit links von hinten (sein Ellenbogen unten) (Abführ-Technik 2, S. 48) **= Finger-Hebel 6**

Zeige-, Mittel-, Ringfinger-Hebel mit rechts von vorn (Abführ-Technik 3, Seite 49) **= Finger-Hebel 7**

Zeigefinger-Durchsteck-Hebel mit links von hinten (Abführ-Technik 4, S. 49) **= Finger-Hebel 8**

rechten Daumen von vorn **in** seiner **Handfläche1** (sein Ellenbogen unten, Abführ-Technik 5, S. 49) **= Finger-Hebel 9**

alle Finger-Durchsteck-Hebel mit Drehung nach rechts unten (sein Ellenbogen oben) **= Finger-Hebel 10**
Ich drehe den Hebel mit meiner rechten Hand nach links (mein Daumen unten, seine Fingerspitzen oben), fasse mit meiner linken Hand von links die rechte Hand des Angreifers und löse meine rechte Hand. Mit den abgespreizten Fingern meiner rechten Hand (-rücken oben) fasse ich von vorn in seine rechte Handfläche und lasse dessen Finger jeweils

in Höhe des obersten Fingergelenks (Richtung Fingerkuppe) bis zum Anschlag durch meine Finger durchrutschen, löse meine linke Hand, krümme die Finger meiner rechten Hand und drücke mit deren Fingerkuppen jeweils gegen das mittlere Fingergelenk (Außenseite) der rechten Hand des Angreifers (auf Spannung setzen). Dann drehe ich so gefasst meine rechte Hand nach rechts unten (seine Fingerspitzen unten, sein Ellenbogen oben) und schiebe den gestreckten rechten Arm des Angreifers über seine Körpermitte in seine linke Schulter.

Daumen- und (kleiner) **Finger-Abspreizer** (sein Handrücken oben, Hebel von seinem Handrücken her) **= Finger-Hebel 11**

Ich drehe meine rechte Hand und damit den Hebel zurück nach links und meine Hand zu mir (Gas geben, seine Hand waagerecht, sein Handrücken oben). Dann schiebe ich meinen linken Daumen (oberstes Glied) vom rechten Handrücken des Angreifers her senkrecht von oben zwischen den rechten Ringfinger und den rechten kleinen Finger des Angreifers und lege meinen linken Zeigefinger ebenfalls von senkrecht oben von seitlich links außen an die rechte Seite der Hand des Angreifers (nicht an den kleinen Finger), sodass sich der rechte kleine Finger des Angreifers zwischen meinem linken Daumen und meinem linken Zeigefinger befindet. Meinen rechten Daumen (oberstes Glied) schiebe ich senkrecht von oben zwischen den rechten Daumen und den rechten Zeigefinger des Angreifers und lege meinen rechten Zeigefinger ebenfalls senkrecht von oben von seitlich rechts außen an die rechte Seite der Hand des Angreifers (nicht an den Daumen), sodass sich der rechte Daumen des Angreifers zwischen meinem rechten Daumen und meinem rechten Zeigefinger befindet. Während ich mit meinem linken Daumen das linke obere Kleinfingerglied des Angreifers und mit meinem rechten Daumen das obere Glied des rechten Daumens des Angreifers nach jeweils außen drücke, ziehe ich gleichzeitig meine Zeigefinger in einer waagerechten Drehbewegung meiner Hände jeweils nach innen auf mich zu, spreize so den kleinen Finger und den Daumen von der rechten Hand des Angreifers ab, tue dies mit meiner linken Hand schneller als mit meiner rechten Hand und steuere den Hebel dadurch vorrangig über den rechten kleinen Finger des Angreifers. So schiebe ich den rechten Arm des Angreifers über dessen Körpermitte in dessen rechte Schulter. Zwischen meinen Händen und der rechten Hand des Angreifers ist Luft, es arbeiten nur mein(e) Daumen/Finger.

(Stand auf Bauch, sein Ellenbogen unten)

um den Ball 1 (nach hinten laufen) **= Finger-Hebel 12**

Mit meiner linken Hand halte ich den Hebel, löse meine rechte Hand und führe diese mit dem Handrücken (oben) von unten an bzw. unter die rechte Hand (-fläche) des Angreifers. Dann klappe ich meine rechte Hand nach oben/hinten (Handrücken zu mir, Fingerspitzen oben) und schiebe meine abgespreizten Finger senkrecht von unten (von seiner rechten Handfläche her) zwischen seine Finger, lasse seine Finger jeweils in Höhe des obersten Fingergelenks (Richtung Fingerkuppe) bis zum Anschlag durch meine Finger durchrutschen, krümme dann die Finger meiner rechten Hand und drücke mit deren Fingerkuppen jeweils gegen das mittlere Fingergelenk der rechten Hand des Angreifers. Meine linke Hand löse ich und meine rechte Hand drehe ich nach vorn (Gas wegnehmen), wodurch sich die rechte Hand des Angreifers senkrecht stellt (Fingerspitzen oben) und meine rechte Handfläche die Finger-Innenseiten seiner rechten Hand berührt. Dann führe ich mit meiner rechten Hand die rechte Hand des Angreifers zunächst in einem Bogen nach vorn auf den Angreifer zu (dazu halte ich symbolisch meine linke Faust im rechten Winkel von links über sein rechtes Handgelenk, bildlich um einen Ball), ziehe dann den rechten Arm des Angreifers in diesem Hebel an meine rechte Körperseite, laufe dabei rückwärts und ziehe den Angreifer über den Knie-Stand auf dem Bauch zu Boden.

(Bauch in Stand, sein Ellenbogen oben)

Hochrüttler (Durchgreif-Fingerhebel) = Finger-Hebel 13

Ich drehe mich mit meinem(r) linken Fuß/Schulter voran um 90 Grad nach rechts und gehe im rechten Winkel zur rechten Körperseite des auf dem Bauch liegenden Angreifers links (vorn) in einseitige Hocke und knie rechts (hinten) ab. Mit meiner rechten Hand habe ich die rechte Hand des Angreifers im selben Hebel mitgenommen, drehe meine rechte Hand um 180 Grad nach rechts unten und damit auch die rechte Hand des Angreifers (unsere Handrücken dann unten, sein Ellenbogen oben, seine Fingerspitzen zum Boden, Blick in seine Handfläche). Ich kippe meine rechte Hand mit der Handfläche zu mir (Gas wegnehmen unten rum) und schiebe die rechte Hand des Angreifers in Richtung seiner rechten Körperseite, wodurch sein rechter Arm einknickt. Dann bewege ich meine rechte Hand in der Waagerechten seitlich hin und her und schiebe/drücke dabei seinen angewinkelten rechten Arm (Ellenbogen oben) Stück für Stück nach oben. Wir stehen beide auf.

(Stand auf Rücken, sein Ellenbogen unten)

um den Ball 2 (nach vorn laufen) = Finger-Hebel 14

Ich setze meinen rechten Fuß einen Schritt nach vorn, drehe mich um 90 Grad nach links (mein rechter Fuß wieder hinten, Angesicht zu Angesicht). Mit meiner rechten Hand habe ich die rechte Hand des Angreifers im selben Hebel mitgenommen, drehe meine rechte Hand um 180 Grad nach links und damit auch die rechte Hand des Angreifers (unsere Handrücken oben) zurück in die "Ball-Technik". Ich drehe meine rechte Hand nach vorn (Gas wegnehmen), wodurch sich die rechte Hand des Angreifers senkrecht stellt (Fingerspitzen oben) und meine rechte Handfläche die Finger-Innenseiten seiner rechten Hand berührt. Dann führe ich mit meiner rechten Hand die rechte Hand des Angreifers zunächst in einem Bogen nach vorn auf den Angreifer zu (dazu halte ich symbolisch meine linke Faust im rechten Winkel von links über sein rechtes Handgelenk, bildlich um einen Ball), ziehe dann den rechten Arm des Angreifers in diesem Hebel steil nach unten an meine rechte Körperseite und den Angreifer dabei in die Hocke. Kurz bevor der Angreifer auf die Knie muss, strecke ich meinen rechten Arm nach vorn in die Richtung, aus der der Angreifer gekommen ist (bildlich: Hebel nach vorn umlegen) und dort links an seiner rechten Schulter vorbei. Mit meinem rechten Fuß voran laufe ich an der rechten Körperseite des Angreifers vorbei und ziehe den Angreifer auf den Rücken.

(Rücken, sein Ellenbogen unten)

Schublade 1 (1x aufziehen, sein Arm am Boden gestreckt) **= FH 15**

Ich setze meinen linken Fuß einen Schritt nach vorn, drehe mich um 90 Grad nach rechts, gehe im rechten Winkel zur rechten Körperseite des auf dem Rücken liegenden Angreifers (sein Kopf links von mir) in Höhe seiner rechten Schulter links (vorn) in einseitige Hocke und knie rechts (hinten) ab. Mit meiner rechten Hand habe ich die rechte Hand des Angreifers im selben Hebel im Bogen über rechts nach links bis vor meinen Bauch mitgenommen und um 180 Grad nach rechts gedreht (unsere Handrücken unten, sein Ellenbogen unten, seine Fingerspitzen unter meinem rechten Handrücken zu mir). Mit meiner linken Hand fasse ich seine rechte Hand von der Daumenseite (mein Daumen in seiner Handfläche = Fixierung), löse meine rechte Hand und fasse mit deren abgespreizten Fingern (Handfläche vorn oben) von oben in die rechte Handfläche des Angreifers (mein rechter Arm jetzt die Verlängerung seines rechten Armes), lasse die Finger des Angreifers jeweils in Höhe des obersten Fingergelenks (Richtung Fingerkuppe) bis zum Anschlag durch meine Finger durchrutschen, krümme dann die Finger meiner rechten Hand und drücke mit deren Fingerkuppen jeweils gegen das mittlere Fingergelenk der rechten Hand des Angreifers. Ich löse meine linke Hand und kippe meine rechte Hand mit der Handfläche zu mir (Gas wegnehmen unten rum, seine Fingerspitzen unten), biege so seine rechte Hand unter seinem rechten Unterarm in Richtung seinem rechten Ellenbogen (auf Spannung setzen) und ziehe seinen rechten Arm am Boden zu mir in die Streckung (Schublade: 1x weit aufziehen). Der Angreifer krümmt sich am Boden, kann aber nicht weg.

(Rücken, sein Ellenbogen unten)

Schublade 2 (seinen angehobenen gestreckten rechten Arm von mir weg drücken) **= Finger-Hebel 16**

Hock-/Knie-Position und Hebel analog „Schublade 1", nur führe ich jetzt die rechte Hand des Angreifers ca. 10 cm nach oben [sein rechter gesteckter Arm von seiner Hand (oben) zu seiner rechten Schulter (unten) in einer Diagonale] und drücke/schiebe nicht nur seine Hand, sondern auch seinen gestreckten Arm diagonal nach unten in seine rechte Schulter. Dabei ziehe ich immer wieder kurz zu mir und schiebe lang zum Angreifer (hin und her rütteln, Pendel als Hebel-/ Druckverstärker) und setze den Angreifer so auf Spannung und fest (er dreht sich leicht auf seine linke Körperseite, kann aber nicht weg/hoch).

(Rücken, sein Ellenbogen unten)

Epileptischer Anfall [Durchgreif-Fingerhebel, seinen angehobenen rechten Arm im Bogen (Impuls) in seine rechte Schulter] **= FH 17**

Hock-/Knie-Position und Hebel analog „Schublade 2", nur führe ich jetzt den rechten gestreckten Arm des Angreifers in einem Bogen nach rechts zum Angreifer hin, drücke diesen von dort nach links (parallel zur rechten Körperseite des Angreifers) in die rechte Schulter des Angreifers und drehe dabei dessen rechte Hand (von mir aus) so weit nach links, bis sie sich nicht weiterdrehen lässt (seine Fingerspitzen rechts, seine Kleinfingerseite oben) und drücke dann seine rechte Hand ruckartig in seine rechte Schulter (Impuls). Der Angreifer wird dadurch mit beiden Schultern an den Boden gedrückt und kann nicht weg/hoch.

(Rücken auf Bauch)

Durchgreif-Fingerhebel / Umdreh-Technik aus **Schublade 2** (Umdreh-Technik 20, S. 86) **= Finger-Hebel 18**

(Bauch in Stand, sein Ellenbogen oben)

Hochrüttler (Durchgreif-Fingerhebel) (Finger-Hebel 13, Seite 92) **= ohne Zählung**

(Stand, sein Ellenbogen oben, Angesicht zu Angesicht)

Kombination aus **Drehgriff-Hebel mit links** (Handgelenk-Hebel 18, S. 25) **und 2-Finger-Hebel** mit links von hinten (siehe S. 48 bzw. 90) **= Finger-Hebel 19**

Ich spreize den Daumen meiner linken Hand senkrecht nach oben von den Fingern ab und führe meine linke Hand (Handfläche zu mir) hinter den rechten Handrücken des Angreifers (Kontakt). Mit meiner rechten Hand halte ich den bisherigen Hebel weiter und biege nun die rechte

Hand des Angreifers auf [seine Finger gestreckt, seine (-spitzen unten)]. Meinen linken Daumen schiebe ich diagonal nach oben in Richtung des rechten Handgelenks des Angreifers und mit den Fingern meiner linken Hand umfasse ich den kleinen Finger sowie den Ringfinger des Angreifers im rechten Winkel von hinten (von seinem Handrücken aus) und dessen Kleinfingerseite her. Ich löse meine rechte Hand und biege mit den Fingern meiner linken Hand den kleinen Finger sowie den Ringfinger des Angreifers über dessen rechten Handrücken nach hinten oben (mein linker Daumen an seinem rechten Handgelenk = Gegenlager) und drehe/ziehe die rechte Hand des Angreifers nach oben in Richtung dessen Ellenbeuge. Der rechte Arm des Angreifers ist angewinkelt und sein Ellenbogen (oben) steht höher als seine rechte Schulter. Ich stehe im rechten Winkel zu seiner rechten Körperseite, mein linker Fuß vorn).

(Stand, sein Ellenbogen oben)

rechten Daumen von vorn **in** seiner **Handfläche2 = Finger-Hebel 20**

Mit meiner linken Hand halte ich Position und Hebel, setze meinen rechten angewinkelten Daumen mittig (Tendenz nach rechts) auf die Handfläche des Angreifers (zu mir) und umschließe mit den Fingern meiner rechten Hand im rechten Winkel von rechts (seine Kleinfingerseite) sowohl den rechten kleinen Finger als auch den rechten Ringfinger des Angreifers und löse dabei sukzessive den diesbezüglichen Griff meiner linken Hand. So schiebe ich die rechte Hand des Angreifers im Bogen über links in seine rechte Schulter. Der rechte Arm des Angreifers ist angewinkelt, sein Ellenbogen (oben) steht höher als seine rechte Schulter.

(Stand, sein Ellenbogen links, sein Arm angewinkelt und waagerecht)

Handkanten-Querhebel = Finger-Hebel 21

Ich halte Position und Hebel, drehe meine rechte Hand nach links (mein Handrücken oben), wodurch die rechte Hand des Angreifers mit der Kleinfingerseite nach oben kommt (seine Fingerspitzen rechts). Ich drehe meine rechte Hand nach vorn [Gas wegnehmen, meine Fingerkuppen drücken auf seinen rechten Ringfinger (Außenseite)] und schiebe die rechte Hand (-fläche zu mir) des Angreifers in Richtung seiner rechten Ellenbeuge (sein Arm waagerecht und angewinkelt) und von dort in einem Schlenker nach links in seine rechte Schulter (Impuls). So ziehe ich den rechten Arm des Angreifers dann vor der Körpermitte des Angreifers auf mich zu und laufe rückwärts. Der Angreifer muss mir folgen.

09. SCHEREN

gelb 1 / orange 1 / grün 2 / blau 2 / violett 3 / 1.braun 3 / 2.braun 4 / 3.braun 4 / 1.Dan 5 / 2.Dan 6 / 3.Dan 7 / **4.Dan 8** / 5.Dan 9 **Stück**

Angriff-Variante 1: Schwinger von links

Wir stehen Angesicht zu Angesicht. Der Angreifer führt einen Faustst0ß-Schwinger mit rechts aus. Der Angriff kommt für mich von links.

(Stand auf Boden)

Scheren-Wagenheber = Schere 1

(funktioniert nicht als Abwehr eines geraden Faustst0ß-Angriffs)
Ich gehe mit der „Fallübung seitwärts links" (siehe Seite 12) nach 45 Grad links hinten zu Boden. Während ich abweichend zur korrekten Ausführung dieser Fallschultechnik meine Beine auf dem Boden zunächst leicht angewinkelt nach seitlich links gekippt übereinander lege (mein rechtes Knie auf meinem linken Knie), schiebe ich dann meinen linken Fuß (-spann, Kleinzehenseite am Boden) von schräg vorn über den rechten Fuß (-spann) des Angreifers hinweg gegen dessen rechtes Fußgelenk (Fußgelenk an Fußgelenk, meine linke Fußsohle rechts, meine Zehenspitzen zwischen seinen Beinen nach hinten) und stoppe dadurch seinen rechten Fuß. Mein leicht angewinkeltes rechtes Bein hebe ich von meinem linken Bein ab, führe es von vorn am rechten Knie des Angreifers vorbei nach links und hake dann von links außen (quasi rückwärts) meine rechte Ferse/Hacke in die rechte Kniekehle des Angreifers ein. Jetzt drücke ich mein(en) linkes(n) Bein/Fuß (-spann) nach links und ziehe gleichzeitig mein(en) rechtes(en) Bein/Fuß (Hacke) nach rechts (Scher-Bewegung). Mindestens das rechte Bein des Angreifers knickt ein. Ich drehe mich auf dem Boden nun nahezu im rechten Winkel zum Angreifer um meine Längsachse nach rechts (von meiner linken auf meine rechte Körperseite) und der Angreifer stürzt dadurch über mein linkes Bein (Sturz vorwärts). Den Bein-/Fußkontakt halte ich aufrecht, drehe mich solange weiter nach rechts und drücke mich wie beim Sturz vorwärts mit angewinkelten Armen vom Boden ab, bis der Angreifer mit seiner Körpervorderseite fest auf dem Boden liegt und sein rechter Unterschenkel senkrecht nach oben steht. Mit meinem linken Fuß (-spann) rutsche ich im rechten Winkel so weit als möglich auf dem rechten Fuß (-spann) des Angreifers nach oben (für maximale Hebelwirkung) und drücke dann seinen rechten Fuß über meinen rechten Knöchel (in seiner rechten Kniekehle) nach unten.

Angriff-Variante 2: Fauststoß von vorn
Wir stehen Angesicht zu Angesicht. Der Angreifer führt einen geraden Fauststoß mit rechts aus. Der Angriff kommt für mich von gerade vorn.

Doppel-Treter mit rechts [1. Fuß (-spann), 2. Hacke) **= Schere 2**
Ich weiche nach innen aus, setze dazu meinen rechten Fuß einen Schritt nach vorn mittig vor die Beine des Angreifers, drehe mich um 90 Grad nach links und stehe mit meiner rechten Körperseite zum Bauch des Angreifers (mein linker Fuß vorn, mein rechter Fuß hinten = Schulterbreiter stabiler Stand). Mit beiden Handkanten (Kleinfinger-Seiten, nicht den Fingern) blocke ich das rechte Handgelenk des Angreifers von innen und führe dann mit rechts einen Handrücken-Schlag gegen die rechte Gesichtshälfte des Angreifers aus (Schock). Dann fasse ich mit meiner rechten Hand das rechte Handgelenk des Angreifers von oben (Oberseite, Zangen-Griff) und ziehe seinen rechten Arm in seiner Schlagrichtung weiter (nach links an meinem Bauch vorbei). Der Angreifer hält dagegen, was ich ausnutze, um mich an seinem rechten Handgelenk festzuhalten und meinen linken Fuß auf der Kleinzehenseite am Boden entlang (langer Schritt hinter meinem Rücken diagonal nach rechts hinten (ich kreuze dabei die Schrittlinie meines rechten Fußes) zu schieben und meinen linken Fuß-Spann von hinten außen in die linke Ferse des Angreifers einzuhaken. Dann lasse ich mich seitwärts im 45-Grad-Winkel zur linken Körperseite des Angreifers mit der Außenseite meines linken leicht angewinkelten Beines voran vor ihm auf den Boden fallen und stütze mich auf meinen linken Unterarm (bildlich: fläzen). Der Angreifer hält weiter dagegen und bleibt nahezu aufrecht stehen. Ich führe mit meinem rechten Fuß (-spann) einen Tritt von zwischen den Beinen des Angreifers nach vorn und damit in seine rechte Kniekehle aus, um unmittelbar danach meine rechte Hacke rückwärts von zwischen seinen Beinen nach hinten in seine linke Kniekehle einzuhaken - beide Beine des Angreifers knicken nacheinander ein/weg, wodurch der Angreifer in sich zusammen sacken würde. Deshalb drehe ich mich in dieser Fläz-Position schnell von meiner linken Pobacke über meine rechte Pobacke nach rechts und ziehe den Angreifer sowohl mit meiner rechten Hacke in seiner linken Kniekehle als auch mit meiner rechten Hand an seinem rechten Handgelenk in einem Bogen von unten nach oben (unsere Handrücken unten) von mir aus gesehen nach rechts an meiner rechten Körperseite vorbei zu Boden. Der Angreifer fällt auf die linke Körperseite (Tendenz zum Rücken). Wir liegen etwas weniger als rechtwinklig zueinander (unsere Köpfe am weitesten voneinander entfernt). Ich führe mein linkes Bein von seinen Füßen her kommend über seinen Bauch nach rechts und trete ihm (Fußballen voran, Zehen hochgeklappt) ins Gesicht.

Schere mit (meinen) **überkreuzten Beinen = Schere 3**

Ich weiche nach innen aus, setze dazu meinen rechten Fuß einen Schritt nach vorn mittig vor die Beine des Angreifers, drehe mich um 90 Grad nach links und stehe mit meiner rechten Körperseite zum Bauch des Angreifers (mein linker Fuß vorn, mein rechter Fuß hinten = Schulterbreiter stabiler Stand). Mit beiden Handkanten (Kleinfinger-Seiten, nicht den Fingern) blocke ich das rechte Handgelenk des Angreifers von innen und führe dann mit rechts einen Handrücken-Schlag gegen die rechte Gesichtshälfte des Angreifers aus (Schock). Dann fasse ich mit meiner rechten Hand das rechte Handgelenk des Angreifers von oben (Oberseite, Zangen-Griff) und ziehe seinen rechten Arm von mir aus gesehen nach vorn [im rechten Winkel von mir weg, vom Angreifer aus gesehen auf einer Linie nach rechts (seine Schultern, sein Nacken, sein rechter Arm in einer Geraden), schwinge gleichzeitig mein rechtes Bein erst nach vorn (in die neue Richtung seines rechten Arms), dann hinter dem rechten Bein des Angreifers in Richtung des linken Fußes des Angreifers und setze meinen rechten Fuß auf Zehenspitzen auf (bildlich: Ausfallschritt hinter dem Angreifer zwecks Blockade nach hinten). Ich löse den Griff meiner rechten Hand, stütze mich mit beiden Händen kurz am Boden ab (bildlich: Liegestütz-Stellung) und schwinge mein linkes Bein diagonal nach oben, drücke mit diesem gegen den Bauch des Angreifers, mache eine Körperdrehung nach links (bildlich: in rückseitige Liegestütz-Stellung, bei der ich auf dem Po sitze) und kippe dadurch den Angreifer über mein rechtes Bein (meine Beine befinden sich erst in der Diagonalen, nur halt entgegengesetzt – rechts ist mein Fuß unten, links oben - durch meine Körperdrehung entsteht die Schere). Mein rechtes Bein liegt in Höhe der Waden des Angreifers unter den Beinen des Angreifers, mein linkes Bein liegt auf dessen Bauch.

Angriff-Variante 3: **Tritt von links gegen mein linkes Bein**

Ich sitze am Boden, mit beiden Händen nach hinten abgestützt und meine Beine gestreckt. Der Angreifer ist im Begriff, mit seinem rechten Fuß in einem Bogen (aus seiner Sicht: von rechts nach links innen) gegen mein linkes Bein zu treten. Für mich kommt der Angriff von links.

Scheren-Wagenheber = Schere 4

Im Krebs-Gang bewege ich mich nach links rückwärts in die 45-Grad-Position zum Angreifer. Weiter mit Schere 1, Seite 96.

Angriff-Variante 4: **Fußtritt von vorn gegen mein rechtes Bein**

Ich liege auf dem Rücken, stütze mich aber auf meinen Unterarmen auf, habe meinen Kopf oben und meine Beine angewinkelt aufgestellt, was sie zum Ziel macht. Der Angreifer ist im Begriff, mich mit seinem rechten Fuß von gerade vorn gegen mein rechtes Bein zu treten.

Angreifer-Bananenschale = Schere 5

Ich drehe mich leicht auf meine linke Pobacke, strecke mein linkes Bein, rutsche mit diesem zwischen die Beine des Angreifers und führe meinen linken Fuß (-spann, Kleinzehenseite am Boden, Zehenspitzen nach links) hinter die rechte Ferse des Angreifers. Meine(n) rechte(n) Fuß (-sohle) führe ich von vorn zum rechten Schienbein des Angreifers (kurz unterhalb des Knies). Der Abstand meines linken Fußes zu meinem rechten Fuß ist ausreichend groß, um einen entsprechend großen Hebel für die Scher-Bewegung zu haben. Mit meinem linken Fuß ziehe ich das rechte Bein des Angreifers auf mich zu und winkele dazu mein linkes Bein an (Knie nach links außen), während ich mit meinem(r) rechten Fuß (-sohle voran) das rechte Bein des Angreifers von mir weg drücke und dazu mein rechtes Bein strecke. Das rechte Bein des Angreifers wird dadurch gestreckt, der rechte Fuß des Angreifers kommt nicht mehr auf den Boden, sondern auf mich zu und der Angreifer fällt nach hinten (Sturz rückwärts).

Angriff-Variante 5: **Würge-Angriff**

Ich liege auf dem Rücken. Der Angreifer kniet zwischen meinen Beinen (Angesicht zu Angesicht) und würgt mich mit beiden Händen von vorn am Hals. Meine Arme sind frei.

Nieren-Schere mit Abkippen = Schere 6

Ich führe meine Arme zwischen den Armen des Angreifers bis auf die Höhe seiner Ellenbeugen nach oben, schwinge meine Beine gleichzeitig nach oben, umschlinge mit ihnen jeweils oberhalb des Beckenknochens die Hüften des Angreifers, überkreuze meine Beine hinter dem Rücken des Angreifers und verhake meine Füße ineinander (meine Knie bleiben die ganze Zeit an seinen Hüften, nicht meine Oberschenkel). Dann schlage ich ruckartig mit meinen Handkanten (Kleinfingerseiten, Handflächen oben, Fingerspitzen zu mir) von innen nach außen in die Ellenbeugen des Angreifers, wodurch beide Arme des Angreifers mit den Ellenbogen nach außen einknicken, seine Hände aber an meinem Hals bleiben und der Angreifer auf mich fällt. Während das passiert, strecke ich meine überkreuzten und ineinander verhakten Beine/Füße nach oben (Nieren-Schere). Mit meiner linken Hand (-fläche) fasse ich den Hinterkopf des Angreifers von links kommend (Gegenlager), meine rechte Hand (-kante, Kleinfingerseite rechts) setze ich senkrecht (Fingerspitzen oben) von links an der rechten Seite von Kinn und Nase des Angreifers an und drehe den Kopf des Angreifers nach rechts (aus Sicht des Angreifers nach links) hinten und schiebe dabei solange weiter, bis meine rechte Hand (-fläche) an der rechten Wange des Angreifers anliegt (Tendenz über dessen Nase) und der Angreifer nach links von mir kippt. Mein Becken hebe ich zur Unterstützung an.

Kopf-Schere (hinten) = **Schere 7**

Ich schiebe meine Arme angewinkelt zwischen die Arme des Angreifers und setze meine Kleinfingerseiten (Handflächen oben) jeweils von innen an die Handgelenke des Angreifers. Meine Beine (Waden voran) schwinge ich angewinkelt nach oben und schiebe sie an den (Ober-) Armen des Angreifers entlang von dessen Ellenbogen bis über dessen Schultern und überkreuze meine Beine hinter seinem Kopf und verhake meine Füße ineinander. Dann strecke ich meine Beine, würge so den Kopf (Außenseiten) des Angreifers zwischen meinen Unterschenkeln (Innenseiten) und drücke gleichzeitig mit meinen Händen (Kleinfingerseiten) beide Hände des Angreifers zum Armhebel nach außen von meinem Hals weg (Kontaktpunkt sind seine Ellenbogen). Der Angreifer hängt durch seine von mir nach außen gezogenen/gehebelten fast gestreckten Arme mit dem Oberkörper wie von mir gestützt über mir in der Luft (bildlich: der Angreifer hängt in breiter Liegestütz-Stellung über mir).

Würge-Schere (vorn) = **Schere 8**

Ich führe meine Arme zwischen den Armen des Angreifers nach oben, fasse mit meiner linken Hand sein rechtes Revers und mit meiner rechten Hand sein linkes Revers (Daumen innen, Finger außen und nach oben gestreckt) und drücke so gefasst meine Zeigefinger von unten nach oben gegen den Hals des Angreifers und dadurch dessen Kopf nach oben hinten von mir weg (Platz schaffen). Dann schwinge ich meine Beine angewinkelt von außen über die Ellenbogen des Angreifers vor dessen Hals, überkreuze meine Füße in Höhe der Fußgelenke und hake sie ineinander (Oberseite der Fußgelenke „Delle“ = Kontaktpunkte zum Hals) und drücke mit beiden Beinen (untere Schienbeine) den Angreifer an dessen Hals von mir weg nach oben, während ich gleichzeitig mit beiden Händen nun den Angreifer auf mich zu ziehe.

VII WÜRFE

Würfe werden am passiven Gegner demonstriert, d. h. es geht kein Angriff voraus. Jede Technik ist eigenständig.

Grundstellung sowie Grundfassart

Wir stehen Angesicht zu Angesicht (Abstand ca. 40 cm), unsere Füße jeweils auf einer Linie schulterbreit auseinander (stabiler Stand). Ich fasse mit meiner rechten Hand weit oben in das linke Revers des Gegners und drücke diese, die durch das Fassen bereits eine Faust ist, nach vorn und damit gegen die linke Schulter des Gegners (seine linke Schulter unter Druck setzen). Mit meiner linken Hand fasse ich den rechten Jackenärmel des Gegners von unten am Unterarm (kurz vorm Ellenbogen) und ziehe leicht zu mir (seinen linken Arm auf Zug setzen). Meine Arme sind leicht gebeugt. Der Gegner fasst mich analog.

Würfe aus der Laufbewegung

Für einen Wurf aus der Laufbewegung drücke ich in der Grundfassart zuerst mit meiner rechten Hand/Faust die linke Schulter des Gegners nach hinten (ich drücke also nach vorn), ziehe ihn gleichzeitig mit meinem linken Arm an seinem rechten Arm auf mich zu und setze dabei meinen linken Fuß einen Schritt nach hinten. Dann ziehe ich den Gegner mit meinem rechten Arm auf mich zu und setze meinen rechten Fuß einen Schritt nach hinten. Das wiederhole ich wieder und wieder: links - rechts, links - rechts, immer abwechselnd (bildlich: schaukelnde Laufbewegung) und befinde mich dabei immer in Schritt-Stellung.

10. HÜFT-WÜRFE

gelb 1 / orange 1 / grün 2 / blau 2 / violett 3 / 1.braun 3 / 2.braun 4 / 3.braun 5 / 1.Dan 6 / 2.Dan 6 / 3.Dan 6 / 4.Dan 6 / **5.Dan 6 Stück**

„O-Goshi“ (großer Hüft-Wurf) = Hüft-Wurf 1

(o = groß / goshi = koshi = Hüfte / rechte Hand auf seinen Rücken)
Grundstellung/-fassart (Seite 101). Mit meiner linken Hand ziehe ich den rechten Arm des Gegners in die Waagerechte nach vorn (auf mich zu) und schaue nach rechts über die linke Schulter des Gegners. Meinen linken Fuß setze ich einen kleinen Schritt nach rechts vorn (fast vor die

Körpermitte des Gegners) und dabei im rechten Winkel nach links gedreht (meine Zehenspitzen links, meine Ferse rechts auf Höhe meines rechten großen Zehs). Gleichzeitig gehe ich links leicht in die Knie/Hocke. Mein rechtes Bein führe ich (ohne es abzusetzen) nahezu diagonal gestreckt zwischen den Beinen des Gegners hindurch und von dort nach links in Richtung des rechten Fußes des Gegners. So drehe ich mich hinter der Schrittlinie des Gegners nach links unten ein (bildlich: halbe Pirouette nach unten, auf der linken Pobacke sitzend), schiebe gleichzeitig meine rechte Hand(-fläche) auf den Rücken des Gegners (kurz oberhalb seines Gürtels) und setze meinen rechten Fuß dann von innen am, aber leicht vor dem, rechten Fuß des Gegners (Großzehenseite) ab. Meinen linken Fuß ziehe ich rückwärts an meinen rechten Fuß (Fersen nur leicht auf Abstand), während die Vorderfüße breiter auseinander stehen (ergibt insgesamt eine Art Dreieck), stehe damit bereits nach links gedreht im Gegner, drücke meine rechte Hüftaußenseite gegen die rechte Hüftinnenseite des Gegners und befinde mich damit so weit unter dem Schwerpunkt des Gegners, dass ich fast nach vorn umfalle. Mit meiner linken Hand halte ich mich am rechten Jackenärmel des Gegners fest und ziehe den Gegner auch gleichzeitig daran nach links um meinen Bauch herum, während ich mit meiner rechten Hand am Rücken des Gegners in dieselbe Richtung drücke/schiebe. Nur auf meinen Fußballen drehe ich mich weiter nach links hinten (nur meine Fersen rucken rum), schaue zu einem symbolischen Bild hinter mir an der Wand und schraube mich quasi wieder nach oben (bildlich: halbe Pirouette nach oben).

„Koshi-Guruma“ (Hüft-Rad) = Hüft-Wurf 2

(goshi = koshi = Hüfte / guruma = Rad / rechten Arm um seinen Kopf)
Grundstellung sowie -fassart (Seite 101). Mit meiner linken Hand ziehe ich den rechten Arm des Gegners in die Waagerechte nach vorn (auf mich zu) und schaue nach rechts über die linke Schulter des Gegners. Meinen linken Fuß setze ich einen kleinen Schritt nach rechts vorn (fast vor die Körpermitte des Gegners) und dabei im rechten Winkel nach links gedreht (meine Zehenspitzen links, meine Ferse rechts auf Höhe meines rechten großen Zehs). Gleichzeitig gehe ich links leicht in die Knie/Hocke. Mein rechtes Bein führe ich (ohne es abzusetzen) nahezu diagonal gestreckt zwischen den Beinen des Gegners hindurch und von dort nach links in Richtung des rechten Fußes des Gegners. So drehe ich mich hinter der Schrittlinie des Gegners nach links unten ein (bildlich: halbe Pirouette nach unten, auf der linken Pobacke sitzend), führe meinen rechten Arm von rechts um den Hals/Kopf des Gegners (seine linke Seite), winkele meinen rechten Arm an, klemme den Kopf des Gegners aber nur und setze meinen rechten Fuß dann von innen am, aber leicht vor dem, rechten Fuß des Gegners (Großzehenseite)

ab. Meinen linken Fuß ziehe ich rückwärts an meinen rechten Fuß (Fersen nur leicht auf Abstand), während die Vorderfüße breiter auseinander stehen (ergibt insgesamt eine Art Dreieck), stehe damit bereits nach links gedreht im Gegner, drücke meine rechte Hüftaußenseite gegen die rechte Hüftinnenseite des Gegners und befinde mich damit so weit unter dem Schwerpunkt des Gegners, dass ich fast nach vorn umfalle. Mit meiner linken Hand halte ich mich am rechten Jackenärmel des Gegners fest und ziehe den Gegner auch gleichzeitig daran nach links um meinen Bauch herum, während ich mit meiner rechten Hand um den Hals des Gegners in dieselbe Richtung drücke/schiebe [Meine rechte Hand (-fläche) lege ich dabei weder auf den rechten Oberarm des Gegners auf noch halte ich meinen rechten Arm über dessen rechtem Oberarm. Vielmehr schließe ich mit meinem rechten Arm fast den Kreis um den Hals/Kopf des Gegners, aber kein Schwitzkasten.]. Nur auf den Fußballen drehe ich mich weiter nach links hinten (nur die Fersen rucken rum), schaue zu einem symbolischen Bild hinter mir an der Wand und schraube mich quasi wieder nach oben (bildlich: halbe Pirouette nach oben).

Hausmeister-Wurf 1.0 = Hüft-(Körper-)Wurf 3

(rechten Arm um seinen Kopf / rechtes Bein nach hinten / schnicken)
Grundstellung/-fassart (Seite 101). Mit meiner linken Hand ziehe ich den rechten Arm des Gegners in die Waagerechte nach vorn (auf mich zu) und schaue nach rechts über die linke Schulter des Gegners. Meinen linken Fuß setze ich einen kleinen Schritt nach rechts vorn (fast vor die Körpermitte des Gegners) und dabei im rechten Winkel nach links gedreht (meine Zehenspitzen links, meine Ferse rechts auf Höhe meines rechten großen Zehs). Mein linkes Bein beuge ich leicht (nicht so tief wie bei den Hüftwürfen 1 und 2). Mit meinem rechten Bein drehe ich mich vor der Schrittlinie des Gegners nach links ein, führe meinen rechten Arm von rechts um den Hals/Kopf des Gegners (dessen linke Seite), winkele meinen rechten Arm an, klemme den Kopf des Gegners aber nur und setze meinen rechten Fuß dann von innen am, aber leicht vor dem, rechten Fuß des Gegners (Großzehenseite) ab. Meinen linken Fuß ziehe ich rückwärts an meinen rechten Fuß (Fersen nur leicht auf Abstand), während die Vorderfüße breiter auseinander stehen (ergibt insgesamt eine Art Dreieck), stehe damit bereits nach links gedreht im Gegner, drücke meine rechte Hüftaußenseite gegen die rechte Hüftinnenseite des Gegners und befinde mich damit so weit unter dem Schwerpunkt des Gegners, dass ich fast nach vorn umfalle. Dann führe ich mein rechtes Bein diagonal rückwärts und leicht gebeugt rechts neben dem rechten Bein des Gegners nach hinten und setze meinen rechten Fuß nur auf Zehenspitzen auf. Mit meiner linken Hand halte ich mich am rechten Jackenärmel des Gegners fest und ziehe den Gegner

auch gleichzeitig daran nach links um meinen Bauch herum, während ich mit meiner rechten Hand um den Hals des Gegners in dieselbe Richtung drücke/schiebe [Meine rechte Hand (-fläche) lege ich dabei weder auf den rechten Oberarm des Gegners auf noch halte ich meinen rechten Arm über dessen rechtem Oberarm. Vielmehr schließe ich mit meinem rechten Arm fast den Kreis um den Hals/Kopf des Gegners, aber kein Schwitzkasten.]. Nun drehe ich meinen Oberkörper nach links hinten, schaue zum symbolischen Bild hinter mir an der Wand und drücke meine rechte Ferse auf den Boden, wodurch mein rechtes Bein in einer Schnick-Bewegung gestreckt wird.

Hausmeister-Wurf 2.0 = Hüft-(Körper-)Wurf 4

(rechten Arm um seinen Kopf / mit linker Hand schaufeln)

Grundstellung/-fassart (Seite 101), Grundstellung auch wie folgt abweichend möglich: Ich stehe im Ansatz im 45-Grad-Winkel zur linken Körperseite des Gegners, damit das Schaufeln dann besser klappt. Mit meiner linken Hand ziehe ich den rechten Arm des Gegners in die Waagerechte nach vorn (auf mich zu) und schaue nach rechts über die linke Schulter des Gegners. Meinen linken Fuß setze ich einen kleinen Schritt nach rechts vorn (fast vor die Körpermitte des Gegners) und dabei im rechten Winkel nach links gedreht (meine Zehenspitzen links, meine Ferse rechts auf Höhe meines rechten großen Zehs). Mein linkes Bein beuge ich leicht (nicht so tief wie bei den Hüftwürfen 1 und 2). Mit meinem rechten Bein drehe ich mich vor der Schrittlinie des Gegners nach links ein, führe meinen rechten Arm von rechts um den Hals/Kopf des Gegners (dessen linke Seite), winkele meinen rechten Arm an, klemme den Kopf des Gegners aber nur und setze meinen rechten Fuß dann von innen am, aber leicht vor dem, rechten Fuß des Gegners (Großzehenseite) ab. Meinen linken Fuß ziehe ich rückwärts an meinen rechten Fuß (Fersen nur leicht auf Abstand), während die Vorderfüße breiter auseinander stehen (ergibt insgesamt eine Art Dreieck), stehe damit bereits nach links gedreht im Gegner und drücke meine rechte Hüftaußenseite gegen die rechte Hüftinnenseite des Gegners und befinde mich damit so weit unter dem Schwerpunkt des Gegners, dass ich fast nach vorn umfalle. Mit meiner linken Hand halte ich mich am rechten Jackenärmel des Gegners fest und ziehe den Gegner ein Stück nach links um meinen Bauch herum, löse dann aber den Griff meiner linken Hand, fasse mit dieser (hohl geformt, Handfläche oben) von innen rückwärts in die linke Kniekehle des Gegners und drücke diese nach oben (bildlich: schaufeln), wodurch das linke Bein des Gegners vom Boden abhebt. Mit meiner rechten Hand um den Hals des Gegners drücke/schiebe ich gleichzeitig in dieselbe Richtung mit [Meine rechte Hand (-fläche) lege ich dabei weder auf den rechten Oberarm des

Gegners auf noch halte ich meinen rechten Arm über dessen rechtem Oberarm. Vielmehr schließe ich mit meinem rechten Arm fast den Kreis um den Hals/Kopf des Gegners, aber kein Schwitzkasten.]. Nun drehe ich meinen Oberkörper nach links hinten und schaue zum symbolischen Bild hinter mir an der Wand.

Hausmeister-Wurf 3.0 = Hüft-Wurf 5

(Verknüpfung von Hausmeister-Wurf 1.0 und 2.0)
Grundstellung/-fassart (Seite 101), Grundstellung auch wie folgt abweichend möglich: Ich stehe im Ansatz im 45-Grad-Winkel zur linken Körperseite des Gegners, damit das Schaufeln dann besser klappt. Mit meiner linken Hand ziehe ich den rechten Arm des Gegners in die Waagerechte nach vorn (auf mich zu) und schaue nach rechts über die linke Schulter des Gegners. Meinen linken Fuß setze ich einen kleinen Schritt nach rechts vorn (fast vor die Körpermitte des Gegners) und dabei im rechten Winkel nach links gedreht (meine Zehenspitzen links, meine Ferse rechts auf Höhe meines rechten großen Zehs). Mein linkes Bein beuge ich leicht (nicht so tief wie bei den Hüftwürfen 1 und 2). Mit meinem rechten Bein drehe ich mich vor der Schrittlinie des Gegners nach links ein, führe meinen rechten Arm von rechts um den Hals/Kopf des Gegners (dessen linke Seite), winkele meinen rechten Arm an, klemme den Kopf des Gegners aber nur und setze meinen rechten Fuß dann von innen am, aber leicht vor dem, rechten Fuß des Gegners (Großzehenseite) ab. Meinen linken Fuß ziehe ich rückwärts an meinen rechten Fuß (Fersen nur leicht auf Abstand), während die Vorderfüße breiter auseinander stehen (ergibt insgesamt eine Art Dreieck), stehe damit bereits nach links gedreht im Gegner und drücke meine rechte Hüftaußenseite gegen die rechte Hüftinnenseite des Gegners und befinde mich damit so weit unter dem Schwerpunkt des Gegners, dass ich fast nach vorn umfalle. Mit meiner linken Hand halte ich mich am rechten Jackenärmel des Gegners fest und ziehe den Gegner ein Stück nach links um meinen Bauch herum, löse dann aber den Griff meiner linken Hand, fasse mit dieser (hohl geformt, Handfläche oben) von innen rückwärts in die linke Kniekehle des Gegners. Dann führe ich mein rechtes Bein diagonal rückwärts und leicht gebeugt rechts neben dem rechten Bein des Gegners nach hinten und setze meinen rechten Fuß nur auf Zehenspitzen auf. Mit meiner rechten Hand um den Hals des Gegners drücke/schiebe ich gleichzeitig in dieselbe Richtung mit [Meine rechte Hand (-fläche) lege ich dabei weder auf den rechten Oberarm des Gegners auf noch halte ich meinen rechten Arm über dessen rechtem Oberarm. Vielmehr schließe ich mit meinem rechten Arm fast den Kreis um den Hals/Kopf des Gegners, aber kein Schwitzkasten.]. Nun drehe ich meinen Oberkörper nach links hinten

und schaue zum symbolischen Bild hinter mir an der Wand, drücke meine rechte Ferse auf den Boden, wodurch mein rechtes Bein in einer Schnick-Bewegung gestreckt wird, und drücke meine linke Hand in der linken Kniekehle des Gegner nach oben (bildlich: schaufeln), wodurch das linke Bein des Gegners vom Boden abhebt.

Hausmeister-Wurf – **Woher kommt diese Bezeichnung**?

Norbert Dömrös taucht bei Show`s gern mal „getarnt" im Arbeits-Overall mit einem Besen in der Hand auf und kehrt, in gekrümmter Haltung und hinkend, mal hier und mal dort. Lachen die Zuschauer, behauptet er, er sei nur der Hausmeister der Sportschule. Und doch hätte er sich schon Einiges abgeschaut und sogar optimiert, wie die bei Würfen geforderte und für ihn zu tiefe Eindreh-Bewegung. Wenn er seine Wurf-Technik dann demonstriert, ist das eine mega coole Einlage mit der Lehre, niemals einen Menschen nur nach seinem Äußeren zu beurteilen.

„Tai-Otoshi" (Körperwurf) **= Hüft-Wurf 6**

(meinen rechten Unterarm unter seine linke Achsel / mit meinem rechten Bein schnicken)
Grundstellung/-fassart (Seite 101), Abweichung: ich fasse mit meiner rechten Hand das linke Revers des Gegners tiefer, um mehr Stoff zu haben für die Achsel-Stemme. Meinen rechten Fuß setze ich nach vorn mittig zwischen die Beine des Gegners (auf dessen Schrittlinie), drehe meinen rechten Fuß sogleich um etwas mehr als 90 Grad nach links sowie mich mit meinem(r) linken Fuß/Schulter voran um 180 Grad nach links hinten und setze meinen linken Fuß (Zehenspitzen leicht links) links außen dicht neben den linken Fuß des Gegners (auf dessen Schrittlinie). Dabei stemme ich meinen angewinkelten rechten (Unter-) Arm (Außen-/Kleinfingerseite, Ellenbogen voran) von unten in die linke Achsel des Gegners und stehe nun seitlich nach links versetzt zum Gegner (gleiche Blickrichtung). Ich gehe links in einseitige Hocke und setze meinen rechten Fuß (-ballen) von zwischen den Beinen des Gegners um sein rechtes Bein herum rechts außen neben seinen rechten Fuß (leicht hinter dessen Schrittlinie zwecks Blockade, meine Zehenspitzen leicht links, mein Knie berührt fast den Boden). Dabei drehe ich meinen Oberkörper weiter nach links, was einen tiefen Ausfall-Schritt ergibt (meine Wade oben), ziehe mit meiner linken Hand den rechten Jackenärmel des Gegners und auch seinen Oberkörper um meinen Bauch herum nach links, verstärke gleichzeitig mit meinem rechten (Unter-)arm den Druck von unten nach oben in der linken Achsel des Gegners, schaue zum symbolischen Bild hinter mir an der Wand und drücke meine rechte Ferse auf den Boden, wodurch mein rechtes Bein in einer Schnick-Bewegung gestreckt wird.

11. HAND- und SCHULTER-WÜRFE

gelb 1 / orange 1 / grün 2 / blau 2 / violett 3 / 1.braun 3 / 2.braun 4 / 3.braun 5 **/** 1.Dan 7 / 2.Dan 7 / 3.Dan 8 **/** 4.Dan 9 **/ 5.Dan 10 Stück**

„Morote Gari" (Doppelhand-Sichel) **= Hand-/Schulter-Wurf 1**
Grundstellung (S. 101), aber wir fassen nicht. Ich setze meinen rechten Fuß einen Schritt nach vorn zwischen die Beine des Gegners (hinter die Schrittlinie), gehe leicht in die Hocke und in die Oberkörperbeuge. Mit beiden Händen fasse ich gleichzeitig jeweils von außen um die Beine des Gegners herum von hinten deren Hosenbeine (Höhe Waden), mit links - rechts und mit rechts links, drücke meine rechte Schulter gegen seine Brust (mein Kopf links an seinem Kopf vorbei), wodurch der Gegner schon leicht nach hinten aus dem Gleichgewicht kommt (bildlich: umrennen) und reiße dem Gegner die Beine weg, sein rechtes Bein an meiner linken Hüfte und sein linkes Bein an meiner rechten Hüfte vorbei auf mich zu nach oben (seine Oberschenkel senkrecht, seine Unterschenkel waagerecht). Der Gegner fällt (Sturz rückwärts).

„Kata-Ashi-Dori" (Einhand-Sichel) **= Hand-/Schulter-Wurf 2**
Grundstellung/-fassart (S. 101). Meine rechte Hand (durch das Fassen eine Faust) drehe ich nach rechts (Handfläche oben), wodurch der Jackenstoff ebenfalls gedreht und die Bewegungsfreiheit des Gegners einschränkt wird, strecke (nur) meinen rechten Arm und drücke den Gegner nach hinten ins Hohlkreuz. Gleichzeitig setze ich meinen linken Fuß (Außenseite) einen Schritt nach vorn zwischen die Beine des Gegners (auf die Schrittlinie), dabei dicht an seinen rechten Fuß (Innenseite) und fasse mit meiner linken Hand (-fläche) von links außen hinten in seine rechte Kniekehle. Mein rechtes Bein führe ich (ohne abzusetzen) zwischen seinen Beinen hinter deren Schrittlinie, winkele es an (Knie links) und schwinge es (Kniekehle an Kniekehle) nahezu waagerecht von innen nach außen um sein linkes Bein, ziehe/sichele es vom Boden weg auf mich zu, während ich mit meiner linken Hand sein rechtes Bein zu meiner linken Hüfte (vom Boden weg) nach oben ziehe. Der Gegner befindet sich mit beiden Beinen in der Luft und fällt gerade nach hinten (Sturz rückwärts). Ich mache keinen Ausfallschritt.

„Sukui-Nage" (Wurf über mein gehocktes linkes Bein nach hinten) = **Hand-/Schulter-Wurf 3**

Grundstellung/-fassart (S. 101). Mit beiden Händen ziehe ich den Gegner so ruckartig nach unten und dabei seinen Kopf rechts an meinem Kopf vorbei, dass er weder seinen rechten Fuß nach vorn setzen noch seine Hände von mir lösen kann. Gleichzeitig klappe/drücke ich mit meiner linken Hand seinen rechten Arm von rechts nach links an seine rechte Brust. Meine rechte Hand (durch das Fassen eine Faust), drehe ich nach rechts (Handfläche oben), wodurch der Jackenstoff ebenfalls gedreht und die Bewegungsfreiheit des Gegners einschränkt wird. Dann strecke ich meinen rechten Arm und drücke den Gegner dadurch an dessen linker Schulter nach hinten und kreisförmig nach links oben (bildlich: Drehbewegung mit beiden Händen an einem kleinen, relativ flach stehenden, Lenkrad). Meinen rechten Fuß führe ich diagonal nach links, setze ihn dort (Zehenspitzen rechts) außen neben seinen rechten Fuß und drehe mich um 180 Grad nach rechts hinter den Gegner (mein Bauch zu seinem Rücken). Meinen linken Fuß setze ich von hinten links neben den linken Fuß des Gegners (gleiche Ausrichtung), gehe in die Hocke sowie in die Oberkörperbeuge, fasse von hinten um die rechte Hüfte herum mit meiner linken Hand das linke (Hosen-)Bein des Gegners und mit meiner rechten Hand das rechte (Hosen-(Bein) des Gegners (jeweils in Höhe der Schienbeine), hebe die Füße des Gegners an und werfe den Gegner über mein gehockt stehendes linkes Bein nach hinten (er Sturz rückwärts).

„Ippon-Seoi-Nage" (Punktschulter-Wurf / klemmen) = **H/S-W. 4**

Grundstellung/-fassart (S. 101). Mit meiner linken Hand ziehe ich den rechten Arm des Gegners in die Waagerechte nach vorn (auf mich zu) und schaue nach rechts über die linke Schulter des Gegners. Meinen linken Fuß setze ich einen kleinen Schritt nach rechts vorn (fast vor die Körpermitte des Gegners) und dabei im rechten Winkel nach links gedreht (meine Zehenspitzen links, meine Ferse rechts auf Höhe meines rechten großen Zehs). Gleichzeitig gehe ich links leicht in die Knie/Hocke. Mein rechtes Bein führe ich (ohne es abzusetzen) nahezu diagonal gestreckt zwischen den Beinen des Gegners hindurch und von dort nach links in Richtung des rechten Fußes des Gegners. So drehe ich mich hinter der Schrittlinie des Gegners nach links unten ein (bildlich: halbe Pirouette nach unten, auf der linken Pobacke sitzend) und setze meinen rechten Fuß von innen am, aber leicht vor dem, rechten Fuß des Gegners (Großzehenseite) ab. Gleichzeitig führe ich meinen rechten Arm von innen nach links außen unter dem rechten Arm des Gegners entlang, winkele meinen rechten Arm an (Unterarm senkrecht) und klemme den rechten (Ober-)Arm des Gegners zwischen meinem rechten Unterarm und meinem rechten Oberarm ein (ohne fassen). Meinen linken Fuß ziehe ich rückwärts an meinen rechten Fuß (Fersen nur leicht auf Abstand), während die Vorderfüße breiter auseinander stehen (ergibt insgesamt eine Art Dreieck), stehe damit bereits nach links gedreht im Gegner, drücke meine rechte Hüftaußenseite gegen die rechte Hüftinnenseite des Gegners und befinde mich damit so weit unter dem Schwerpunkt des Gegners, dass ich fast nach vorn umfalle. Mit meiner linken Hand halte ich mich am rechten Jackenärmel des Gegners fest und ziehe den Gegner auch gleichzeitig daran nach links um meinen Bauch herum, verstärke mit meinem rechten (Unter-)arm den Druck durch Klemmen auf den rechten Oberarm des Gegners und nur auf den Fußballen drehe ich mich weiter nach links hinten (nur die Fersen rucken rum), schaue zu einem symbolischen Bild hinter mir an der Wand und schraube mich quasi wieder nach oben (bildlich: halbe Pirouette nach oben). So werfe ich den Gegner über meine rechte Schulter.

„Kata-Seoi-Nage" (fassen) = Hand-/Schulter-Wurf 5

Grundstellung/-fassart (Seite 101). Mit meiner linken Hand ziehe ich den rechten Arm des Gegners in die Waagerechte nach vorn (auf mich zu) und schaue nach rechts über die linke Schulter des Gegners. Meinen linken Fuß setze ich einen kleinen Schritt nach rechts vorn (fast vor die Körpermitte des Gegners) und dabei im rechten Winkel nach links gedreht (meine Zehenspitzen links, meine Ferse rechts auf Höhe meines rechten großen Zehs). Gleichzeitig gehe ich links leicht in die Knie/Hocke. Mein rechtes Bein führe ich (ohne es abzusetzen) nahezu diagonal gestreckt zwischen den Beinen des Gegners hindurch und von dort nach links in Richtung des rechten Fußes des Gegners. So drehe ich mich hinter der Schrittlinie des Gegners nach links unten ein (bildlich: halbe Pirouette nach unten, auf der linken Pobacke sitzend) und setze meinen rechten Fuß von innen am, aber leicht vor dem, rechten Fuß des Gegners (Großzehenseite) ab. Gleichzeitig führe ich meinen rechten Arm von innen nach links außen unter dem rechten Arm des Gegners entlang, winkele ihn an (Unterarm senkrecht) und fasse den rechten (Ober-)Arm des Gegners von außen. Meinen linken Fuß ziehe ich rückwärts an meinen rechten Fuß (Fersen nur leicht auf Abstand), während die Vorderfüße breiter auseinander stehen (ergibt insgesamt eine Art Dreieck), stehe damit bereits nach links gedreht im Gegner, drücke meine rechte Hüftaußenseite gegen die rechte Hüftinnenseite des Gegners und befinde mich damit so weit unter dem Schwerpunkt des Gegners, dass ich fast nach vorn umfalle. Mit meiner linken Hand halte ich mich am rechten Jackenärmel des Gegners fest und ziehe den Gegner auch gleichzeitig daran nach links um meinen Bauch herum, verstärke mit meiner rechten Hand den Zug am rechten

Oberarm des Gegners (bildlich: Aufladen eines Sackes auf meinen Rücken) und nur auf den Fußballen drehe ich mich weiter nach links hinten (nur die Fersen rucken rum), schaue zu einem symbolischen Bild hinter mir an der Wand und schraube mich quasi wieder nach oben (bildlich: halbe Pirouette nach oben, Wurf über meine rechte Schulter).

Schaufel-Wurf = Hand-/Schulter-Wurf 6

[Kombination „Kata-Seoi-Nage" (fassen) und Hausmeisterwurf 2.0 (schaufeln)]
Grundstellung/-fassart (S. 101). Mit meiner linken Hand ziehe ich den rechten Arm des Gegners in die Waagerechte nach vorn (auf mich zu) und schaue nach rechts über die linke Schulter des Gegners. Meinen linken Fuß setze ich einen kleinen Schritt nach rechts vorn (fast vor die Körpermitte des Gegners) und dabei im rechten Winkel nach links gedreht (meine Zehenspitzen links, meine Ferse rechts auf Höhe meines rechten großen Zehs). Gleichzeitig gehe ich links leicht in die Knie/Hocke. Mein rechtes Bein führe ich (ohne es abzusetzen) nahezu diagonal gestreckt zwischen den Beinen des Gegners hindurch und von dort nach links in Richtung des rechten Fußes des Gegners. So drehe ich mich hinter der Schrittlinie des Gegners nach links unten ein (bildlich: halbe Pirouette nach unten, auf der linken Pobacke sitzend) und setze meinen rechten Fuß von innen am, aber leicht vor dem, rechten Fuß des Gegners (Großzehenseite) ab. Gleichzeitig führe ich meinen rechten Arm von innen nach links außen unter dem rechten Arm des Gegners entlang, winkele meinen rechten Arm an (Unterarm senkrecht) und fasse den rechten (Ober-)Arm des Gegners von außen. Meinen linken Fuß ziehe ich rückwärts an meinen rechten Fuß (Fersen nur leicht auf Abstand), während die Vorderfüße breiter auseinander stehen (ergibt insgesamt eine Art Dreieck), stehe damit bereits nach links gedreht im Gegner, drücke meine rechte Hüftaußenseite gegen die rechte Hüftinnenseite des Gegners und befinde mich damit so weit unter dem Schwerpunkt des Gegners, dass ich fast nach vorn umfalle. Mit meiner linken Hand halte ich mich am rechten Jackenärmel des Gegners fest und ziehe den Gegner auch gleichzeitig daran nach links um meinen Bauch herum, löse dann aber den Griff meiner linken Hand, fasse mit dieser (hohl geformt, Handfläche oben) von innen rückwärts in die linke Kniekehle des Gegners und drücke diese nach oben (bildlich: schaufeln), wodurch das linke Bein des Gegners vom Boden abhebt. Mit meinem rechten (Unter-)arm verstärke ich gleichzeitig den Druck von unten nach oben in der rechten Achsel des Gegners und nur auf den Fußballen drehe ich mich mit meinem Oberkörper weiter nach links hinten (nur die Fersen rucken rum), schaue zu einem symbolischen Bild

hinter mir an der Wand und schraube mich quasi wieder nach oben. So werfe ich den Gegner über meine rechte Schulter.

„Morote-Seoi-Nage“ = Hand-/Schulter-Wurf 7

(rechten Unterarm unter seine rechte Achsel)
Grundstellung/-fassart (S. 101). Mit meiner linken Hand ziehe ich den rechten Arm des Gegners in die Waagerechte nach vorn (auf mich zu) und schaue nach rechts über die linke Schulter des Gegners. Meinen linken Fuß setze ich einen kleinen Schritt nach rechts vorn (fast vor die Körpermitte des Gegners) und dabei im rechten Winkel nach links gedreht (meine Zehenspitzen links, meine Ferse rechts auf Höhe meines rechten großen Zehs). Gleichzeitig gehe ich links leicht in die Knie/Hocke. Mein rechtes Bein führe ich (ohne es abzusetzen) nahezu diagonal gestreckt zwischen den Beinen des Gegners hindurch und von dort nach links in Richtung des rechten Fußes des Gegners. So drehe ich mich hinter der Schrittlinie des Gegners nach links unten ein (bildlich: halbe Pirouette nach unten, auf der linken Pobacke sitzend), winkele meinen rechten Arm (meine rechte Hand hält weiter das linke Revers des Gegners fest) vor der Brust des Gegners mit dem Ellenbogen voran nach links innen an und stemme ihn (Außen-/Kleinfingerseite) von unten in die rechte Achsel des Gegners. Nach der Drehung setze ich meinen rechten Fuß von innen am, aber leicht vor dem, rechten Fuß des Gegners ab. Meinen linken Fuß ziehe ich rückwärts an meinen rechten Fuß (Fersen nur leicht auf Abstand), während die Vorderfüße breiter auseinander stehen (ergibt insgesamt eine Art Dreieck), stehe damit bereits nach links gedreht im Gegner, drücke meine rechte Hüftaußenseite gegen die rechte Hüftinnenseite des Gegners und befinde mich damit so weit unter dem Schwerpunkt des Gegners, dass ich fast nach vorn umfalle. Mit meiner linken Hand halte ich mich am rechten Jackenärmel des Gegners fest und ziehe den Gegner auch gleichzeitig daran nach links um meinen Bauch herum, verstärke mit meinem rechten (Unter-)arm den Druck von unten nach oben in der rechten Achsel des Gegners und nur auf den Fußballen drehe ich mich weiter *nach links hinten* (nur die Fersen rucken rum), schaue zu einem symbolischen Bild hinter mir an der Wand und schraube mich quasi wieder nach oben (bildlich: halbe Pirouette nach oben, Wurf über meine rechte Schulter).

„Eri-Seoi-Nage“ = Hand-/Schulter-Wurf 8

Ansatz und Nieder-Wurf wie „Morote-Seoi-Nage“, Unterschied: Bei „Morote-Seoi-Nage“ lasse ich meine rechte Hand am linken Revers des Gegners (Grundfassart), bei „Eri-Seoi-Nage“ löse ich den Griff meiner rechten Hand und fasse mit dieser das rechte Revers des Gegners.

„Kata-Guruma“ (Schulter-Rad) **= Hand-/Schulter-Wurf 9**

Der Angreifer steht breitbeinig und führt einen geraden Faustst0ß gegen mich aus. Ich setze meinen rechten Fuß nach 90 Grad links gedreht (Zehenspitzen links) zwischen die Beine des Angreifers auf deren Schrittlinie und gehe links in die Hocke, sodass mein rechtes Bein nahezu diagonal gestreckt im rechten Winkel im Angreifer steht. Mit meiner linken Hand fasse ich das rechte Handgelenk (Unterseite) des Angreifers von unten (Zangen-Griff, mein Daumen und Zeigefinger zu ihm), gehe in Oberkörperbeuge und ziehe den rechten Arm des Angreifers von meiner rechten zu meiner linken Schulter über meinen Nacken. Der Angreifer lehnt mit seiner Vorderseite (Tendenz zu seiner rechten Körperseite) auf meinen Schultern. Mit meiner linken Hand ziehe ich den rechten Arm des Angreifers (weiter nach vorn, von mir aus gesehen jetzt nach links in seiner Laufrichtung), dann über unten nach rechts wieder auf den Gegner zu und dann nach oben. Gleichzeitig fasse ich mit meiner rechten Hand (-fläche) von innen in die rechte Kniekehle des Angreifers. Dann drücke ich meine Knie durch, ziehe meinen linken Fuß an meinen rechten Fuß heran, kippe meinen Oberkörper nach links und schwinge das rechte Bein des Angreifers kraftvoll nach oben links. Der Angreifer wird quasi von rechts nach links über meine Schultern gezogen und links von mir abgekippt (bildlich: freie Rolle mit Körperkontakt um seine Längsachse) und fällt auf den Rücken (sein Kopf nah bei mir).

„Uki-Otoshi“ (Schwebe-Handzug) **= Hand-/Schulter-Wurf 10**

Grundstellung/-fassart (Seite 101). Mit meiner linken Hand ziehe ich den rechten Arm des Gegners ruckartig und nahezu waagerecht auf mich zu (Gleichgewichtsbruch), weshalb der Gegner seinen rechten Fuß nach vorn setzt. Ich weiche aus und drehe mich mit meinem(r) linken Fuß/Schulter voran um 90 Grad nach links hinten und knie mit links im rechten Winkel zum Gegner ab und gehe rechts in die Hocke [bildlich: vor (hier neben) einer Frau auf die Knie gehen]. Nun bewege ich meine Hände in einer Kreisbewegung, als wolle ich ein großes, senkrecht stehendes, Steuerrad drehen (ich schaue frontal auf dieses Steuerrad). Mit meiner linken Hand ziehe ich den rechten Arm des Gegners (weiter nahezu waagerecht) nach vorn (von mir aus gesehen jetzt nach links in seine Laufrichtung), dann nach unten und wieder nach rechts wieder auf den Gegner zu. Gleichzeitig drücke ich mit meiner rechten Hand (Faust) am linken Revers des Gegners erst nach oben und dann nach links. Meinen Oberkörper halte ich aufrecht (bildlich: ein Indianer kniet im Kanu). Der Gegner macht eine freie Rolle um seine Längsachse und fällt auf den Rücken (sein Kopf nah bei mir).

12. FUSS-WÜRFE

gelb 1 / orange 2 / grün 3 / blau 4 / violett 5 / 1.braun 6 / 2.braun 7 / 3.braun 8 / 1.Dan 9 / 2.Dan 10 **/ 3.Dan 11 /** 4.Dan 12 / 5.Dan 13 **Stück**

Fegen (sein Fuß in der Luft):

Der Gegner macht einen Schritt auf mich zu. Bevor er seinen Fuß aufsetzt, schiebe ich diesen mit meinem Fuß kurz über dem Boden zur Seite (i.d.R. nach innen), sodass er aus dem Gleichgewicht kommt/fällt.

Sicheln (sein Fuß am Boden):

Ich ziehe mit meinem Fuß/Bein das Stand-Bein des Gegners weg.

„De-Ashi-Barai" (Fuß-Fege) = Fuß-Wurf 1

(ashi = Fuß / barai = Fege)
Grundstellung/-fassart (S. 101). Ich setze meinen linken Fuß einen langen (um einen Schaukel-Rhythmus zu erhalten) ersten Schritt nach hinten, dann meinen rechten Fuß einen Normalschritt hinterher und ziehe den Gegner mit. Bevor der Gegner seinen rechten Fuß ein 2. Mal aufsetzt, setze ich meine(n) linke(n) Fuß (-sohle rechts) von links außen an seinem rechten Knöchel an und schiebe seinen rechten Fuß zwischen unseren Körpern nach rechts (für ihn nach links), bis er das Gleichgewicht verliert. Gleichzeitig drehe ich meine rechte Hand (durch das Fassen eine Faust) nach rechts (Handfläche oben), wodurch der Jackenstoff des Gegners ebenfalls gedreht und die Bewegungs-Freiheit des Gegners einschränkt wird, strecke meinen rechten Arm und drücke den Gegner dadurch an dessen linker Schulter nach hinten sowie im Bogen nach links oben. Außerdem ziehe ich mit meiner linken Hand den rechten Arm des Gegners von rechts nach links unten zwischen unseren Körpern entlang (bildlich: Drehbewegung mit beiden Händen an einem kleinen, relativ flach stehenden, Lenkrad). Der Gegner würde sein Körpergewicht jetzt auf sein rechtes Bein verlagern, welches aber bereits weggefegt ist. Deshalb fällt er (Fallschule seitwärts links, S. 12).

„Okuri-Ashi-Barai" (Fuß-Nach-Fege) = Fuß-Wurf 2

Grundstellung/-fassart (S. 101). Ich laufe (mein rechter Fuß voran) seitwärts nach rechts (meine Füße überkreuzen sich dabei nicht), ziehe immer nur meinen linken Fuß nach (an meinen rechten Fuß heran) und den Gegner mit (bildlich: synchrones Hüpfen auf gleicher Höhe). Sobald sich der rechte Fuß des Gegners für einen weiteren Seitwärts-Schritt in der Luft befindet, drehe ich meine Hände (durch das Fassen Fäuste) nach innen oben (Handfläche oben), wodurch der Jackenstoff ebenfalls gedreht und die Bewegungsfreiheit des Gegners eingeschränkt wird, und drücke den Gegner dadurch nach oben, sodass sein linker Fuß nur noch auf Zehenspitzen steht. Dann setze ich meine(n) linke(n) Fuß (-sohle rechts) von links außen an seinem rechten Knöchel an und schiebe seinen rechten Fuß so schwungvoll gegen sein(en) linken(s) Fuß/Bein, dass nicht nur sein rechter, sondern auch sein linker Fuß weggefegt wird, sich der Gegner in der Luft nach links dreht und fällt.

„O-Soto-Gari" (große Außen-Sichel) = Fuß-Wurf 3

(o = groß / soto = außen / gari = sichel)
Grundstellung/-fassart (S. 101) und keine Laufbewegung. Meine rechte Hand (durch das Fassen eine Faust) drehe ich nach rechts (Handfläche oben), wodurch der Jackenstoff des Gegners ebenfalls gedreht und die Bewegungs-Freiheit des Gegners einschränkt wird, strecke meinen rechten Arm und drücke den Gegner dadurch an dessen linker Schulter nach hinten sowie im Bogen nach links oben. Gleichzeitig klappe/drücke ich mit meiner linken Hand den rechten Arm des Gegners von rechts nach links an dessen rechte Körperseite/Brust sowie nach oben und spanne so den Gegner insgesamt auf (bildlich: Drehbewegung mit beiden Händen an einem kleinen, relativ flach stehenden, Lenkrad sowie eine Streck-Bewegung mit rechts nach links oben wie das Auseinanderziehen einer Harmonika, ohne dass die Füße des Gegners den Boden verlassen). Der Gegner dreht sich dadurch leicht (von sich aus gesehen) mit seinem(r) linken Fuß/Schulter voran nach rechts hinten in eine leichte Hohlkreuzlage und muss sein Körpergewicht überwiegend auf sein rechtes Bein verlagern. Ich setze meinen linken Fuß mit den Zehenspitzen nach 90 Grad links gedreht links außen neben den rechten Fuß des Gegners sowie auf dessen Schrittlinie, drehe mich mit nach links und verlagere mein Körpergewicht auf mein linkes Bein. Meinen Oberkörper neige ich nach links vorn, wodurch sich die Hohlkreuzlage des Gegners weiter verstärkt, und führe mein rechtes Bein zwischen meinem linken und seinem rechten Bein hindurch nach schräg vorn und sogleich (ohne Schwung zu holen) um sein rechtes Bein herum nach rechts und schwinge so mein rechtes Bein angewinkelt und quasi rückwärts von hinten durch seine Beine und sichele dabei nur mit meinem Unterschenkel in seiner rechten Kniekehle sein rechtes Stand-Bein (vom Boden) weg. Dabei führe ich meine Oberkörperdrehung nach links hinten fort, schaue zu einem symbolischen Bild hinter mir an der Wand. Und der Gegner fällt.

„O-Soto-Guruma“ (großes Außen-Rad, beide Beine) = **Fuß-W. 4**

(o = groß / soto = außen / guruma = Rad / ähnlich „O-Soto-Gari“)
Grundstellung/-fassart (Seite 101), aber hier hat der Gegner seine Füße dicht beieinander stehen. Es erfolgt keine Laufbewegung. Meine rechte Hand (durch das Fassen eine Faust) drehe ich nach rechts (Handfläche oben), wodurch der Jackenstoff des Gegners ebenfalls gedreht und die Bewegungs-Freiheit des Gegners einschränkt wird, strecke meinen rechten Arm und drücke den Gegner dadurch an dessen linker Schulter nach hinten sowie im Bogen nach links oben. Gleichzeitig klappe/drücke ich mit meiner linken Hand den rechten Arm des Gegners von rechts nach links an dessen rechte Körperseite/Brust sowie nach oben und spanne so den Gegner insgesamt auf (bildlich: Drehbewegung mit beiden Händen an einem kleinen, relativ flach stehenden, Lenkrad sowie eine Streck-Bewegung mit rechts nach links oben wie das Auseinanderziehen einer Harmonika, ohne dass die Füße des Gegners den Boden verlassen). Der Gegner dreht sich dadurch leicht (von sich aus gesehen) mit seinem(r) linken Fuß/Schulter voran nach rechts hinten in eine leichte Hohlkreuzlage und muss sein Körpergewicht überwiegend auf sein rechtes Bein verlagern. Ich setze meinen linken Fuß mit den Zehenspitzen nach 90 Grad links gedreht links außen neben den rechten Fuß des Gegners sowie auf dessen Schrittlinie, drehe mich mit nach links und verlagere mein Körpergewicht auf mein linkes Bein. Meinen Oberkörper neige ich nach links vorn, wodurch sich die Hohlkreuzlage des Gegners weiter verstärkt, und führe mein rechtes Bein zwischen meinem linken und seinem rechten Bein hindurch nach schräg vorn und sogleich (ohne Schwung zu holen) um sein rechtes Bein herum nach rechts hinten und schwinge so mein rechtes Bein dann hinter dem rechten Bein des Gegners nach rechts und sichele so beide Stand-Beine des Gegners (vom Boden) weg (vorrangiger Kontaktpunkt ist meine rechte Kniekehle in seiner rechten Kniekehle). Dabei führe ich meine Oberkörperdrehung nach links hinten fort, schaue zu einem symbolischen Bild hinter mir an der Wand. Der Gegner fällt.

„Ko-Soto-Gari“ (kleine Außen-Sichel) = **Fuß-Wurf 5**

(ko = klein, soto = außen, gari = sichel)
Grundstellung/-fassart (Seite 101). Es erfolgt keine Laufbewegung. Meine rechte Hand (durch das Fassen eine Faust) drehe ich nach rechts (Handfläche oben), wodurch der Jackenstoff des Gegners ebenfalls gedreht und die Bewegungs-Freiheit des Gegners einschränkt wird, strecke meinen rechten Arm und drücke den Gegner dadurch an dessen linker Schulter nach hinten ins Hohlkreuz. Gleichzeitig klappe/drücke ich mit meiner linken Hand den rechten Arm des Gegners von rechts nach links an dessen rechte Körperseite/Brust und spanne

so den Gegner insgesamt auf (bildlich: Streck-Bewegung mit rechts nach hinten wie das Auseinanderziehen einer Harmonika, ohne dass die Füße des Gegners den Boden verlassen). Ich setze meinen rechten Fuß mit den Zehenspitzen nach 90 Grad rechts gedreht links außen neben den rechten Fuß des Gegners auf dessen Schrittlinie (meine Zehenspitzen mittig zu seiner Fußaußenseite) und führe meinen linken Fuß nach vorn an meinem rechten Fuß vorbei, wodurch sich die Hohlkreuzlage des Gegners weiter verstärkt, und drehe mich dabei um 90 Grad nach rechts (stehe im rechten Winkel zur rechten Körperseite des Gegners). Ohne meinen linken Fuß dabei abzusetzen führe ich ihn um mein rechtes Bein herum und setze ihn dann quasi von hinten mit der Fußsohle (rechts) voran an der rechten Ferse des Gegners an und schiebe/sichele das rechte Stand-Bein des Gegners in Laufrichtung des Gegners (vom Boden) weg. Dabei drücke ich den Gegner weiter nach links ins Hohlkreuz. Der Gegner fällt.

„O-Uchi-Gari“ (große Innen-Sichel) **= Fuß-Wurf 6**

(o = groß / uchi = innen / gari = sichel)

Grundstellung/-fassart (S. 101), aber hier steht der Gegner noch etwas breitbeiniger. Meine Hände (durch das Fassen Fäuste) drehe ich nach innen oben (Handfläche oben), wodurch der Jackenstoff ebenfalls gedreht und die Bewegungsfreiheit des Gegners einschränkt wird, strecke meine Arme und drücke den Gegner nach hinten ins Hohlkreuz und spanne den Gegner insgesamt auf (bildlich: Streck-Bewegung nach hinten wie das Auseinanderziehen einer Harmonika, ohne dass die Füße des Gegners den Boden verlassen). Ich setze meinen rechten Fuß einen Schritt nach vorn zwischen die Beine des Gegners hinter deren Schrittlinie (Zehenspitzen leicht links), ziehe meinen linken Fuß zum T-Schritt nach und stehe mit meinen(m) Füßen/Beinen/Unterkörper nach links gedreht im rechten Winkel im Gegner (mein Oberkörper weiter Angesicht zu Angesicht). Ich winkele mein rechtes Bein an (Knie links), schwinge es (Kniekehle an Kniekehle) nahezu waagerecht von innen nach außen um das linke Bein des Gegners und ziehe/sichele dieses vom Boden weg auf mich zu. Ich löse meine Hände, bleibe aufrecht stehen und lasse den Gegner gerade nach hinten auf den Rücken fallen (Sturz rückwärts). Ich mache keinen Ausfallschritt.

„O-Uchi-Barai“ (große Innen-Fege) **= Fuß-Wurf 7**

(o = groß / uchi = innen / barai = Fege / kampfmäßiger „O-Uchi-Gari“)

Grundstellung/-fassart (S. 101). Der Gegner versucht mich nach hinten zu drücken und hat bereits seinen linken Fuß zum Schritt vom Boden abgehoben. Ich winkele mein rechtes Bein an (Knie links), schwinge es waagerecht von innen nach außen in der linken Kniekehle des Gegners

(Kniekehle an Kniekehle) um sein linkes Bein (in der Luft) und ziehe dieses und damit auch den Gegner in einer großen Kreisbewegung in der Luft in der Laufrichtung des Gegners weiter und dann nach rechts (hinter mich) und lasse den Gegner dann gerade nach hinten auf den Rücken fallen (Sturz rückwärts), ich mache keinen Ausfallschritt.

„Ko-Uchi-Gari" (kleine Innen-Sichel) = **Fuß-Wurf 8**

(ko = klein / uchi = innen / gari = sichel)
Grundstellung/-fassart (S. 101), aber hier steht der Gegner noch etwas breitbeiniger. Meine Hände (durch das Fassen Fäuste) drehe ich nach innen oben (Handfläche oben), wodurch der Jackenstoff ebenfalls gedreht und die Bewegungsfreiheit des Gegners einschränkt wird, strecke meine Arme und drücke den Gegner nach hinten ins Hohlkreuz und spanne so den Gegner insgesamt auf (bildlich: Streck-Bewegung nach hinten wie das Auseinanderziehen einer Harmonika, ohne dass die Füße des Gegners den Boden verlassen). Ich setze meinen rechten Fuß einen Schritt nach vorn zwischen die Beine des Gegners hinter deren Schrittlinie (Zehenspitzen leicht links), ziehe meinen linken Fuß zum T-Schritt nach und stehe nun mit meinen(m) Füßen/Beinen/ Unterkörper nach links gedreht im rechten Winkel im Gegner (mein Oberkörper weiter Angesicht zu Angesicht). Ich setze meine(n) rechte(n) Fuß (-sohle) von innen kommend von hinten an der Ferse/ Hacke des rechten Fußes des Gegners an und schiebe/sichele den rechten Fuß des Gegners in dessen ursprünglicher Laufrichtung (vom Boden) weg. Ich löse meine Hände, bleibe aufrecht stehen, lasse den Gegner gerade nach hinten auf den Rücken fallen (Sturz rückwärts). Ich mache keinen Ausfallschritt.

„Ko-Soto-Gake" (kleines äußeres Einhängen) = **Fuß-Wurf 9**

(ko = klein / soto = (von) außen / gake = einhängen)
Grundstellung/-fassart (S. 101), aber hier steht der Gegner noch etwas breitbeiniger. Meine Hände (durch das Fassen Fäuste) drehe ich nach innen oben (Handfläche oben), wodurch der Jackenstoff ebenfalls gedreht und die Bewegungsfreiheit des Gegners einschränkt wird, strecke meine Arme und drücke den Gegner nach hinten ins Hohlkreuz und spanne so den Gegner insgesamt auf (bildlich: Streck-Bewegung nach hinten wie das Auseinanderziehen einer Harmonika, ohne dass die Füße des Gegners den Boden verlassen). Ich setze meinen rechten Fuß einen Schritt um 45 Grad nach rechts gedreht nach vorn und von innen an den linken Fuß des Gegners. Mein linkes Bein winkele ich an (Knie links), schwinge es nahezu waagerecht von außen nach innen in/um die rechte Kniekehle des Gegners und ziehe mit meiner linken Hacke (quasi rückwärts eingehakt) das rechte Bein des Gegners links

an meinem rechten (Stand-)Bein nach schräg links hinten auf meine linke Körperseite zu vom Boden weg. Ich löse meine Hände, bleibe aufrecht stehen, lasse den Gegner nach hinten auf den Rücken fallen (Sturz rückwärts). Ich mache keinen Ausfallschritt.

„Ashi-Guruma“ (Fuß- oder Bein-Rad) = Fuß-Wurf 10

(ashi = Fuß / guruma = Rad / hier Bein absperren)
Grundstellung/-fassart (S. 101). Ich laufe zügig rückwärts an, ziehe den Gegner mit (Simulation, dass mir Jemand hinterher rennt) und setze bei einem der Schritte meinen rechten Fuß nach links gedreht auf (Zehenspitzen links), drehe mich im Rückwärtslauf mit meinem(r) linken(r) Fuß/Schulter voran nach hinten rechts und setze meinen linken Fuß links außen sowie vor den linken Fuß des Gegners (unsere Zehenspitzen in dieselbe Richtung, dieselbe Blickrichtung). Der Gegner kommt durch den Zug meiner Arme in seiner ursprünglichen Laufrichtung quasi hinter mir her. Ich ziehe den Gegner mit meiner linken Hand nach links um meinen Bauch herum (mit meiner rechten Hand halte ich weiter sein linkes Revers gefasst, mein rechter Unterarm drückt nicht unter seine linke Achsel) und schwinge mein rechtes Bein im rechten Winkel vor dem Gegner diagonal gestreckt nach rechts und blockiere/sperre damit das rechte Bein des Gegners an dessen Oberschenkel ab (Kontaktpunkt ist meine Kniekehle). Der Gegner stürzt in einer Längsachsdrehung über mein rechtes Bein wie über ein Hindernis. Ich halte ihn.

„O-Guruma“ (großes Rad) = Fuß-Wurf 11

(o = groß / guruma = Rad / ähnlich „Ashi-Guruma“, hier Hüfte sperren)
Grundstellung/-fassart (S. 101). Ich laufe zügig rückwärts an, ziehe den Gegner mit (Simulation, dass mir Jemand hinterher rennt) und setze bei einem der Schritte meinen rechten Fuß nach links gedreht auf (Zehenspitzen links), drehe mich im Rückwärtslauf mit meinem(r) linken(r) Fuß/Schulter voran nach hinten rechts und setze meinen linken Fuß links außen sowie vor den linken Fuß des Gegners (unsere Zehenspitzen in dieselbe Richtung, dieselbe Blickrichtung). Der Gegner kommt durch den Zug meiner Arme in seiner ursprünglichen Laufrichtung quasi hinter mehr. Ich ziehe den Gegner mit meiner linken Hand nach links um meinen Bauch herum (mit meiner rechten Hand halte ich weiter sein linkes Revers gefasst, mein rechter Unterarm drückt nicht unter seine linke Achsel) und schwinge mein rechtes Bein im rechten Winkel vor dem Gegner diagonal gestreckt nach rechts und blockiere/sperre damit die rechte Hüfte des Gegners ab. Der Gegner stürzt in einer Längsachsdrehung über mein rechtes Bein wie über ein Hindernis. Ich halte ihn.

13. OPFER-WÜRFE

gelb 1 / orange 1 / grün 2 / blau 2 / violett 3 / 1.braun 3 / 2.braun 4 / 3.braun 5 / 1.Dan 6 / 2.Dan 6 / 3.Dan 6 / 4.Dan 6 **/ 5.Dan 6 Stück**

Ich gehe zuerst zu Boden („opfere“ mich), um den Gegner aus meiner dann Liegend-Position heraus zu Fall zu bringen.

eins auf die Nase geben und Fuß-Tritte = Opfer-Wurf 1

Der Gegner fasst mit seiner rechten Hand meine rechte Hand. Mit meiner linken Hand (-fläche) fasse ich von links den Hinterkopf des Gegners, ziehe seinen Kopf nach vorn unten (zu mir), während ich gleichzeitig meine rechte Hand nach rechts drehe und dann seine(n) rechte(n) Hand (-rücken oben) schwungvoll nach oben führe, sodass sein(e) Gesicht/Nase und sein(e) rechte(r) Hand (-rücken) zusammen prallen. Ich halte mich mit meiner rechten Hand an seiner rechten Hand fest (meine linke Hand ist frei), springe mit beiden Beinen gleichzeitig zwischen seine Beine (auf deren Schrittlinie) und lasse mich rückwärts fallen, über die sitzende in die liegende Position. Ich führe folgende Tritte aus: 1. mit meinem rechten Fuß (-spann) nach oben in seine Genitalien, 2.) von innen (zwischen seinen Beinen) mit meinem linken Fuß (-spann) nach links in seine rechte Kniekehle und gleichzeitig mit meinem rechten Fuß (-spann) nach rechts in seine linke Kniekehle. Nun hake ich meinen linken Fuß (-spann) von innen in die rechte Kniekehle des Gegners ein, ziehe/winkele meine(n) linken(s) Fuß/Bein auf mich zu an (mein Knie links) und trete/schiebe gleichzeitig mit meinem(r) rechten Fuß (-sohle) gegen die rechte Hüfte des Gegners, löse meine rechte Hand und der Gegner fällt nach hinten (Sturz rückwärts).

„Yoko-Wakare“ = Opfer-Wurf 2

Grundstellung/-fassart (S. 101), jedoch haben wir beide unseren linken Fuß vorn (Zehenspitzen leicht nach links) und schieben gegeneinander. Ich ziehe meinen rechten Fuß an meinen linken Fuß heran, drehe mich dabei um 90 Grad nach links (meine Füße parallel zueinander und im rechten Winkel zum Gegner), halte mich am Gegner fest und lasse mich ganz dicht vor dem Gegner nach rechts (in Richtung seiner linken Körperseite) auf meine linke Körperseite fallen (meine Beine liegen parallel gestreckt nebeneinander). So blockiere ich mit meinen Beinen die Füße des Gegners. Dabei ziehe ich mit meiner linken Hand den rechten Arm des Gegners mit und stütze mit meiner rechten Hand die linke Schulter des Gegners, damit der Gegner nur in die

Oberkörperbeuge kommt, aber nicht auf mich fällt. In der Rückenlage drehe ich mich nach links und ziehe den Gegner in Richtung meiner linken Schulter über mich drüber und halte ihn fest. Der Gegner macht eine Rolle vorwärts diagonal über mich drüber.

Kutsuri-„Yoko-Wakare" = Opfer-Wurf 3

Wie „Yoko-Wakare", nur hebe ich hier, nachdem meine Beine parallel am Boden gestreckt nebeneinander liegen, mein rechtes Bein diagonal nach oben an und blockiere vorrangig das rechte Bein des Gegners. Der Gegner macht dadurch eine höhere Rolle vorwärts und fliegt weiter.

„Yoko-Otoshi" = Opfer-Wurf 4

Grundstellung/-fassart (S. 101), jedoch haben wir beide unseren linken Fuß vorn (Zehenspitzen leicht nach links) und schieben gegeneinander. Ich setze meinen rechten Fuß um 90 Grad nach links gedreht (Zehenspitzen links) rechts außen neben sowie kurz hinter den linken Fuß des Gegners, drehe mich mit meiner linken Schulter voran nach 90 Grad links hinten, gehe erst in die Hocke und lasse mich auf der Schrittlinie des Gegners nach rechts fallen (ähnlich Fallschule links). Mein linkes Bein liegt gestreckt am Boden vor dem rechten Fuß des Gegners bzw. vor der Schrittlinie des Gegners und blockiert damit seinen rechten Fuß (mein rechtes Bein steht angewinkelt). In der Rückenlage drehe ich mich nach links und ziehe mit meiner linken Hand den rechten Arm des Gegners (von mir aus gesehen) nach vorn links und dann über unten nach rechts wieder auf mich zu. Gleichzeitig schiebe ich mit meiner rechten Hand die linke Schulter des Gegners, nach oben stützend, nach links. Der Gegner macht eine Rolle vorwärts diagonal über mich drüber.

„Tani-Otoshi" = Opfer-Wurf 5

Grundstellung/-fassart (S. 101). Meine rechte Hand (durch das Fassen eine Faust) drehe ich nach rechts (Handfläche oben), wodurch der Jackenstoff des Gegners ebenfalls gedreht und die Bewegungs-Freiheit des Gegners einschränkt wird, strecke meinen rechten Arm und drücke den Gegner dadurch an dessen linker Schulter nach hinten ins Hohlkreuz. Gleichzeitig klappe/drücke ich mit meiner linken Hand den rechten Arm des Gegners von rechts nach links an dessen rechte Körperseite/Brust. Ich setze meinen linken Fuß einen kleinen Schritt nach links (um neben den Gegner zu kommen), setze dann meinen rechten Fuß nach diagonal links und um 90 Grad nach rechts gedreht von links außen an den rechten Fuß des Gegners (meine Zehenspitzen mittig zu seiner Fußaußenseite) und stehe im rechten Winkel mit meinem Bauch an der rechten Körperseite des Gegners. Ich drehe mich auf meinem rechten Fußballen nach rechts (Zehenspitzen analog seiner), strecke mein linkes Bein diagonal hinter dem Gegner (und etwas um dessen linkes Bein herum wieder nach vorn) und sperre damit seine Beine nach hinten ab, setze meinen linken Fuß aber nicht ab. Mit meiner rechten Hand an seinem linken Revers drücke ich den Gegner nach hinten (meine linke Hand weiterhin an seinem rechten Ärmel), lasse mich bei engem Körperkontakt zum Gegner (ähnlich Fallschule seitwärts links) auf den Boden fallen und ziehe den Gegner mit. Der Gegner fällt über/auf mein linkes Bein. Ich drehe mich am Boden nach links und schlage dem Gegner mein nahezu gestrecktes rechtes Bein auf die Brust (mein Fuß nach links gedreht, Großzehenseite unten).

„Sumi-Gaeshi" = Opfer-Wurf 6

Grundstellung/-fassart (S. 101). Ich schiebe mein linkes Bein gestreckt am Boden entlang zwischen die Beine des Gegners (bis zu meinem Knie, mein rechtes Bein gehockt) und lasse mich rückwärts auf meine linke Körperseite fallen. Mein rechtes Bein winkele ich an und drücke meinen rechten Fuß (-spann) von innen unten nach oben gegen den linken Oberschenkel (Innenseite) des Gegners. Mit beiden Händen ziehe ich den Gegner in Richtung meiner linken Schulter, wodurch der Gegner erst in die Oberkörperbeuge kommt, sein Körpergewicht auf sein rechtes Bein verlagern muss und dann über sein rechtes Stand-Bein nach vorn kippt (Rolle vorwärts).

„Tomo-Nage" = Opfer-Wurf 7

Grundstellung/-fassart (S. 101), jedoch haben wir beide unseren linken Fuß vorn und schieben gegeneinander. Ich lasse mich dann aber in der Laufrichtung des Gegners rückwärts fallen, über die sitzende in die liegende Position. Mein linkes Bein steht angewinkelt auf dem Boden, mein rechtes Bein winkele ich nach oben an, stemme meine(n) rechte(n) Fuß (-sohle) gegen die linke Leiste des Gegners (mein Fuß und mein Knie leicht nach rechts außen) und ziehe nur mit meiner rechten Hand den Gegner über meinen Kopf hinweg. Mein rechtes Bein, auf dem nun das ganze Körpergewicht des Gegners lastet, strecke ich dabei nach hinten über meinen Kopf hinweg. Mein linker Fuß bleibt auf dem Boden stehen (Stabilisierung), ich hebe nur zum Ende hin mein Gesäß vom Boden ab (verleiht der Streckung meines rechten Beines Nachdruck). Der Gegner macht eine freie Rolle über mich drüber.

„Rio-Tomo-Nage" (mit beiden Beinen) = Opfer-Wurf 8

Wie „Tomo-Nage", Ausführung hier jedoch mit beiden Beinen. Deshalb muss dieser Wurf noch schneller ausgeführt werden, weil mein linkes Bein nicht zur Stabilisierung meines Körpers zur Verfügung steht.

14. KONTER-WÜRFE

gelb 1 / orange 2 / grün 3 / blau 4 / violett 5 / 1.braun 6 / 2.braun 7 / 3.braun 8 / 1.Dan 9 / 2.Dan 10 / 3.Dan 11 / **4.Dan 12** / 5.Dan 13 **Stück**

Der Angreifer versucht, mich mit einem Wurf zu Boden zu bringen, kann den Wurf aber nicht vollenden. Ich kontere mit einem Gegen- oder Konterwurf. Der als erstes genannte Wurf ist der Angriff des Gegners, der als zweites genannte Wurf ist meine Konter-Technik.

„O-Soto-Gari“ / „O-Soto-Gari“ = Konter-Wurf 1

„O-Soto-Gari“ / „Yoko Wakare“ = Konter-Wurf 2

„O-Goshi“ / „Yoko-Wakare“ = Konter-Wurf 3

„O-Goshi“ / „O-Soto-Gari“ = Konter-Wurf 4

„O-Goshi“ / „Ko-Soto-Gari“ = Konter-Wurf 5

„O-Goshi“ / „Tani-Otoshi“ = Konter-Wurf 6

„Ko-Uchi-Gari“ / „Sumi-Gaeshi“ = Konter-Wurf 7

„Ko-Soto-Gari“ / „Sumi-Gaeshi“ = Konter-Wurf 8

„Tai-Otoshi“ / „Tani-Otoshi“ = Konter-Wurf 9

„Tai-Otoshi“ / „Sukui-Nage“ = Konter-Wurf 10

„Tai-Otoshi“ / „Ko-Soto-Gake“ = Konter-Wurf 11

Ecken-Wurf, bestehend aus „Tai-Otoshi“ (damit greife ich an) / „Ko-Soto-Gake“ (damit kontert der Gegner) / „Sumi-Gaeshi (damit kontere ich)“ = **Konter-Wurf 12**

VIII ABWEHRTEIL A

15. HAND-BEFREIUNGEN

gelb 3 / orange 5 / grün 7 / blau 9 / violett 11 / 1.braun 13 / 2.braun 15 / 3.braun 17 / 1.Dan 19 / 2.Dan 21 / 3.Dan 23 / 4.Dan 25 / **5.Dan 27 Stück**

Wie aus dem Leben gegriffen (Kneipe, Disco): Ausgangssituation ist ein ganz normales Guten-Tag-Sagen. Der Angreifer fasst (scheinbar zum Gruß) mit seiner rechten Hand diagonal meine rechte Hand, lässt diese aber nicht mehr los, sondern schüttelt sie stattdessen weiter und weiter (Provokation). Also drücke auch ich wieder zu.

Fixieren sowie Schocken für die Techniken 1 bis 15
Ich kippe meine rechte Hand leicht nach links (Handrücken oben), fasse mit meiner linken Hand (-fläche, Fingerspitzen rechts) im rechten Winkel von links oben auf das Paket unserer Hände (auf meinen Handrücken) und fixiere so die rechte Hand des Angreifers. Erst dann trete ich (Schock) mit meinem rechten Fuß(-spann) in die Genitalien des Angreifers (im Training an die Innenseite des linken Oberschenkels) und setze meinen rechten Fuß kurz hinter meinem linken Fuß wieder ab.

(Daumen-) Kuppe (Finger-Hebel 1, S. 87) **= Hand-Befreiung 1**

Haken (Finger-Hebel 2, Seite 87) **= Hand-Befreiung 2**

Hülse (Finger-Hebel 4, Seite 89) **= Hand-Befreiung 3**

Gleitflug über seinen rechten Ellenbogen (Finger-Hebel 3a, S. 88) **= Hand-Befreiung 4a**

Gleitflug zu seiner rechten Schulter (Finger-Hebel 3b, S. 89) **= Hand-Befreiung 4b**

Gleitflug zu seinen beiden Schultern (Finger-Hebel 3c, S. 89) **= Hand-Befreiung 4c**

Rücken-Gleitflug (Finger-Hebel 5, S. 90) **= Hand-Befreiung 5**

Deichsel = Hand-Befreiung 6

Ich drehe mich mit meinem(r) rechten Fuß/Schulter um 90 Grad nach rechts hinten und knie rechts im rechten Winkel zum Angreifer ab (links gehockt). Gleichzeitig spreize ich den Daumen von den Fingern meiner linken Hand ab und setze den Zwischenraum zwischen Daumen und Zeigefinger (Gabel) von links außen am senkrecht stehenden rechten Handgelenk (Oberseite) des Angreifers an, ziehe mit meiner rechten Hand sowie schiebe mit meiner linken Hand die/den rechte(n) Hand/Arm des Angreifers mit einem Ruck vor meinem Bauch diagonal nach rechts unten. Der Angreifer fällt (Sturz vorwärts).

Nerven-Druckpunkt seitlicher Unterarm **= Hand-Befreiung 7**

Ich drehe meine rechte Hand nach rechts (sein Handrücken oben), wodurch der leicht gebeugte rechte Arm des Angreifers in die Waagerechte kommt (Ellenbogen links). Ich fasse mit meiner linken Hand das rechte Handgelenk des Angreifers von links außen (Zangen-Griff, Daumen oben, Finger unten), schiebe sie den rechten Unterarm des Angreifers hinauf und drücke meine linke Daumenkuppe kurz vor seinem Ellenbogen in den Nerven-Druckpunkt mittig seines Unterarms [Außenseite zwischen Ellenbogen (links) und Ellenbeuge (rechts)].

(Kubutan)-**Zeigefinger-Hebel = Hand-Befreiung 8**

Ich lege meinen gestreckten linken Zeigefinger (Handfläche zu mir) im rechten Winkel von links außen waagerecht zum Boden auf das Handgelenk (Daumenseite) der senkrecht stehenden rechten Hand des Angreifers. Mit meinem rechten Daumen umgreife ich meinen linken Zeigefinger (Nagelglied) im rechten Winkel von unten kommend und drücke/drehe meinen linken Zeigefinger über vorn (zu ihm) nach unten (zu mir) in den Nerven-Druckpunkt im Übergang zwischen rechtem Arm und rechter Hand des Angreifers. Der Angreifer geht in die Knie.

Daumen-Eindreher (Ellenbogen unterlegen) **= Hand-Befrei. 9**

Ich fasse/umschließe mit meiner linken Hand meinen rechten Daumen (Hülse), drehe meine linke Hand erst nach vorn (Gas wegnehmen) und dann nach rechts (mein rechter Daumen unten) und drücke die Knöchel meiner linken Hand von unten zwischen die Knöchel der(s) rechten Hand (-rückens) des Angreifers. Dann drehe ich mich mit meinem(r) linken Fuß/Schulter um 90 Grad nach rechts (ich stehe mit meiner linken Körperseite zu seinem Bauch), schiebe meinen angewinkelten linken Arm (Ellenbogen voran) unter den rechten Arm (Ellenbogen) des Angreifers und drücke diesen nach oben (Versteifung). Mit meiner rechten Hand drücke/biege ich die rechte Hand des Angreifers nach unten (seine Handfläche zu mir, seine Fingerspitzen unten) und schiebe den gestreckten rechten Arm des Angreifers (mein linker Ellenbogen voran) diagonal nach oben in dessen rechte Schulter (vorn).

Gabel-Griff (Ellenbogen nicht unterlegen) **= Hand-Befreiung 10**
Ich spreize den Daumen von den Fingern meiner linken Hand ab und setze den Zwischenraum zwischen Daumen und Zeigefinger (Gabel) von links außen am senkrecht stehenden rechten Handgelenk (Oberseite) des Angreifers an, drücke mit zunehmendem Druck sein dadurch einknickendes rechtes Handgelenk nach rechts innen, drehe meine rechte Hand nach links und damit die rechte Hand des Angreifers mit den Fingerspitzen nach unten und der Handfläche zu mir. Dann ziehe ich (führend mit meiner rechten Hand) den rechten Arm des Angreifers auf mich zu in die Streckung (der Angreifer kommt mit seiner rechten Schulter nach vorn) und setze meinen rechten Fuß einen Schritt auf einer gedachten Linie nach hinten und dabei um 90 Grad nach rechts gedreht ab, beuge mein rechtes Bein leicht und lehne meinen Oberkörper nach rechts gedreht (schmal stehen) nach hinten (bildlich: T-Schritt rückwärts). Dann schiebe ich den rechten gestreckten Arm des Angreifers diagonal nach oben in dessen rechte Schulter (vorn).

Knöchel-Anklopfer mit Finger-Hebel „rechten Daumen von vorn **in** seiner **Handfläche** (Fingerhebel 9, S. 90 bzw. Abführ-Technik 5, S. 49) **= Hand-Befreiung 11**
Ich drücke mit meiner linken Faust (hochkant, Daumen oben, Handfläche zu mir) und den Finger-Knöcheln voran mit zunehmendem Druck von links außen nach rechts gegen die/den rechte(n) Hand (-rücken) des Angreifers, drehe gleichzeitig meine rechte Hand nach links und damit seine rechte Hand (-fläche) auf mich zu (seine Fingerspitzen unten). Dann ziehe ich meinen rechten Daumen in die rechte Handfläche des Angreifers und setze dessen Kuppe auf den Druckpunkt mittig der Handfläche (Tendenz nach rechts), während ich mit den übrigen Fingern meiner rechten Hand den kleinen Finger sowie den Ringfinger der rechten Hand des Angreifers von rechts umfasse, über dessen rechtem Handrücken nach vorn zum Angreifer hin von dessen übrigen Fingern weg in Richtung seinem rechten Ellenbogen (unten) biege und seine rechte Hand weiter in dessen rechte Schulter schiebe.

auf die Uhr schauen mit Handkantenschlag = Hand-B. 12
Ich öffne und strecke meine rechte Hand, wodurch sich unsere Handflächen leicht voneinander lösen. Ich setze meinen rechten Fuß einen Schritt nach vorn und schiebe meinen gebeugten rechten Arm mit dem Ellenbogen voran nach rechts oben etwas über die Waagerechte

hinaus sowie in Richtung Körpermitte des Angreifers, sodass zwischen meinem rechten Unter- sowie Oberarm ein spitzer Winkel entsteht. Meine rechte Hand dreht sich dadurch (Fingerspitzen links, Handrücken oben) in Richtung meiner linken Hüfte und somit über das rechte Handgelenk (Unterseite, Handfläche oben) des Angreifers aus der Festhalte. Mit meiner rechten Hand (Kleinfingerseite, Handrücken oben) führe ich einen Handkantenschlag von diagonal links unten gegen seine rechte Halsseite aus und begebe mich in die Abwehr-Stellung (S. 10).

Ansatz **„durch den Vorhang gehen“** (HGL-Hebel 17, S. 24), dann „**Drehgriff-Hebel mit links** (HGL-Hebel 18, S. 25) **= Hand-B. 13**

Quark-Tasche 1 (Handkipp-Hebel „anders herum gefasst“) = Hand-Befreiung 14

Ich führe meinen angewinkelten rechten Arm in die Waagerechte (Ellenbogen rechts), knicke mein rechtes Handgelenk nach unten ein und drehe meine rechte Hand nach links, sodass ich die rechte Hand des Angreifers vor mir nach oben ziehe. Meine linke Hand klappe ich nach rechts (Handfläche zu mir, Fingerspitzen rechts) und fasse mit meinem(-r) linken Daumen (-kuppe) auf meine(n) rechte(n) Hand (-rücken), während ich mit den Fingern meiner linken Hand nach rechts um das Paket unserer Hände herum auf den rechten Handrücken (rechts) des Angreifers fasse. Mit meiner linken Hand überdrehe ich das nahezu senkrecht stehende Paket unserer Hände nach links, drehe mich mit meinem(r) linken Fuß/Schulter voran um 90 Grad nach links hinten und setze meinen linken Fuß im rechten Winkel auf die Standlinie meines rechten Fußes. Der Angreifer fällt (sein Kopf links von mir).

Quark-Tasche 2 (Handkipp-Hebel mit meinem rechten Unterarm) = Hand-Befreiung 15

Ich presse meinen rechten Arm angewinkelt (bildlich: Flügel) an meine rechte Körperseite und fasse mit meinem(-r) linken Daumen (-kuppe) von links auf den rechten Hand (-rücken) des Angreifers, während ich mit den Fingern meiner linken Hand über seinen Handrücken kommend um den rechten Daumen (oben) des Angreifers fasse. Ich drehe meine linke Hand nach links und biege dadurch die rechte Hand des Angreifers (von mir aus gesehen nach links) auf und schiebe meinen rechten Handballen (bis zu meinem Unterarm) über die rechte Hand des Angreifers (beginnend an deren Kleinfingerseite), drehe mich mit meinem(r) linken Fuß/Schulter voran um 90 Grad nach links hinten und setze meinen linken Fuß im rechten Winkel auf die Standlinie meines rechten Fußes. Der Angreifer fällt (sein Kopf links von mir).

über die Schulter des Angreifers nach unten ziehen = Hand-Befreiung 16

Ich setze meinen linken Fuß (Zehenspitzen links) einen Schritt nach diagonal links vorn vor die Schrittlinie des Angreifers, ziehe meinen rechten Fuß nach und setze diesen an meinem linken Fuß vorbei bei einer gleichzeitigen Körperdrehung um 90 Grad nach links rechts neben meinen linken Fuß auf die Schrittlinie des Angreifers (stehe im rechten Winkel mit dem Rücken zu seiner rechten Körperseite). Ich übergebe die rechte Hand des Angreifers hinter meinem Rücken von meiner rechten an meine linke Hand, wobei ich mit meiner linken Hand von schräg unten kommend den rechten Handrücken des Angreifers vom Handgelenk her fasse. Mit meiner linken Hand ziehe ich den rechten Arm des Angreifers bis auf die Höhe seiner rechten Schulter, drehe mich dabei mit meinem(r) linken Fuß/Schulter voran um 180 Grad nach links hinten und setze meinen linken Fuß Schulterbreit neben meinen rechten Fuß (stehe im rechten Winkel mit dem Bauch zur rechten Körperseite des Angreifers). Mit meiner linken Hand führe ich den nun angewinkelten rechten Arm des Angreifers (Ellenbogen oben) über dessen rechte Schulter hinweg (quasi rückwärts) und dann hinter dieser wieder in die Streckung nach unten. Mit meiner rechten Hand (-fläche) drücke ich am rechten Ellenbogen des Angreifers mit. Der Angreifer kommt ins Hohlkreuz und fällt (Stürz rückwärts). Ich knie rechts nieder und gehe links in die Hocke und lege den Angreifer fest.

um den Nacken-Schieber = Hand-Befreiung 17

Ich setze meinen rechten Fuß einen langen Schritt auf einer gedachten Linie nach hinten und dabei um 90 Grad nach rechts gedreht ab, beuge mein linkes Bein leicht und lehne meinen Oberkörper nach vorn. Gleichzeitig ziehe ich mit meiner rechten Hand die rechte Hand des Angreifers ruckartig in Richtung meiner rechten Hüfte und dessen rechten Arm damit diagonal in die Streckung. Dann setze ich den Zeigefinger meiner senkrecht stehenden linken Hand (Daumenseite, Handrücken links, Daumen weg geklappt) von unten am rechten Ellenbogen des Angreifers an, drehe meine rechte Hand nach links und überdrehe dadurch die rechte Hand des Angreifers (von mir aus gesehen nach links), schiebe meinen linken Unterarm vom Zeigefinger bis zur Ellenbeuge in Richtung der linken Schulter des Angreifers und meine linke Hand (Handrücken voran) dann im Bogen nach links um die linke Halsseite des Angreifers. Der rechte Arm (Ellenbogen) des Angreifers liegt in meiner linken Ellenbeuge. Ich halte den rechten Arm des Angreifers mit Abstand zu mir, drehe meine rechte Hand nach links (Gas geben) und drücke nach unten und spanne so den Angreifer auf.

„über“ den Vorhang = Hand-Befreiung 18

Ich setze meinen linken Fuß um 90 Grad nach links gedreht einen weiten Schritt nach links am rechten Fuß des Angreifers vorbei hinter dessen Schrittlinie, nehme mit meiner rechten Hand die rechte Hand des Angreifers (leicht vor meiner rechten Körperseite gehalten) mit, drücke diese dabei mit meiner rechten bereits nach links gekippten Hand so ruckartig nach unten, dass unsere Hände waagerecht zum Boden stehen und sein rechter Arm an seiner rechten Körperseite gestreckt ist. Dann drehe ich mich mit meiner rechten Schulter voran um 180 Grad nach links an unseren rechten Armen vorbei, ziehe erst seine rechte Hand (Fingerspitzen voran) nach links außen oben über seinen Unterarm hinweg (sein Handgelenk knickt zum Handgelenkhebel ein) und dann seinen rechten Arm diagonal von seiner rechten Körperseite weg. Meinen rechten Fuß setze ich im rechten Winkel (Zehenspitzen zu Zehenspitzen) von hinten an meinen linken Fuß und löse meine rechte Hand. Der Angreifer fällt (Sturz rückwärts).

Karate-Laufen = Hand-Befreiung 19

Ich setze meinen linken Fuß einen Schritt nach vorn links außen neben den rechten Fuß des Angreifers (auf die Schrittlinie seiner Füße), ziehe meinen rechten Fuß (ohne abzusetzen) kurz an meinen linken Fuß heran und in Vollendung des Schrittes/eines Bogens wieder nach rechts und mit einem langen Schritt in der Schrittlinie des rechten Fußes des Angreifers hinter diesem ab (Ferse zu Ferse). Mit meiner rechten Hand nehme ich seine rechte Hand mit und ziehe diese mittig hinter sowie nah am Rücken des nun im Hohlkreuz stehenden Angreifers senkrecht nach unten, löse sie dann und der Angreifer fällt (Sturz rückwärts).

eins auf die Nase geben (Opferwurf 1, S. 119) = Hand-B. 20

(dabei mit rechts einen Kniestoß gegen den Bauch des Angreifers)

Faust-Stoß mit links und Handkanten-Schlag mit rechts = Hand-Befreiung 21

Ich setze meinen linken Fuß einen Schritt nach links vorn und drehe mich um 90 Grad nach rechts (mein rechter Fuß dann vorn). Mit meiner linken Faust (Handrücken links) schlage ich gegen die/den rechte(n) Hand (-rücken) des Angreifers und dabei so weit durch, bis mein linker Arm gestreckt ist und sich der Griff des Angreifers löst. Durch die in meinen FaustStoß gebrachte (Schwung-) Energie befindet sich meine linke Schulter jetzt vor meiner rechten Schulter (ich bin aufgespannt). Diesen Schwung umkehrend, mache ich (nur) eine Oberkörper-Drehung nach links zurück in die Ausgangsstellung und führe dabei mit meiner rechten Hand (Daumenseite, Daumen in die Handfläche geklappt, es trifft nur mein rechter Zeigefinger, mein rechter Arm ist gestreckt) einen Hand(kanten)schlag gegen die linke Halsseite des Angreifers aus und ziehe meine linke Faust gedreht an meine linke Hüfte. Dann drehe ich mich auf meinen Fußballen nach links (mein linker Fuß vorn) und begebe mich in die Abwehr-Stellung (siehe Seite 10).

Faust-Stoß mit links **und Schlag-Kombination** (Faustrücken-Schlag mit links und Faustschlag mit rechts) **= Hand-Befreiung 22**

Ich setze meinen linken Fuß einen Schritt nach links vorn und drehe mich um 90 Grad nach rechts (mein rechter Fuß vorn). Mit meiner linken Faust (Handrücken links) schlage ich gegen die/den rechte(n) Hand (-rücken) des Angreifers und dabei nicht so weit durch wie bei der Technik 21, klappe meinen linken Unterarm senkrecht nach oben und führe einen Faustrücken-Schlag gegen das Gesicht des Angreifers aus. Dann drehe ich mich auf meinen Fußballen um 90 Grad nach links (Angesicht zu Angesicht) und setze mit meiner rechten Faust mit einem im Bogen geführten Schlag zu seinem Kinn nach.

Stirn-Abkipper (Diagonal-Schritt links / Hände an Stirn / mit Tippel-Schritten unter seinem rechten Arm entlang / über seine rechte Schulter abkippen) **= Hand-Befreiung 23**

Ich kippe meine rechte Hand nach links und rucke zu mir an, wodurch der Angreifer nach vorn (auf mich zu) aus dem Gleichgewicht kommt. Mit meiner linken Hand fasse ich das rechte Handgelenk des Angreifers von unten sowie von dessen Daumenseite (Zangen-Griff) und setze meinen rechten Fuß ein Stück nach rechts (damit ich beim folgenden Schritt mit links nicht ins Hohlkreuz komme). Mit beiden Händen hebe ich die rechte Hand des Angreifers nach oben und mit meiner linken Schulter voran setze ich meinen linken Fuß einen langen Diagonal-Schritt vor der Körpervorderseite des Angreifers entlang und dann hinter seinem linken Fuß ab (meine Ferse quasi rückwärts im rechten Winkel zu/an seiner Fußaußenseite) und stehe mit meiner linken Körperseite an seinem Bauch. Jetzt drehe ich mit beiden Händen seine rechte Hand zu mir hin auf (mit rechts Gas geben) und nehme meinen rechten Handrücken vor/an meine Stirn (seine Handfläche zu mir), schlage mit meinem linken Ellenbogen bei angewinkeltem linken Arm von unten nach oben in seine rechte Ellenbeuge, sodass sein rechter Arm (Ellenbogen nach vorn zu seiner Körpermitte hin) einknickt, und drehe mich vor dem Angreifer nach rechts (mit meinem(r) rechten Fuß/Schulter voran nach rechts hinten, ich tippele links vorwärts, rechts rückwärts im Kreis) unter seinem rechten Arm entlang. Der Angreifer kommt ins Hohlkreuz und sein(e) rechte(r) (Ober-)Arm/Ellenbeuge schleift quasi über meinen Rücken. Sobald sich sein rechter Arm über seiner rechten Schulter befindet (meine rechte Körperseite an seiner rechten Körperseite in entgegengesetzter Richtung), ziehe ich nur mit meiner rechten Hand seinen eingeknickten rechten Arm (sein Unterarm senkrecht, sein Ellenbogen oben) hinter seinem Rücken nach unten und kippe den Angreifer ab (Sturz rückwärts).

Tanz-Drehung mit Arm-Versteifer = Hand-Befreiung 24

Wir stehen beide mit dem linken Fuß vorn (Zehenspitzen leicht nach links) und schieben gegeneinander. Dann wandele ich das Schieben in ein Ziehen um und führe mit meiner rechten Hand den leicht gebeugten rechten Arm des Angreifers in einer Kreisbewegung erst zu mir und dann nach rechts oben um seinen Kopf herum (ich schlinge quasi seinen gebeugten rechten Arm mit der Ellenbeuge von seiner linken Halsseite her um seinen Nacken), wodurch der Angreifer wegen des verlorenen Gleichgewichts erst auf mich zu gestürzt kommt und dann eine Linksdrehung unter meinem rechten Arm entlang macht (bildlich: Tanz-Drehung). Sobald der Angreifer die Drehung beendet hat und wir wieder Angesicht zu Angesicht stehen (ich leicht nach links versetzt vor seiner rechten Schulter), setze ich meine linke Hand (-kante, Kleinfingerseite) von schräg unten am Ellenbogen des angewinkelten rechten Arms des Angreifers an und schiebe/drücke/drehe damit seinen rechten Arm in einem Bogen nach vorn unten (sein Ellenbogen oben). Mit meiner rechten Hand halte ich die/den rechte(n) Hand/Arm des Angreifers vor meinem Bauch und laufe mit meinem rechten Fuß voran im 45-Grad-Winkel von der rechten Körperseite des Angreifers weg nach hinten, drücke mit meiner linken Hand (-kante, unten) den gestreckten rechten Arm des Angreifers nach unten und ziehe mit meiner rechten Hand den rechten Arm des Angreifers hinter mir her. Der Angreifer kommt mit dem Bauch voran zu Boden.

Tanz-Drehung mit Kanu-Paddel = Hand-Befreiung 25

Ansatz analog Hand-Befreiung 24 bis [...] Sobald der Angreifer die Drehung beendet hat und wir wieder Angesicht zu Angesicht stehen [...]. Ich ziehe den Angreifer weiter, bis er sich über die Angesicht-zu-Angesicht-Stellung hinaus nach links dreht, drehe mich selbst um 90 Grad nach rechts und stehe mit meiner linken Körperseite an der rechten Körperseite des Angreifers (eine Linie, gleiche Blickrichtung) hinter seinem rechten Arm. Während meiner Körperdrehung habe ich den Griff meiner rechten Hand geändert und fasse mit dieser nun das rechte Handgelenk des Angreifers (Kamm-Griff, von rechts und seiner Kleinfingerseite her, Blick in seine Handfläche) und schiebe den rechten Unterarm des Angreifers nach links zum Angreifer und knicke dadurch seinen rechten Arm ein (sein Unterarm dann senkrecht, sein Oberarm waagerecht zum Boden). Ich setze meine linke Hand (-kante, Kleinfingerseite) von schräg unten am Ellenbogen des angewinkelten rechten Arms (Ellenbogen oben) des Angreifers an und schiebe/drücke/drehe damit seinen rechten Arm im Bogen nach vorn unten. Mit meiner rechten Hand halte ich den nun angewinkelten rechten Arm des Angreifers weiter vor meinem Bauch. Dabei laufe ich nach vorn, der Angreifer geht über den Kniestand auf den Bauch zu Boden.

Tanz-Drehung mit Handkipp-Hebel (Handgelenk-Hebel 33b „kleine Schüssel", Seite 31) **= Hand-Befreiung 26**

Ansatz analog Hand-Befreiung 24 bis [...] Sobald der Angreifer die Drehung beendet hat und wir wieder Angesicht zu Angesicht stehen [...]. Ich drehe mich mit meinem(r) linken Fuß/Schulter voran um 90 Grad nach rechts und fasse mit meinem linken angewinkelten Arm über den gestreckten rechten Arm des Angreifers, klemme mit meinem Unterarm seinen Unterarm (Innenseiten, sein Ellenbogen an meinem Bauch) und fasse mit meiner linken Hand seine rechte Hand (-fläche). Mit meinem rechten Fuß voran drehe ich mich auf der Stelle nach hinten rechts, nehme den gestreckten rechten Arm des Angreifers (quasi waagerecht rückwärts an/um meinen Bauch gezogen) mit und ziehe dabei meine rechte Hand aus der rechten Hand des Angreifers. Dann stoppe ich die Drehung und der Angreifer läuft durch den erhaltenen Schwung ein Stück auf mich auf, wodurch sein rechter Arm wieder einknickt. Ich fasse mit meiner rechten Hand die rechte Hand des Angreifers so, dass sich meine Finger von rechts in seine Handfläche (Kleinfingerseite) krallen und mein Daumen auf seinen Handrücken drückt. Dann löse ich die Arm-Klemme meines linken Armes und rutsche mit meiner linken Hand so rum, dass ich analog meiner rechten Hand von links fasse. Dann ändere die Bewegungs-/Drehrichtung um 180 Grad nach links zurück in die Ausgangstellung (Angesicht zu Angesicht). Weiter mit dem Handkipp-Hebel.

Schaufel-Wurf (Hand-/Schulter-Wurf 6, S. 110) **= Hand-B. 27**

„Tomo-Nage" (Opfer-Wurf 8, S. 117) **= Hand-Befreiung 28**

16. HANDGELENK-BEFREIUNGEN

gelb 3 / orange 5 / grün 7 / blau 9 / violett 11 / 1.braun 13 / 2.braun 15 / 3.braun 17 / 1.Dan 19 / 2.Dan 21 / 3.Dan 23 / 4.Dan 25 / **5.Dan 27 Stück**

Angriff-Variante 1:

Wir stehen Angesicht zu Angesicht. Der **Angreifer fasst** mit seiner rechten Hand **diagonal mein rechtes Handgelenk** (Oberseite) von oben.

Hand-Drehung (unter seinem Arm nach links) / **Handkanten-Drücker 1 = Handgelenk-Befreiung 1**

In einer flüssigen Bewegung sowie mit Oberkörpereinsatz klappe ich meine rechte Hand unter dem rechten (Unter-)Arm des Angreifers nach links außen (Handfläche zu mir, Fingerspitzen links), drehe sie dann nach rechts (Handfläche zu mir, Fingerspitzen oben) und danach in ihrer Längsachse um 180 Grad nach links (Handrücken zu mir, Fingerspitzen oben), sodass sich meine rechte Handkante (Kleinfingerseite) im rechten Handgelenk des Angreifers (dessen schmale Außen- bzw. Kleinfingerseite) befindet. Meine linke Hand (-fläche) presse ich im rechten Winkel von links auf meine rechte Hand (auf Daumen und Zeigefinger, unsere Fingerspitzen oben) und schiebe dann (quasi mit beiden Händen) meine rechte Hand mit deren Handkante (Kleinfingerseite) voran nach rechts oben über/auf dem/das rechte(n) Handgelenk des Angreifers (meine Daumenseite oben, meine Fingerspitzen rechts), bis meine rechte Hand (Kleinfingerseite) senkrecht auf seinem rechten Handgelenk (Kleinfingerseite) steht, und drücke dann nach unten. Der Angreifer lässt los. Ich setze meinen linken Fuß einen Schritt zurück und begebe mich in die Abwehr-Stellung. Ich winkele dazu meine Arme nach hinten (auf mich zu) an (ziehe quasi meine Unterarme bis in die Diagonale an mich heran), dabei meinen linken Arm leicht hinter sowie leicht unterhalb meines rechten Armes, beide Handflächen unten (meine linke mit den Fingerspitzen leicht nach rechts innen).

Hand-Drehung (unter seinem Arm nach links) / **Handkanten-Drücker 2** (um die Ecke) **= Handgelenk-Befreiung 2**

In einer flüssigen Bewegung sowie mit Oberkörpereinsatz klappe ich meine rechte Hand unter dem rechten (Unter-)Arm des Angreifers nach links außen (Handfläche zu mir, Fingerspitzen links), drehe sie dann nach rechts (Handfläche zu mir, Fingerspitzen oben) und danach in ihrer Längsachse um 180 Grad nach links (Handrücken zu mir, Fingerspitzen oben), sodass sich meine rechte Handkante (Kleinfingerseite) im rechten Handgelenk des Angreifers (dessen schmale Außen- bzw. Kleinfingerseite) befindet. Mit meiner linken Hand (-fläche) fasse ich im rechten Winkel von links oben (Kammgriff, Fixierung) auf die/den rechte(n) Hand (-rücken) des Angreifers und schiebe dann meine rechte Hand mit deren Handkante (Kleinfingerseite) voran nach rechts oben und damit auf dem/das rechte(n) Handgelenk des Angreifers (meine Daumenseite oben, meine Fingerspitzen rechts), bis meine rechte Hand (Kleinfingerseite) senkrecht auf seinem rechten Handgelenk (Kleinfingerseite) steht. Dann wölbe ich meine rechte Hand nach links, schiebe sie und so den rechten Arm des Angreifers nach links, bis meine rechte Hand (Fingerspitzen) zur Körpermitte des Angreifers zeigt und drücke dann senkrecht nach unten. Der Angreifer geht in die Knie/Hocke, ich in Abwehr-Stellung.

Hand-Drehung (unter seinem Arm nach links) / **Handkanten-Schieber 1** (Scheibenwischer) **= Handgelenk-Befreiung 3**

In einer flüssigen Bewegung sowie mit Oberkörpereinsatz klappe ich meine rechte Hand unter dem rechten (Unter-)Arm des Angreifers nach links außen (Handfläche zu mir, Fingerspitzen links), drehe sie dann nach rechts (Handfläche zu mir, Fingerspitzen oben) und danach in ihrer Längsachse um 180 Grad nach links (Handrücken zu mir, Fingerspitzen oben), sodass sich meine rechte Handkante (Kleinfingerseite) im rechten Handgelenk des Angreifers (dessen schmale Außen- bzw. Kleinfingerseite) befindet. Mit meiner linken Hand (-fläche) fasse ich im rechten Winkel von links oben (Kammgriff, Fixierung) auf die/den rechte(n) Hand (-rücken) des Angreifers. Meine rechte Hand (-kante voran, Kleinfingerseite) schiebe ich erst nach rechts oben auf das rechte Handgelenk des Angreifers und dann nach rechts von diesem wieder herunter. In dieser Stellung verbleibend klappe ich meine rechte leicht gewölbte Hand (Fingerspitzen und Handfläche links) nach links und schiebe den rechten Arm des Angreifers sowie den Angreifer selbst nach links [Kontaktpunkt zu seinem rechten Handgelenk ist immer meine rechte Handkante (Kleinfingerseite)]. Der Angreifer fällt im rechten Winkel zu mir (sein Kopf links von mir) in Fallschule seitwärts links.

Hand-Drehung (unter seinem Arm nach links) mit **Handrücken-Unterarm-Schieber** gegen Nase **= Handgelenk-Befreiung 4**

In einer flüssigen Bewegung sowie mit Oberkörpereinsatz klappe ich meine rechte Hand unter dem rechten (Unter-)Arm des Angreifers nach links außen (Handfläche zu mir, Fingerspitzen links), drehe sie dann nach rechts (Handfläche zu mir, Fingerspitzen oben), danach in ihrer Längsachse um 90 Grad nach rechts (Handrücken rechts, Fingerspitzen oben) und schiebe mit meinem rechten Handrücken den rechten Unterarm (nahe des Handgelenks) des Angreifers im Bogen über rechts nach links (sein rechter Arm knickt ein) in einer Wellenbewegung gegen seine Nase. Ich schubse den Angreifer quasi weg.

Hand-Drehung (unter seinem Arm nach links), fassen, **Handflächen-Drücker = Handgelenk-Befreiung 5**

In einer flüssigen Bewegung sowie mit Oberkörpereinsatz klappe ich meine rechte Hand unter dem rechten (Unter-)Arm des Angreifers nach links außen (Handfläche zu mir, Fingerspitzen links), drehe sie dann nach rechts (Handfläche zu mir, Fingerspitzen oben) und danach in ihrer Längsachse um 180 Grad nach links (Handrücken zu mir, Fingerspitzen oben), sodass sich meine rechte Handkante (Kleinfingerseite) im rechten Handgelenk des Angreifers (dessen schmale Außen- bzw. Kleinfingerseite) befindet. Mit meiner linken Hand (-fläche) fasse ich im rechten Winkel von links oben (Kammgriff, Fixierung) auf die/den rechte(n) Hand (-rücken) des Angreifers. Dann drehe ich meine rechte Hand um weitere 90 Grad nach rechts, klappe sie nach unten und fasse den rechten Unterarm des Angreifers ganz engwinklig und nah dem Handgelenk (Kamm-Griff, meine Handfläche unten, meine Kleinfingerseite rechts). Ich drehe meine Hände nach vorn (Gas wegnehmen), ziehe gleichzeitig den rechten Unterarm (sein und mein rechter Unterarm sind waagerecht zum Boden) des Angreifers auf mich zu nach unten und setze meinen linken Fuß einen Schritt nach hinten. Der Angreifer geht auf die Knie.

Hand-Drehung (unter seinem Arm nach links), fassen, **Kanu-Paddel** (Abwandlung) **= Handgelenk-Befreiung 6**

In einer flüssigen Bewegung sowie mit Oberkörpereinsatz klappe ich meine rechte Hand unter dem rechten (Unter-)Arm des Angreifers nach links außen (Handfläche zu mir, Fingerspitzen links), drehe sie dann nach rechts (Handfläche zu mir, Fingerspitzen oben) und danach in ihrer Längsachse um 180 Grad nach links (Handrücken zu mir, Fingerspitzen oben), sodass sich meine rechte Handkante (Kleinfingerseite) im rechten Handgelenk des Angreifers (dessen schmale Außen- bzw. Kleinfingerseite) befindet. Ich drehe mich mit meinem(r) linken Fuß/Schulter voran um etwas mehr als 90 Grad nach rechts, drehe meine rechte Hand um weitere 90 Grad nach rechts, klappe sie nach unten, fasse den rechten Unterarm des Angreifers ganz engwinklig und nah dem Handgelenk (Kammgriff, meine Handfläche unten, meine Kleinfingerseite rechts) und drehe sie nach vorn (Gas wegnehmen). Ich stehe, weil der Angreifer sich auch dreht, mit meiner linken Körperseite an seiner rechten Körperseite hinter seinem mit meiner rechten Hand nach rechts gehaltenen rechten Arm (gleiche Blickrichtung, Blick in seine rechte Handfläche) und schiebe den rechten Unterarm des Angreifers nach links zum Angreifer (sein Unterarm dann senkrecht, sein Oberarm waagerecht). Meine linke Hand (-kante, Kleinfingerseite) setze ich von schräg unten am Ellenbogen des angewinkelten rechten Arms des Angreifers an (Ellenbogen oben) und schiebe/drücke/drehe damit den rechten Arm des Angreifers in einem Bogen nach vorn unten, während ich mit meiner rechten Hand den rechten Arm des Angreifers weiter vor meinem Bauch halte. Ich laufe nach vorn und der Angreifer geht über den Kniestand auf den Bauch zu Boden.

Hand-Drehung (unter seinem Arm nach links), fassen, **Kreuzfessel-Griff** (Abwandlung) **= Handgelenk-Befreiung 7**

In einer flüssigen Bewegung sowie mit Oberkörpereinsatz klappe ich meine rechte Hand unter dem rechten (Unter-)Arm des Angreifers nach links außen (Handfläche zu mir, Fingerspitzen links), drehe sie dann nach rechts (Handfläche zu mir, Fingerspitzen oben) und danach in ihrer Längsachse um 180 Grad nach links (Handrücken zu mir, Fingerspitzen oben), sodass sich meine rechte Handkante (Kleinfingerseite) im rechten Handgelenk des Angreifers (dessen schmale Außen- bzw. Kleinfingerseite) befindet. Ich drehe mich mit meinem(r) linken Fuß/Schulter voran um etwas mehr als 90 Grad nach rechts, drehe meine rechte Hand um weitere 90 Grad nach rechts, klappe sie nach unten, fasse den rechten Unterarm des Angreifers ganz engwinklig und nah dem Handgelenk (Kammgriff, meine Handfläche unten, meine Kleinfingerseite rechts) und drehe sie nach vorn (Gas wegnehmen). Ich stehe, weil der Angreifer sich auch dreht, mit meiner linken Körperseite an seiner rechten Körperseite hinter seinem mit meiner rechten Hand nach rechts gehaltenen rechten Arm (gleiche Blickrichtung, Blick in seine rechte Handfläche) und schiebe den rechten Unterarm des Angreifers nach links zum Angreifer (sein Unterarm dann senkrecht, sein Oberarm waagerecht zum Boden). Meine linke Hand (-kante, Kleinfingerseite) setze ich von schräg unten am Ellenbogen des angewinkelten rechten Arms des Angreifers an (Ellenbogen oben) und schiebe/drücke/drehe damit den rechten Arm des Angreifers in einem Bogen nach vorn unten, während ich mit meiner rechten Hand das rechte Handgelenk des Angreifers nach oben ziehe (bildlich: Kurbelwelle), dann nach links führe und den rechten Unterarm des Angreifers in meine linke Ellenbeuge klemme. Ich fasse mit meiner linken Hand auf den rechten Oberarm des Angreifers nahe des Ellenbogens (Kamm-Griff). Der rechte Unterarm des Angreifers liegt in meiner linken Ellenbeuge (fixiert/geklemmt). Mit meiner rechten Hand (-fläche) fasse ich auf meine(n) linke(n) Hand (-rücken) und mit beiden Händen führe ich den rechten Arm des Angreifers schwungvoll nach vorn, dann nach rechts vor meinen Bauch und wieder nach links hinten. Der Angreifer kommt aus dem Gleichgewicht. Ich klemme den rechten Arm des Angreifers mit dem Ellenbogen hinter meine linke Hüfte (öffnen/schließen) und drücke den rechten Arm des Angreifers mit meiner linken Hand weiter nach unten. Mit meiner rechten Hand fasse ich diagonal über den Hinterkopf des Angreifers dessen Kinn und ziehe seinen Kopf (Kinn voran) nach links oben (Blick auf seine linke Wange).

Hand-Drehung (unter seinem Arm nach links), fassen, **Bauch-Hebel** (Abwehr gerader Faustst0ß 4, S. 187) **= Handgelenk-Befreiung 8**
In einer flüssigen Bewegung sowie mit Oberkörpereinsatz klappe ich meine rechte Hand unter dem rechten (Unter-)Arm des Angreifers nach links außen (Handfläche zu mir, Fingerspitzen links), drehe sie dann nach rechts (Handfläche zu mir, Fingerspitzen oben) und danach in ihrer Längsachse um 180 Grad nach links (Handrücken zu mir, Fingerspitzen oben), sodass sich meine rechte Handkante (Kleinfingerseite) im rechten Handgelenk des Angreifers (dessen schmale Außen- bzw. Kleinfingerseite) befindet. Ich drehe mich mit meinem(r) linken Fuß/Schulter voran um etwas mehr als 90 Grad nach rechts, drehe meine rechte Hand um weitere 90 Grad nach rechts, klappe sie nach unten, fasse den rechten Unterarm des Angreifers ganz engwinklig und nah dem Handgelenk (Kammgriff, meine Handfläche unten, meine Kleinfingerseite rechts) und drehe sie nach vorn (Gas wegnehmen). Ich stehe, weil der Angreifer sich auch dreht, mit meiner linken Körperseite an seiner rechten Körperseite hinter seinem mit meiner rechten Hand nach rechts gehaltenen rechten Arm (gleiche Blickrichtung, Blick in seine rechte Handfläche). Meine linke Hand kippe ich am Ellenbogen des Angreifers nach links und drücke die Handkante (Kleinfingerseite) von schräg unten gegen den rechten Ellenbogen (bzw. direkt links daneben) des Angreifers und verhindere dadurch das Einknicken des rechten Arms des Angreifers. Dann führe ich mit beiden Händen/Armen gleichzeitig den rechten Arm des Angreifers in der Waagerechten nach vorn (vor die Körpermitte des Angreifers) und von dort im Bogen in einer Wellenbewegung nach unten und wieder nach oben. Dazu ziehe ich mit meiner rechten Hand am rechten Handgelenk des Angreifers den rechten Arm des Angreifers schneller nach unten als ich diesen mit meiner linken Handkante am rechten Ellenbogen nach unten drücke. Sobald sich der rechte Arm des Angreifers nahezu in der

Waagerechten befindet, versetze ich dem Angreifer mit links einen Faustrückenschlag (Schock) gegen seine rechte Hüfte und setze meinen linken Fuß über den rechten Fuß des Angreifers hinweg vor die Körpermitte des Angreifers. Meine linke Handkante setze ich an der rechten Schulter des Angreifers an und schiebe den rechten Arm des Angreifers in einer Wellenbewegung von mir weg in Richtung seiner linken Schulter nach oben. Dann ziehe ich den rechten Arm des Angreifers analog wieder zu mir, wobei ich mit meiner rechten Hand seine rechte Hand zu mir drehe (Gas geben), wodurch die rechte Handfläche des Angreifers nach oben und sein rechter Ellenbogen nach unten kommt. Ich gehe leicht in die Hocke, lege den gestreckten rechten Arm des Angreifers nahe meines Bauches quer von links nach rechts über meine Oberschenkel und klappe meinen Oberkörper nach vorn, wodurch ich den rechten Arm des Angreifers einklemme und nach unten drücke (Hebel).

Knöchel-Anklopfer = Handgelenk-Befreiung 9

Ich klappe meine rechte Hand als Faust nach links und schlage mit deren Fingerknöcheln (mittleres Fingerglied) ein Mal gegen das rechte Handgelenk (Innenseite) des Angreifers (Schock), drehe beim Zurückklappen meine rechte Hand nach rechts (Handfläche oben) und ziehe sie so aus dem Festhaltegriff. Dann drehe ich meine rechte Hand nach links (Handrücken oben), setze meinen linken Fuß einen Schritt zurück und begebe mich in die Abwehrstellung.

Knöchel-Anklopfer, dann Hand-Drehung (unter seinem Arm nach links) **und Wangen-Klatsche = Handgelenk-Befreiung 10**

Ich klappe meine rechte Hand als Faust nach links und schlage mit deren Fingerknöcheln (mittleres Fingerglied) ein Mal gegen das rechte Handgelenk (Innenseite) des Angreifers (Schock). Zurück in der Ausgangsstellung klappe ich meine wieder geöffnete rechte Hand unter dem rechten (Unter-)Arm des Angreifers nach links außen (Handfläche zu mir, Fingerspitzen links), drehe sie dann nach rechts (Handfläche zu mir, Fingerspitzen oben), dann in ihrer Längsachse um 90 Grad nach links (Handrücken rechts, Fingerspitzen oben) und klappe sie dann nach hinten (rechts), sodass mein rechter Handrücken Kontakt zum rechten Handgelenk (Oberseite) des Angreifers hat. Dann schiebe meine rechte Hand quasi rückwärts (Fingerspitzen rechts, Handfläche oben) ganz engwinklig über das rechte Handgelenk des Angreifers nach rechts unten. Der Angreifer lässt los. Ich ändere die Bewegungsrichtung meiner rechten Hand, klatsche mit meiner rechten Hand (-fläche) an seine linke Wange und begebe mich dann in die Abwehr-Stellung.

Knöchel-Anklopfer, Hand-Drehung (über seinem Arm nach links) **und Handkanten-Schlag = Handgelenk-Befreiung 11**

Ich klappe meine rechte Hand als Faust nach links und schlage mit deren Fingerknöcheln (mittleres Fingerglied) ein Mal gegen das rechte Handgelenk (Innenseite) des Angreifers (Schock). Beim Zurückklappen öffne ich meine rechte Hand, drehe sie nach rechts (Handfläche oben) und führe sie waagerecht nach rechts. Der Griff des Angreifers löst sich. Ich ändere die Bewegungsrichtung und führe mit meiner rechten Hand einen Handkantenschlag (Kleinfingerseite) gegen die linke Halsseite des Angreifers. Dann begebe ich mich in die Abwehr-Stellung (S. 10).

auf die Uhr schauen mit Handkanten-Schlag = HGL-B. 12

Ich setze meinen rechten Fuß einen Schritt nach vorn und schiebe dadurch meinen rechten Arm (waagerecht und spitzwinklig) in sich zusammen und meine rechte Hand im engen Bogen von rechts nach links außen über das rechte Handgelenk (Unterseite) des Angreifers (mein Handrücken oben; mein Ellenbogen rechts und weit vorn, ohne den Angreifer zu treffen; meine Schultern sowie meine Hüfte gerade). Ich schiebe meinen rechten Arm mit der Hand voran in Richtung meiner linken Schulter aus dem Festhaltegriff heraus, schlage mit meiner linken Hand (-fläche) seinen rechten Arm von oben nach unten weg und führe über diesen hinweg mit meiner rechten Hand (-kante, Kleinfingerseite, Handrücken oben) in entgegengesetzter Richtung einen Handkantenschlag gegen die rechte Halsseite des Angreifers aus. Danach begebe ich mich in die Abwehr-Stellung (S. 10).

Unterarm-Schieber mit rechts und Handkipp-Hebel (Abwandlung von Quark-Tasche 2, Handbefreiung 15, S. 126) **= Handgelenk-Befreiung 13**

Im rechten Winkel von links außen drücke ich meine(n) linke(n) Daumen (-kuppe) mittig auf den rechten Handrücken (links) des Angreifers und über seine Daumenseite fasse ich mit den Fingern meiner linken Hand von oben in seine rechte Handfläche. Dann klappe ich meinen rechten Arm angewinkelt nach rechts oben (Ellenbogen rechts), drehe gleichzeitig meine linke Hand nach links unten (Gas geben) und drücke mit meinem linken Daumen solange weiter nach oben, bis die rechte Hand sowie der rechte Unterarm des Angreifers diagonal in einer Linie stehen (sein Handrücken zu mir, seine Fingerspitzen oben). Der Griff löst sich und ich nehme meine rechte Hand nach oben heraus. Ich setze meinen rechten Unter-(Arm) im rechten Winkel von rechts am rechten Handrücken des Angreifers an (Tendenz zu seinen kleinen Fingern) und schiebe seine rechte Hand (Fingerspitzen voran) über seinen rechten

Unterarm hinweg nach links außen unten und drücke dabei hauptsächlich von seiner Kleinfingerseite her gegen seine Finger. Ich drehe mich mit meinem(r) linken Fuß/Schulter um 90 Grad nach links hinten. Der Angreifer fällt (Fallschule seitwärts links, S. 12).

Spyder-Man-Technik (hoch krabbeln, Fauststoß-Abwehr 20, S. 192) **= HGL-Befreiung 14**

Ich drehe mich mit meinem(r) linken Fuß/Schulter voran nach links hinten und setze meinen linken Fuß einen Schritt nach hinten im rechten Winkel auf eine gedachte Linie (Zehenspitzen links), beuge mein linkes Bein leicht und lehne meinen Oberkörper auf der gedachten Linie nach links (schmal stehen) nach hinten (bildlich: T-Schritt rückwärts). Dabei öffne, strecke und spanne ich meine rechte Hand an, drehe sie rechts neben (innen) dem rechten Arm des Angreifers in die Senkrechte (Handfläche links, Fingerspitzen oben) und fasse (Kammgriff, Fingerspitzen links) ganz engwinklig auf das rechte Handgelenk (Oberseite) des Angreifers. So gefasst ziehe ich den rechten Arm des Angreifers auf meine linke Körperseite zu. Mit meiner linken Hand (-fläche, Fingerspitzen rechts) fasse ich von links außen kommend direkt hinter meiner rechten Hand ebenfalls auf den rechten Unterarm des Angreifers (Kammgriff). Dann löse ich meine rechte Hand, forme sie zur Faust und führe bei weiterhin angewinkeltem rechtem Arm einen Faustrückenschlag gegen das Kinn des Angreifers aus. Dabei lasse ich meinen rechten Ellenbogen richtig zu mir schnicken, um Schwung zu holen, setze ihn aber nicht auf der rechten Ellenbeuge des Angreifers auf. Mit meiner linken Hand ziehe ich den rechten Arm des Angreifers zunächst weiter, löse dann auch den Griff und führe unmittelbar nach dem Faustrückenschlag mit rechts einen Faustschlag zum Kopf des Angreifers aus (kein Schwinger, sondern im kürzesten Weg parallel über den rechten Arm des Angreifers.

Angriff-Variante 2:

Wir stehen Angesicht zu Angesicht. Der Angreifer fasst mit **seine**r **rechte**n Hand **mein linkes** Handgelenk (Oberseite) von oben.

Schultern-Nacken-eine-Linie (Handgelenk-Hebel 22, S. 26) **= Handgelenk-Befreiung 15**

Ich klappe meine linke Hand nach oben (Handfläche oben), spreize den Daumen von den Fingern, fasse das rechte Handgelenk (Unterseite) des Angreifers von unten (Zangen-Griff) und knicke dieses nach oben ein (sein Unterarm im rechten Winkel zu seiner rechten Hand, sein

Handrücken zu mir, seine Fingerspitzen unten). Meine rechte Hand führe ich nach links und fasse die rechte Hand des Angreifers von oben (meine Daumenkuppe drückt auf seinem Handrücken zwischen die Fingerknöchel, meine Finger krallen sich von seiner Kleinfingerseite in seine Handfläche). Ich setze meinen linken Fuß einen Schritt nach links und dann meinen rechten Fuß einen Schritt nach hinten. Mit meiner rechten Hand ziehe ich die rechte Hand des Angreifers nach oben, während ich sie mit meiner linken Hand von unten nach oben drücke. Dann fasse ich mit beiden Händen so, dass die Daumen (-kuppen) auf den rechten Handrücken des Angreifers drücken und sich die Finger meiner Hände in die rechte Handfläche des Angreifers krallen, und führe den rechten Arm des Angreifers in einem großen Bogen über links außen nach oben und nach innen unten (auf meine Brusthöhe), überdrehe dabei die rechte Hand des Angreifers (von mir aus gesehen) nach rechts und ziehe den rechten Arm des Angreifers erst auf mich zu in die Streckung - der Angreifer kommt in die Oberkörperbeuge -, sein rechtes Handgelenk ist weiterhin eingeknickt und seine rechte Hand steht senkrecht (Fingerspitzen oben, Handrücken zu mir). Dann drücke ich die rechte Hand des Angreifers zum rechten Ellenbogen des Angreifers und dadurch den gestreckten rechten Arm des Angreifers (Ellenbogen oben) diagonal nach unten in die rechte Schulter des Angreifers. Schultern, Nacken und rechter Arm des Angreifers bilden nun eine Linie.

Z- oder Viereck-Hebel 1 - 4 = Handgelenk-Befreiung 16

Stand- sowie Angriffs-Position, Abwehr-Stellung und Technik-Ausführung siehe Seiten 19 – 20

Z- oder Dreieck-Hebel 5 - 8 = Handgelenk-Befreiung 17

Stand- sowie Angriffs-Position, Abwehr-Stellung und Technik-Ausführung siehe Seiten 20 – 21

Z-Hebel 9 - 13 = Handgelenk-Befreiung 18

Stand- sowie Angriffs-Position, Abwehr-Stellung und Technik-Ausführung („leichter Bogen“ bis „große Schlange“), S. 21 - 23

Rohr-Zange oder Stern-Griff = HGL-Befreiung 19

Ich klappe meine linke Hand nach oben (Handfläche oben), spreize den Daumen von den Fingern und fasse das rechte Handgelenk (Unterseite) des Angreifers von unten (Zangen-Griff). Meine rechte Hand führe ich nach links und fasse das rechte Handgelenk des Angreifers von oben hinter meiner linken Hand (Zangen-Griff, meine linke Hand ist seinem Handgelenk näher, bildlich: Rohrzange). Ich drehe mich mit meinem(r) linken Fuß/Schulter voran um 90 Grad nach rechts, drehe mit beiden Händen das rechte Handgelenk des Angreifers (er hält weiterhin fest) nach rechts innen (seine Handfläche und sein Ellenbogen dann oben) und setze meinen linken Fuß dicht vor den rechten Fuß des Angreifers (Zehenspitzen in dieselbe Richtung). Bei angewinkeltem linken Arm drücke ich mit dessen Oberarm auf den rechten (Unter-)Arm des Angreifers und klemme diesen leicht [unsere (Unter-)arme parallel zueinander)], drücke damit den rechten Arm des Angreifers in die Streckung und schiebe diesen diagonal von oben nach unten sowie von hinten (über seinem Rücken) in die rechte Schulter des nun in tiefer Oberkörperbeuge stehenden Angreifers. Meinen Oberkörper lehne ich dabei leicht nach links.

auf die Uhr schauen mit Unterarm-Daumen-Hebel = Handgelenk-Befreiung 20

Ich führe meine rechte Hand nach links, klatsche dem Angreifer unterwegs mit meiner rechten Hand (-fläche) an seine linke Wange (Schock) und fasse die rechte Hand des Angreifers so von oben (vom Handrücken her), dass mein(e) Daumen (-kuppe) zwischen seinen Daumen und seinen Zeigefinger drückt und sich meine Finger von seinem Handrücken um seine Kleinfingerseite herum in seine Handfläche krallen. Dann führe ich meine Arme im Bogen über oben nach rechts innen, meine linke Hand links außen am rechten Arm des Angreifers vorbei. Das rechte Handgelenk des Angreifers knickt ein und seine rechte Hand steht dann senkrecht (Handrücken zu mir, Fingerspitzen oben). Ich führe meine linke senkrecht stehende Hand (Daumen voran) von links außen über das rechte Handgelenk (Unterseite) des Angreifers, drehe mich um 90 Grad nach rechts (der Angreifer dreht sich um 90 Grad nach links und kommt in die Oberkörperbeuge, unsere Füße stehen auf einer Linie nebeneinander, ich mit meiner linken Körperseite zu seiner rechten Körperseite) und drücke mit meiner linken Hand den rechten Daumen (Unterseite) des Angreifers (im rechten Winkel zueinander) nach unten, da sich dieser durch den noch bestehenden Zangen-Griff des Angreifers nun unter meinem rechten Handgelenk befindet. Gleichzeitig drücke ich mit meiner rechten Hand die rechte Hand des Angreifers in Richtung dessen Ellenbogen (oben) und setze meinen linken Fuß einen Schritt nach vorn bis zum Kontakt seines rechten Unterarms (Außenseite) mit meinem linken diagonal stehenden Oberschenkel.

Angriff-Variante 3:

Wir stehen Angesicht zu Angesicht. Der Angreifer fasst mit **beide**n Händen von **vorn** oben mein(en) **rechtes(n)** Handgelenk/Unterarm (Oberseite). Welche Hand er dabei oben hat, ist nicht relevant.

Kubotan = Handgelenk-Befreiung 21

Ich hebe meine rechte Hand zwischen den Armen des Angreifers leicht an, aber höher als die Unterarme des Angreifers, schiebe meinen freien linken Unterarm (Handrücken oben) waagerecht von links nach rechts zwischen meine rechte Hand (oben) und die (Unter-)Arme des Angreifers (unten) und lege ihn auf. Meine rechte immer noch festgehaltene Hand lege ich im rechten Winkel (Handfläche unten, Fingerspitzen zu ihm) auf mein linkes Handgelenk auf und drehe in dieser nun 90-Grad-Stellung meiner Arme zueinander gleichzeitig meine linke Hand nach links in die Senkrechte (Handrücken zum Angreifer) und meine rechte Hand nach rechts in die Senkrechte (Handrücken rechts) und schiebe meine rechte Hand gleichzeitig über meinen linken Unterarm nach unten auf den Angreifer zu, indem ich meinen rechten Ellenbogen nach oben ziehe. Der Angreifer lässt los. Ich setze meinen rechten Fuß einen Schritt zurück und gehe in die Abwehr-Stellung.

meinen rechten **Arm reinstoßen** und mit links heraus ziehen = Handgelenk-Befreiung 22

Ich forme meine rechte Hand zur Faust, spanne meinen rechten Arm an, setze meinen rechten Fuß einen Schritt nach vorn und schiebe meinen rechten Arm (Faust voran) ruckartig auf den Angreifer zu. Dann fasse ich mit meiner linken Hand von oben (zwischen den Armen des Angreifers entlang) meine rechte Faust von vorn und ziehe meinen rechten Arm nach links oben aus dem Festhalte-Griff heraus und begebe mich in die Abwehrstellung.

Angriff-Variante 4:

Wir stehen Angesicht zu Angesicht. Der Angreifer fasst mit **beide**n Händen von **vorn** oben mein(en) **rechtes(n)** Handgelenk/Unterarm (Oberseite), seine linke Hand ist oberhalb seiner rechten Hand.

Arm-Knoten = Handgelenk-Befreiung 23

Ich fasse mit meiner rechten (gefassten) Hand von rechts innen den rechten Unterarm des Angreifers (seine Innenseite, mein Daumen oben / Fixierung). Dann setze ich meinen rechten Fuß einen Schritt nach rechts schräg vorn und führe meinen freien linken Arm diagonal von links nach rechts über den rechten Arm des Angreifers hinweg und fasse mit meiner linken Hand [mein Daumen (oben), meine Finger unten (Zeigefinger nach vorn zu ihm] von links innen das linke Handgelenk (Unterseite) des Angreifers (Zangen-Griff) und stoße so seine linke Hand von meinem rechten Unterarm weg. Dann drehe ich mich auf der Stelle mit meiner linken Schulter voran um 90 Grad nach links hinten, stehe im rechten Winkel mit meiner rechten Körperseite zur linken Körperseite des Angreifers (mein linker Fuß vorn), führe/ziehe mit meiner linken Hand den linken Arm des Angreifers zwischen unseren Körpern entlang nach diagonal links oben in Richtung seiner rechten Schulter und ziehe mit meiner rechten Hand seinen rechten Arm gegenläufig sowie unter seinem linken Arm in Richtung seiner linken Hüfte (seine Arme sind jetzt überkreuzt). Meine rechte Hand drehe ich an seinem rechten Handgelenk und fasse dieses von der Unterseite/Handfläche her (Zangen-Griff, mein Daumen an seiner Kleinfingerseite). Mit meiner rechten Hand klappe/drücke ich den rechten Unter-(Arm) des Angreifers nun quasi rückwärts (seine Unterarmoberseite) um den linken Ellenbogen des Angreifers herum (verknoten), wodurch sein linker Arm gestreckt wird und als Druck-Gegenlager dient. So verknotet schiebe ich den Angreifer mit seinem Oberkörper nach rechts gekippt seitlich von mir weg. Ich laufe im rechten Winkel zum Angreifer nach vorn.

Angriff-Variante 5:

Wir stehen Angesicht zu Angesicht. Der Angreifer fasst mit **beide**n Händen von gerade **vorn** meine Handgelenke (Oberseiten) von oben.

Handdreh-Erwärmung mit Wangen-Klatsche (über seine beiden Arme) = Handgelenk-Befreiung 24

Ich führe meine Hände gleichzeitig unter den Armen des Angreifers entlang nach innen (Fingerspitzen) aufeinander zu, und meine linke Hand weiter (Handfläche zu mir) diagonal an meine rechte Brust (bereit für einen Handkantenschlag), führe meine rechte Hand weiter nach links außen neben die rechte Hand des Angreifers, drehe sie im engwinkligen Bogen nach oben (Handfläche oben) und schiebe sie mit dem Handrücken voran über das rechte Handgelenk (Unterseite) des Angreifers nach rechts innen. Der Festhalte-Griff löst sich und ich klatsche dem Angreifer an dessen linke Wange. Dann begebe ich mich in die Abwehrstellung (S. 10).

Handdreh-Erwärmung mit Wangen-Klatsche (über seinen linken Arm) **= Handgelenk-Befreiung 25**

Ich führe meine Hände gleichzeitig unter den Armen des Angreifers entlang nach innen (Fingerspitzen) aufeinander zu, und meine linke Hand weiter (Handfläche zu mir) diagonal an meine rechte Brust (bereit für einen Handkantenschlag), drehe meine rechte Hand nach rechts (Handfläche oben) und schiebe sie mit dem Handrücken voran ganz engwinklig über das linke Handgelenk (Unterseite) des Angreifers nach rechts außen unten. Der Festhalte-Griff löst sich, ich klatsche dem Angreifer an die linke Wange und begebe ich mich in Abwehrstellung.

Grund-Technik mit Handkipp-Hebel „anders herum" = Handgelenk-Befreiung 26

Ich führe meine Hände gleichzeitig unter den Armen des Angreifers entlang nach innen (Fingerspitzen) aufeinander zu, ziehe meine linke Hand und damit den rechten Arm des Angreifers aber schneller und weiter vor meiner Körpermitte nach oben als meine rechte Hand. Ich fasse mit meiner rechten Hand das rechte Handgelenk (Oberseite, unten) des Angreifers von unten (Zangen-Griff, meine Handfläche zu mir) und ziehe meine linke Hand aus dem Festhalte-Griff der rechten Hand des Angreifers. Mit meiner linken Hand im rechten Winkel von rechts (seine Daumenseite) fasse ich auf die/den rechte(n) Hand (-rücken) des Angreifers (meine Finger von seiner Kleinfingerseite in seine Handfläche) und knicke/drehe die rechte Hand des Angreifers im Bogen nach links unten (seine Handfläche und seine Fingerspitzen links). Ich öffne meine rechte Hand, drücke meinen rechten Zeigefinger gestreckt von unten nach oben gegen die Unterkante (Daumenseite) des rechten Handgelenks des Angreifers und ziehe meinen rechten Zeigefinger unter Beibehaltung von Kontakt und Druck nach rechts oben, während ich mit meiner linken Hand die mit den Fingerspitzen schräg nach links unten zeigende rechte Hand des Angreifers mittig vor meiner Brust nach links unten drehe (der rechte Arm des Angreifers ist angewinkelt, sein Ellenbogen oben). Erst jetzt drehe ich mich mit meinem(r) linken Fuß/Schulter voran um 90 Grad nach links hinten und setze meinen linken Fuß auf die Standlinie meines rechten Fußes. Der Angreifer fällt (Fallschule seitwärts links, S. 12).

Fehler-Technik (aus der Grund-Technik) **mit Handkipp-Hebel „anders herum" = Handgelenk-Befreiung 27**

Habe ich bei der Grund-Technik (HGL-Befreiung 26) erst meinen linken Fuß nach hinten gesetzt, dann funktioniert der Hebel nicht mehr. Korrektur = Entstehung dieser neuen Technik: Ich führe meine Hände gleichzeitig unter den Armen des Angreifers entlang nach innen (Fingerspitzen) aufeinander zu, ziehe meine linke Hand und damit den rechten Arm des Angreifers aber schneller und weiter vor meiner Körpermitte nach oben als meine rechte Hand. Ich fasse erst mit meiner rechten Hand, dann mit meiner linken Hand (um) und damit mit beiden Händen die rechte Hand des Angreifers von deren Fingerspitzen her, sodass meine Daumen auf dem Handrücken des Angreifers zwischen die Knöchel drücken und sich die Finger meiner Hände in dessen rechte Handfläche krallen (Fingerspitzen des Angreifers zu mir). So schiebe ich den bereits eingeknickten rechten Arm des Angreifers in Richtung seiner linken Schulter und drehe dabei die rechte Hand des Angreifers (Handrücken dann oben) mit meiner linken Hand nach links unten und mit meiner rechten Hand nach rechts oben, wodurch sich die Hohlkreuzstellung des Angreifers verstärkt. Dann ziehe ich mit beiden Händen den rechten (Unter-)Arm des Angreifers über dessen rechten (Ober-)Arm diagonal nach links unten auf meine linke Körperseite zu. Der Angreifer fällt auf seine rechte Körperseite.

Hände nach links rausschieben / Empi mit rechts, Faustrückenschlag mit rechts / Fauststoß mit links = HGL-Befreiung 28

Ich führe meine Hände nach innen aufeinander zu (Handflächen oben, Fingerspitzen zueinander = Schwung holen), drehe mich mit meinem(r) rechten Fuß/Schulter voran um 90 Grad nach links und schiebe meine Hände dann gleichzeitig (meine rechte über meiner linken) im rechten Winkel über das rechte Handgelenk (Unterseite) des Angreifers nach (ursprünglich links, jetzt gerade) außen unten. Der Angreifer lässt hier bereits mindestens meine rechte Hand los. Mit rechts führe ich einen Ellenbogen-Empi gegen die Brust des Angreifers aus, klappe meinen rechten Unterarm nach oben (senkrecht) und führe einen Faustrückenschlag gegen das Kinn des Angreifers aus. Spätestens jetzt lässt der Angreifer meine linke Hand los, mit der ich (Faust) dem Angreifer ins Gesicht schlage.

Haare kämmen = Handgelenk-Befreiung 29

Ich setze meinen rechten Fuß einen Schritt nach vorn auf den Angreifer zu, wodurch meine Arme spitzwinklig einknicken. Sobald meine Ellenbogen fast den Bauch des Angreifers berühren, schiebe ich meine Unterarme/Hände (Handflächen innen) gleichzeitig, ruckartig und im kürzesten Weg zu meinem Kopf - meine linke Hand an meinem linken Ohr vorbei und meine rechte Hand zu meinem rechten Ohr vorbei.

Halb-Kreis nach oben außen (beidseitig) **und** seine **Handrücken zusammen schlagen = Handgelenk-Befreiung 30**

Ich öffne meine Hände und ziehe sie mit den Handrücken voran außen an den Armen des Angreifers vorbei bis über den Kopf des Angreifers nach oben, setze dabei meinen rechten Fuß einen Schritt zurück und schlage über dem Kopf des Angreifers dessen Handrücken aneinander. Der Angreifer lässt los. Ich begebe mich in die Abwehr-Stellung.

Kreis (beidseitig) **über außen und** seine **Arme weg schleudern = Handgelenk-Befreiung 31**

Ich öffne meine Hände und ziehe sie mit den Handrücken voran außen an den Armen des Angreifers vorbei bis auf die Höhe seiner Schultern nach oben, setze dabei meinen rechten Fuß einen Schritt nach hinten, schiebe meine Hände (Handrücken oben) von außen nahezu in der Waagerechten über die Handgelenke des Angreifers hinweg nach innen (meine Daumenseiten zu mir, meine Fingerspitzen innen, die Ellenbogen meiner angewinkelten Arme außen), fasse die Handgelenke des Angreifers von oben (Kamm-Griff) und schleudere die Arme des Angreifers von innen nach unten außen weg. Alternativ kann ich anstatt des Schrittes rechts rückwärts auch einen Tritt mit rechts nach vorn ausführen. Danach begebe ich mich in die Abwehr-Stellung.

Kreis (beidseitig) **über außen**, seine **Arme festhalten und Fußtritte = Handgelenk-Befreiung 32**

Ich öffne meine Hände und ziehe sie mit den Handrücken voran außen an den Armen des Angreifers vorbei seitlich bis auf Höhe seines Kopfes nach oben (Handrücken dann zu mir, Fingerspitzen oben), setze dabei meinen rechten Fuß einen Schritt nach hinten. Dann spreize ich meine Daumen ab und schiebe diese nach innen auf/über die Handgelenke (knicken ein) des Angreifers, lasse meinen Daumen dort, klappe meine Hände nach vorn und umfasse die Handgelenke (Unterseiten) des Angreifers (Zangen-Griff). Ich drehe meine Hände nach innen, spanne so die Arme des Angreifers auf (seine Handflächen und Ellenbogen oben) und schiebe seine Arme nach vorn oben zum Angreifer, wodurch diese rechtwinklig einknicken (seine Ellenbogen auf Höhe seiner Schultern). Mit meinem rechten Fuß (-spann) trete ich erst in die linke Achsel, dann in die rechte Achsel des Angreifers, dann mit dem Fuß (-ballen) in den Bauch des Angreifers und stoße den Angreifer von mir weg. Dann begebe ich mich in die Abwehrstellung (S. 10).

Kreis (beidseitig) **über außen und den Angreifer auf den Bauch ziehen = Handgelenk-Befreiung 33**

Ich öffne meine Hände und ziehe sie mit den Handrücken voran außen an den Armen des Angreifers vorbei seitlich bis auf Höhe seines Kopfes nach oben (Handrücken dann zu mir, Fingerspitzen oben), setze dabei meinen rechten Fuß einen Schritt nach hinten. Dann spreize ich meine Daumen ab und schiebe diese nach innen auf/über die Handgelenke (knicken ein) des Angreifers, lasse meinen Daumen dort, klappe meine Hände nach vorn und umfasse die Handgelenke (Unterseiten) des Angreifers (Zangen-Griff). Ich drehe meine Hände nach innen, spanne so die Arme des Angreifers auf (seine Handflächen und Ellenbogen oben) und schiebe seine Arme nach vorn oben zum Angreifer, wodurch diese rechtwinklig einknicken (seine Ellenbogen auf Höhe seiner Schultern). Dann führe ich die Hände des Angreifers bis zum Kontakt aneinander, laufe rückwärts an und ziehe die Arme des Angreifers mittig vor dessen Körper ruckartig diagonal nach unten auf mich zu. Der Angreifer stürzt über den Kniestand nach vorn auf den Bauch. Weiter mit folgenden Festlege-Techniken: Arme-Abspreizer (Boden rutschig = Arm-/ Schulterhebel 27, S. 45) oder Arme-Abspreizer (Boden nicht rutschig = Arm-/Schulterhebel 28, S. 45).

Abwandlung **Boxer-Technik 2** (S. 195) **= HGL-Befreiung 34**

Ich führe meine festgehaltenen Arme ruckartig nach rechts oben zu seiner linken Brust, dabei seinen rechten Arm über seinen linken Arm, setze gleichzeitig meinen linken Fuß nach vorn links bis hinter den Angreifer und ziehe meinen rechten Fuß nach. Und von dort springe ich mit meinem linken Fuß voran hinter den Beinen / dem Rücken des Angreifers entlang bis zum linken Bein des Angreifers und setze meinen linken Fuß um den linken Fuß des Angreifers herum im rechten Winkel zu diesem (meine Zehenspitzen in meiner Sprungrichtung und meine linke Ferse mittig an die Außenseite des linken Fußes des Angreifers). Mein linkes Bein ist gehockt, mein rechtes Bein gestreckt (Ausfallschritt). Mein rechter Fuß steht mit der Innenseite an der Außenseite des rechten Fußes des Angreifers (unsere Zehenspitzen analog nach vorn, die Stellung meiner Füße ähnelt der des Buchstaben L). Jetzt drücke ich mit meinen Händen (links Handrücken, rechts Handfläche) die Arme des Angreifers gegen die obere linke Brust bzw. den Hals des Angreifers und schiebe/drücke den Angreifer mit voller Wucht nach hinten ins Hohlkreuz. Gleichzeitig führe ich mein linkes Knie (dies steht in meiner Blickrichtung außerhalb, also nicht in der linken Kniekehle des Angreifers) erst nach rechts (wie ein Drehen), dann nach vorn und der Angreifer fällt rückwärts über mein gehockt stehendes linkes Bein (Sturz rückwärts).

Arm-Kreuz mit Hand abstreifen und Wangen-Klatsche / Handkanten-Schlag = Handgelenk-Befreiung 35

Ich öffne meine Hände (Spannung) und ziehe sie mit den Handrücken voran außen an den Armen des Angreifers vorbei bis in die Waagerechte (Schwung holen). Dann führe ich meine Arme zurück und dabei unter den Armen des Angreifers nach innen aufeinender zu (Handflächen oben, Fingerspitzen zueinander) sowie meinen rechten Arm unter meinem linken Arm entlang, sodass sich sowohl meine Arme als auch die Arme des Angreifers überkreuzen. Ich ziehe meinen linken Arm weiter an meine rechte Brust (er hält mit seiner rechten Hand noch fest) und schiebe meine(n) rechte(n) Hand (-rücken unten) dann von links außen über den rechten Unterarm des Angreifers nach rechts unten, drücke diesen dadurch nach unten weg (Platz schaffen), führe meine(n) rechte(n) Hand/Arm dann zurück und klatsche dem Angreifer an dessen linke Wange. Dann begebe ich mich in die Abwehrstellung.

Ellenbogen nach außen oben / weg schubsen = Handgelenk-Befreiung 36

Ich führe meine angewinkelten Arme (Ellenbogen voran) nach außen oben in die Waagerechte (Schwung holen). Dann drehe ich meine Hände mit den Handflächen von unten nach vorn und führe sie leicht schräg gehalten (Fingerspitzen zueinander) mit Druck gegen die Brust des Angreifers und schiebe den Angreifer nach hinten von mir weg. Er muss die Festhalte lösen und ich begebe mich in die Abwehr-Stellung.

Angriff-Variante 6:

Der Angreifer fasst mit **beide**n Händen von **hinten** gerade meine **beide**n Handgelenke (Unterseiten) von außen oben.

Pistole(n) ziehen = Handgelenk-Befreiung 37

Ich winkele meine Arme an (Oberarme senkrecht und an meine Körperseiten gepresst, Unterarme waagerecht, Handflächen innen), schiebe meine Arme gerade nach vorn und stoße gleichzeitig meinen Po nach hinten. Der Angreifer wird einerseits mit seinem Oberkörper an meinen Rücken gezogen und andererseits von meinem Po nach hinten weggestoßen - er muss loslassen. Ich drehe mich um 180 Grad (Angesicht zu Angesicht) und begebe mich in die Abwehr-Stellung.

Nieren-Streichler = Handgelenk-Befreiung 38

Ich ziehe meine Hände mit den Handrücken voran (quasi rückwärts) an meinen Hüften entlang von hinten unten nach vorn (waagerecht auf Bauch-Höhe), drehe sie wie bei einer Rolle (über innen) nach vorn (Fingerspitzen vorn, Handflächen oben) und schiebe sie ruckartig nach gerade vorn weiter. Der Angreifer lässt los. Ich drehe mich um 180 Grad (Angesicht zu Angesicht) in die Abwehr-Stellung (S. 10).

Hand-Abstreifer hinter`m Rücken = HGL-Befreiung 39

Ich drehe mich mit meinem(r) rechten Fuß/Schulter voran um 90 Grad nach links, führe meine linke Hand hinter meinem Rücken nach rechts, schiebe sie (Handrücken voran) auf das rechte Handgelenk des Angreifers und drücke so den rechten Arm des Angreifers von meinem rechten Handgelenk in Richtung der Fingerspitzen meiner rechten Hand herunter und ziehe meinen rechten Arm nach oben aus dem Festhaltegriff. Ich drehe mich mit meinem(r) linken Fuß/Schulter um 90 Grad nach links hinten (Angesicht zu Angesicht), setze meinen linken Fuß einen Schritt zurück und begebe mich in die Abwehr-Stellung.

nach hinten durchtauchen (Vorhang) und Drehgriff-Hebel (Handgelenk-Hebel 18, S. 25) = Handgelenk-Befreiung 40

Ich führe meine Arme angewinkelt nach links bzw. rechts oben (Ellenbogen außen) und ziehe die Arme des Angreifers über meine Schultern nach vorn. Mit meiner linken Hand fasse ich diagonal die/den rechte(n) Hand (-rücken) des Angreifers von den Fingerspitzen her, schiebe meinen linken Daumen diagonal über den rechten Handrücken des Angreifers nach oben in Richtung dessen rechtem Handgelenk (Daumenseite, Finger von links in seiner rechten Handfläche, Kleinfingerseite), drehe mich auf der Stelle nach links, stehe im rechten Winkel zur rechten Körperseite des Angreifers (Schulterbreiter stabiler Stand, mein linker Fuß vorn) und (über-)drehe mit meiner linken Hand die/den rechte(n) Hand/Arm des Angreifers nach links (sein rechter Arm diagonal, sein Ellenbogen höher als seine Schulter).

nach hinten durchtauchen (Vorhang) und Arm weg schlagen = Handgelenk-Befreiung 41

Ich pendele mit meinem rechten Arm hinter meinem Rücken nach innen, führe diesen aber sogleich über rechts außen nach oben und tauche mit meinem rechten Fuß voran rückwärts nach seitlich rechts hinten unter dem rechten Arm des Angreifers hinweg. Ich stehe dann in derselben Blickrichtung wie der Angreifer mit meiner linken Körperseite leicht zu seiner rechten Körperseite versetzt hinter seinem rechten Arm, den ich mit meiner rechten Hand waagerecht nach rechts ziehe (weil er meine rechte Hand fest hält, gleiche Blickrichtung). Mit meiner linken Faust (Kleinfingerseite) schlage ich den rechten Arm des Angreifers an dessen Handgelenk in Richtung seiner linken Schulter nach diagonal oben weg und begebe mich in die Abwehr-Stellung.

nach hinten durchtauchen (Vorhang) **und Kanu-Paddel** Abwandlung **= Handgelenk-Befreiung 42**

Ich pendele mit meinem rechten Arm hinter meinem Rücken kurz nach innen, führe diesen aber sogleich über rechts außen nach oben und tauche mit meinem rechten Fuß voran rückwärts nach seitlich rechts hinten unter dem rechten Arm des Angreifers hinweg. Ich stehe dann mit meiner linken Körperseite an der rechten Körperseite des Angreifers hinter seinem rechten Arm, den ich mit meiner rechten Hand waagerecht nach rechts ziehe (weil er meine rechte Hand fest hält, gleiche Blickrichtung). Während des Durchtauschens klappe ich meine rechte Hand nach hinten (Handfläche oben, Fingerspitzen zu mir) und fasse das rechte Handgelenk des Angreifers (Kamm-Griff, von der Unter-/Kleinfingerseite, Blick in seine Handfläche) und schiebe den rechten Unterarm des Angreifers nach links zum Angreifer (sein Unterarm dann senkrecht, sein Oberarm waagerecht). Meine linke Hand (-kante, Kleinfingerseite) setze ich von schräg unten am Ellenbogen des angewinkelten rechten Arms des Angreifers an (Ellenbogen oben) und schiebe/drücke/drehe damit den rechten Arm des Angreifers in einem Bogen nach vorn unten, während ich mit meiner rechten Hand den rechten Arm des Angreifers weiter vor meinem Bauch halte. Ich laufe nach vorn und der Angreifer geht über den Kniestand auf den Bauch zu Boden.

nach hinten durchtauchen (Vorhang) **und Kreuzfessel-Griff** Abwandlung (HGL-Befreiung 7, S. 135) **= HGL-Befreiung 43**

Ich pendele mit meinem rechten Arm hinter meinem Rücken kurz nach innen, führe diesen aber sogleich über rechts außen nach oben und tauche mit meinem rechten Fuß voran rückwärts nach seitlich rechts hinten unter dem rechten Arm des Angreifers hinweg. Ich stehe dann mit meiner linken Körperseite an der rechten Körperseite des Angreifers hinter seinem rechten Arm, den ich mit meiner rechten Hand waagerecht nach rechts ziehe (weil er meine rechte Hand fest hält, gleiche Blickrichtung). Während des Durchtauschens klappe ich meine rechte Hand nach hinten (Handfläche oben, Fingerspitzen zu mir) und fasse das rechte Handgelenk des Angreifers (Kamm-Griff, von der Unter-/Kleinfingerseite, Blick in seine Handfläche) und schiebe den rechten Unterarm des Angreifers nach links zum Angreifer (sein

Unterarm dann senkrecht, sein Oberarm waagerecht). Meine linke Hand (-kante, Kleinfingerseite) setze ich von schräg unten am Ellenbogen des angewinkelten rechten Arms des Angreifers an (Ellenbogen oben) und schiebe/drücke/drehe damit den rechten Arm des Angreifers in einem Bogen nach vorn unten, während ich mit meiner rechten Hand das rechte Handgelenk des Angreifers nach oben ziehe (bildlich: Kurbelwelle), dann nach links führe und den rechten Unterarm des Angreifers in meine linke Ellenbeuge klemme. Ich fasse mit meiner linken Hand auf den rechten Oberarm des Angreifers nahe des Ellenbogens (Kamm-Griff). Der rechte Unterarm des Angreifers liegt in meiner linken Ellenbeuge (fixiert/geklemmt). Mit meiner rechten Hand (-fläche) fasse ich auf meine(n) linke(n) Hand (-rücken) und mit beiden Händen führe ich den rechten Arm des Angreifers schwungvoll nach vorn, dann nach rechts vor meinen Bauch und wieder nach links hinten. Der Angreifer kommt aus dem Gleichgewicht. Ich klemme den rechten Arm des Angreifers mit dem Ellenbogen hinter meine linke Hüfte (öffnen/schließen) und drücke den rechten Arm des Angreifers mit meiner linken Hand weiter nach unten. Mit meiner rechten Hand fasse ich diagonal über den Hinterkopf des Angreifers dessen Kinn und ziehe dessen Kopf mit dem Kinn voran nach links oben (Blick auf seine linke Gesichtshälfte).

Abwandlung von **„Tani-Otoshi“** (Opfer-Wurf 5, S. 120) **= HGL-Befreiung 44**

Ich setze meinen rechten Fuß einen Schritt nach rechts hinten mit Abstand neben den rechten Fuß des Angreifers (auf dessen Schrittlinie, Zehenspitzen analog der des Angreifers nach vorn). Mit meiner rechten Hand (von seiner rechten Hand gefasst, mein rechter Arm angewinkelt) ziehe ich den rechten Arm des Angreifers hinter meinem Rücken von hinten über meine rechte Schulter nach vorn. Dann ziehe ich meinen linken Fuß kurz an meinen rechten Fuß heran, ziehe meine festgehaltene linke Hand an meine linke Körperseite heran und führe meinen linken Fuß dann ohne abzusetzen hinter dem Angreifer nach links. Meinen linken Arm (Hand-/Armrücken voran, von seiner linken Hand gefasst) schwinge ich leicht gebeugt vor dem Bauch des Angreifers diagonal in Richtung der linken Schulter des Angreifers nach oben und drücke den Angreifer nach hinten, während ich gleichzeitig mein linkes Bein mit Schwung nach vorn schwinge und meinen linken Fuß links außen neben seinem linken Fuß (Zehenspitzen analog der des Angreifers nach vorn) setze. Durch diese Scher-Bewegung (mein linkes Beines nach vorn / mein linker Arm nach hinten) stürzt der Angreifer wie über ein Hindernis nach hinten.

17. UMKLAMMERUNGS-ABWEHREN

gelb 1 / orange 3 / grün 5 / blau 7 / violett 9 / 1.braun 11 / 2.braun 13 / 3.braun 15 / 1.Dan 18 / 2.Dan 20 / 3.Dan 22 / 4.Dan 24 / **5.Dan 26 Stück**

Angriff-Variante 1:

Der Angreifer umklammert mich von **vorn, meine Arme sind nicht frei.**

Handkanten-Hüft-Schlag beidseitig **mit Aushebe-Fege** (Abwandlungen „De-Ashi-Barai“ oder „Okuri-Ashi-Barai“, Fuß-Wurf 1 oder 2, S. 113) **= Umklammerungs-Abwehr 1**

Ich halte meine Hände hochkant neben die Hüften des Angreifers (Handrücken außen, Daumen oben, Fingerspitzen vorn), drehe meine Hände nach außen (Handflächen oben), schlage ruckartig links und rechts oberhalb des Gürtels und unterhalb der Rippen des Angreifers rein und hebe den Angreifer an (vom Boden weg). Dann führe ich meinen linken Fuß (-sohle rechts) von links außen an den rechten Knöchel des Angreifers und schiebe dessen rechten(s) Fuß/Bein a) zwischen unseren Körpern nach rechts, bis der Angreifer das Gleichgewicht verliert oder b) so schwungvoll gegen dessen linken(s) Fuß/Bein, dass nicht nur der rechte, sondern auch der linke Fuß des Angreifers weggefegt wird. Mit meinen Handkanten führe ich eine Lenkrad-Drehung nach links aus, wodurch sich der Angreifer in der Luft nach links dreht und auf seine linke Körperseite fällt.

Haut-Dreher beidseitig **= Umklammerungs-Abwehr 2**

Mit Daumen und Zeigefinger beider Hände fasse ich einen Haut-Fetzen, mit links an der rechten Hüfte und mit rechts an der linken Hüfte des Angreifers und drehe nach vorn. Der Angreifer löst den Griff.

Angriff-Variante 2:

Der Angreifer umklammert mich von **vorn, meine Arme sind frei.**
(Bei allen Nervendruckpunkt (NDP)-Techniken drücke ich den Angreifer ins Hohlkreuz, bei manchen zusätzlich nach links von mir weg.)

Ohr-NDP (Stirn) **= Umklammerungs-Abwehr 3**

Erst setze ich meine linke Daumenkuppe in den Nervendruckpunkt zwischen Unter-/Oberkiefer hinterm rechten Ohr des Angreifers und gleichzeitig meine rechte Daumenkuppe in den Druckpunkt zwischen Unter-/Oberkiefer hinterm linken Ohr des Angreifers. Dann drücke ich meine Daumen erst nach oben in Richtung seiner Ohren und dann im Bogen zu mir. Dadurch drehen sich meine Hände (Fingerspitzen zu mir, Ellenbogen zu ihm). Nun presse ich die gespreizten Finger (-kuppen) meiner linken Hand auf seine rechte Stirnseite und die gespreizten Finger (-kuppen) meiner rechten Hand auf seine linke Stirnseite (Gegenlager, zwischen meinen Handflächen und seiner Stirn ist Luft) und drücke so seinen Kopf nach vorn in Richtung seines Nackens.

Ohr-NDP (Augen) **= Umklammerungs-Abwehr 4**
Ansatz analog, Abwandlung: anstatt meine Fingerkuppen auf seine Stirn zu pressen, fasse ich mit meinen Fingerkuppen in seine Augen.

Nasen-NDP (Kuppen-Dreieck) **= Umklammerungs-Abwehr 5**
Ich presse Daumen und Zeigefinger meiner rechten Hand aneinander, setze das Dreieck aus deren Kuppen von oben auf seine Nasenwurzel (mein Handrücken zu ihm) und drücke 45 Grad nach unten zu ihm. Mit meiner linken Hand (-fläche) stütze ich seinen Nacken (Gegenlager).

Nasen-NDP (Zeigefinger) **= Umklammerungs-Abwehr 6**
Ich forme meine rechte Hand zur Faust (Handfläche zu mir), strecke den Zeigefinger nach links heraus, setze dessen Oberseite unter der Nase des Angreifers an und drücke nach oben hinten. Mit meiner linken Hand (-fläche) stütze ich den Nacken des Angreifers (Gegenlager).

Nasen-NDP (Daumen) **= Umklammerungs-Abwehr 7**
Ich forme meine rechte Hand zur Faust (Handrücken zu mir), strecke den Daumen nach links heraus, setze diesen (Unter-, nicht Nagelseite) unter der Nase des Angreifers an und drücke nach oben hinten. Mit meiner linken Hand (-fläche) stütze ich seinen Nacken (Gegenlager).

Nasen-NDP (Zeigefinger-Daumen-Dreieck) **= Umkla.-Abwehr 8**
Ich spreize Daumen und Zeigefinger meiner rechten Hand voneinander ab, setze das zwischen ihnen entstandene Dreieck unter der Nase des Angreifers (mein Handrücken zu mir) an und drücke nach oben hinten. Mit meiner linken Hand (-fläche) stütze ich seinen Nacken (Gegenlager).

Kehlkopf-Gabel = Umklammerungs-Abwehr 9
Ich spreize Daumen und Zeigefinger meiner rechten Hand voneinander ab, setze das zwischen ihnen entstandene Dreieck unterhalb des Kehlkopfes des Angreifers (mein Handrücken zu mir) an und drücke

nach oben hinten. Mit meiner linken Hand (-fläche) stütze ich den Nacken des Angreifers (Gegenlager).

Wangen-NDP (beidseitig) **= Umklammerungs-Abwehr 10**
Meine im oberen Gelenk eingeknickten Daumen drücke ich seitlich, aber dennoch von vorn nach hinten in die Nervendruckpunkte mittig des Oberkiefers, meinen linken in seine rechte Wange und meinen rechten in seine linke Wange. Meine Zeige- und Mittelfinger schiebe ich an den Kopfseiten nach oben, mit meinen restlichen Finger umfasse ich den Nacken des Angreifers (Gegenlager). Nun drücke ich nach oben hinten.

Luftröhren-Drücker = Umklammerungs-Abwehr 11
Ich forme meine rechte Hand zur Faust (Handrücken oben), strecke meinen Mittelfinger heraus und drücke mit diesem im Bogen nach vorn unten in die Luftröhre des Angreifers, während ich mit meiner linken Hand (-fläche) an seinem Hinterkopf (Gegenlager) diesen zu mir ziehe.

Kiefer-NDP (Gabel) **= Umklammerungs-Abwehr 12**
Ich spreize Daumen und Zeigefinger meiner rechten Hand voneinander ab, setze diese leicht gekrümmt mit der Daumen-/Fingerkuppe voran wie eine Gabel von vorn an den Zähnen des Angreifers an, schiebe sie von den Eckzähnen bis zum Kiefergelenk (Unter- zu Oberkiefer) nach hinten und drücke diese in den dortigen Druckpunkten (zwischen Unter-/ Oberkiefer) in einem Bogen von unten nach oben (mit meinem Daumen in den rechten NDP und mit meinem Zeigefinger in den linken NDP). Mit meiner linken Hand (-fläche) stütze ich seinen Nacken (Gegenlager).

Kinn-NDP (Daumen-Kuppe) **= Umklammerungs-Abwehr 13**
Ich forme meine rechte Hand zur Faust (Handfläche links), kippe sie leicht nach vorn, setze das obere Daumenglied von oben auf den Nervendruckpunkt an der Kinn-Oberseite des Angreifers an und drücke im Bogen nach unten, während ich mit meinem leicht gekrümmten rechten Zeigefinger das Kinn des Angreifers von unten und mit meiner linken Hand (-fläche) den Nacken des Angreifers (Gegenlager) stütze.

Nacken-NDP (beidseitig) **= Umklammerungs-Abwehr 14**
Ich führe meine Hände waagerecht (Handflächen unten, Daumen innen) über die Schultern des Angreifers (meine linke über seine rechte, meine rechte über seine linke). Ich forme meine Hände zu Fäusten, spreize meine Daumen senkrecht nach unten ab und drücke sie von oben (Kuppe voran) in die Nackenmuskeln des Angreifers.

Nacken-NDP (einseitig) **= Umklammerungs-Abwehr 15**
Ich führe meinen gebeugten rechten Arm von rechts (über der linken Schulter des Angreifers) um dessen Nacken herum (ohne Kontakt), forme meine waagerechte rechte Hand zur Faust, spreize meinen Daumen senkrecht nach unten ab und drücke ihn von oben (Kuppe voran) in den Nervendruckpunkt oberhalb des rechten Schulterblattes des Angreifers. Meine linke Hand (Handfläche unten) drücke ich von oben auf meine rechte Hand (Druck-Erhöhung).

Umklammerung mit Knie-Stoß **= Umklamm.-Abwehr 16**
Mit meinen (freien) Armen umklammere ich die Arme des Angreifers, (mit denen er mich umklammert) und damit den Angreifer, greife mit meiner linken Hand mein rechtes Handgelenk und führe dann einen Knie-Stoß in die Genitalien des Angreifers aus.

Blut-Würger (Würge-Griff 3, S. 62) **= Umklamm.-Abwehr 17**

Karate-Würger mit Unterarm-Empi (Würge-Griff 1, S. 62) **= Umklammerungs-Abwehr 18**

Nase/Gesicht-Schiebe-Dreher = Umklamm.-Abwehr 19
Meine flache rechte Hand (Handfläche zum Angreifer, Kleinfingerseite rechts, Fingerspitzen oben) schiebe ich von links über Kinn und Nase (rechte Seite) des Angreifers, dessen Kopf sich dadurch nach (von ihm aus gesehen) links dreht, und presse meine rechte Hand dann flach auf das Gesicht des Angreifers. Mit meiner linken Hand (-fläche) stütze ich den Nacken des Angreifers (Gegenlager). So schiebe ich den Angreifer im Bogen (von ihm aus gesehen) weiter nach links hinten ins Hohlkreuz.

Angriff-Variante 3:
Der Angreifer umklammert mich von hinten, meine Arme sind **nicht frei**.

Po-Schieber mit Arm-Bögen = Umklamm.-Abwehr 20
Ich winkele meine Arme leicht an und drehe meine Hände nach innen (Handflächen unten), wodurch meine Ellenbögen nach oben außen kommen und die Arme des Angreifers sprengen. Gleichzeitig stoße ich meinen Po nach hinten gegen den Angreifer und schiebe meine Arme nach vorn (bildlich: Kopfsprung). Dann drehe ich mich um 180 Grad (Angesicht zu Angesicht) und begebe mich in die Abwehr-Stellung.

Abwandlung von **„Tani-Otoshi"** (Opfer-Wurf 5, S. 120 / siehe Handgelenk-Befreiung 44, S. 151) **= Umklamm.-Abwehr 21**

Abwandlung von **„Sukui-Nage"** (Hand-/Schulterwurf 3, S. 108) **= Umklamm.-Abwehr 22** (Ansatz analog Umklamm.-Abwehr 21)

Raus rutschen (Welle nach unten) **= Umklamm.-Abwehr 23**
Ich lehne mich nach hinten gegen die Brust des Angreifers, winde mich (links, rechts usw.) nach unten und drehe mich dabei mit meinem(r) linken Fuß/Schulter voran nach links hinten um, gehe links auf`s Knie und rechts in die Hocke. Mit meiner linken Hand (-fläche) fasse ich die rechte Ferse des Angreifers von links außen hinten und mit meiner rechten Hand (-fläche, Fingerspitzen links) drücke ich von zwischen den Beinen des Angreifers kommend dessen rechtes Knie (Innenseite) von innen nach links außen. Der Angreifer knickt weg und fällt.

Angriff-Variante 4:

Der Angreifer umklammert mich von hinten, meine **Arme** sind **frei**, **seine rechte** Hand ist **oben** und vor/auf seiner linken Hand.

Knöchel-Trommler mit links **/ nach hinten durchtauchen** (Vorhang) **/ Drehgriff-Hebel** (Handgelenk-Hebel 18, Seite 25) **= Umklammerungs-Abwehr 24**
Ich führe meine rechte Hand bei angewinkeltem rechten Arm nach hinten (mein Ellenbogen oben) und fasse von rechts außen (sowie raffe eng zusammen) den Jackenstoff am rechten Ellenbogen des Angreifers. Mit den Fingerknöcheln meiner linken Hand klopfe ich kurz auf den rechten Handrücken des Angreifers (Schock) und fasse von dessen Handrücken (oben) mit meinem Fingern von seiner Kleinfingerseite her (unten) in seine Handfläche und schiebe meinen linken Daumen diagonal über seinen rechten Handrücken zu seinem rechten Handgelenk. Mit meiner linken Hand schiebe ich den rechten (Unter-) Arm des Angreifers nach rechts außen, während ich mit meiner rechten Hand den rechten Ellenbogen des Angreifers zu mir nach innen ziehe. Dann löse ich meine rechte Hand, führe meinen rechten Arm über den rechten Arm des Angreifers von außen nach links innen und dann unter dem rechten Arm des Angreifers wieder nach außen und schiebe dabei mit meinem rechten Ellenbogen die rechte Ellenbeuge des Angreifers nach oben (der rechte Arm des Angreifers knickt ein). Ich setze meinen rechten Fuß einen Schritt nach rechts hinten und tauche dabei unter

dem rechten Arm des Angreifers hinweg nach rechts außen. Dann drehe ich mich mit meinem(r) linken Fuß/Schulter voran nach 90 Grad links hinten und richte mich im rechten Winkel zur rechten Körperseite des Angreifers auf. Mit meiner linken Hand drehe/überdrehe ich die rechte Hand des Angreifers und damit den gesamten rechten Arm des Angreifers nach links (gegen den Uhrzeigersinn). Der rechte Ellenbogen des Angreifers muss etwas höher als dessen rechte Schulter stehen.

Knöchel-Trommler mit links / **Armdrehgriff auf seinen Rücken** (Handgelenk-Hebel 19, S. 25) **= Umklamm.-Abwehr 25**

Ich führe meine rechte Hand bei angewinkeltem rechten Arm nach hinten (mein Ellenbogen oben) und fasse von rechts außen (sowie raffe eng zusammen) den Jackenstoff am rechten Ellenbogen des Angreifers. Mit den Fingerknöcheln meiner linken Hand klopfe ich kurz auf den rechten Handrücken des Angreifers (Schock), fasse von dessen Handrücken (oben) mit meinem Fingern von seiner Kleinfingerseite her (unten) in seine Handfläche und mit meinem linken Daumen zwischen seinem Daumen und seinem Zeigefinger in seine rechte Handfläche. Dann drehe ich mich mit meinem(r) linken Fuß/Schulter voran um 270 Grad über vorn und rechts außen nach hinten (stehe dann im rechten Winkel mit meinem Bauch an seiner rechten Körperseite) und ziehe/rolle dabei mit meiner rechten Hand den rechten Ellenbogen des Angreifers nach oben und auf mich zu, während ich mit meiner linken Hand die rechte Hand des Angreifers ein Mal komplett über unten drehe (Kleinfingerseite dann wieder unten) drehe. Der rechte Arm des Angreifers knickt im Ellenbogengelenk ein. Mein linker Arm kommt unter den rechten Arm des Angreifers und dessen rechter Ellenbogen in meine linke Ellenbeuge (Sicherung). Ohne meinen linken Arm oder seinen rechten Arm auf dem Rücken des Angreifers aufzulegen, ziehe ich nun mit beiden Händen (jeweils von den Fingerspitzen des Angreifers her gefasst, meine rechte an seiner Daumenseite, meine linke an seiner Kleinfingerseite) seine rechte Hand (Handrücken zu mir, Kleinfingerseite unten) im kleinen Bogen nach links in seine rechte Ellenbeuge.

Knöchel-Trommler mit links / **Kreuzfessel-Griff** (Abführ-Technik 15, S. 53) **= Umklammerungs-Abwehr 26**

Ich führe meine rechte Hand bei angewinkeltem rechten Arm nach hinten (mein Ellenbogen oben) und fasse von rechts außen (sowie raffe eng zusammen) den Jackenstoff am rechten Ellenbogen des Angreifers. Mit den Fingerknöcheln meiner linken Hand klopfe ich kurz auf den rechten Handrücken des Angreifers (Schock) und fasse von dessen Handrücken (oben) mit meinem Fingern von seiner Kleinfingerseite her (unten) in seine Handfläche Handfläche und mit meinem linken Daumen zwischen seinem Daumen und seinem Zeigefinger in seine rechte Handfläche. Dann drehe ich mich mit meinem(r) linken Fuß/Schulter voran um nahezu 360 Grad über vorn und rechts außen nach hinten (stehe dann fast parallel mit meiner linken Körperseite an seiner rechten Körperseite) und ziehe/rolle dabei mit meiner rechten Hand den rechten Ellenbogen des Angreifers nach oben und auf mich zu, während ich mit meiner linken Hand die rechte Hand des Angreifers von unten zu seinem rechten Oberarm führe und dabei meinem linken Unterarm (von) unter seinem eingeknickten rechten Unterarm auf seinen rechten Oberarm. Dort löse ich den Griff meiner linken Hand und fasse mit dieser den rechten Oberarm des Angreifers nahe des Ellenbogens (Kamm-Griff). Der rechte Unterarm des Angreifers liegt in meiner linken Ellenbeuge (fixiert/geklemmt). Mit meiner rechten Hand (-fläche) fasse ich auf meine(n) linke(n) Hand (-rücken) und mit beiden Händen führe ich den rechten Arm des Angreifers schwungvoll nach vorn, dann nach rechts vor meinen Bauch und wieder nach links hinten. Der Angreifer kommt aus dem Gleichgewicht. Ich klemme den rechten Arm des Angreifers mit dem Ellenbogen hinter meine linke Hüfte (öffnen/schließen) und drücke den rechten Arm des Angreifers mit meiner linken Hand weiter nach unten. Mit meiner rechten Hand fasse ich diagonal über den Hinterkopf des Angreifers dessen Kinn und ziehe dessen Kopf mit dem Kinn voran nach links oben (Blick auf seine linke Gesichtshälfte).

Knöchel-Trommler mit links **/ Z- oder Viereck-Hebel 1 - 4**
(Handgelenk-Hebel 1 - 4, S. 19 - 20) **= Umklamm.-Abwehr 27**

Ich fixiere mit meiner rechten Hand die/den rechte(n) Hand (-rücken) des Angreifers von dessen Handgelenk her und fasse dazu mit meinem Daumen zwischen seinem Daumen und seinem Zeigefinger (oben) in seine Handfläche und mit meinen übrigen Fingern von seiner Kleinfingerseite (unten) in seine Handfläche, klopfe (Schock) kurz mit den Fingerknöcheln meiner linken Hand auf die Finger der rechten Hand des Angreifers, drehe mich mit meinem(r) linken Fuß/Schulter voran um etwas mehr als 270 über vorn und rechts außen nach rechts hinten und stehe im 45-Grad-Winkel mit meiner linken Körperseite zur rechten Körperseite des Angreifers. Weiter mit den Z-Hebeln 1 - 4.

Knöchel-Trommler mit links **/ Z- oder DreieckHebel 5 - 8**
(Handgelenk-Hebel 5 - 8, S. 20) **= Umklammerungs-Abwehr 28**

Knöchel-Trommler mit links / **Schultern-Nacken-eine-Linie** (Handgelenk-Hebel 22, S. 26) **= Umklammerungs-Abwehr 29**
Ich fixiere mit meiner rechten Hand die/den rechte(n) Hand (-rücken) des Angreifers von dessen Handgelenk her und fasse dazu mit meinem Daumen zwischen seinem Daumen und seinem Zeigefinger (oben) in seine Handfläche und mit meinen übrigen Fingern von seiner Kleinfingerseite (unten) in seine Handfläche, klopfe (Schock) kurz mit den Fingerknöcheln meiner linken Hand auf die Finger der rechten Hand des Angreifers, drehe meine rechte Hand nach rechts und reiße seine rechte Hand von meinem Körper weg. Dann fasse ich mit meiner linken Hand die rechte Hand des Angreifers von links und das so, dass die Daumen meiner Hände von hinten auf seinen rechten Handrücken drücken und die Finger meiner Hände in seine Handfläche fassen. Dann drehe ich mich mit Schwung und meinem(r) rechten Fuß/Schulter voran um 180 Grad nach rechts hinten und führe die/den rechte(n) Hand/Arm (seine Handfläche oben) in einem großen Bogen nach rechts mit, wobei ich die rechte Hand des Angreifers dabei nach rechts überdrehe (Vorspannung). Weiter mit „Schulter-Nacken-eine-Linie" ab [...] der Angreifer kommt dadurch in eine tiefe Oberkörperbeuge [...].

Angriff-Variante 5:

Der Angreifer umklammert mich **von** meiner **rechte**n **Seite** her, meine **Arme** sind **nicht frei.**

Ellenbogen-Empi in den Bauch gefolgt von **Ellenbogen-Empi unter`s Kinn = Umklammerungs-Abwehr 30**

Ellenbogen-Empi in den Bauch / „Ippon-Seoi-Nage" (Hand-/ Schulterwurf 4, S. 108) **= Umklammerungs-Abwehr 31**

Ellenbogen-Empi in den Bauch / „Kata-Seoi-Nage" (Hand-/ Schulterwurf 5, S. 109) **= Umklammerungs-Abwehr 32**

18. ABWEHREN JACKEN-FASSEN

gelb 1 / orange 2 / grün 3 / blau 4 / violett 5 / 1.braun 6 / 2.braun 7 / 3.braun 8 / 1.Dan 10 / 2.Dan 12 / 3.Dan 14 / 4.Dan 16 / **5.Dan 18** Stück

Angriff-Variante 1:

Wir stehen Angesicht zu Angesicht. Der Angreifer fasst mit beiden Händen von vorn, mit seiner rechten Hand mein linkes Revers und mit seiner linken Hand mein rechtes(n) Revers/Jackenaufschlag.

(Daumen-) Kuppen beidseitig (Finger-Hebel 1, S. 87) **= Abwehr Jacken-Fassen 1**

Unterarm-Nerven-Druckpunkte beidseitig **= Abwehr J-F 2**

Ich winkele meine Arme nach oben an, spreize die Daumen von den Fingern, fasse mit meiner linken Hand von links außen den rechten und mit meiner rechten Hand von rechts außen den linken (Unter-)Arm des Angreifers (bildlich: ins Frühstücksbrot beißen). Ich schließe meine Hände, drücke mit den Fingern in die Sehnen auf den Innenseiten (oben) der Unterarme des Angreifers, kippe meine Hände nach vorn und ziehe die Unterarme (seine Ellenbogen voran) des Angreifers (dann senkrecht) auf mich zu (Kontakt), während ich mit meinen Daumen seine Unterarme im Bogen nach oben in Richtung Angreifer drücke. Der Angreifer geht in die Knie.

Hals-Gabel mit „O-Uchi-Gari“ (Fuß-Wurf 6, S. 116) **= Abwehr Jacken-Fassen 3**

Ich fasse mit meiner linken Hand mittig von oben in den/die Gürtel (-schnalle) des Angreifers und halte den Angreifer so mit seinem (Unter-) körper auf der Stelle. Ich spreize den Daumen von den Fingern meiner rechten Hand, krümme sowohl Daumen als auch Finger und fasse so (Daumen und Zeigefinger waagerecht zum Boden) von vorn den Hals des Angreifers. Während ich mit meiner linken Hand den Unterkörper des Angreifers zu mir ziehe, meinen rechten Arm strecke und mit meiner rechten Hand gegen den Hals des Angreifers drücke (der Angreifer kommt ins Hohlkreuz, kann aber keinen Ausweich-Schritt nach hinten machen), setze ich meinen rechten Fuß einen Schritt nach vorn zwischen die Beine des Angreifers. Weiter mit „O-Uchi-Gari“.

Hals-Gabel mit **„Ko-Uchi-Gari"** (Fuß-Wurf 8, S. 117) = **Abwehr Jacken-Fassen 4** (Ansatz wie Abwehr Jacken-Fassen 3)

Angriff-Variante 2:

Wir stehen Angesicht zu Angesicht. Der Angreifer fasst mit seiner rechten Hand von vorn in mein(en) linkes(n) Revers/Jackenaufschlag.

(Daumen-) Kuppe (Finger-Hebel 1, Seite 87) = **Abwehr J-F 5**

Unterarm-Nerven-Druckpunkte rechts mit **über die rechte Schulter** des Angreifers **nach unten ziehen = Abwehr J-F 6**
Ich stelle meine Hände senkrecht und kippe sie nach vorn (von mir weg, Finger unten, Daumen oben), spreize die Daumen von den Fingern, fasse mit meiner linken Hand von links außen sowie mit meiner rechten Hand von rechts innen den rechten Unterarm des Angreifers und drücke mit meinen Daumen von oben in die Nervendruckpunkte kurz vor der Ellenbeuge (meine Arme angewinkelt, meine Daumen weit voneinander entfernt). Ich drehe mich mit meinem(r) linken Fuß/Schulter voran vor dem Angreifer um 180 Grad über vorn nach rechts, führe mit beiden Händen den eingeknickten rechten Arm des Angreifers im Bogen mit und dabei nach oben, tauche nach rechts darunter hinweg und stehe, weil der Angreifer sich nach links dreht (wir drehen uns quasi Rücken an Rücken), mit meiner rechten Körperseite an seiner rechten Körperseite (in entgegengesetzter Blickrichtung). Mit beiden Händen ziehe ich den rechten Arm (Ellenbogen oben) des Angreifers über dessen rechte Schulter und dann hinter dessen Rücken nach unten. Der Angreifer kommt ins Hohlkreuz und fällt (Stürz rückwärts).

Ansatz für Techniken 7 - 11
Ich winkele meine Arme an, drehe mich auf der Stelle mit meinem(r) rechten Fuß/Schulter voran um 90 Grad nach links und fasse mit meiner rechten Hand die rechte Hand des Angreifers von innen oben und seinem Handgelenk her [mein(e) Daumen (-kuppe) zwischen die Fingerknöchel seines Handrückens, meine Finger von außen (seine Kleinfingerseite) in seine Handfläche (Fixierung)]. Dann schlage ich mit meinem rechten Unterarm/Ellenbogen von oben nach unten auf den rechten Unterarm (in die rechte Ellenbeuge) des Angreifers (Schock) und reiße mit meiner rechten Hand die rechte Hand des Angreifers von meinem linken Revers nach oben rechts ab.

Z- oder Viereck-Hebel 1 - 4 (Handgelenk-Hebel 1 - 4, S. 19 - 20) **= Abwehr Jacken-Fassen 7**

Z- oder Dreieck-Hebel 5 - 8 (Handgelenk-Hebel 5 - 8, S. 20) **= Abwehr Jacken-Fassen 8**

Z-Hebel mit Kontakt und Verbeugung = Abwehr J-F 9
Analog Z-Hebel, nur lässt sich hier die rechte Hand des Angreifers nicht von meinem Revers lösen. Deshalb drehe ich seine rechte Hand nur mittig an meiner Brust (Kontakt bleibt) und beuge mich nach vorn.

leichter Bogen, Säge, Specht, kleine und große Schlange (Handgelenk-Hebel 9 - 13, S. 21 -22) **= Abwehr J-F 10**

Schultern-Nacken-eine-Linie (Handgelenk-Hebel 22, S. 26) **= Abwehr Jacken-Fassen 11**

Hand-Kipp-Hebel (Handgelenk-Hebel 33b, S. 31, (im Bogen über seine rechte Ellenbeuge, ohne Kontakt) **= Abwehr J-F 12**
Ich winkele meine Arme an, drehe mich auf der Stelle mit meinem(r) linken Fuß/Schulter voran um 90 Grad nach rechts und fasse mit meiner linken Hand die rechte Hand des Angreifers von außen oben und von seinem Handgelenk her [mein(e) Daumen (-kuppe) zwischen die Fingerknöchel seines Handrückens, meine Finger von innen (seine Daumenseite) in seine Handfläche (Fixierung)]. Dann schlage ich mit meinem linken Unterarm/Ellenbogen von oben nach unten auf den rechten Unterarm (in die rechte Ellenbeuge) des Angreifers (Schock) und reiße mit meiner linken Hand die rechte Hand des Angreifers von meinem linken Revers nach oben links weg. Weiter mit Handkipp-Hebel.

Ober-/Unterarm-Schere = Abwehr Jacken-Fassen 13
Ich fixiere mit meiner rechten Hand die/den rechte(n) Hand (-rücken) des Angreifers an meinem linken Revers und fasse dazu mit meinem Daumen zwischen seinem Daumen und seinem Zeigefinger in seine Handfläche und mit meinen Fingern von seiner Kleinfingerseite in seine Handfläche. Mit meiner linken Hand (-kante, Kleinfingerseite, Handfläche zu mir) schlage ich von links außen senkrecht von oben nach unten in die rechte Ellenbeuge des Angreifers. Der rechte Arm des Angreifers knickt ein und ich ziehe mit meiner linken Hand (-fläche) seinen rechten Unterarm an meine Brust. Gleichzeitig überdrehe ich mit

meiner rechten Hand die sich noch an meinem Revers befindliche rechte Hand des Angreifers nach rechts zum Hebel.

Rohr-Zange oder **Stern-Griff** (Handgelenk-Befreiung 19, S. 140) = Abwehr Jacken-Fassen 14

Ich winkele meine Arme an, drehe meine Hände nach links (Fingerspitzen links, Handflächen zum Angreifer), spreize die Daumen von den Fingern ab und fasse das rechte Handgelenk des Angreifers mit meiner linken Hand von unten sowie mit meiner rechten Hand von oben und hinter meiner linken Hand (meine linke Hand ist seinem Handgelenk näher, bildlich: Rohrzange). Ich drehe mich mit meinem(r) linken Fuß/Schulter voran um 90 Grad nach rechts, drehe mit beiden Händen das rechte Handgelenk des Angreifers (er hält weiterhin fest) nach rechts innen (seine Handfläche und sein Ellenbogen dann oben) und setze meinen linken Fuß dicht vor den rechten Fuß des Angreifers (Zehenspitzen in dieselbe Richtung, nach rechts). Bei angewinkeltem linken Arm drücke ich mit dessen Oberarm auf den rechten (Unter-)Arm des Angreifers und klemme diesen leicht [unsere (Unter-)arme parallel zueinander)], drücke damit seinen rechten Arm in die Streckung und schiebe diesen diagonal von oben nach unten sowie von hinten (über seinem Rücken) in seine rechte Schulter (er nun in tiefer Oberkörperbeuge). Meinen Oberkörper lehne ich dabei leicht nach links.

Beten- oder **John-T.-Technik** (Würgegriff-Abwehr 25, S. 184) = Abwehr Jacken-Fassen 15

Fasst der Angreifer weit oben in mein Revers, winkele ich meinen linken Arm an und führe ihn rechts (mittig) am rechten Arm des Angreifers nach oben, dann nach links außen, drehe mich mit meinem(r) linken Fuß/Schulter voran auf der Stelle nach rechts und nehme meinen linken Arm angewinkelt, im Bogen und mit Schwung nach rechts mit (Handfläche dann rechts, meine linke Körperseite zu seiner rechten Körperseite, da der Angreifer sich nach links dreht). Ich lade dadurch seinen rechten Arm auf meinen linken Arm auf, sodass sein Arm einknickt und als Dreieck waagerecht zum Boden (Ellenbogen voran) in Richtung seines linken Arms nach oben und der Angreifer dadurch ins Hohlkreuz kommt (bildlich: Schaufelbagger). (Kontaktpunkt: meine Ellenbeuge - sein Ellenbogen). Mit meinem linken Arm halte ich den rechten Arm des Angreifers weiter umschlungen (mittlerweile höher als waagerecht), lege meine Hände (Handflächen, Fingerspitzen oben) wie zum Beten aneinander und sein rechter Arm steht unter Spannung. Ich drehe mich mit meinem(r) rechten Fuß/Schulter voran um 90 Grad nach links und weil ich in dieser Beten-Haltung seinen rechten Arm mit nach links drehe, geht der Angreifer auf seiner linken Körperseite zu Boden.

Arm umschlingen und zur Schulter schieben / Kniestoß rechts = Abwehr J-F 16

Ich winkele meinen linken Arm links neben dem rechten Arm des Angreifers an und schlage mit dem Ellenbogen (Unterarm senkrecht) von oben nach unten in die rechte Ellenbeuge des Angreifers, wodurch dessen rechter Arm nach unten einknickt. Ich lasse meinen linken Ellenbogen in seiner rechten Ellenbeuge und drehe nur meinen linken (Unter-)Arm von innen nach außen unter seinem rechten Arm entlang (Kontaktpunkt: meine linke und seine rechte Ellenbeuge), schiebe meinen linken Arm von dort diagonal bis zur Streckung zur rechten Schulter des Angreifers und fasse diese (Kamm-Griff). Mit meiner rechten Hand (-fläche) fasse ich auf meine(n) linke(n) Hand (-rücken), ziehe mit beiden Händen den Angreifer zu mir (Oberkörperbeuge) und führe mit rechts einen Kniestoß gegen seinen Kopf aus.

Angriff-Variante 3

Wir stehen Angesicht zu Angesicht. Der Angreifer fasst mit seiner rechten Hand **von vorn mittig** mein Revers mittig meines Bauches, wobei seine Hand/Faust senkrecht, sein Unterarm waagerecht steht.

Handgelenk-Einschlag = Abwehr Jacken-Fassen 17

Mit meiner linken Hand fasse ich von links außen den rechten (Ober-) arm des Angreifers von hinten (nahe des Ellenbogen / Gegenlager) und setze meinen linken Fuß einen Schritt nach links vorn außen neben den rechten Fuß des Angreifers. Meine rechte Hand forme ich zur Faust, halte sie senkrecht (Daumenseite oben, Handfläche zu mir) und schlage mit den Fingerknöchel voran von rechts innen nach links außen gegen das ebenfalls senkrecht stehende rechte Handgelenk des Angreifers (Innenseite, Daumenseite oben), sodass dieses nach links einknickt. Dann fasse ich mit meiner rechten Hand von rechts ebenfalls den rechten (Ober-)arm des Angreifers von hinten und ziehe mit beiden Händen seinen rechten Arm um den gewonnenen Platz an mich heran. Dabei ziehe ich meinen rechten Fuß an meinen linken Fuß heran (nebeneinander, kein T-Schritt). Der rechte Handrücken des Angreifers liegt an meinem Bauch an und durch das Ziehen auf mich zu wird sein rechter Arm in sein rechtes Handgelenk gedrückt (Handgelenkhebel).

Angriff-Variante 4

Wir stehen Angesicht zu Angesicht. Der Angreifer rafft mit beiden Händen **von vorn mittig** meine Revers/Jackenaufschläge zusammen, wobei sich seine rechte oberhalb seiner linken Hand befindet.

Faust-Aufstell-Hebel auf seiner Schulter **= Abwehr J-F 18**

Ich setze meinen rechten Fuß einen kurzen Schritt nach rechts hinten, drehe meinen Oberkörper (rechte Schulter voran) nach hinten und schwinge meinen rechten Arm nach hinten (Schwung holen). Gleichzeitig führe ich meine linke Hand unter dem rechten Arm des Angreifers entlang nach rechts und fasse (mein Daumen und mein Zeigefinger nach vorn zu ihm) von links innen das linke Handgelenk (Unterseite) des Angreifers (Zangen-Griff). Der Angreifer hat seine Hände noch immer an meinen Revers. Dann drehe ich meinen Oberkörper (rechte Schulter voran) zurück nach links vorn in die Ausgangsstellung, lasse aber meinen rechten Fuß hinten und drehe dabei meine linke Hand (Daumenseite voran) nach rechts und die linke Hand des Angreifers dadurch nach links (mein linker Handrücken, seine linke Handfläche/Ellenbeuge oben). Gleichzeitig schiebe ich meinen rechten Arm von rechts außen unter dem linken und mich weiter festhaltenden Arm des Angreifers diagonal nach links oben in Richtung seiner rechten Schulter in die Streckung [unter seinem Ellenbogen (unten) entlang, sein linker Ellenbogen und meine rechte Ellenbeuge überkreuz, sein linker Arm wird gestreckt) und setze meine rechte Faust hochkant, aber noch leicht schräg von vorn unten an der rechten Schulter des Angreifers an. Jetzt setze ich meinen rechten Fuß einen Schritt nach vorn, kippe meine rechte Faust auf der rechten Schulter des Angreifers nach vorn in die Senkrechte und hebele den linken Arm des Angreifers in Höhe des Ellenbogens (unten) von unten nach oben.

Handrücken-Hüft-Hebel = Abwehr Jacken-Fassen 19

Ich setze meinen rechten Fuß einen langen Schritt nach rechts hinten, drehe meinen Oberkörper (rechte Schulter voran) nach hinten und komme so in die Oberkörperbeuge – dadurch löst sich der Griff des Angreifers. Gleichzeitig führe ich meine linke Hand unter dem rechten Arm des Angreifers entlang nach rechts und fasse (mein Daumen und mein Zeigefinger nach vorn zu ihm) von links innen das linke Handgelenk (Unterseite) des Angreifers (Zangen-Griff). Dann drehe ich meinen Oberkörper (rechte Schulter voran) zurück nach links vorn in die Ausgangsstellung und drehe meine linke Hand (Daumenseite voran) nach rechts und die linke Hand des Angreifers dadurch nach links (mein linker Handrücken, seine linke Handfläche/Ellenbeuge oben). Gleichzeitig setze ich meinen rechten Fuß mit Schwung wieder nach vorn und schiebe meinen rechten Arm unter seinem linken Arm diagonal (sein linker Ellenbogen und meine rechte Ellenbeuge überkreuz) nach links oben in die Streckung und meine rechte Hand mit dem Handrücken voran von vorn nach rechts hinten um die rechte Halsseite des Angreifers. Nun schwinge ich mit meiner linken Hand den linken

Arm des Angreifers an dessen Handgelenk nach rechts hinter meine rechte Hüfte und klemme diesen dahinter ein (öffnen/schließen).

Angriff-Variante: 5

Der Angreifer steht hinter mir, fasst mit seiner rechten Hand meinen Kragen **mittig von hinten** und **schiebt** mich daran **nach vorn**.

Sturz vorwärts mit Genital-Tritt nach hinten= Abwehr J-F 20

Angriff-Variante 6

Der Angreifer steht hinter mir, fasst mit seiner rechten Hand meinen Kragen **mittig von hinten** und **zieht** mich daran **nach hinten**.

Arm-Rotor mit in die Schulter-Schieber = Abwehr J-F 21

Ich drehe mich mit meinem(r) linken Fuß/Schulter voran um 180 Grad nach links hinten (Angesicht zu Angesicht, mein linker Fuß vorn) und schwinge meinen linken Arm (quasi rückwärts) in einem großen Bogen von rechts innen nach links außen über den rechten Arm des Angreifers hinweg und dann angewinkelt unter diesem wieder nach rechts innen (umschlingen). Durch den Schwung liegt der rechte Ellenbogen des Angreifers leicht nach rechts innen gedreht in meiner linken Ellenbeuge, wodurch der Angreifer nach links ins Hohlkreuz kommt. Ich setze meinen rechten Fuß einen Schritt nach vorn auf den Angreifer zu und schiebe/stemme meinen rechten Arm mit Schwung nahezu gestreckt in die rechte Schulter des Angreifers (Kamm-Griff). Gleichzeitig fasse ich, wenn sich mein rechter Arm nach oben an meiner linken Hand vorbei schiebt, mit meiner linken Hand (Kamm-Griff) meinen rechten Unterarm nahe der Ellenbeuge. Mittels doppelter Kippbewegungen (meine rechte Hand schiebe ich an seiner rechten Schulter mit den Fingern nach vorn über/hinter seine Schulter und meine linke Hand schiebe ich nach rechts / bildlich: beidseitiges Gas weg nehmen) versteife ich seinen rechten Arm und bringe den Angreifer über die Verstärkung der Hohlkreuz-Lage nach links dann nach hinten zu Fall.

Arm-Rotor mit Griff zum Hals = Abwehr J-F 22

(Ansatz analog Abwehr Jackenfassen 21)

19. HAARZUG-ABWEHREN

gelb 1 / orange 2 / grün 2 / blau 3 / violett 3 / 1. braun 4 / 2. braun 5 / 3. braun 6 / 1. Dan 7 / 2. Dan 8 / 3. Dan 9 / 4. Dan 10 / **5. Dan 11 Stück**

Angriff-Variante 1: von vorn, noch ohne Greifen
Der Angreifer ist im Begriff, mir mit seiner linken Hand von vorn in meine Haare zu fassen, er ist aber noch auf Abstand.

Abklatschen gerade mit alle Finger-Durchsteck-Hebel [Finger-Hebel 10, S. 90, rechts - links, Handflächen parallel, mit rechts nach rechts unten, sein Ellenbogen oben) **= Haarzug-Abwehr 1**

Angriff-Variante 2: von vorn, noch ohne Greifen
Der Angreifer ist im Begriff, mir mit seiner rechten Hand von vorn in meine Haare zu fassen, er ist aber noch auf Abstand.

Abklatschen diagonal mit alle Finger-Durchsteck-Hebel (Finger-Hebel 10, S. 90, rechts - rechts, Handflächen parallel, mit rechts nach rechts unten, sein Ellenbogen oben) **= Haarzug-Abwehr 2**

Abklatschen diagonal mit um den Ball 1 (Durchgreif-Fingerhebel - nach hinten, Finger-Hebel 12, Seite 91, rechts - rechts, Handflächen parallel, sein Ellenbogen unten) **= Haarzug-Abwehr 3**

Abklatschen diagonal mit um den Ball 2 Durchgreif-Fingerhebel - nach vorn, Finger-Hebel 14, Seite 92, rechts - rechts, Handflächen parallel, sein Ellenbogen unten) **= Haarzug-Abwehr 4**

Abklatschen diagonal mit rechten Daumen von vorn **in Handfläche 2** (Finger-Hebel 20, S. 95, rechts - rechts, Handflächen 90 Grad, sein Ellenbogen oben) **= Haarzug-Abwehr 5**

Abklatschen diagonal mit Handkanten-Querhebel (Finger-Hebel 21, S. 95, rechts - rechts, Handflächen 90 Grad) **= Haarzug-Abwehr 6**

Angriff-Variante 3: von vorn

Der Angreifer **fasst** mit seiner rechten Hand **von vorn** in meine Haare.

mit Ausfallschritt auf den Boden ziehen = Haarzug-A. 7

Ich fasse zuerst mit meiner rechten Hand [-fläche (aber grundsätzlich ist es egal, welche Hand ich zuerst nehme, weil ich nicht erfühlen kann, mit welcher Hand der Angreifer auf meinen Kopf fasst)] auf die/den rechte(n) Hand (-rücken) des Angreifers. Dann fasse ich mit meiner linken Hand (-fläche) auf meine(n) rechte(n) Hand (-rücken), meine Hände jeweils im rechten Winkel zu meinem Kopf und in einer Linie zueinander. Mit beiden Händen presse ich die rechte Hand des Angreifers auf meinen Kopf, rucke kurz an, indem ich meinen Oberkörper nach vorn beuge und mit meinen Händen nach 45 Grad zu mir nach unten ziehe und meinen rechten Fuß einen ersten und langen Schritt nach hinten setze. Dann ziehe ich meinen linken Fuß auf die Höhe meines rechten Fußes nach und immer so weiter und weiter, jetzt jedoch schnelle kurze Schritte. Dabei befinde ich mich dann in einer nahezu waagerechten Oberkörperbeuge und führe so den Angreifer auf dem Bauch zu Boden, seine Arme über seinen Kopf gestreckt. Mögliche Aufhebe-Technik: Ich schiebe lediglich meinen rechten Daumen vom rechten Handrücken des Angreifers nach unten und zwischen meinen Kopf und seine rechte Hand (-fläche, Kleinfingerseite) und habe dessen rechte Hand gefasst. Ich löse meine linke Hand und nehme mit meiner rechten Hand die rechte Hand des Angreifers von meinem Kopf ab, schiebe von vorn unten von der rechten Handfläche des Angreifers her die abgespreizten Finger meiner linken Hand durch die Finger (leicht zu mir nach oben) seiner rechten Hand, lasse seine Finger jeweils in Höhe des obersten Fingergelenks (Richtung Fingerkuppe) bis zum Anschlag durch meine Finger durchrutschen, krümme dann die Finger meiner linken Hand und drücke mit deren Fingerkuppen jeweils gegen das mittlere Fingergelenk der rechten Hand des Angreifers. Ich drehe meine linke Hand nach vorn (Gas wegnehmen), wodurch sich die rechte Hand des Angreifers senkrecht (Fingerspitzen oben) stellt und meine linke Handfläche an seiner rechten Handfläche anliegt. Dann löse ich meine rechte Hand und drehe mit meiner linken Hand die rechte Hand des Angreifers um 180 Grad nach links unten (unsere Handrücken dann unten, sein Ellenbogen oben, seine Fingerspitzen unten, Blick in seine Handfläche). Ich kippe meine linke Hand mit der Handfläche zu mir und verstärke dadurch den bisherigen Hebel (nur Seitenverkehrt). Dann bewege ich meine(n) linke Hand/Arm seitlich nach links und rechts hin und her und dabei Stück für Stück nach oben (vom Boden weg) und schiebe so den rechten Arm des Angreifers in dessen rechte Schulter. Der Angreifer steht rückwärts über den Kniestand auf.

Handgelenk-Brecher = Haarzug-Abwehr 8

Ich fasse zuerst mit meiner rechten Hand [-fläche (aber grundsätzlich ist es egal, welche Hand ich zuerst nehme, weil ich nicht erfühlen kann, mit welcher Hand der Angreifer auf meinen Kopf fasst)] auf die/den rechte(n) Hand (-rücken) des Angreifers. Dann fasse ich mit meiner linken Hand (-fläche) auf meine(n) rechte(n) Hand (-rücken), meine Hände jeweils im rechten Winkel zu meinem Kopf und in einer Linie zueinander. Mit beiden Händen drücke ich die rechte Hand des Angreifers in sich zusammen (nicht auf meinen Kopf pressen) und kippe sie dabei leicht nach rechts an (Vorspannung, wichtig für die Hebelwirkung). Ich gehe mit geradem Oberkörper soweit in die Hocke, bis sich der rechte Arm des Angreifers waagerecht zum Boden befindet. Ich spanne meinen Nacken an und drehe/schnicke meinen Oberkörper rückartig (ohne meinen Kopf separat zu drehen) nach rechts. Das rechte Handgelenk des Angreifers bricht (im Training also Vorsicht).

Angriff-Variante 4: von hinten

Der Angreifer **fasst** mit seiner rechten Hand bei leicht angewinkelten rechtem Arm **von hinten** in meine Haare.

1½-Drehung vorwärts nach rechts = Haarzug-Abwehr 9

Ich fasse zuerst mit meiner rechten Hand (-fläche) auf die/den rechte(n) Hand (-rücken) des Angreifers. Dann fasse ich mit meiner linken Hand (-fläche) auf meine(n) rechte(n) Hand (-rücken), meine Hände jeweils im rechten Winkel zu meinem Kopf und in einer Linie zueinander. Mit beiden Händen presse ich die rechte Hand des Angreifers auf meinen Kopf, gehe leicht in die Hocke und beuge meinen Oberkörper nach vorn. Mit meinem(r) linken Fuß/Schulter voran drehe ich mich 1½-Mal nach vorn rechts unter dem rechten Arm des Angreifers entlang und stehe dann Angesicht zu Angesicht zum Angreifer leicht nach links versetzt neben ihm und richte mich auf. Der Angreifer hat leicht das Gleichgewicht nach hinten verloren. Mit beiden Händen nehme ich seine rechte Hand von meinem Kopf ab, strecke meine Arme und führe seinen rechten Arm (Ellenbogen unten) über seine rechte Schulter nach hinten unten (ähnlich Hand-Befreiung 16 „über die Schulter nach unten ziehen", S. 127). Der Angreifer fällt (Sturz rückwärts).

nach hinten durchtauchen (Vorhang) mit Drehgriff-Hebel mit links (Handgelenk-Hebel 18, Seite 25) = Haarzug-Abwehr 10

Ich fasse zuerst mit meiner linken Hand (-fläche) auf die/den rechte(n) Hand (-rücken) des Angreifers und zwar so, dass es die Fassart für den

End-Hebel ist, d.h. mit meinen Fingern über seinen Handrücken von rechts (Kleinfingerseite) in seine Handfläche, meinen Daumen schiebe ich diagonal nach oben in Richtung seines Handgelenks. Dann fasse ich mit meiner rechten Hand (-fläche) auf meine(n) linke(n) Hand (-rücken) - meine Hände befinden sich im rechten Winkel zu meinem Kopf und in einer Linie zueinander. Mit meinem rechten Fuß voran tauche ich rückwärts nach seitlich rechts hinten unter dem rechten Arm des Angreifers hinweg und stehe im rechten Winkel zur der rechten Körperseite des Angreifers, mein linker Fuß vorn. Ich setze meinen rechten Fuß auf einer gedachten Linie einen größeren Schritt nach rechts und ziehe meinen linken Fuß einen kleineren Schritt nach. Mit meiner linken Hand nehme ich die rechte Hand des Angreifers von meinem Kopf ab und ziehe den bislang angewinkelten rechten Arm des Angreifers auf der gleichen gedachten Linie wie die der Füße nach rechts vom Körper des Angreifers weg. Mit meiner linken Hand drehe/überdrehe ich die rechte Hand des Angreifers und damit den gesamten rechten Arm des Angreifers nach links (gegen den Uhrzeigersinn) und presse meinen rechten Daumenballen von unten nach oben gegen den rechten Handrücken des Angreifers (Stabilisierung). Der rechte Ellenbogen des Angreifers muss höher als die rechte Schulter des Angreifers stehen.

Abwehr-Ansatz für die Techniken 11 und 12

Ich umfasse mit meiner rechten Hand im rechten Winkel von rechts die rechte Hand des Angreifers auf meinem Kopf und drücke diese zusammen. Ich bleibe aufrecht stehen und führe mit links einen Ellenbogen-Empi nach hinten gegen den Bauch des Angreifers aus. Mit meinem rechten Fuß voran tauche ich rückwärts nach seitlich rechts hinten unter dem rechten Arm des Angreifers hinweg und stehe im rechten Winkel zu dessen rechter Körperseite, mein linker Fuß vorn. Mit meiner rechten Hand nehme ich nun die rechte Hand des Angreifers von meinem Kopf ab.

nach hinten durchtauchen (Vorhang) **und Kanu-Paddel** Abwandlung (Handgelenk-Befreiung 42, Seite 149) **= Haarzug-Abwehr 11**

nach hinten durchtauchen (Vorhang) **und Kreuzfessel-Griff** Abwandlung (Handgelenk-Befreiung 43, Seite 150) **= Haarzug-Abwehr 12**

20. SCHWITZKASTEN-ABWEHREN

gelb 1 / orange 2 / grün 3 / blau 4 / violett 5 / 1.braun 6 / 2.braun 7 / 3.braun 8 / 1.Dan 9 / 2.Dan 10 / 3.Dan 11 / 4.Dan 12 / **5.Dan 13 Stück**

Angriff-Variante 1: seitlich von links / leichte Oberkörperbeuge
Wir stehen (seine rechte zu meiner linken Körperseite). Der Angreifer umschlingt mit seinem rechten Arm über meine linke Schulter kommend meinen Nacken und zwingt mich in eine leichte Oberkörperbeuge.

mit links oder rechts **Nerven-Druckpunkt linke Oberschenkel-Innenseite = Schwitzkasten-Abwehr 1**
Ich presse die Kuppen von Daumen und Zeigefinger derjenigen Hand, mit der ich das linke Bein des Angreifers besser erreichen kann, zu einer Spitze zusammen, führe diese von rechts nach links vor oder hinter dem rechten Bein des Angreifers entlang zu dessen linkem Bein und stoße von innen kommend (von zwischen seinen Beinen) in den Nervendruckpunkt seines linken Oberschenkels (Innenseite, 2 Finger breit über dem Knie). Das linke Bein des Angreifers knickt nach links außen weg, der Angreifer verliert das Gleichgewicht und stürzt.

mit rechts **Nerven-Druckpunkt rechte Oberschenkel-Innenseite = Schwitzkasten-Abwehr 2**
Ich presse meinen linken (Unter-)Arm (Außen-/Kleinfingerseite) im rechten Winkel gegen den rechten Oberschenkel (Außenseite) des Angreifers und setze meinen linken Fuß im rechten Winkel (Zehenspitzen links) hinter die rechte Ferse des Angreifers (Blockade). Ich forme meine rechte Hand zur Kralle (Fingerspitzen in Richtung Handfläche gewölbt), führe sie von vorn um das rechte Bein des Angreifers herum, kralle meine Finger von innen kommend (von zwischen seinen Beinen) quasi rückwärts in die Oberschenkelsehnen seines rechten Beines (Innenseite) und ziehe den Angreifer ruckartig an meiner linken Körperseite vorbei nach rechts vorn. Das rechte Bein des Angreifers knickt nach rechts außen weg und der Angreifer stürzt.

beidhändig **Nerven-Druckpunkt seitlich über'm rechten Knie = Schwitzkasten-Abwehr 3**
Ich drehe mich leicht nach links und setze meinen linken Fuß im rechten Winkel (Zehenspitzen links) hinter die rechte Ferse des Angreifers (Blockade). Ich umfasse mit beiden Händen den rechten Oberschenkel

des Angreifers von rechts außen direkt über Knie bzw. Kniekehle [mit rechts von rechts vorn (Knie-Seite), mit links von links hinten (Kniekehlen-Seite)] wie eine zweiteilige Schelle (Daumen zu mir, Finger innen zwischen seinen Beinen). Ich drücke mit meinen angewinkelten Daumen (-kuppen) in den Nervendruckpunkt an der rechten Oberschenkel-Außenseite des Angreifers (2 Finger breit seitlich über`m Knie) und damit das rechte Bein des Angreifers nach schräg links vorn weg in Richtung vor sein linkes Bein. Der Angreifer stürzt.

mit links **Nerven-Druckpunkt hinter`m rechten Ohr / Schwitzkasten-Dreher / Kehlkopf-Schicker / Kniestoß** mit links **= Schwitzkasten-Abwehr 4**

Meinen linken Zeigefinger drücke ich in den Nerven-Druckpunkt hinterm rechten Ohr (-läppchen) des Angreifers und setze gleichzeitig meinen linken Fuß einen Schritt nach links hinten mit Abstand hinter den rechten Fuß des Angreifers (Platz schaffen für die Drehung des Angreifers). Meine rechte Hand führe ich hinter dem rechten Bein des Angreifers entlang, fasse das linke Hosenbein des Angreifers von hinten (Höhe Wade) und ziehe dieses zu mir, während ich mit meinem linken Zeigefinger weiter in den Ohr-Nerven-Druckpunkt drücke und das jetzt im Bogen nach links. Der Angreifer dreht sich (erst mit dem Gesicht voran und dann mit seinem(r) rechten Fuß/Schulter) nach links hinten um und steht dann Angesicht zu Angesicht sowie in Oberkörperbeuge mit seiner linken Körperseite an meiner linken Körperseite. Während der Drehung lässt der Druck mit meinem linken Zeigefinger auf den Nervendruckpunkt hinter seinem Ohr nach und der Hinterkopf des Angreifers bekommt Kontakt zu meiner linken Handfläche. In dem Moment rutsche ich mit meinem linken Arm zum Nacken des Angreifers hinunter und umschlinge diesen (von seiner linken Schulter nach links zu seiner rechten Schulter / bildlich dieselbe Stellung wie am Anfang, nur dass ich jetzt der bin, der den Schwitzkasten ausführt). Mit meinem linken Daumen, der von unten am Kehlkopf des Angreifers anliegt, drücke/schnicke ich leicht nach oben und da der Angreifer nicht nach oben ausweichen kann, entsteht ein Würgereflex. Ich versetze dem Angreifer einen Kniestoß mit links in seinen Bauch, löse die Festhalte, stoße den Angreifer weg und begebe mich in die Abwehr-Stellung.

Abwandlung **„Tani-Otoshi“** (Opferwurf 5, Seite 120) **= Schwitzkasten-Abwehr 5**

Ich führe mit meiner(m) linken Hand (-rücken) einen Schlag von vorn nach hinten in den Genitalbereich des Angreifers aus (Schock) und schiebe meine Arme dann diagonal vor dem Bauch des Angreifers nach links oben (Kontakt haben mein linker Handrücken sowie meine rechte

Handfläche). Weiter mit „Tani-Otoshi" ab [...] strecke mein linkes Bein diagonal hinter dem Gegner [...].

Angriff-Variante 2: seitlich von links / tiefe Oberkörperbeuge
Wir stehen (seine rechte zu meiner linken Körperseite). Der Angreifer umschlingt mit seinem rechten Arm über meine linke Schulter kommend meinen Nacken und zwingt mich in eine tiefe Oberkörperbeuge.

(Hosen-)**Beine weg ziehen = Schwitzkasten-Abwehr 6**

Ich führe mit meiner(m) linken Hand (-rücken) einen Schlag von vorn nach hinten in den Genitalbereich des Angreifers aus (Schock) und fasse mit beiden Händen von vorn die Hosenbeine des Angreifers ganz weit unten (Höhe Knöchel), mit meiner linken Hand das linke Hosenbein und mit meiner rechten Hand das rechte Hosenbein, und ziehe beide Beine des Angreifers am Boden entlang (wichtig!) nach rechts auf mich zu und erst vor meinen Füßen nach oben bis zu meinen Knien. Dabei richte ich mich auf und der Angreifer fällt auf seine linke Körperseite.

Nerven-Druckpunkt rechter Fußspann zwischen 2. und 3. Zeh **= Schwitzkasten-Abwehr 7**

Ich setze meinen linken Fuß im rechten Winkel (Zehenspitzen links) hinter die rechte Ferse des Angreifers (Blockade). Ich forme diejenige Hand, mit der ich den rechten Fuß des Angreifers besser erreichen kann, zur Faust und schiebe den Zeigefinger (eingeknickt) so weit aus dieser heraus, dass der mittlere Knöchel vor den mittleren Knöcheln der übrigen Finger steht. Mit dem Zeigefingerknöchel drücke ich zwischen die Sehnen mittig des auf dem Boden stehenden rechten Fußes (Oberseite) des Angreifers (ca. 2 cm entfernt von den Zehenwurzeln zwischen die 2. und 3. Zehe) und drehe dabei hin und her.

Nerven-Druckpunkt rechte Wade (zweihändig) **= Schwitzkasten-Abwehr 8**

Ich winkele meine Arme an und führe sie nach links hinter das rechte Bein des Angreifers, presse meine linke Hand (-fläche) von hinten links (von zwischen seinen Beinen) und meine rechte Hand (-fläche) von hinten rechts (außen) jeweils seitlich an den rechten Unterschenkel des Angreifers (Kleinfingerseiten unten, Fingerspitzen vorn) und umschließe diesen von vorn mit den Fingern meiner Hände (Schienbein-Seite / Gegenlager) und von hinten mit meinen Daumen (Waden-Seite / bildlich: zweiteilige Schelle). Mit beiden Daumen (-kuppen) drücke ich von hinten in den Nervendruckpunkt mittig der rechten Wade des Angreifers. Der Angreifer geht auf die Knie.

Nerven-Druckpunkt rechte Wade (einhändig mit links) **= Schwitzkasten-Abwehr 9**

Ich drehe mich leicht nach links und setze meine rechte Hand (-kante, Kleinfingerseite unten, Fingerspitzen links) von rechts vorn kommend senkrecht sowie im rechten Winkel zum rechten Fuß des Angreifers auf dessen rechten Fußspann und ziehe meine rechte Hand (-fläche) an sein rechtes Schienbein (Gegenlager). Ich presse von links hinten kommend meine linke Hand (-fläche) von innen an den rechten Unterschenkel (Innenseite) des Angreifers (Kleinfingerseite unten, Fingerspitzen vorn - meine Hände im rechten Winkel zueinander) und umschließe diesen mit den Fingern meiner linken Hand von vorn (Schienbein-Seite) und mit meinem linken Daumen von hinten (Waden-Seite / bildlich: einteilige Schelle). Jetzt drücke ich mit meinem(r) linken Daumen (-kuppe) von hinten kräftig in den Nervendruckpunkt mittig der rechten Wade und damit das rechte Schienbein des Angreifers gegen meine rechte Hand (Blockade).

Angriff-Variante 3: von vorn / leichte Oberkörperbeuge

Wir stehen Angesicht zu Angesicht, er (von mir aus gesehen) leicht nach rechts versetzt (seine rechte Schulter auf Höhe meiner rechten Schulter). Der Angreifer umschlingt mit seinem rechten Arm von vorn über meine rechte Schulter zu (über) meine linke Schulter meinen Nacken (seine Hand kommt von hinten über meine linke Schulter) und zwingt mich mit diesem Griff in eine leichte Oberkörperbeuge.

beidhändig **Nerven-Druckpunkt von vorn über'm Knie = Schwitzkasten-Abwehr 10**

Ich umfasse mit beiden Händen den rechten Oberschenkel des Angreifers von vorn direkt über`m Knie (mit meiner linken Hand (-fläche) von links außen und mit meiner rechten Hand (-fläche) von rechts innen (zwischen seinen Beinen / Kleinfingerseiten unten, Fingerspitzen nach vorn in Richtung seiner Kniekehle). Ich kralle die Finger meiner Hände in die rechte Kniekehle des Angreifers und drücke mit meinen Daumen (-kuppen / bildlich: zweiteilige Schelle) kräftig in den Nervendruckpunkt 2 Finger breit über`m Knie von vorn in die Außen-/ Vorderseite des Oberschenkels des Angreifers. Dann verlagere ich den Druck nach links und der Angreifer knickt mit seinem rechten Bein nach rechts ein und fällt von (mir aus gesehen) nach links auf seine rechte Körperseite.

Angriff-Variante 4: von vorn / Oberkörperbeuge / nicht gefasst
Wir stehen Angesicht zu Angesicht, er (von mir aus gesehen) leicht nach rechts versetzt (seine rechte Schulter auf Höhe meiner rechten Schulter). Der Angreifer will meinen Nacken umschlingen, indem er seinen rechten Arm von vorn über meine rechte Schulter zu (über) meine linke Schulter führt (seine Hand kommt von hinten über meine linke Schulter). Er hat noch nicht gefasst, sondern mich nur in die Oberkörperbeuge gedrückt.

durch den Vorhang gehen (Handgelenk-Hebel 17, Seite 24) **= Schwitzkasten-Abwehr 11**
Mit meiner rechten Hand fange ich die rechte Hand des Angreifers diagonal ab (sein Handrücken zu mir) und stemme gleichzeitig meinen rechten Ellenbogen als Abstandshalter von links außen gegen den rechten Oberschenkel des Angreifers, damit der Schwung des Angreifers mir nicht meinen Arm zurück schlägt. Ich nehme meine linke Hand hinzu und setze meine beiden jeweils eingeknickten Daumen (-kuppen) aneinander gelehnt (1. Daumenglied jeweils senkrecht) zwischen die Knöchel mittig auf den rechten Handrücken des Angreifers. Die Finger beider Hände kralle ich von links sowie rechts in die rechte Handfläche des Angreifers. Mit beiden Händen drücke ich den rechten eingeknickten Am des Angreifers nach oben, bis dessen Ellenbogen über dessen rechter Schulter steht (sein Handrücken weiter zu mir, sein rechter Unterarm senkrecht, sein rechter Oberarm waagerecht). Dann tauche ich mit meinem(r) rechten Fuß/Schulter voran in gebückter Haltung (Oberkörper aber aufrecht) in einer Körperdrehung um 180 Grad nach links (mit meiner linken Kopfseite am rechten Unterarm des Angreifers um seinen Unterarm herum) unter dem rechten Oberarm des Angreifers entlang (Vorhang). Weiter mit HGL-Hebel 17 ab [...] Ich stehe dann mit beiden Füßen [...].

durch den Vorhang gehen und Drehgriff-Hebel mit links (Handgelenk-Hebel 18, Seite 25) **= Schwitzkasten-Abwehr 12**

Rolle rückwärts = Schwitzkasten-Abwehr 13
Ansatz analog Schwitzkasten-Abwehren 11/12. Dann übernehme ich mit meiner linken Hand sofort die rechte Hand des Angreifers und schlage mit meinem rechten Handrücken dem Angreifer in den Genitalbereich (Schock). Mit meiner nach links gedrehten rechten Hand (-fläche rechts zum Nacken) umschlinge ich von links über die rechte Schulter zu (über) seiner linken Schulter seinen Nacken, mache eine Rolle rückwärts und ziehe den Angreifer mit (er macht Rolle vorwärts).

21. WÜRGEGRIFF-ABWEHREN

gelb 1 / orange 2 / grün 3 / blau 4 / violett 5 / 1. braun 6 / 2. braun 8 / 3. braun 10 / 1. Dan 12 / 2. Dan 14 / 3. Dan 16 / 4. Dan 18 **/ 5. Dan 20 Stück**

Kehlkopfschutz (immer)! Ich ziehe blitzschnell beide Schultern nach oben und kippe meinen Kopf mit dem Kinn voran auf meine Brust.

Angriff-Variante 1: von vorn / mit gebeugten Armen
Wir stehen Angesicht zu Angesicht. Der Angreifer würgt mich mit beiden gebeugten/angewinkelten Armen **von vorn**, indem er die Daumen von den Fingern abspreizt und seine linke Hand an meine rechte Halsseite und seine rechte Hand an meine linke Halsseite führt und zudrückt.

Bus-Lenker = Würge-Abwehr 1
Ich winkele meine Arme an, lege meine linke Hand (-fläche unten) im rechten Winkel von links außen oben in die rechte Ellenbeuge des Angreifers und setze meine rechte Hand (-fläche oben) hohl geformt von unten am linken Ellenbogen des Angreifers an. Mit meiner linken Hand ziehe ich den rechten Arm des Angreifers erst nach unten und dann zwischen unseren Körpern nach rechts und gleichzeitig drücke/schiebe ich mit meiner rechten Hand den linken Arm des Angreifers im Bogen erst nach oben und dann nach links über dessen linke Schulter hinaus sowie hinter dessen Kopf entlang. Dabei drehe ich mich mit meinen(r) linken Fuß/Schulter voran um 90 Grad nach links hinten. Der Angreifer kommt in die gedrehte Hohlkreuzlage und fällt links neben mir auf den Rücken (sein Kopf links).

Unterarm-Nerven-Druckpunkte beidseitig = Würge-Abw. 2
Ich winkele meine Arme nach oben an, spreize die Daumen von den Fingern, fasse mit meiner linken Hand von links außen den rechten und mit meiner rechten Hand von rechts außen den linken (Unter-)Arm des Angreifers (bildlich: ins Frühstücksbrot beißen). Ich schließe meine Hände, drücke mit den Fingern in die Sehnen auf den Innenseiten (oben) der Unterarme des Angreifers, kippe dazu meine Hände nach vorn und ziehe die Unterarme (seine Ellenbogen voran) des Angreifers (dann senkrecht) auf mich zu (Kontakt), während ich mit meinen Daumen seine Unterarme im Bogen nach oben in Richtung Angreifer drücke. Der Angreifer geht in die Knie und die Würge löst sich.

Hals-Gabel mit „O-Uchi-Gari“ (Fuß-Wurf 6, S. 116 / Abwehr Jacken-Fassen 3, Seite 160) **= Würge-Abwehr 3**

Ich fasse mit meiner linken Hand mittig von oben in den/die Gürtel (-schnalle) des Angreifers und halte den Angreifer so mit seinem (Unter-) körper auf der Stelle. Ich spreize den Daumen von den Fingern meiner rechten Hand, krümme sowohl Daumen als auch Finger und fasse so (Daumen und Zeigefinger waagerecht zum Boden) von vorn den Hals des Angreifers. Während ich mit meiner linken Hand den Unterkörper des Angreifers zu mir ziehe, meinen rechten Arm strecke und mit meiner rechten Hand gegen den Hals des Angreifers drücke (der Angreifer kommt ins Hohlkreuz, kann aber keinen Ausweich-Schritt nach hinten machen), setze ich meinen rechten Fuß einen Schritt nach vorn zwischen die Beine des Angreifers. Weiter mit „O-Uchi-Gari“.

Hals-Gabel mit „Ko-Uchi-Gari“ (Fuß-Wurf 8, S. 117 / Abwehr Jacken-Fassen 4, S. 161 / Ansatz wie Abwehr Jacken-Fassen 3) **= Würge-Abwehr 4**

Kleinfinger-Hebel beidseitig (im kleinen Bogen vor meinem Bauch) **= Würge-Abwehr 5**

Ich winkele meine Arme spitzwinklig nach hinten an (Unterarm über Oberarm), drehe dabei meine Hände nach außen (Handflächen oben, Fingerspitzen in Richtung über meine Schultern) und schiebe dann von außen kommend meine jeweils aneinander liegenden Mittel-sowie Zeigefinger im rechten Winkel auf Höhe meiner Schultern entlang in Richtung meines Halses und dabei unter die kleinen Finger des Angreifers. Dann kommt jeweils mein abgespreizter Daumen von oben hinzu. So gefasst nehme ich mit rechts den linken kleinen Finger des Angreifers von meiner rechten Schulter und mit links den rechten kleinen Finger von meiner linken Schulter ab, drehe meine Hände wieder nach in Normalstellung (Handrücken außen) und führe meine Hände in einem kleinen Bogen vor meinem Bauch nach unten und somit die Hände des Angreifers erst über dessen Ober-, dann die Unterarme zurück wieder zu mir und nach oben. Die Handflächen des Angreifers zeigen nach dem Abnehmen von meinem Hals immer nach außen, erst oben, dann vorn und beide kleine Finger des Angreifers sind zusätzlich im Bogen zu den Handrücken des Angreifers gebogen.

Kleinfinger-Hebel beidseitig (im großen Bogen über Kopf/ Schultern des Angreifers) **= Würge-Abwehr 6**

(Ansatz analog Würgegriff-Abwehr 5)

mit rechts **Arme klemmen mit Schlag-Kombination und Knie-Schieber = Würge-Abwehr 7**

Ich setze meinen rechten Fuß nach diagonal links vorn zwischen den Füßen des Angreifers entlang im rechten Winkel von innen direkt hinter seinen rechten Fuß (Zehenspitzen links / Blockade). Dabei drehe ich mich um 90 Grad nach links und stehe mit meiner rechten Körperseite am Bauch des Angreifers. Mit meinem rechten Knie blockiere ich das rechte Knie des Angreifers von (links) vorn. Meinen rechten Arm führe ich im Bogen zuerst über den linken und dann über den rechten Arm des Angeifers hinweg nach links, dort nach unten und klemme/ziehe mit meinem dann angewinkelten rechten Arm beide Arme des Angreifers an meine Brust. Aus dieser Arm-Klemme heraus führe ich einen Faustrückenschlag mit rechts und unmittelbar danach einen Faustschlag mit links gegen den Kopf des Angreifers aus (direkt, nicht im Bogen) und drücke dabei mein rechtes Knie nach rechts gegen das rechte Knie des Angreifers, wodurch sich sein rechtes Bein versteift.

Angriff-Variante 2: von vorn / mit gestreckten Armen

Wir stehen Angesicht zu Angesicht. Der Angreifer würgt mich mit beiden (ausnahmsweise) gestreckten Armen **von vorn,** indem er die Daumen von den Fingern abspreizt und die linke Hand an meine rechte Halsseite und die rechte Hand an meine linke Halsseite führt und zudrückt.

Handgelenk-Abnehm-Gabeln beidseitig **= Würge-Abw. 8**

Ich winkele meine Arme spitzwinklig nach hinten an (Unterarm über Oberarm) und fasse mit meinen Händen quasi rückwärts (Daumen und Zeigefinger zu mir) von oben auf die Handgelenke (Oberseiten) des Angreifers (Zangen-Griff), mit meiner linken sein rechtes, mit meiner rechten sein linkes Handgelenk. Ich drücke meine Hände zusammen und setze meinen rechten Fuß einen Schritt zurück, gehe quasi aus dem Angreifer heraus und nehme die Handgelenke des Angreifers von meinem Hals ab. Der Angreifer bleibt auf der Stelle stehen und ich begebe mich in die Abwehr-Stellung.

Unterarm-Schaufel beidseitig **= Würge-Abwehr 9**

Ich winkele meine Arme an, forme meine Hände leicht hohl (Schüsseln) und setze diese von außen (Handflächen innen, Fingerspitzen vorn) an den Ellenbogen des Angreifers an, meine linke Hand am rechten Ellenbogen des Angreifers und meine rechte Hand am linken Ellenbogen des Angreifers. Mit meinen Händen drücke/schiebe ich beide Ellenbogen/Arme des Angreifers nach innen aufeinander zu, drehe meine Hände dabei mit den Handflächen nach oben, bleibe auf der Stelle stehen und strecke dann meine Arme, schiebe die nun versteiften Arme des Angreifers schwungvoll nach vorn auf den Angreifer zu (leichter Bogen) und begebe mich in die Abwehr-Stellung.

linker **Zeigefinger-Schieber mit** Abwandlung **„Age Uke“ links = Würge-Abwehr 10**

Meinen linken Fuß setze ich einen Schritt nach vorn vor den rechten Fuß des Angreifers (Zehenspitzen zu Zehenspitzen). Meine linke Hand forme ich zur Faust, strecke meinen Zeigefinger senkrecht nach oben heraus, führe ihn (Unterseite voran) bei angewinkeltem linken Arm an meiner Brust vorbei nach rechts und setze ihn von innen (von zwischen den Armen des Angreifers) am linken Handgelenk (Innenseite) des Angreifers an. Dann drehe ich mich um 90 Grad nach rechts (mein rechter Fuß vorn) und schiebe mit meinem linken Zeigefinger den linken Arm des Angreifers von meiner linken Halsseite. Nun ersetze ich meinen linken Zeigefinger durch meine rechte Hand (-kante, Kleinfingerseite, Fingerspitzen oben) am rechten Handgelenk (Innenseite) des Angreifers. Meinen linken Arm führe ich unter dem linken Arm des Angreifers entlang nach vorn außen und hake von dort (hinter seinem linken Ellenbogen) rückwärts von schräg oben meinen linken Daumen (Rückseite) in die linke Ellenbeuge des Angreifers ein, ziehe den linken Arm des Angreifers zu mir, bis dieser einknickt und sein Ellenbogen nach innen oben in der Waagerechten steht und der Angreifer dadurch in die Hohlkreuzlage kommt. Ich kippe meine linke Hand nach rechts, rutsche zum linken Handgelenk (Unterseite oben) des Angreifers und fasse dieses (Kamm-Griff, meine Finger von links oben auf seiner Handgelenk-Unterseite) und löse dann meine rechte Hand. Ich strecke meine linke Hand und schiebe dadurch den linken (Unter-)Arm des Anreifers über dessen (Ober-)Arm nach hinten unten (spitzer Winkel zwischen Unter-/Oberarm). Die Standposition verändere ich dabei nicht, ich stehe noch immer im rechten Winkel mit dem rechten Fuß vorn. Einzig der Angreifer hat sich gedreht und befindet sich nun Angesicht zu Angesicht versetzt links neben mir, d.h. mein linker Fuß und der linke Fuß des Angreifers befinden sich auf einer Höhe, zeigen aber in entgegengesetzte Richtungen. Der Angreifer fällt gerade nach hinten (Sturz rückwärts), ich lasse ihn einfach fallen, mache keinen Ausfallschritt (mache so wenig wie möglich).

rechter **Zeigefinger-Schieber mit** Abwandlung **„Age Uke“ rechts = Würge-Abwehr 11**

Ansatz Seiten verkehrt zu Würge-Abwehr 10. Dann weiter mit „Age Uke“ rechts.

Ellenbogen-Einhaker mit rechts **und Gesicht-Schieber/Kopf-Dreher** mit links (überkreuz) **= Würge-Abw. 12**

Ich führe meine rechte Hand zwischen unseren beiden Körpern sowie unter den Armen des Angreifers entlang nach links außen neben den rechten Arm des Angreifers und hake meinen rechten Mittelfinger (Handfläche oben) von links außen unten in die rechte Ellenbeuge des Angreifers ein. Meinen linken Arm führe ich über den Armen des Angreifers hinweg nach rechts und umfasse mit meiner linken Hand (-fläche / Fingerspitzen rechts) die Nase des Angreifers (mein Handballen drückt dabei auf die rechte Seite seines Kiefers). Dann gleichzeitig: a) ziehe ich mit dem rechten Mittelfinger in der Ellenbeuge des Angreifers dessen rechten Arm zwischen unseren beiden Körpern entlang nach rechts, b) setze meinen rechten Fuß dabei einen Schritt nach rechts sowie c) drehe mit meiner linken Hand den Kopf des Angreifers im Bogen nach hinten links (Der Angreifer dreht sich nach links und kommt ins Hohlkreuz) und d) ziehe dann meinen linken Fuß an meinen rechten Fuß heran. Der Angreifer fällt links von mir zu Boden.

Kehlkopf-Drücker (Mittel- auf Zeigefinger) **= Würge-Abw. 13**

Ich presse meinen rechten Mittelfinger auf meinen rechten Zeigefinger, ziehe den Mittelfinger aber ein wenig zurück, damit beide Finger gleich lang sind (größere Druckpunktfläche) und drücke so über dem Kehlkopf des Angreifers in dessen Hals, dann nach unten, strecke dabei meinen rechten Arm und schiebe den Angreifer weg.

diagonaler **Arm-Schieber** rechts **und Handkanten-Schlag** rechts **zum Hals = Würge-Abwehr 14**

Ich trete den Angreifer [Schock - das Ziel ist egal, im Training mit dem Fuß (-spann) gegen den inneren linken Oberschenkel]. Meinen rechten Arm schiebe ich bis zur Streckung diagonal zwischen den Armen des Angreifers hindurch nach vorn bis über dessen rechte Schulter. Dadurch kommt meine rechte Schulter mit nach vorn und der Würgegriff löst sich leicht. Dann ziehe ich meinen rechten Arm ruckartig zurück und führe mit meiner rechten Hand einen Handkantenschlag (Kleinfingerseite, Handfläche unten) gegen die rechte Halsseite des Angreifers aus.

gerader **Arm-Schieber** rechts **und Handkanten-Schlag** rechts **zum Schlüsselbein = Würge-Abwehr 15**

Ich setze meinen rechten Fuß einen Schritt nach vorn zwischen die Beine des Angreifers, führe einen Handrücken-Schlag mit rechts in den Genitalbereich des Angreifers aus (Schock) und schiebe dann meinen rechten Arm zwischen den Armen des Angreifers hindurch bis zur

Streckung nach vorn über dessen linke Schulter. Gleichzeitig fasse ich mit meiner linken Hand (-fläche) von links außen im rechten Winkel den rechten Unterarm des Angreifers und ziehe diesen in einer Abwärtsbewegung ruckartig an mich heran. Dadurch löst sich der Würgegriff leicht. Meinen rechten gestreckten Arm ziehe ich nun ein Stück zurück und schlage mit der Handkante (Kleinfingerseite) auf das Schlüsselbein des Angreifers (schnippe dabei aus dem Handgelenk).

beidseitiger Schlag in seine Ellenbeugen = Würge-Abw. 16

Ich winkele meine Arme an und schlage mit beiden Handkanten (Kleinfingerseiten, Fingerspitzen innen) im rechten Winkel von außen kommend mit voller Wucht von oben nach unten in die Ellenbeugen des Angreifers. Dabei gehe ich mit dem rechten Fuß einen Schritt nach hinten und nehme meinen Kopf zu einer Seite raus, damit unsere Köpfe nicht kollidieren. Die (Unter-)Arme des Angreifers klappen an meinen Bauch, der Angreifer verliert das Gleichgewicht nach vorn, löst die Würge und fällt vor mir auf die Knie.

nach links **abtauchen/auftauchen,** Abwandlung **„O-Soto-Gari"** (Fuß-Wurf 3, S. 114 / Gesicht-Schieber, ohne Einsatz meiner linken Hand) **= Würge-Abwehr 17**

Ich gehe in die Hocke sowie in Oberkörperbeuge, tauche, ohne einen Schritt zu machen, mit meinem Kopf/Oberkörper unter dem rechten Arm des Angreifers hinweg nach links außen (immer Blickkontakt) und richte mich links neben seinem rechten Arm wieder auf. Dabei schiebe ich mit meiner rechten Hand (-kante, Kleinfingerseite) seinen rechten Arm am Ellenbogen von links nach rechts in Richtung seiner linken Schulter, wodurch sich der Angreifer leicht nach links hinten dreht, ins Hohlkreuz kommt und gezwungen wird, sein Körpergewicht überwiegend auf sein rechtes Bein zu stützen. Weiter mit „O-Soto-Gari").

Angriffs-Variante 3: von hinten / mit gebeugten Armen

Wir stehen, ich mit dem Rücken zum Angreifer. Er würgt mich mit beiden gebeugten Armen von hinten, indem er die Daumen von den Fingern abspreizt, die linke Hand an meine linke Halsseite und die rechte Hand an meine rechte Halsseite führt und zudrückt.

Drehung links rückwärts und Abwandlung **„O-Soto-Gari"** (Fuß-Wurf 3, S. 114 / (ohne Einsatz meiner linken Hand) **= Würge-A. 18**

Ich gehe leicht in die Hocke sowie in Oberkörperbeuge, drehe mich mit meinem(r) linken Fuß/Schulter voran um 180 Grad nach links hinten (rückwärts) unter den Armen des Angreifers entlang (immer Blickkontakt) und richte mich links neben seinem rechten Arm (Angesicht zu Angesicht) wieder auf. Dabei schiebe ich mit meiner rechten Hand (-kante, Kleinfingerseite) den rechten Arm des Angreifers am Ellenbogen von links nach rechts in Richtung seiner linken Schulter, wodurch sich der Angreifer leicht nach links hinten dreht, ins Hohlkreuz kommt und gezwungen wird, sein Körpergewicht überwiegend auf sein rechtes Bein zu stützen. Weiter mit „O-Soto-Gari“.

Empi und Fingerstich = Würge-Abwehr 19

Ich gehe leicht in die Hocke, setze meinen linken Fuß einen kleinen Schritt nach links und rutsche nach links leicht neben die linke Körperseite des Angreifers. Mit meinem rechten Arm (Ellenbogen voran) führe ich zuerst einen Ellenbogen-Empi nach hinten gegen den Bauch des Angreifers aus, rutsche dann quasi mit dem Ellenbogen nach oben ab und führe einen weiteren Ellenbogen-Empi unter das Kinn des Angreifers aus. Unterstützend fasse ich mit meiner linken Hand (-fläche) auf meine rechte Faust. Dann drehe ich mich mit meinem(r) rechten Fuß/Schulter um 90 Grad nach rechts hinten, führe meine linke Hand an meiner Brust entlang nach rechts und deren Finger in die Augen des Angreifers (Stich). Dann drehe ich mich auf meinen Fußballen um weitere 90 Grad nach rechts hinten, setze meinen rechten Fuß einen Schritt nach hinten und begebe mich in die Abwehr-Stellung.

Handgelenk-Abnehm-Gabeln beidseitig und Hebel über Schultern = Würge-Abwehr 20

Ich winkele meine Arme spitzwinklig nach hinten an (Unter- über Oberarm), drehe dabei meine Hände nach innen (Handrücken oben, Fingerspitzen zu meinem Hals), fasse die Handgelenke des Angreifers von oben (mit links sein linkes, mit rechts sein rechtes, Zangen-Griff, Daumen auf der Außenseite, Finger auf der Innenseite) und presse Daumen und Finger zusammen (Luft zwischen Handflächen und -gelenken), nehme seine Arme von meinem Hals ab und ziehe sie über meine Schultern nach vorn (Streckung), drehe sie jeweils nach außen auf (Gas geben, seine Ellenbogen/Handrücken unten) und setze meinen rechten Fuß einen Schritt nach hinten (seine Ellenbogen auf meinen Schultern). Nun ziehe ich beide Arme des Angreifers (von unten gefasst, seine Ellenbogen voran) über meine Schultern nach unten.

Arm-Knoten = Würge-Abwehr 21

Ansatz analog Würge-Abwehr 20 „Handgelnek-Abnehm-Gabel beidseitig) bis […] (Gas geben, seine Ellenbogen/Handrücken unten).

Dazu setze ich meinen rechten Fuß einen Schritt nach leicht links hinten, bis sich seine Ellenbogen über meinen Schultern befinden. Dann drehe ich mich mit meinem(r) rechten Fuß/Schulter voran um 180 Grad nach rechts hinten (Angesicht zu Angesicht, mein linker Fuß vorn). Die dadurch nun überkreuz liegenden Arme des Angreifers verknote ich, indem ich den rechten Arm des Angreifers, der sich nun unter dem linken Arm des Angreifers befindet, um den linken Arm des Angreifers herum anwinkele (sein Unterarm senkrecht), während ich mit meiner linken Hand den linken gestreckten Arm des Angreifers von links nach rechts drücke. Dadurch kommt der Angreifer leicht nach links aus dem Gleichgewicht. Ich halte mit beiden Armen die Spannung auf die Arme des Angreifers und durch vermehrten Druck mit rechts auf den rechten Arm des Angreifers schiebe ich den Angreifer nach links hinten.

Kleinfinger-Hebel beidseitig = Würge-Abwehr 22

Ich winkele meine Arme spitzwinklig nach hinten an (Unter- über Oberarm), drehe dabei meine Hände nach innen (Handrücken oben, Fingerspitzen zu meinem Hals), drücke beidseitig mit meinen Daumen auf die Oberseite der unteren Gelenke (zum Handrücken hin) der kleinen Finger des Angreifers, schiebe gleichzeitig meine Finger (senkrecht aneinander liegend) zwischen den kleinen Fingern und den Ringfingern des Angreifers hindurch nach unten und umschließe die kleinen Finger des Angreifers. So nehme ich mit beiden Händen die Hände des Angreifers von meinem Hals ab und drehe sie nach außen. Mit meinen Daumen drücke ich die kleinen Finger des Angreifers (Handflächen oben) nach oben und biege sie gleichzeitig mit meinen Fingern über meine gestreckten Daumen im Bogen auf mich zu.

Daumen-Abspreiz-Hebel hinterm Nacken = Würge-Abw. 23

Ich winkele meinen linken Arm spitzwinklig nach hinten an (Unter- über Oberarm), drehe dabei meine linke Hand nach innen (Handrücken oben, Fingerspitzen zu meinem Hals) und fasse von oben die/den linke(n) Hand (-rücken) des Angreifers (mein Daumen außen, meine Finger innen). Ohne Anpressdruck nachzulassen, rutsche ich mit meiner linken Hand zu den Fingern seiner linken Hand, greife diese, ziehe sie (frei stehend) vor meiner linken Schulter nach rechts vor meinen Hals und spreize so seinen Daumen, der sich noch hinter meinem Nacken befindet, schmerzhaft von den Fingern seiner linken Hand ab.

Angriff-Variante 4: von rechts

Wir stehen im rechten Winkel zueinander. Der Angreifer würgt mich mit gebeugten Armen von rechts kommend an meiner rechten Halsseite.

Kehlkopf-Drücker (Mittel- auf Zeigefinger) = **Würgegriff-A. 24**
(Würge-Abwehr 13, S. 180)

Beten- oder John-T.-Technik = Würge-Abwehr 25

Ich strecke meinen rechten Arm zwischen den Armen des Angreifers hindurch diagonal nach oben und setze gleichzeitig meinen rechten Fuß einen Schritt nach hinten, sodass ich tief stehe und sich die Würge etwas lockert (mein linkes Bein gehockt, mein rechtes Bein diagonal gestreckt / mein rechter Arm, mein Rücken sowie mein rechtes Bein bilden eine Diagonale). Ich drehe meine rechte Hand nach rechts hinten (Handfläche hinten) und führe meinen rechten Arm im Bogen über oben nach unten um den linken Arm des Angreifers herum, gehe dabei in die Hocke, und während ich meinen rechten Arm wieder nach vorn oben führe, komme ich aus der Hocke nach oben und ziehe meinen rechten Fuß an meinen linken Fuß heran. Mit meinem rechten Arm (Kontaktpunkt: sein Ellenbogen und meine Ellenbeuge) nehme ich den linken Arm des Angreifers mit nach oben. Der linke Arm des Angreifers knickt im Ellenbogengelenk ein und kommt als Dreieck waagerecht zum Boden mit dem Ellenbogen voran in Richtung des rechten Arms des Angreifers nach. Der Angreifer kommt ins Hohlkreuz (bildlich: ein Schaufelbagger, der den linken Arm des Angreifers auflädt). Der linke Ellenbogen des Angreifers liegt in meiner rechten Ellenbeuge. Mit meinem rechten Arm den linken Arm des Angreifers immer noch umschlungen haltend, lege ich meine Hände mit den Fingerspitzen nach oben wie zum Beten aneinander und halte den gewinkelten sowie waagerecht stehenden linken Arm des Angreifers unter Spannung. Ich drehe mich auf der Stelle um 90 Grad nach rechts und weil ich in dieser Beten-Haltung den linken Arm des Angreifers mit nach rechts drehe, geht der Angreifer auf seiner rechten Körperseite zu Boden (sein Kopf rechts von mir). Der rechte Arm des Angreifers hat sich dabei von meinem Hals gelöst. Ich steige mit meinem linken Bein über die linke hochkant stehende Körperseite des Angreifers, hocke links nieder (Ober- zu Unterschenkel im rechten Winkel) und klemme den rechten Arm des Angreifers mit meiner linken Ferse am Bauch des Angreifers. Mit meinem rechten Knie rutsche ich an den Rücken des Angreifers und seinen linken Arm klemme ich unter meiner rechten Ellenbeuge ein [quasi bete ich links neben seinem linken Arm und schiebe mit meiner linken Hand meine rechte Hand (-rücken voran) gegen den linken Ellenbogen des Angreifers]. Sein linker (Ober-)Arm steht senkrecht, sein (Unter-)Arm waagerecht und sein linkes Handgelenk klemme ich zwischen meine rechte Ellenbeuge und meine rechte Körperseite.

22. ABWEHREN GERADER FAUST-STÖSSE

gelb 2 / orange 4 / grün 6 / blau 8 / violett 10 / 1.braun 12 / 2.braun 14 / 3.braun 16 / 1.Dan 19 / 2.Dan 21 / 3.Dan 23 / 4.Dan 25 / **5.Dan 27 Stück**

Ausweich-Variante 1: nach vorn links / Drehung 90 Grad rechts

Ich weiche nach vorn links aus, setze dazu meinen linken Fuß einen Schritt nach schräg vorn links und drehe mich um 90 Grad nach rechts, stehe nun im rechten Winkel zur rechten Körperseite des Angreifers und habe beide Beine gleichmäßig belastet (mein rechter Fuß vorn, mein linker hinten, Schulterbreiter stabiler Stand). Der gestreckte rechte Arm des Angreifers befindet sich waagerecht vor meiner Brust. Meine Hände habe ich leicht gewölbt mit den Handflächen/-ballen am rechten Arm des Angreifers (blocke aber nicht), meine linke an seinem Ellenbogen (damit dieser nicht durchschlägt), meine linke an seinem Handgelenk.

Kanu-Paddel = Faustostoß-Abwehr 1

Ich fasse mit meiner rechten Hand (Kammgriff) das rechte Handgelenk des Angreifers und drehe es von mir weg (Gas wegnehmen, sein Ellenbogen dann oben). Meine linke Hand kippe ich am Ellenbogen des Angreifers nach links und drücke die Handkante (Kleinfingerseite) von schräg unten gegen den rechten Ellenbogen (bzw. direkt links daneben) des Angreifers und verhindere dadurch das Einknicken des rechten Arms des Angreifers. Dann führe ich mit beiden Händen/Armen gleichzeitig den rechten Arm des Angreifers in der Waagerechten nach vorn (vor die Körpermitte des Angreifers) und von dort im Bogen in einer Wellenbewegung nach unten und wieder nach oben. Dazu ziehe ich mit meiner rechten Hand am rechten Handgelenk des Angreifers den rechten Arm des Angreifers schneller nach unten als ich diesen mit meiner linken Handkante am rechten Ellenbogen nach unten drücke. Sobald die rechte Hand des Angreifers nahe des Bodens ist, ziehe ich diese mit meiner rechten Hand wieder nach oben, während ich mit meiner linken Handkante am rechten Ellenbogen des Angreifers den rechten Arm des Angreifers noch nach unten drücke. Gleichzeitig mache ich mit meinem rechten Fuß voran mittels kleiner Tippel-Schritte (mein linker Fuß dreht sich dabei auf der Stelle) eine schnelle Körperdrehung auf der Stelle im Halbkreis nach rechts hinten (bildlich: Führen eines Kanu-Paddels) und führe den Angreifer mit Schwung über die Oberkörperbeuge auf dem Bauch zu Boden. Mein linkes Knie drücke ich in seine rechte Schulter.

Kopf-Dreher = Fauststoß-Abwehr 2

Ich fasse mit meiner rechten Hand (Kammgriff) das rechte Handgelenk des Angreifers und drehe es von mir weg (Gas wegnehmen, sein Ellenbogen dann oben). Meine linke Hand kippe ich am Ellenbogen des Angreifers nach links und drücke die Handkante (Kleinfingerseite) von schräg unten gegen den rechten Ellenbogen (bzw. direkt links daneben) des Angreifers und verhindere dadurch das Einknicken des rechten Arms des Angreifers. Dann führe ich mit beiden Händen/Armen gleichzeitig den rechten Arm des Angreifers in der Waagerechten nach vorn (vor die Körpermitte des Angreifers) und von dort im Bogen in einer Wellenbewegung nach unten und wieder nach oben. Dazu ziehe ich mit meiner rechten Hand am rechten Handgelenk des Angreifers den rechten Arm des Angreifers schneller nach unten als ich diesen mit meiner linken Handkante am rechten Ellenbogen nach unten drücke. Sobald die rechte Hand des Angreifers nahe des Bodens ist, ziehe ich diese mit meiner rechten Hand wieder nach oben und dabei so weit nach links, dass sich der rechte Arm des Angreifers (seine Hand oben) senkrecht mittig vor meiner Brust befindet. Unterstützend rutsche ich mit meiner linken Handkante vom rechten Ellenbogen des Angreifers zu dessen rechter Schulter und drücke dort nach rechts unten. Der Angreifer kommt mit Kopf und Oberkörper weit nach unten. Ich schwinge mein linkes Bein angewinkelt von rechts nach links über den Kopf des Angreifers (umschlingen und leicht klemmen) auf dessen Nacken, strecke es dann nach hinten (Ausfallschritt), wodurch sich der Angreifer, nur von meiner linken Kniekehle gehalten, mit seinem Kopf/Nacken voran in selbiger dreht und dann auf den Rücken fällt.

Schienbein-Strecker mit Kopf-Schieber = Fauststoß-A. 3

Ich fasse mit meiner rechten Hand (Kammgriff) das rechte Handgelenk des Angreifers und drehe es von mir weg (Gas wegnehmen, sein Ellenbogen dann oben). Meine linke Hand kippe ich am Ellenbogen des Angreifers nach links und drücke die Handkante (Kleinfingerseite) von schräg unten gegen den rechten Ellenbogen (bzw. direkt links daneben) des Angreifers und verhindere dadurch das Einknicken des rechten Arms des Angreifers. Dann führe ich mit beiden Händen/Armen gleichzeitig den rechten Arm des Angreifers in der Waagerechten nach vorn (vor die Körpermitte des Angreifers) und von dort im Bogen in einer Wellenbewegung nach unten und wieder nach oben. Dazu ziehe ich mit meiner rechten Hand am rechten Handgelenk des Angreifers den rechten Arm des Angreifers schneller nach unten als ich diesen mit meiner linken Handkante am rechten Ellenbogen nach unten drücke. Sobald die rechte Hand des Angreifers nahe des Bodens ist, ziehe ich diese mit meiner rechten Hand wieder nach oben und dabei so weit nach links, dass sich der rechte Arm des Angreifers mehr als senkrecht vor meiner linken Körperseite befindet (unten weiter rechts als oben). Dadurch kommt der Angreifer mit Kopf und Oberkörper weiter nach unten und nach rechts. Mein linkes Bein führe ich von links (am Po des Angreifers her) über den Rücken des Angreifers nach rechts in Richtung Kopf des Angreifers, winkele es dann an und schiebe es an der rechten Halsseite des Angreifers mit dem Fußspann voran bis zur Streckung und bis zum Stand auf den Boden diagonal vor dem Körper des Angreifers nach vorn links. Ich setze meinen rechten Fuß einen Schritt im Bogen nach links vorn vor den Angreifer, klemme so den rechten sich zwischen meinen Beinen befindlichen und jetzt mit meiner linken Hand fixierten Arm des Angreifers und fordere dann den linken Arm des Angreifers zur Verhinderung eines weiteren Angreiffs an, den ich mit meiner rechten Hand ebenfalls senkrecht nach oben halte.

Bauch-Hebel = Fauststoß-Abwehr 4

Ich fasse mit meiner rechten Hand (Kammgriff) das rechte Handgelenk des Angreifers und drehe es von mir weg (Gas wegnehmen, sein Ellenbogen dann oben). Meine linke Hand kippe ich am Ellenbogen des Angreifers nach links und drücke die Handkante (Kleinfingerseite) von schräg unten gegen den rechten Ellenbogen (bzw. direkt links daneben) des Angreifers und verhindere dadurch das Einknicken des rechten Arms des Angreifers. Dann führe ich mit beiden Händen/Armen gleichzeitig den rechten Arm des Angreifers in der Waagerechten nach vorn (vor die Körpermitte des Angreifers) und von dort im Bogen in einer Wellenbewegung nach unten und wieder nach oben. Dazu ziehe ich mit meiner rechten Hand am rechten Handgelenk des Angreifers den rechten Arm des Angreifers schneller nach unten als ich diesen mit meiner linken Handkante am rechten Ellenbogen nach unten drücke. Sobald sich der rechte Arm des Angreifers nahezu in der Waagerechten befindet, versetze ich dem Angreifer mit links einen Faustrückenschlag (Schock) gegen seine rechte Hüfte und setze meinen linken Fuß über den rechten Fuß des Angreifers hinweg vor die Körpermitte des Angreifers. Meine linke Handkante setze ich an der rechten Schulter des Angreifers an und schiebe den rechten Arm des Angreifers in einer Wellenbewegung von mir weg in Richtung seiner linken Schulter nach oben. Dann ziehe ich den rechten Arm des Angreifers analog wieder zu mir, wobei ich mit meiner rechten Hand seine rechte Hand zu mir drehe (Gas geben), wodurch die rechte Handfläche des Angreifers nach oben und sein rechter Ellenbogen nach unten kommt. Ich gehe leicht in die Hocke, lege den gestreckten rechten Arm des Angreifers nahe meines Bauches quer von links nach rechts über meine Oberschenkel und klappe meinen Oberkörper nach vorn, wodurch ich den rechten Arm des Angreifers einklemme und nach unten drücke (Hebel).

Kniestoß-Armbrecher mit gedrehtem Fußtritt rückwärts = Faustsstoß-Abwehr 5

Ich fasse mit meiner rechten Hand (Zangen-Griff) das rechte Handgelenk des Angreifers von oben, drehe es zu mir (Gas geben, seine Handfläche oben, sein Ellenbogen unten) und ziehe seinen rechten Arm dabei weiter (gestreckt) nach rechts. Ich winkele mein rechtes Bein an und führe einen Knie-Stoß von unten gegen den rechten Ellenbogen des Angreifers aus (Armbruch) und setze meinen rechten Fuß bei gleichzeitiger Körperdrehung um 90 Grad nach rechts (Zehenspitzen rechts) ab (Blickrichtung analog des Angreifers). Meinen linken Arm schwinge ich dabei über den rechten Arm des Angreifers nach innen, winkele ihn an und klemme den rechten Arm des Angreifers (Höhe Ellenbogen, nicht unter der linken Achsel) und übernehme das rechte Handgelenk des Angreifers mit meiner linken Hand von innen (Zangen-Griff). Ich beuge mein rechtes Bein und führe mit meinem linken Bein einen gedrehten Fußtritt rückwärts (Ferse voran) in den Nervendruckpunkt am rechten Oberschenkel (Innenseite) des Angreifers aus. Der Angreifer knickt weg und fällt.

Age Uke rechts (tiefer gelegt) = Faustsstoß-Abwehr 6

Ich drehe meine linke Hand nach rechts, hake deren Daumen (unten) von oben innen in die rechte Ellenbeuge des Angreifers ein und ziehe seinen rechten Arm (Ellenbogen voran) auf meine rechte Schulter, während ich mit meiner rechten Hand das rechte Handgelenk des Angreifers fasse (Kamm-Griff) und seinen rechten Unterarm nach unten auf seinen Oberarm drücke, der auf meiner rechten Schulter liegt. Dabei drehe ich mich mit meinem(r) linken Fuß/Schulter voran nach links hinten [der Angreifer dreht sich analog rückwärts nach links (von sich aus gesehen nach rechts rückwärts)] und fällt auf die linke Körperseite.

Ausweich-Variante 2: nach vorn links gerade

Ich weiche nach vorn links außen aus, setze dazu meinen linken Fuß einen kleinen Schritt nach schräg vorn links und beuge mein linkes Bein leicht, während mein rechtes diagonal gestreckt stehen bleibt, sich mein rechter Fuß um 45 Grad mit der Ferse nach links dreht = stabiler Stand.

Messer ziehen und Handkipp-Hebel (Handgelenk-Hebel 33a, S. 31) = Faustsstoß-Abwehr 7

Während der Ausweichbewegung forme ich meine Hände zu Fäusten, lege meine Unterarme vor meinem Bauch angewinkelt übereinander (Unterarme parallel zueinander, nur in entgegen gesetzten Richtungen, der rechte oben) und führe mehrere gegenläufige Bewegungen aus: 1. Während ich meinen linken Arm angewinkelt rückwärts an meine linke Hüfte ziehe (Handfläche oben), klappe ich meinen rechten Unterarm mit Schwung nach rechts in die Senkrechte und treffe den rechten Oberarm des Angreifers kurz hinter dessen Ellenbogen. 2. Ich drehe mich auf der Stelle um 90 Grad nach rechts (mein rechter Fuß vorn) und führe mit links einen Faustschlag zum Kinn des Angreifers bis zur Streckung meines linken Armes (durchschlagen) aus, während ich meine rechte Faust an meine rechte Hüfte ziehe (Handfläche oben). Ich drehe mich auf meinen rechten Fußballen nun ein weiteres Mal um 90 Grad nach rechts (Blickrichtung analog des Angreifers), schwinge dabei meinen linken Arm über den rechten Arm des Angreifers nach innen, winkele ihn an und klemme den rechten Arm des Angreifers (Höhe Ellenbogen, nicht unter der linken Achsel) und fasse das rechte Handgelenk des Angreifers mit meiner linken Hand von innen (Zangen-Griff). Ich beuge mein rechtes Bein und führe mit meinem linken Bein einen gedrehten Fußtritt rückwärts (Ferse voran) in den Nervendruckpunkt am rechten Oberschenkel (Innenseite) des Angreifers aus. Dann drehe ich mich mit meinem(r) linken Fuß/Schulter um 180 Grad nach links hinten (Angesicht zu Angesicht). Weiter mit Handkipp-Hebel 33a.

Messer ziehen und Kinn-Schrammer (Formations-Technik) = Fauststoß-Abwehr 8

Während der Ausweichbewegung forme ich meine Hände zu Fäusten, lege meine Unterarme vor meinem Bauch angewinkelt übereinander (Unterarme parallel zueinander, nur in entgegen gesetzten Richtungen, der rechte oben) und führe mehrere gegenläufige Bewegungen aus: 1. Während ich meinen linken Arm angewinkelt rückwärts an meine linke Hüfte ziehe (Handfläche oben), klappe ich meinen rechten Unterarm mit Schwung nach rechts in die Senkrechte und treffe den rechten Oberarm des Angreifers kurz hinter dessen Ellenbogen. 2. Ich drehe mich auf der Stelle um 90 Grad nach rechts (mein rechter Fuß vorn) und führe mit links einen Faustschlag zum Kinn des Angreifers bis zur Streckung meines linken Armes (durchschlagen) aus, während ich meine rechte Faust an meine rechte Hüfte ziehe (Handfläche oben). 3. Ich schiebe mit meiner linken Hand (-kante, Kleinfingerseite, Blick in meine Handfläche) den rechten Arm des Angreifers nach diagonal unten vor/gegen dessen Bauch (bildlich: Aufspannen von Pfeil und Bogen), drehe mich auf meinen Fußballen um 90 Grad nach links (Angesicht zu Angesicht, mein linker Fuß vorn) und führe mit rechts einen Faustschlag von unten (aus der Hüfte, nicht seitlich, Ellenbogen unten) im Bogen nach links gegen die rechte Gesichtshälfte des Angreifers aus (schrammen).

mit links ableiten, Fauststoss und **Unterarm-Empi = Fauststoß-Abwehr 9**

Mit meiner linken Hand (-fläche rechts) leite ich den gestreckten rechten Arm des Angreifers auf/über meine rechte Schulter ab, führe mit rechts einen Fauststoß gegen die rechte Bauchseite des Angreifers aus, lasse dann meinen rechten Arm waagerecht einknicken (Ellenbogen rechts) und versetze dem Angreifer einen Unterarm-Empi gegen seine rechte Bauchseite und setze meinen rechten Fuß einen Schritt nach vorn.

mit links ableiten, mit rechts fangen, „Mawashi-Hiza-Geri" (Formations-Technik) = Fauststoß-Abwehr 10

Mit meiner linken Hand (-fläche rechts) leite ich den gestreckten rechten Arm des Angreifers auf/über meine rechte Schulter ab und führe gleichzeitig meinen rechten Arm bis zur Streckung über die rechte Schulter des Angreifers. Somit ist sein rechter Arm zwischen meinen Armen gefangen. Ich ziehe meinen rechten Arm ein Stück zurück, fasse mit meiner rechten Hand (Fingerspitzen unten) auf die rechte Schulter des Angreifers (halte mich quasi daran fest), ziehe den Angreifer ein Stück in die Oberkörperbeuge und führe mit meinem rechten Bein einen „Mawashi-Hiza-Geri" in den Bauch des Angreifers aus.

Ausweich-Variante 3: Oberkörperdrehung nach rechts hinten

Ich bleibe stehen, drehe nur meinen Oberkörper mit meiner rechten Schulter voran nach rechts hinten (aus der Hüfte / Abwehr von außen).

mit links nach rechts unten **ableiten und mit rechts** oben drüber **Kinn-Schrammer = Fauststoß-Abwehr 11**

Mit meiner linken Hand (-fläche rechts) fasse ich von links außen das rechte Handgelenk des Angreifers (Kamm-Griff), ziehe daran den gestreckten rechten Arm des Angreifers diagonal nach rechts unten zu meiner rechten Hüfte, halte diesen weiter fest und führe oben drüber hinweg mit rechts einen Faustschlag aus der Hüfte kommend (nicht seitlich, Ellenbogen unten) im Bogen nach links gegen die rechte Gesichtshälfte des Angreifers aus (schrammen).

mit rechts von links außen **ableiten und mit links Fauststoß = Fauststoß-Abwehr 12**

Mit meiner rechten Hand (-fläche rechts) fasse ich von links außen das rechte Handgelenk des Angreifers (Kamm-Griff), ziehe daran den gestreckten rechten Arm des Angreifers diagonal nach rechts unten zu meiner rechten Hüfte, halte diesen weiter fest und führe mit links einen Fauststoß (Faust senkrecht) gegen die rechte Hüfte des Angreifers aus.

mit rechts von links außen **ableiten und in die Ecke schleudern = Fauststoß-Abwehr 13**

Mit meiner rechten Hand (-fläche rechts) fasse ich von links außen die/den rechte(n) Hand (-rücken) des Angreifers (Kamm-Griff) von den Fingerspitzen her und so, dass mein Daumen gestreckt auf seinem rechten Handrücken liegt und sich meine Finger von seiner Daumenseite in seine Handfläche krallen. Mit meiner linken Hand fasse ich die rechte Hand des Angreifers analog, sodass sich meine Finger von seiner Kleinfingerseite in seine Handfläche krallen und meine Daumen auf seinem Handrücken parallel aneinander liegen. Ich lehne mich (auf der Stelle stehend) nach hinten und ziehe/schleudere mit beiden Händen den Angreifer in einem Halbkreis-Bogen nach rechts hinten um mich herum (bildlich: Hammerwerfen) und schiebe ihn dann an seinem gestreckten rechten Arm punktgenau z.B. in eine Ecke.

Angriff Doppel-Schlag rechts - links

Scheiben-Wischer = Fauststoß-Abwehr 14

Mit meiner linken Hand (-fläche rechts) fasse ich von links außen das rechte Handgelenk des Angreifers (Kamm-Griff), ziehe daran dessen gestreckten rechten Arm diagonal nach rechts unten zu meiner rechten Hüfte. Dann kommt die linke Faust des Angreifers (für mich von rechts). Mit meiner rechten Hand (-fläche links) fasse ich von rechts außen das linke Handgelenk des Angreifers (Kamm-Griff), drehe meinen Oberkörper leicht nach links zurück und ziehe daran dessen linken Arm diagonal nach links unten an meiner linken Hüfte vorbei. Direkt im Anschluss führe ich mit rechts einen Faustrückenschlag gegen das Kinn des Angreifers aus sowie mit links einen Faustschlag im Bogen nach rechts gegen den Kopf des Angreifers.

Ausweich-Variante 4: Oberkörperdrehung nach links hinten

Ich bleibe stehen, drehe nur meinen Oberkörper leicht mit meiner linken Schulter voran nach links hinten (aus der Hüfte / Abwehr von innen).

mit links nach links **ableiten und mit rechts Kinn-Schrammer (Formations-Technik) = Fauststoß-Abwehr 15**

Mit meiner linken Hand fasse ich von innen das rechte Handgelenk des Angreifers (Kamm-Griff), ziehe den gestreckten rechten Arm des Angreifers nach links unten zu meiner linken Hüfte, halte diesen weiter fest und führe mit rechts einen Faustschlag von unten (aus der Hüfte, nicht seitlich, Ellenbogen unten) im Bogen nach links gegen die rechte Gesichtshälfte des Angreifers aus (schrammen).

Ausweich -Variante 5: T-Schritt rückwärts mit links
Ich setze meinen linken Fuß einen Schritt auf einer gedachten Linie nach hinten (Zehenspitzen diagonal links), beuge mein linkes Bein leicht und lehne meinen Oberkörper nach links gedreht auf der gedachten Linie (schmal stehen) nach hinten (bildlich: T-Schritt rückwärts).

Schultern-Nacken-eine-Linie (Handgelenk-Hebel 22, S. 26) **= Fauststoß-Abwehr 16**
Gleichzeitig hebe ich mein gestrecktes rechtes Bein bis in den Genitalbereich des Angreifers an (Schock), setze meinen rechten Fuß dann wieder auf (Zehenspitzen vorn, Schulterbreiter stabiler Stand). Weiter mit „Schultern-Nacken-eine-Linie“ ab [...] Ich fasse die rechte Hand des Angreifers jeweils von dessen rechtem Handgelenk her [...].

hohle Hände (Schüssel) **= Fauststoß-Abwehr 17**
Ich wölbe meine Hände und lege/presse sie leicht überlappend aufeinander (Handflächen oben) und leite so die rechte Faust und den rechten Arm des Angreifers nach oben ab (bildlich: Baggerschaufel).

Z- oder Viereck-Hebel 1 - 4 (Handgelenkhebel 1 - 4, S. 19 - 20) **= Fauststoß-Abwehr 18**

Z- oder Dreieck-Hebel 1 - 4 (Handgelenkhebel 5 - 8, S. 20 - 21) **= Fauststoß-Abwehr 19**

Spyder-Man-Technik (hoch krabbeln / **Formations-Technik**) **= Fauststoß-Abwehr 20**
Mit meiner rechten Hand (-fläche) fasse ich im rechten Winkel von rechts innen kommend ganz engwinklig auf das rechte Handgelenk (Oberseite) des Angreifers (Kammgriff, Fingerspitzen links) und ziehe den rechten Arm des Angreifers auf meine linke Körperseite zu. Mit meiner linken Hand (-fläche, Fingerspitzen rechts) fasse ich von links außen kommend direkt hinter meiner rechten Hand ebenfalls auf den rechten Unterarm des Angreifers (Kammgriff). Dann löse ich meine rechte Hand, forme sie zur Faust und führe bei weiterhin angewinkeltem rechtem Arm einen Faustrückenschlag gegen das Kinn des Angreifers

aus. Dabei lasse ich meinen rechten Ellenbogen richtig zu mir schnicken, um Schwung zu holen, setze ihn aber nicht auf der rechten Ellenbeuge des Angreifers auf. Mit meiner linken Hand ziehe ich den rechten Arm des Angreifers zunächst weiter, löse dann auch den Griff und führe unmittelbar nach dem Faustrückenschlag mit rechts einen Faustschlag zum Kopf des Angreifers aus (kein Schwinger, sondern im kürzesten Weg parallel über den rechten Arm des Angreifers.

Ausweich-Variante 6: T-Schritt rückwärts mit rechts

Ich setze meinen rechten Fuß einen Schritt auf einer gedachten Linie um 90 Grad nach rechts gedreht nach hinten (Zehenspitzen rechts), beuge mein rechtes Bein leicht und lehne meinen Oberkörper nach rechts gedreht auf der gedachten Linie (schmal stehen) nach hinten (bildlich: T-Schritt rückwärts).

Säge = Faustestoß-Abwehr 21

Mit meiner rechten Hand (-fläche) fasse ich von links außen das rechte Handgelenk des Angreifers (Kamm-Griff) und ziehe den gestreckten rechten Arm des Angreifers weiter. Meine linke Hand (-kante, Kleinfingerseite) setze ich direkt hinter dem rechten Ellenbogen (oben) des Angreifers an, drücke damit den rechten Arm des Angreifers nach unten und bewege/kippe gleichzeitig meine linke Hand hin und her (schieben - ziehen = sägen). Dabei laufe ich seitlich rückwärts (in der Angriffsrichtung), bis der Angreifer auf dem Bauch liegt.

Ausweich-Variante 7: nach vorn mittig / Drehung 90 Grad links

Ich setze meinen rechten Fuß einen Schritt nach vorn mittig vor die Beine des Angreifers, drehe mich um 90 Grad nach links (Schulterbreiter stabiler Stand, mein linkes Bein vorn). Mit beiden Handkanten (Kleinfingerseiten, nicht den Fingern) blocke ich von innen das rechte Handgelenk des Angreifers und führe dann mit rechts einen Handrückenschlag gegen seine rechte Gesichtshälfte aus (Schock).

Arm-Brecher 1 = Faustestoß-Abwehr 22

Ich lasse meine linke Hand (-kante) am rechten Handgelenk des Angreifers. Meine rechte Hand führe ich von innen unter dem rechten Arm des Angreifers nach außen und ziehe diese (schlage) quasi rückwärts mit der rechten Hand (-kante, Daumenseite, Daumen weggeklappt) von hinten kräftig gegen den Ellenbogen des Angreifers, während ich mit meiner linken Hand (-kante) das rechte Handgelenk des Angreifers schwungvoll nach außen drücke. Der rechte Arm des Angreifers bricht und ich gehe in die Abwehrstellung.

Hohlkreuz-Genick-Hebel 1 (Brücke) **= Fauststoß-Abw. 23**

Ich klappe meine linke Hand nach rechts und fasse das rechte Handgelenk des Angreifers (Zangen-Griff). Dann drehe ich meine rechte Hand (-fläche rechts), knicke mein rechtes Handgelenk nach rechts ein, schiebe meine rechte Hand (Fingerspitzen voran, Daumen unten auf seinem Nacken) von links (seine rechte Seite) ganz engwinklig um den Nacken des Angreifers herum und drehe/schiebe so den Angreifer mit dem Kopf voran in einem Halb-Kreis-Bogen über unten unter seinem rechten Arm entlang nach links, während ich mit meiner linken Hand den rechten Arm des Angreifers im Halb-Kreis-Bogen über oben nach rechts führe und weiter fest halte (bildlich: die Speichen eines Lenkrads fassen und daran das Lenkrad nach rechts drehen). Der Angreifer dreht sich um seine Längsachse, kommt ins Hohlkreuz und liegt mit seinem nahezu gesamten Körpergewicht hilflos mit seinem Nacken in meiner rechten Ellenbeuge. Die Füße des Angreifers stehen zwar noch auf dem Boden, die Beine des Angreifers sind aber angewinkelt und der Oberkörper des Angreifers befindet sich in der Waagerechten (bildlich: Brücke). Ich laufe nach vorn (entgegen der Angriffsrichtung) und nehme den Angreifer in der Hohlkreuzposition mit.

Hohlkreuz-Genick-Hebel 2 (seitlich) = **Fauststoß-Abw. 24**

Ansatz analog Faustoß-Abwehr 23 „Hohlkreuz-Genick-Hebel 1“ bis [...] drehe/schiebe so den Angreifer mit dem Kopf voran in einem Halb-Kreis-Bogen über unten unter seinem rechten Arm entlang nach links [...]. Dann weiter: während ich mit meiner linken Hand den rechten Arm des Angreifers (nur) bis in die Senkrechte nach rechts oben führe und weiter fest halte. Dadurch drückt nun mein rechter Unterarm von unten gegen die linke Halsseite des Angreifers (Hebel). So gehalten ziehe ich den Angreifer mit dem Kopf voran (Gesicht nach links) an meinen Bauch (bildlich: Angriff eines Stiers).

Boxer-Technik 1 (Formations-Technik) **= Fauststoß-Abw. 25**

Zum(r) Schutz/Deckung habe ich meine Hände oben (Höhe Kinn, Handflächen vorn, Finger oben) und leicht nach vorn bzw. hinten versetzt. Mit meinem rechten Fuß springe ich nach diagonal rechts vorn und ziehe meinen linken Fuß leicht nach, setze diesen aber nur kurz mit den Zehenspitzen auf, um direkt danach mit dem linken Fuß voran nach links unter dem rechten Arm des Angreifers hinweg zu tauchen und mich hinter dem rechten Arm des Angreifers wieder aufzurichten (abtauchen/auftauchen, Hände immer vor meinem Kopf, Blickkontakt).

Mit meiner rechten Hand (-fläche) fasse ich auf die rechte Schulter des Angreifers und ziehe/drücke diesen daran in die Oberkörperbeuge, versetze ihm gleichzeitig mit rechts einen Kniestoß in den Bauch und halte meinen linken Arm angewinkelt nach oben (Abwehr-Haltung).

Boxer-Technik 2 (Formations-Technik) **= Fauststoß-Abw. 26**

Zum(r) Schutz/Deckung habe ich meine Hände oben (Höhe Kinn, Handflächen vorn, Finger oben) und leicht nach vorn bzw. hinten versetzt. Bevor der Fauststoß mich erreicht, springe ich mit meinem linken Fuß nach links bis hinter den Angreifer und damit aus dessen Blickfeld und ziehe meinen rechten Fuß nach. Von dort springe ich mit meinem linken Fuß hinter den(m) Beinen/Rücken des Angreifers entlang bis zum linken Bein des Angreifers und setze meinen linken Fuß um den linken Fuß des Angreifers herum im rechten Winkel zu diesem (meine Zehenspitzen in meiner Sprungrichtung und meine linke Ferse mittig an die Außenseite seines linken Fußes). Mein linkes Bein ist gehockt, mein rechtes Bein gestreckt (Ausfallschritt). Mein rechter Fuß steht mit der Innenseite an der Außenseite seines rechten Fußes (meine Zehenspitzen analog der seines rechten Fußes). Die Stellung meiner Füße ähnelt der des Buchstaben L. Jetzt tauche ich mit meinem nach vorn gebeugten Oberkörper unter dem rechten (Schlag-)arm des Angreifers entlang auf die Körpermitte des Angreifers zu, strecke meinen linken Arm diagonal in Richtung seiner linken Schulter und schlage diesen in voller Länge rückwärts (Handrücken zum Angreifer) gegen die obere linke Brust bzw. den Hals des Angreifers. Gleichzeitig schlage ich mit meinem rechten Handballen gegen den Bauch des Angreifers. So schiebe ich den Angreifer mit voller Wucht nach hinten, drücke diesen damit ins Hohlkreuz. Gleichzeitig führe ich mein linkes Knie (dies steht in meiner Blickrichtung außerhalb, also nicht in der linken Kniekehle des Angreifers) erst nach rechts (wie ein Drehen), dann nach vorn und der Angreifer fällt rückwärts über mein gehockt stehendes linkes Bein (Sturz rückwärts).

Abwandlung **„Ippon-Seoi-Nage“** (Hand-/Schulter-Wurf 4, S. 108) **= Fauststoß-Abwehr 27**

Ich setze meinen linken Fuß nach links vorn außen, beuge meinen Oberkörper nach links vorn und schiebe meinen rechten Arm diagonal in die Streckung (Kontaktpunkt: unsere Ellenbogen). Dann winkele ich meinen rechten Arm über oben nach innen wieder nach außen um seinen rechten Arm an und fasse seinen rechten (Ober-) Arm von außen. Ich setze meinen rechten Fuß von innen an den rechten Fuß des Angreifers und drehe mich mit meinem(r) linken Fuß/Schulter voran rückwärts in den Angreifer ein. Weiter mit „Ippon-Seoi-Nage“.

23. ANDERE SCHLAG-ABWEHREN

gelb 2 / orange 4 / grün 6 / blau 8 / violett 10 / 1.braun 12 / 2.braun 14 / 3.braun 16 / 1.Dan 19 / 2.Dan 21 / 3.Dan 23 / 4.Dan 25 / **5.Dan 27 Stück**

Angriff-Variante 1: Schwinger von links
Wir stehen Angesicht zu Angesicht. Der Angreifer beugt leicht seinen rechten Arm und führt einen waagerechten Faustschlag im Bogen (Schwinger) gegen mich aus. Für mich kommt der Angriff von links.

Gleit-/Wisch-Block mit Vertikal-Körper-Rolle und Ellenbogen-Empi rückwärts = andere **Schlag-Abwehr 1**
Ich setze meinen rechten Fuß einen Schritt nach diagonal vorn links (in den Angreifer hinein, meine Zehenspitzen leicht links). Mit beiden Handkanten (Kleinfingerseiten) führe ich einen Gleit-/Wisch-Block am rechten Unterarm (Innenseite) des Angreifers aus (von dessen Ellenbeuge bis zu dessen Handgelenk). Dabei drehe ich mich in einer fließenden Bewegung mit meinem(r) linken Fuß/Schulter voran nach links hinten (in den Angreifer hinein) und setze meinen linken Fuß (Ferse zu Ferse) etwas hinter der Schrittlinie meines rechten Fußes ab (um leicht nach links gedreht im Angreifer zu stehen). Mit meinem angewinkelten sowie waagerecht zum Boden gehaltenen linken Arm führe ich einen Ellenbogen-Empi rückwärts gegen die linke Kopfseite des Angreifers aus, drehe mich dann weiter nach links wieder aus dem Angreifer heraus (bildlich: Vertikal-Körper-Rolle) und begebe mich (Angesicht zu Angesicht) in die Abwehr-Stellung. Alternative: So wie ich mich hinein gedreht habe, so drehe ich mich wieder heraus und nehme die rechte Hand des Angreifers mit. Weiter mit Z-Hebel 1 - 8 (Handgelenk-Hebel 1 - 8, S. 19 - 21).

Ohr-Hörer links (linke Hand, rechtes Ohr) **/ Handkanten-Block mit links** (senkrecht) **und Handkanten-Schlag rechts** (waagerecht) = andere **Schlag-Abwehr 2**
Ich führe meine hohl geformte linke Hand (-fläche) an mein rechtes Ohr (bildlich: Telefonhörer) und presse meine(n) rechte(n) Hand (-rücken) auf meine(n) linke(n) Hand (-rücken) - so hole ich Schwung. Ich setze meinen rechten Fuß einen Schritt nach rechts, drehe mich dabei auf meinen Fußballen leicht nach links und stehe leicht nach rechts versetzt zum Angreifer. Ich blocke mit meiner linken Hand (-kante,

Kleinfingerseite, Fingerspitzen oben, Handfläche zum Angreifer) das rechte Handgelenk des Angreifers von innen und führe gleichzeitig mit meiner rechten, waagerecht zum Boden gehaltenen, Hand (-fläche oben) einen Handkanten-Schlag (Kleinfingerseite) in einem großen Bogen über rechts außen zur linken Halsseite des Angreifers aus. Dann begebe ich mich in die Abwehr-Stellung.

Halb-Kreis (von innen - unten rum) **mit Handkipp-Hebel** (Handgelenk-Hebel 33b -kleine Schüssel (ohne Kontakt) über seine Ellenbeuge-, Seite 31) **= andere Schlag-Abwehr 3**

Ich setze meinen rechten Fuß einen Schritt nach hinten, blocke mit meiner linken Hand (-kante, Kleinfingerseite, Fingerspitzen oben) das rechte Handgelenk des Angreifers von innen, führe seinen rechten Arm im Halbkreis zwischen unseren Körper-Vorderseiten entlang (von links außen über unten nach rechts innen) bis vor meine Brust, klappe dabei meine linke Hand nach rechts und fasse sein rechtes Handgelenk von oben (Kamm-Griff). Nun fasse ich auch mit meiner rechten Hand seine rechte Hand (von rechts, Kleinfingerseite) sowie mit meiner linken Hand um und letztlich mit beiden Händen so, dass meine Daumen auf den rechten Handrücken des Angreifers drücken (seine Hand senkrecht, seine Fingerspitzen oben, sein Handrücken zu mir) und sich meine Finger in seine rechte Handfläche krallen (meine linke von links, seine Daumenseite). Ich kippe mit beiden Händen die rechte Hand des Angreifers mit Abstand zu/vor meiner Brust erst nach vorn zu dessen rechter Ellenbeuge, setze dabei meinen rechten Fuß einen Schritt nach vorn (auf Höhe meines linken Fußes, um näher am Angreifer zu sein), kippe dann mit meiner rechten Hand seine Kleinfingerseite nach links außen unten und ziehe mit meiner linken Hand seine rechte Daumenseite (mein kleiner Finger voran) auf mich zu. Oder anders gesagt, ich erhöhe den Druck mit meiner rechten Hand im Vergleich zum Zug meiner linken Hand. Dabei gehe ich mit meinem Oberkörper in einer Linksdrehung mit. Der Angreifer fällt, Fallschule seitwärts links.

Halb-Kreis (von innen - unten rum / meine linke Handfläche, mein rechter Handrücken) **und Arm-Schieber mit rechts** (diagonal gegen/um seinen Kopf) **= andere Schlag-Abwehr 4**

Ich setze meinen rechten Fuß einen Schritt nach rechts, ziehe meinen linken Fuß mit der Ferse voran ein Stück nach und drehe nur meinen Oberkörper nach links in die Richtung des Angriffs, nehme mit beiden Händen [meine linke Handfläche unten (Kamm-Griff), mein rechter Handrücken unten] den rechten Arm des Angreifers auf und führe diesen im Halbkreis zwischen unseren Körper-Vorderseiten entlang (von links außen über unten nach rechts innen) bis mittig vor meine

Brust. Ich setze meinen rechten Fuß mit der Ferse voran (Zehenspitzen rechts) im rechten Winkel und mit etwas Abstand vor den rechten Fuß des Angreifers und meinen linken Fuß um die rechte Körperseite des Angreifers herum im rechten Winkel hinter den rechten Fuß (Ferse) des Angreifers (damit der Angreifer nicht mit einem Schritt nach hinten ausweichen kann), sodass ich mit meinem Bauch im rechten Winkel zur rechten Körperseite des Angreifers stehe. Mit meiner rechten Hand, die sich während der Drehbewegung des rechten Arms des Angreifers so (über den Zeigefinger) mitgedreht (-rollt) hat, dass sich die Handfläche nun von unten am rechten Ellenbogen des Angreifers befindet, schiebe ich (Zangen-Griff) den rechten (Ober-)Arm des Angreifers nach diagonal oben gegen dessen Kopf/Nase. Mit meiner linken (wieder freien) Hand, fasse ich von hinten die linke Schulter des Angreifers und ziehe diese nach links hinten unten. Der Angreifer fällt (Sturz rückwärts, sein Kopf links von mir / im Training stütze ich mit meiner linken Hand (-fläche) den Rücken des Angreifers und mildere den Sturz ab.

Halb-Kreis (von innen - unten rum / **Diagonal-Schritt links / Hände an Stirn /** mit **Tippel-Schritte**n unter seinem Arm entlang **/ über** seine rechte **Schulter abkippen** (die Technik funktioniert nur, weil ich den Arm so drehe, dass ich außen stehe und seine rechte Ellenbeuge außen ist, deshalb funktioniert es bei der Messer-Abwehr nicht, weil seine Ellenbeuge da innen ist) **= and. Schlag-Abw. 5**
Ich setze meinen rechten Fuß einen Schritt nach rechts, ziehe meinen linken Fuß mit der Ferse voran ein Stück nach und drehe nur meinen Oberkörper nach links in die Richtung des Angriffs, nehme mit beiden Handballen (Fingerspitzen oben) den rechten Arm des Angreifers im Kamm-Griff auf (meine linke an seinem rechten Handgelenk, meine rechte an seinem rechten Unterarm) und führe den rechten Arm des Angreifers im Halbkreis zwischen unseren Körper-Vorderseiten entlang (von links außen über unten nach rechts innen) bis mittig vor meine Brust. Dort rutsche ich mit meiner rechten Hand zu seinem rechten Handgelenk und fasse dieses von von rechts kommend (Unterseite, Zangen-Griff). Mit meiner linken Hand rutsche ich ebenfalls rum und fasse das rechte Handgelenk des Angreifers von links (Oberseite, Handrücken, Zangen-Griff). Dann drehe ich meinen rechten Fußballen nach rechts (die Ferse rutscht nach links in Richtung Angreifer rum), drehe mich selbst nach rechts, setze meinen linken Fuß einen langen Diagonal-Schritt vor der Körpervorderseite des Angreifers entlang und dann vor seinem linken Fuß ab (Zehenspitzen gerade aus und im rechten Winkel zu denen seines linken Fußes) und stehe mit meiner linken Körperseite im rechten Winkel zum Bauch des Angreifers. Dabei führe ich mit beiden Händen den rechten Arm des Angreifers nach

oben, drehe seine rechte Hand zu mir hin auf (Gas geben) und nehme meinen rechten Handrücken vor/an meine Stirn (seine Handfläche zu mir), schlage mit meinem linken Ellenbogen bei angewinkeltem linken Arm von unten nach oben in die rechte Ellenbeuge des Angreifers, sodass sein rechter Arm mit dem Ellenbogen nach vorn (zu seiner Körpermitte hin) einknickt, und drehe mich dann vor dem Angreifer nach rechts [mit meinem(r) rechten Fuß/Schulter voran nach rechts hinten, ich tippele links vorwärts, rechts rückwärts im Kreis] unter dem rechten Arm des Angreifers entlang. Der Angreifer kommt ins Hohlkreuz und sein rechter (Ober-)Arm/Ellenbeuge schleift quasi über meinen Rücken. Sobald sich der rechte Arm des Angreifers über dessen rechter Schulter befindet (ich stehe dann mit meiner rechten Körperseite an seiner rechten Körperseite in entgegengesetzter Blickrichtung), ziehe ich nur mit meiner rechten Hand den eingeknickten rechten Arm des Angreifers (sein Unterarm senkrecht, sein Ellenbogen oben) hinter dessen Rücken nach unten und kippe den Angreifer ab (Sturz rückwärts).

Halb-Kreis (von innen - unten rum **/ Hände an Stirn / Halbkreis-Schritt rechts rückwärts** (bis Rücken an Rücken) **/ über meine rechte Schulter abkippen** = andere **Schlag-Abwehr 6**

Ich setze meinen rechten Fuß einen Schritt nach rechts, ziehe meinen linken Fuß mit der Ferse voran ein Stück nach und drehe nur meinen Oberkörper nach links in die Richtung des Angriffs, nehme mit beiden Handballen (Fingerspitzen oben) den rechten Arm des Angreifers im Kamm-Griff auf (meine linke an seinem rechten Handgelenk, meine rechte an seinem rechten Unterarm) und führe den rechten Arm des Angreifers im Halbkreis zwischen unseren Körper-Vorderseiten entlang (von links außen über unten nach rechts innen) bis mittig vor meine Brust. Dort rutsche ich mit meiner rechten Hand zu seinem rechten Handgelenk und fasse dieses von von rechts kommend (Unterseite, Zangen-Griff). Mit meiner linken Hand rutsche ich ebenfalls rum und fasse das rechte Handgelenk des Angreifers von links (Oberseite, Handrücken, Zangen-Griff). Ich führe mit beiden Händen den rechten Arm des Angreifers nach oben, drehe seine rechte Hand zu mir hin auf (Gas geben) und nehme meinen rechten Handrücken vor/an meine Stirn (seine Handfläche zu mir). Meinen linken Fuß setze ich rückwärts an die Außenseite des rechten Fußes des Angreifers (Zehenspitzen in derselben Richtung) und drehe mich mit meinem/r rechten Bein/Schulter nach 180 Grad rechts rückwärts, bis ich mit meinem Rücken am Rücken des Angreifers anliege. Ich kippe meinen Kopf auf meine Brust, nehme den rechten Arm des Angreifers nach rechts und rutsche, ohne einen Schritt zu machen, nach links unter der rechten Schulter des Angreifers hervor. Der Angreifer (im Hohlkreuz) fällt (Sturz rückwärts).

„Koshi-Guruma“ (Hüft-Wurf 2, S. 102) **=** and. **Schlag-Abw. 7**
Mit meiner linken Hand (-kante, Kleinfingerseite) blocke ich das rechte Handgelenk des Angreifers (Innenseite). Weiter mit „Koshi-Guruma“.

„Kata-Seoi-Nage“ (fassen / Hand-/Schulter-Wurf 5, S. 109) **=** andere **Schlag-Abwehr 8**
Mit meiner linken Hand (-kante, Kleinfingerseite) blocke ich das rechte Handgelenk des Angreifers (Innenseite). Weiter mit „Kata-Seoi-Nage“.

Hals-Schleuder 1 mit wegschleudern = andere **Schlag-Abwehr 9**
Ich setze meinen rechten Fuß einen Schritt nach vorn (in den Angreifer hinein), beuge leicht meine Arme und führe diese von unten kommend (nahezu parallel zueinander) in einer fließenden Diagonal-Bewegung (mit Schwung) nach links oben. Meinen linken Unterarm schwinge ich dabei von innen nach außen über den rechten Arm des Angreifers hinweg, klappe zusätzlich meine linke Hand nach links (Fingerspitzen links) und fasse mit dieser (Kamm-Griff) die Außenseite des rechten Oberarms (Trizeps) des Angreifers knapp über dessen Ellenbogen (kein S-Block). Mit meiner rechten Hand fasse ich von rechts kommend den Nacken des Angreifers ((linke Seite, Daumen liegt an den Fingern an), setze meinem linken Fuß einen Schritt zurück und drehe mich auf der Stelle nach links hinten, löse den Griff meiner Hände und schleudere den Angreifer in seiner Angriffsrichtung (ihn dann rückwärts) weg.

Hals-Schleuder 2 mit Beten- oder **John-T.-Technik** (Abwehr Jacken-Fassen 15, S. 163 bzw. Würgegriff-Abwehr 25, S. 184) **= andere Schlag-Abwehr 10**
Ich setze meinen rechten Fuß einen Schritt nach vorn (in den Angreifer hinein), beuge leicht meine Arme und führe diese von unten kommend (nahezu parallel zueinander) in einer fließenden Diagonal-Bewegung (mit Schwung) nach links oben. Meinen linken Unterarm schwinge ich dabei von innen nach außen über den rechten Arm des Angreifers hinweg, klappe zusätzlich meine linke Hand nach links (Fingerspitzen links) und fasse mit dieser (Kamm-Griff) die Außenseite des rechten Oberarms (Trizeps) des Angreifers knapp über dessen Ellenbogen (kein S-Block). Mit meiner rechten Hand fasse ich von rechts kommend den Nacken des Angreifers ((linke Seite, Daumen liegt an den Fingern an), setze meinem linken Fuß einen Schritt zurück und drehe mich auf der Stelle nach links hinten, löse den Griff meiner Hände nicht, sondern stoppe meine Drehung abrupt und lasse den Angreifer mit seiner rechten Körperseite mit Schwung auf meine linke Körperseite auflaufen.

Im Moment des Kontakts rutsche ich mit meiner linken Hand vom rechten Oberarm des Angreifers ab, winkele meinen linken Arm an und führe ihn (meine Handfläche rechts) im rechten Winkel unter dem rechten Arm des Angreifers (Kontaktpunkt: meine Ellenbeuge, sein Ellenbogen) nach rechts (mittig). Durch den Schwung meiner Drehung knickt sein rechter Arm (Ellenbogen voran nach vorn/mittig ein und steht waagerecht (bildlich: liegendes Dreieck) zum Boden. Ich lade dadurch den rechten Arm des Angreifers auf meinen linken Arm auf, sodass dieser einknickt und quasi eingewickelt ist (bildlich: Schaufelbagger, der den rechten Arm des Angreifers aufládt). Mit meinem linken Arm halte ich den rechten Arm des Angreifers weiter umschlungen und mittlerweile höher als waagerecht, lege meine Hände (Handflächen, Fingerspitzen oben) wie zum Beten aneinander und sein rechter Arm steht unter Spannung.

S-Block links / gerader Faustschlag mit rechts zum Kinn = andere Schlag-Abwehr 11

Ich setze meinen linken Fuß einen Schritt gerade nach vorn (in den Angreifer hinein), winkele meinen linken Arm an und schwinge nur meinen linken Unterarm in einem kurzen Bogen nach links, klappe zusätzlich meine linke Hand (nahezu waagerecht zum Boden) nach links (Kleinfingerseite voran, Fingerspitzen links) und fasse mit dieser (mit Schwung und voller Power, Kamm-Griff) von innen unten nach außen den rechten Oberarm (Bizeps) des Angreifers knapp oberhalb der Ellenbeuge. Ich treffe den Oberarm des Angreifers hart, wodurch dessen Schlag abrupt gestoppt wird (Block, mein linker Unterarm parallel an seinem rechten Unterarm, nur entgegen gesetzt). Mit rechts führe ich einen Faustst0ß zum Kinn des Angreifers aus.

Ohr-Hörer links (linke Hand, rechtes Ohr) **/ Schulter-Rührer / „Mawashi-Hiza-Geri" / „O-Soto-Gari"** (Fuß-Wurf 3, S. 114) **=** andere **Schlag-Abwehr 12**

Ich führe meine hohl geformte linke Hand (-fläche) an mein rechtes Ohr (bildlich: Telefonhörer) und presse meine(n) rechte(n) Hand (-rücken) auf meine(n) linke(n) Hand (-rücken) - so hole ich Schwung. Ich setze meinen linken Fuß einen Schritt nach schräg vorn links außen (Zehenspitzen links) auf die Schrittlinie des rechten Fußes des Angreifers und blocke mit meiner linken Hand (-kante, Kleinfingerseite, Handfläche zu ihm, Fingerspitzen oben) das rechte Handgelenk des Angreifers von innen und gleichzeitig mit meiner rechten Hand (-kante, Kleinfingerseite, Handfläche links) die rechte Schulter des Angreifers. Dann klappe ich meine Hände um, die linke nach rechts, die rechte nach links (Kamm-Griffe). Während ich mit meiner linken Hand das rechte Handgelenk des Angreifers nach vorn drehe (Gas wegnehmen) und seinen rechten Arm nach links oben ziehe, schiebe ich mit meiner rechten Hand den Angreifer an dessen rechter Schulter erst nach hinten und dann nach links (bildlich: rühren). Mit rechts führe ich einen „Mawashi-Hiza-Geri“ (Knie-Stoß) gegen den Bauch des Angreifers aus. Weiter mit „O-Soto-Gari“.

Ohr-Hörer links (linke Hand, rechtes Ohr) **/ Handgelenk-Schulter-Block / Kreis** (oben rum) **/ Ellenbogen-Empi senkrecht auf seinem Rücken =** andere **Schlag-Abwehr 13**

Ich führe meine hohl geformte linke Hand (-fläche) an mein rechtes Ohr (bildlich: Telefonhörer) und presse meine(n) rechte(n) Hand (-rücken) auf meine(n) linke(n) Hand (-rücken) - so hole ich Schwung. Ich setze meinen linken Fuß einen Schritt nach schräg vorn links außen (Zehenspitzen links) auf die Schrittlinie des rechten Fußes des Angreifers und blocke mit meiner linken Hand (-kante, Kleinfingerseite, Handfläche zu ihm, Fingerspitzen oben) das rechte Handgelenk des Angreifers von innen und gleichzeitig mit meiner rechten Hand (-kante, Kleinfingerseite, Handfläche links) die rechte Schulter des Angreifers. Dann setze ich meine rechte Hand (-kante, Daumenseite, Daumen weggeklappt) von unten am rechten Oberarm des Angreifers (nahe des Ellenbogens) an und führe/schleudere dessen rechten Arm in einem Kreis über links außen nach oben, nach rechts und wieder nach unten (ich drehe mich dabei leicht nach rechts mit). Mit rechts führe ich einen Ellenbogen-Empi von oben nach unten (Unterarm senkrecht) auf den Rücken des in Oberkörperbeuge stehenden Angreifers aus.

Handkanten-Schlag mit rechts (Daumenseite) **in Oberkörper-Beuge mit Arm-Schieber mit links und Knie-Dreher =** andere **Schlag-Abwehr 14**

Ich setze meinen linken Fuß einen Schritt nach schräg links vorn außen am rechten Fuß des Angreifers vorbei, gehe leicht in die Hocke sowie in die Oberkörperbeuge (nahezu waagerecht), spreize meinen rechten Arm nach rechts von meinem Körper und waagerecht zum Boden ab und führe mit meiner rechten Hand bei nahezu gestrecktem rechten Arm einen Handkanten-Schlag (Daumenseite, Daumen weggeklappt, es trifft der Zeigefinger) gegen den Bauch des Angreifers aus, während der Angriffsarm über mich hinweg schwingt. Ich richte mich hinter dem rechten Arm des Angreifers auf, verlagere mein Körpergewicht überwiegend auf mein rechtes Bein und setze meinen linken Fuß im rechten Winkel (meine Zehenspitzen in Richtung seinem linken Fuß) hinter den rechten Fuß (Ferse) des Angreifers und kippe meinen linken

Unterschenkel leicht nach rechts, sodass mein linkes Knie leicht vor dem rechten Knie des Angreifers steht. Ich stehe mit meinem Bauch im rechten Winkel zur rechten Körperseite des Angreifers. Meinen linken Arm winkele ich an (Unterarm senkrecht) und schiebe mit meiner linken Hand (-kante, Kleinfingerseite, Fingerspitzen oben) den gerade an mir vorbei gesausten rechten angewinkelten Arm des Angreifers an dessen Oberarm (nahe des Ellenbogen) mit so viel Druck nach diagonal oben gegen dessen Kopf/Nase und somit den Angreifer von mir weg, dass der Angreifer sein Gleichgewicht nach hinten verliert. Mein linkes Knie drücke/schiebe ich gleichzeitig von rechts nach links gegen das rechte Knie des Angreifers, wodurch sich das rechte Bein des Angreifers durchdrückt/streckt. Der Angreifer, weil er durch die Blockade meines linken Fußes nicht nach hinten ausweichen kann, stürzt.

Angriff-Variante 2: Schwinger von rechts

Wir stehen Angesicht zu Angesicht. Der Angreifer beugt seinen rechten Arm und führt seine rechte Hand zu seinem linken Ohr. Von dort kommt er mit einem Faustrücken-Schlag als Schwinger auf mich zu. Für mich kommt der Faustschlag von rechts.

Abfedern und Kanu-Paddel = andere Schlag-Abwehr 15

Ich drehe mich um 90 Grad nach rechts und setze meinen linken Fuß im rechten Winkel von links außen mit den Zehenspitzen mittig an die Außenseite des rechten Fußes des Angreifers und blocke mit meinen Händen (Handballen) den rechten Unterarm des Angreifers - mit rechts sein rechtes Handgelenk, mit links seinen rechten Ellenbogen und federe den Schwung des Angriffes durch Einknicken meiner Arme ab. Dann fasse ich mit meiner rechten Hand zum Kamm-Griff um, stelle meine linke Hand auf (Handkante, Kleinfingerseite) und schiebe mit dieser leicht von unten bei angewinkeltem linken Arm sowie mit meiner rechten Hand an seinem rechten Handgelenk den rechten Arm des Angreifers erst in der Waagerechten nach vorn (vor die Körpermitte des Angreifers). Weiter mit Kanu-Paddel ab: […] und von dort im Bogen in einer Wellenbewegung nach unten und wieder nach oben […].

Handkanten-Block mit rechts / Rückwärts-Drehung nach rechts / Arm klemmen mit links / den Angreifer weg schleudern = andere Schlag-Abwehr 16

Ich blocke mit meiner rechten Hand (-kante, Kleinfingerseite, Fingerspitzen oben) das rechte Handgelenk des Angreifers und fasse direkt zum Kamm-Griff um. Ich setze meinen bzw. springe mit meinem linken Fuß in einer schnellen Körperdrehung um 180 Grad nach rechts hinten direkt von außen neben den rechten Fuß des Angreifers (meine Zehenspitzen analog seiner Zehenspitzen), nehme mit meiner rechten Hand den rechten Arm des Angreifers mit und schwinge meinen angewinkelten linken Arm von außen nach innen über den mittlerweile gestreckten rechten Arm des Angreifers und klemme diesen. Dann drehe ich mich mit meinem(r) rechten Fuß/Schulter voran um weitere 180 Grad nach rechts hinten und schleudere den Angreifer mittels seines gestreckten Arms als langem Hebel in einer Rechtsdrehung mit, löse dann meine Hände und der Angreifer stolpert davon.

Handkanten-Block mit rechts / Rückwärts-Drehung nach rechts / Arm klemmen mit links / Stoppen und Gegen-Drehung mit Hand-Kipp-Hebel (Handgelenk-Hebel 33b -kleine Schüssel (ohne Kontakt) über seine Ellenbeuge-, Seite 31) **=** andere **Schlag-Abwehr 17**

Analog „andere Schlag-Abwehren 16“, Abwandlung: ich schleudere den Angreifer nicht weg, sondern stoppe meine Rückwärtsdrehung, lasse den Angreifer seine Drehbewegung fortsetzen und auf mich auflaufen. Dann drehe ich mich mit meinem rechten Fuß voran um 180 Grad nach links (Angesicht zu Angesicht). Weiter mit Handkipp-Hebel 33b.

Angriff-Variante: Schlag von oben

Der Angreifer kommt mit erhobener **rechter** Faust auf mich zu, es droht mir ein Schlag **von** gerade **oben** auf meinen Kopf.

„Age Uke“ mit **rechts =** andere **Schlag-Abwehr 18**

Ich setze meinen linken Fuß nach vorn links außen auf die Schrittlinie des rechten Fußes des Angreifers und neige meinen Oberkörper (leicht nach rechts gedreht) über meinem linken Bein nach links vorn. Ich forme meine rechte Hand zur Faust und führe sie (Handfläche zu mir) bei angewinkeltem rechten Arm von vor meinem Bauch bis über meinen Kopf nach oben, drehe dort meine Hand (-fläche nach vorn zum Angreifer) und klappe meinen nach wie vor angewinkelten Arm mit dem Ellenbogen voran ruckartig nach rechts oben (Schutz meines Kopfes), sodass der rechte (Unter-)arm des Angreifers an meinem rechten (Unter-)Arm nach rechts in Richtung meines rechten Ellenbogens herunter rutscht. Zeitgleich (und gegenläufig, Spannungs-Aufbau) forme ich meine linke Hand zur Faust und ziehe sie (Handfläche oben) an meine linke Hüfte. Während ich mit meinem rechten (Unter-)Arm den Block aufrecht halte, hake ich meine linke Hand (Daumen voran) von links außen oben in die rechte Ellenbeuge (oben) des Angreifers ein und ziehe den rechten Arm des Angreifers (Ellenbogen voran) auf meine rechte Schulter. Parallel rutsche ich mit meiner rechten Hand zum rechten Handgelenk des Angreifers, fasse dieses (Kamm-Griff) im rechten Winkel von rechts und drücke den rechten Unterarm des Angreifers nach unten auf dessen Oberarm, der auf meiner rechten Schulter liegt. Mit meiner linken Hand fasse ich (Kamm-Griff) unter dem rechten (Unter-)Arm des Angreifers hinweg meinen linken(Unter-)Arm und drehe mich dann mit meinem(r) linken Fuß/Schulter voran rückwärts nach links hinten, nehme den Angreifer mit, der dreht sich analog rückwärts nach links und fällt auf seine linke Körperseite. Mein linker Daumen bleibt in der rechten Ellenbeuge des Angreifers.

"Age Uke" mit **links** = andere **Schlag-Abwehr 19**

Ich setze meinen rechten Fuß einen Schritt nach rechts. Ich forme meine linke Hand zur Faust und führe sie (Handfläche zu mir) bei angewinkeltem linken Arm von vor meinem Bauch bis über meinen Kopf nach oben, drehe dort meine Hand nach rechts (Handfläche nach vorn zum Angreifer) und klappe meinen nach wie vor angewinkelten linken Arm mit dem Ellenbogen voran ruckartig nach links oben (Schutz meines Kopfes), sodass der rechte (Unter-)arm des Angreifers an meinem linken (Unter-)Arm nach links in Richtung meines linken Ellenbogens herunter rutscht. Zeitgleich (und gegenläufig, Spannungs-Aufbau) forme ich meine rechte Hand zur Faust und ziehe sie (Handfläche oben) an meine rechte Hüfte. Während ich mit meinem linken (Unter-)Arm den Block aufrecht halte, drehe ich mich mit meinem Oberkörper leicht nach links, führe meinen rechten Arm von rechts innen nach links außen unter dem rechten Arm des Angreifers entlang und hake meine rechte Hand (Daumen voran, Handfläche zu mir) rückwärts in die rechte Ellenbeuge (oben) des Angreifers ein und ziehe den rechten Arm des Angreifers (Ellenbogen voran) in Richtung meiner rechten Schulter, aber nicht auf meine rechte Schulter, während ich dabei nun mit meiner linken Hand zum rechten Handgelenk des Angreifers rutsche und dieses von der Unterseite (oben, Kamm-Griff) fasse. Nun führe ich meine rechte Hand (unter dem rechten Arm des Angreifers entlang) wieder nach vorn und übernehme (von rechts) das rechte Handgelenk (Unterseite) des Angreifers, strecke meinen rechten Arm und schiebe so den rechten angewinkelten Arm des Angreifers hinter dessen Rücken nach diagonal unten (dabei links an dessen Oberarm vorbei), während ich meine linke Hand löse und auf der Stelle stehen bleibe. Der Angreifer fällt (Sturz rückwärts).

durch die Beine (Abführ-T. 20, S. 55) = and. **Schlag-Abw. 20**

Oberschenkel-(ver-)stecher mit **Arm-Versteifer-(Rolle)** (Messer-Abwehr 16, S. 246) **= Andere Schlagabwehr 21** (Technik aus Gründen der Wiedererkennung nicht umbenannt)

Angriff-Variante 4: Leber-Haken

Der Angreifer führt mit seiner rechten Faust (Handfläche oben) bei gebeugtem rechten Arm (Unterseite oben) von unten kommend einen Schwinger in Richtung meiner(s) Leber/Bauches aus. Der Angriff kommt für mich von unten.

Kreuz-Block mit **Kreuzfessel-Griff =** and. **Schlag-Abw. 22**

Ich setze meinen linken Fuß einen Schritt nach vorn links außen neben den rechten Fuß des Angreifers (auf dessen Schrittlinie), halte meinen Oberkörper aufrecht und meinen Kopf hinten. Ich forme meine Hände zu Fäusten (Handflächen zu mir), überkreuze meine Arme (mein linker unten) und blocke so von oben den angewinkelt ankommenden rechten Unterarm des Angreifers (nahe des Handgelenks / wegen der Hebelwirkung). Ich drehe mich um 90 Grad nach rechts, stehe im rechten Winkel zur rechten Körperseite des Angreifers und schlage mit meiner rechten Hand (-kante, Daumenseite, Daumen weggeklappt) dann von rechts innen in die rechte Ellenbeuge des Angreifers, ziehe seinen rechten Arm (Ellenbogen voran) im Bogen nach oben und dann auf mich zu, wodurch der Angreifer in die Oberkörperbeuge kommt (sein rechter Arm angewinkelt und waagerecht). Dabei rutsche ich mit meinem linken (Unter-)Arm (von) unter dem eingeknickten rechten (Unter-)Arm des Angreifers auf dessen rechten (Ober-)Arm und fasse mit meiner linken Hand nahe dem Ellenbogen (Kamm-Griff). Der rechte Unterarm des Angreifers liegt in meiner linken Ellenbeuge (fixiert/geklemmt). Mit meiner rechten Hand (-fläche) fasse ich auf meine(n) linke(n) Hand (-rücken) und mit beiden Händen führe ich den rechten Arm des Angreifers schwungvoll nach vorn, dann nach rechts vor meinen Bauch und wieder nach links hinten. Der Angreifer kommt aus dem Gleichgewicht. Ich klemme den rechten Arm des Angreifers mit dem Ellenbogen hinter meine linke Hüfte (öffnen/schließen) und drücke den rechten Arm des Angreifers mit meiner linken Hand weiter nach unten. Mit meiner rechten Hand fasse ich diagonal über den Hinterkopf des Angreifers dessen Kinn und ziehe dessen Kopf mit dem Kinn voran nach links oben (Blick auf seine linke Gesichtshälfte).

Halb-Kreis (unten rum – von innen) **/ Kanu-Paddel** (Fauststoß-Abwehr 1, Seite 185) **=** andere **Schlag-Abwehr 23**

Ich setze meinen rechten Fuß einen Schritt nach rechts, drehe mich um 90 Grad nach links, stehe mit meiner rechten Körperseite zum Bauch des Angreifers (in Schritt-Stellung sowie im Schulterbreiten Stand), ziehe meinen linken Fuß (vorn) ein Stück an meinen rechten Fuß heran und lasse den Leber-Haken bis in die Waagerechte an mir vorbei gehen. Dann setze ich meine rechte Hand (-kante, Daumenseite, Daumen weggeklappt) von unten am rechten Handgelenk des Angreifers an, führe dessen rechten Arm fast einen kompletten Kreis über oben nach rechts und dann vor dem Angreifer wieder nach unten. Dabei drehe ich mich mit meinem(r) linken Fuß/Schulter voran um 180 Grad nach rechts und meine rechte Hand nach links und fasse mit dieser (Kamm-Griff) das rechte Handgelenk des Angreifers. Ich stehe nun mit meiner linken Körperseite im rechten Winkel zur rechten Körperseite des Angreifers hinter dessen mit meiner rechten Hand nach rechts gehaltenen rechtem Arm. Meine linke Hand (-kante, Kleinfingerseite) setze ich von schräg unten am rechten Ellenbogen des Angreifers an (Ellenbogen oben). Weiter mit Kanu-Paddel ab: [...] Dann führe ich mit beiden Händen/Armen gleichzeitig den rechten Arm des Angreifers in der Waagerechten nach vorn [...].

Halb-Kreis (unten rum – von außen / **Diagonal-Schritt links / Hände an Stirn / mit Tippel-Schritten unter seinem Arm entlang / über meine rechte Schulter abkippen** (andere Schlag-Abwehr 5, S. 198) **=** andere **Schlag-Abwehr 24**

Ich setze meinen linken Fuß einen Schritt nach links vorn, drehe mich um 90 Grad nach rechts (rechter Fuß vorn) und lasse den Leber-Haken bis in die Waagerechte an mir vorbei gehen. Dann setze ich meine linke Hand (-kante, Daumenseite, Daumen weggeklappt) von unten am rechten Handgelenk des Angreifers an und führe dessen rechten Arm einen kompletten Kreis über vorn (vor dem Angreifer), nach oben links hinten (hinter den Angreifer) und wieder nach unten. Weiter mit andere Schlag-Abwehr 5.

Ohrhörer links (linke Hand, rechtes Ohr) **mit Stirn-Block und Arm-Versteifer =** andere **Schlag-Abwehr 25**

Ich setze meinen rechten Fuß einen Schritt nach vorn (in den Angreifer) und führe meine hohl geformte linke Hand an mein rechtes Ohr (bildlich: Telefonhörer) - so hole ich Schwung. Der rechte Arm des Angreifers befindet sich noch unterhalb der Waagerechten. Mit meiner linken Hand (-kante, Kleinfingerseite, Fingerspitzen unten, Handrücken zum

Angreifer) blocke ich das rechte Handgelenk des Angreifers von innen oben. Gleichzeitig blocke ich mit meinem rechten Handballen bei gestrecktem Arm die Stirn des Angreifers. Dann fasse ich mit meiner rechten Hand diagonal über den rechten Arm des Angreifers dessen rechten Ellenbogen von links außen, ziehe seinen rechten Arm nach rechts innen, während ich gleichzeitig meine linke Hand mit den Fingerspitzen voran nach links außen unter dem rechten Handgelenk des Angreifers entlang nach außen drehe (meine Hand waagerecht, Handrücken oben) und mit meinem linken Daumen voran über den Ellenbogen des Angreifers mitschiebe. So strecke ich den rechten Arm des Angreifers, rolle diesen in meine linke Ellenbeuge, klappe dann meinen linken Unterarm in die Senkrechte (der rechte Arm des Angreifers ist in meiner linken Ellenbeuge gesichert) und fasse mit meiner linken Hand (-fläche) auf meine rechte Hand (Handrücken), die auf dem rechten Ellenbogen des Angreifers liegt. Mit beiden Händen auf seinem rechten Ellenbogen drücke ich den rechten Arm des Angreifers weiter in die Streckung, setze meinen rechten Fuß einen Schritt nach 45 Grad hinten links. Der Angreifer wird durch dieses Anrucken in die Oberkörperbeuge gezogen. Dann ziehe ich meinen linken Fuß auf die Höhe meines rechten Fußes nach und immer so weiter und weiter, jetzt schnelle kurze Schritte. Dabei befinde ich mich dann in einer nahezu waagerechten Oberkörperbeuge und führe so den Angreifer auf dem Bauch zu Boden, sein rechter Arm über seinen Kopf gestreckt.

Ohr-Hörer links (linke Hand, rechtes Ohr) **und Handkipp-Hebel** (Handgelenk-Hebel 33b, S. 31, „kleine Schüssel" ohne Kontakt zu meiner Brust über seine Ellenbeuge) **= andere Schlag-Abw. 26**

Ich setze meinen linken Fuß einen Schritt nach links vorn außen neben den Angreifer, drehe mich um 90 Grad nach rechts (mein rechter Fuß vorn) und führe meine hohl geformte linke Hand an mein rechtes Ohr (bildlich: Telefonhörer) - so hole ich Schwung. Mit meiner linken Hand (-kante, Kleinfingerseite, Handfläche rechts) blocke ich das rechte Handgelenk des Angreifers von außen oben (schnicke erst kurz vorm Ziel aus dem Handgelenk nach links unten). Ich ziehe meinen rechten Fuß an meinen linken Fuß heran. Weiter mit dem Handkipp-Hebel.

Abwehr-Variante für die Techniken 27 -28

Ich setze meinen rechten Fuß einen Schritt nach rechts, drehe mich um 90 Grad nach links, stehe mit meiner rechten Körperseite zum Bauch des Angreifers (in Schritt-Stellung sowie im Schulterbreiten Stand) und ziehe meinen linken Fuß (vorn) ein Stück an meinen rechten Fuß heran. Der rechte Arm des Angreifers befindet sich noch unterhalb der Waagerechten. Ich führe meine hohl geformte rechte Hand an mein linkes Ohr (bildlich: Telefonhörer) - so hole ich Schwung - und blocke mit deren Hand (-kante, Kleinfingerseite, Handfläche links) das rechte Handgelenk des Angreifers von innen oben (schnicke erst kurz vorm Ziel aus dem Handgelenk nach rechts unten). Ich drehe mich mit meinem(r) rechten Fuß/Schulter voran um 90 Grad nach rechts hinten.

Ohr-Hörer rechts (rechte Hand, linkes Ohr) **und Handgelenk-Hebel 9 – 13** („leichter Bogen" bis „große Schlange", S. 21 - 22) **=** andere **Schlag-Abwehr 27**

Ohr-Hörer rechts (rechte Hand, linkes Ohr) **und Schultern-Nacken-eine-Linie** (Handgelenk-Hebel 22, Seite 26) **=** andere **Schlag-Abwehr 28**

Angriff-Variante 5: Kinn-Haken (Diagonal-Schlag von unten)

mit links **Schlag-Arm fangen / Handkipp-Hebel** (Handgelenk-Hebel 33a, Seite 31) **=** andere **Schlag-Abwehr 29**
Ich setze meinen linken Fuß einen Schritt nach links vorn außen neben den rechten Fuß des Angreifers und drehe mich um 90 Grad nach rechts (meinen Oberkörper noch etwas weiter, mein rechter Fuß vorn). Während der Drehung fange und fasse ich mit meiner linken Hand die rechte Hand des Angreifers von außen oben (mein Daumen auf seinem Handrücken, meine Finger von seiner Daumenseite in seine Handfläche) und ziehe seinen rechten Arm nach rechts (in seiner Schlag-Richtung) in die Streckung. Seine Armstreckung unterstützend, drücke ich meinen linken Unterarm von außen unten gegen seinen rechten Unterarm. Dann drehe ich mich mit meinem(r) rechten Fuß/Schulter voran um 90 Grad nach links (Angesicht zu Angesicht) und fasse mit meiner rechten Hand die rechte Hand des Angreifers von der Kleinfingerseite her. Weiter mit dem Handkipp-Hebel.

Angriff-Variante 6: Kopf-Nuss

Wir stehen Angesicht zu Angesicht. Der Angreifer fasst von vorn mit seiner rechten Hand auf meine linke Schulter und mit seiner linken Hand auf meine rechte Schulter, zieht mich leicht auf sich zu und will mir eine Kopf-Nuss (seine Stirn an meine Stirn) verpassen.

(Kirchen-) **Beten / Stirn-Block** = andere **Schlag-Abwehr 30**
Ich winkele meine Arme an, falte meine Hände (bildlich: Kirchen-Beten, die gespreizten Finger der einen zwischen die gespreizten Finger der anderen Hand) zu einer gemeinsamen Faust, setze meinen rechten Fuß einen Schritt nach hinten und schlage mit meinen so gefalteten Händen von innen unten nach links oben außen den rechten Arm des Angreifers an dessen Handgelenk von meiner linken Schulter, kippe dabei meinen Kopf mit nach links und damit aus der Angriffslinie. Dann trenne ich meine betenden Hände, halte meine linke Hand auf meiner Kopfhöhe (Schutz, Abwehr-Stellung), strecke meinen rechten Arm diagonal nach vorn oben und blocke/stoppe mit meiner(m) rechten Hand (-ballen) die Stirn des Angreifers.

Handkanten-Schlag links / Schulter fassen (rechts - rechts) **/ Knie-Stoß rechts** = andere **Schlag-Abwehr 31**
Ich setze meinen rechten Fuß einen Schritt nach hinten, schlage mit meiner linken Hand (-kante, Kleinfingerseite, Fingerspitzen oben) bei angewinkeltem Arm den rechten Arm des Angreifers an dessen Handgelenk von meiner linken Schulter, ziehe mein rechtes Bein zu mir zurück, führe gleichzeitig meine rechte Hand zur rechten Schulter des Angreifers, fasse diese (Kamm-Griff) und ziehe den Angreifer daran zu mir herunter, während ich mit rechts einen Knie-Stoß gegen seinen Kopf ausführe. Mein rechter Ellenbogen (rechts) blockt (hält) den Kopf des Angreifers (von mir fern).

Angriff-Variante 7: Box-Haltung

Der Angreifer steht mir in Box-Haltung gegenüber, d. h. er hat beide Arme angewinkelt mit den Händen als Fäuste vor die Brust genommen und kommt mit einer Schlag-Kombination (rechts - links) auf mich zu.

Box-Haltung sprengen und „Ko-Uchi-Gari“ (Fuß-Wurf 8, S. 117) = andere **Schlag-Abwehr 32**
Ich fasse mit meiner rechten Hand zwischen den Armen des Angreifers hindurch den linken Jackenärmel des Angreifers (Oberarm, kurz oberhalb der Ellenbeuge) und drücke mit meinem rechten Unterarm (Außenseite) den linken Arm des Angreifers von innen nach rechts außen. Dann fasse ich mit meiner linken Hand ebenfalls zwischen den Armen des Angreifers hindurch den rechten Jackenärmel des Angreifers am Oberarm kurz oberhalb der Ellenbeuge. Weiter mit „Ko-Uchi-Gari“.

Arm-zum-Hals-Schieber und „Ko-Soto-Gake" (Fuß-Wurf 9, S. 117) = andere **Schlag-Abwehr 33**
Mit meiner rechten Hand fasse ich von rechts außen (hinten) den linken Oberarm des Angreifers, drücke daran (mit meinen Fingerknöcheln voran) den linken angewinkelten Arm des Angreifers nach links und von vorn um den Hals des Angreifers in Richtung dessen rechter Schulter. Mit meiner linken Hand fasse ich rechts neben dem rechten Arm des Angreifers entlang (also innen) dessen rechten Jackenärmel am Oberarm kurz oberhalb der Ellenbeuge. Weiter mit „Ko-Soto-Gake".

Angriff-Variante 8a: Schubsen mit rechts an linker Schulter
Wir stehen Angesicht zu Angesicht. Der Angreifer schubst mich mehrmals mit seiner rechten Hand an meiner linken Schulter.

Z-Hebel 1 (mit beiden Händen, Handgelenk-Hebel 1, Seite 18) = andere **Schlag-Abwehr 34**
Ich drehe meinen Oberkörper mit meiner linken Schulter voran leicht nach links hinten und fixiere mit meiner rechten Hand die rechte Hand des Angreifers an meiner linken Brust (mein Daumen drückt zwischen seinen Daumen und seinen Zeigefinger, meine Finger krallen sich von seiner Kleinfingerseite in seine Handfläche). Dann weiter mit Z-Hebel 1.

„Tai-Otoshi" (Hüft-Wurf 6, S.106) = and. **Schlag-Abwehr 35**

Angriff-Variante 8b: Schubsen mit rechts an rechter Schulter
Wir stehen Angesicht zu Angesicht. Der Angreifer schubst mich mehrmals mit seiner rechten Hand an meiner rechten Schulter oder rempelt mich mit seiner rechten Schulter an meiner rechten Schulter an.

Abwehr-Stellung für die Techniken 36 - 37
Ich drehe meinen Oberkörper mit meiner rechten Schulter voran leicht nach rechts hinten und schlage mit meiner linken Hand (-fläche rechts) die/den rechte(n) Hand/Arm/Schulter des Angreifers nach rechts zu dessen Körpermitte hin weg (beim Schulter-an-Schulter-Rempler setze ich zusätzlich meinen rechten Fuß einen Schritt zurück). Der Angreifer dreht sich leicht (von sich aus gesehen) nach links.

mit links seinen rechten **Arm weg schlagen und „Ko-Soto-Gari"**(Fuß-Wurf 5, S. 115) = andere **Schlag-Abwehr 36**

Würge "offene Hände" = andere **Schlag-Abwehr 37**

Ich hebe meinen rechten Arm leicht gebeugt (über dem herunter geschlagenen rechten Arm des Angreifers hinweg) in die Waagerechte (Höhe Hals des Angreifers). Der Angreifer rennt mit seinem Hals gegen/in meine rechte Ellenbeuge. Ich winkele meinen rechten Arm weiter (um den Hals des Angreifers) an und fasse mit meiner rechten Hand (-fläche unten) von oben meine rechte Hand (-fläche oben). Der Hals des Angreifers befindet sich nun zwischen meinen Unterarmen. Mit meiner linken Hand ziehe ich meinen rechten Unterarm gegen die linke Hals-Seite des Angreifers, drehe/schnicke meine Hände (Hand in Hand) in der Waagerechten nach rechts und ziehe damit meinen rechten Unterarm noch weiter zu mir und somit gegen den Hals des Gegners.

Angriff-Variante 8c: Schubsen mit beiden Händen

Wir stehen Angesicht zu Angesicht. Der Angreifer schubst mich (zum wiederholten Mal) mit beiden Händen so von vorn (mit seiner linken an meiner rechten Schulter und mit seiner rechten an meiner linken Schulter), dass ich rückwärts laufen muss.

Hand-Rotor beidseitig (von außen nach innen) **und Gesicht-/ Kinn-Block mit links =** andere **Schlag-Abwehr 38**

Ich winkele meine Arme an und beim nächsten Schubsen setze ich meinen rechten Fuß einen weiteren Schritt nach hinten, lasse meine Hände von außen nach innen über die Arme des Angreifers kreisen und schlage diese (meine Handflächen außen, meine Fingerspitzen unten, meine Daumenseiten zu mir) an dessen Handgelenken (Innenseiten) von innen nach außen weg. Dem Angreifer damit das Gleichgewicht genommen, taumelt dieser auf mich zu. Ich drehe meinen Oberkörper mit meiner rechten Schulter voran leicht nach rechts hinten, ziehe meine rechte Faust (in Schlagposition) ein Stück an meine rechte Hüfte und gehe leicht ins Hohlkreuz. Gleichzeitig strecke ich meinen linken Arm diagonal nach vorn oben, blocke mit meiner(m) linken Hand (-ballen) bei gestrecktem linken Arm das Gesicht/Kinn des Angreifers von vorn unten nach oben und stoppe damit genauso die Vorwärtsbewegung des Angreifers, wie ich dies mit meinem linken Bein (vorn) tue, auf welches er aufläuft, weil es zwischen seinen Beinen steht.

24. KNIESTOSS-ABWEHREN

gelb 1 / orange 2 / grün 3 / blau 4 / violett 5 / 1.braun 6 / 2.braun 7 / 3.braun 8 / 1.Dan 9 / 2.Dan 10 / 3.Dan 11 / 4.Dan 12 / **5.Dan 13 Stück**

Stand- sowie Angriffs-Position

Wir stehen Angesicht zu Angesicht. Der Angreifer fasst mir von vorn kommend mit seiner rechten Hand auf meine linke Schulter und mit seiner linken Hand auf meine rechte Schulter, zieht mich mit beiden Händen zu sich herunter in die Oberkörperbeuge und ist im Begriff, mir sein rechtes angewinkelt angehobenes Bein mit dem Knie voran in den Bauch zu stoßen. Dabei bringt er sein Becken weit nach vorn und steht dadurch leicht im Hohlkreuz.

Handkanten-Heber mit rechts / Hand-Wechsel auf links und „O-Uchi-Gari" (Fuß-Wurf 6, S.112) = Kniestoß-Abwehr 1

Ich setze meinen rechten Fuß einen Schritt nach vorn mittig vor die Füße des Angreifers, drehe mich um 90 Grad nach links und stehe im rechten Winkel mit meiner rechten Körperseite zum Bauch des Angreifers (mein linker Fuß vorn, Schulterbreiter Stand) und stoppe mit meiner rechten Körperseite seine Vorwärtsbewegung. Ich führe meine rechte Hand (-kante, Daumenseite, Fingerspitzen vorn) von innen (zwischen seinen Beinen) unter das zum Kniestoß gegen mich angewinkelt angehobene rechte Bein des Angreifers (Kniekehle) und halte es in der Kniestoß-Position. Dann ersetze ich meine rechte Hand unter seiner rechten Kniekehle durch meine linke Hand (-kante, Daumenseite) und hebe das rechte Bein des Angreifers in der Kniestoß-Position nach oben und schiebe es dabei nach rechts auf den Angreifer zu. Gleichzeitig schiebe ich mit meiner rechten Hand (Kamm-Griff) die rechte Schulter des Angreifers diagonal solange nach hinten, bis der Angreifer das Gleichgewicht nach hinten verliert, und ziehe dann meinen linken Fuß an meinen rechten Fuß heran. Weiter mit „O-Uchi-Gari" ab [...] Mein rechtes Bein winkele ich an (Knie links), schwinge es waagerecht von innen nach außen in der linken Kniekehle des Angreifers um dessen linkes Bein [...].

Hand-Schieber mit rechts (von rechts innen nach links außen) / Arm-Sprenger und Fußtritt (Genital) = Kniestoß-Abwehr 2

Ich halte dem Ziehen des Angreifers an meinen Schultern stand und bleibe auf der Stelle stehen. Mit meiner rechten Hand (-fläche links,

Fingerspitzen unten, Hand und Unterarm bilden eine Gerade) schiebe ich das zum Kniestoß gegen mich angewinkelt angehobene rechte Bein des Angreifers an dessen Oberschenkel (Innenseite) von innen (zwischen seinen Beinen) nach links außen, führe dann meine Arme mittig zwischen den Armen des Angreifers bis auf die Höhe seiner Arme (Schulterhöhe) nach oben und schlage dann mit meinen Handkanten (Kleinfingerseiten, Handflächen zu ihm, Fingerspitzen oben) von innen nach außen gegen die Handgelenke des Angreifers (schmale Innenseiten) und damit dessen Arme von meinen Schultern. Dann führe ich mit meinem rechten Fuß einen Tritt in die Genitalien des Angreifers aus, setze meinen rechten Fuß einen Schritt nach hinten und begebe mich in die Abwehr-Stellung.

Hand-Schieber mit rechts (von rechts innen nach links außen) und „Age Uke" links = Kniestoß-Abwehr 3

Ich halte dem Ziehen des Angreifers an meinen Schultern stand und bleibe auf der Stelle stehen. Mit meiner rechten Hand (-fläche links, Fingerspitzen unten, Hand und Unterarm bilden eine Gerade) schiebe ich das zum Kniestoß gegen mich angewinkelt angehobene, rechte Bein des Angreifers an dessen Oberschenkel (Innenseite) von innen (zwischen seinen Beinen) nach links außen, führe dann meine Arme mittig zwischen den Armen des Angreifers bis auf die Höhe seiner Arme (Schulterhöhe) nach oben und schlage dann mit meiner rechten Handkante (Kleinfingerseite, Handfläche zu ihm, Fingerspitzen oben) von innen nach außen gegen sein linkes Handgelenk (schmale Innenseite) und damit dessen linken Arm von meiner rechten Schulter. Ähnlich tue ich das auch mit links, schiebe aber hier nur, drehe mich währenddessen mit meinem Oberkörper leicht nach links sowie meine linke Hand nach rechts und fasse sogleich mit dieser das rechte Handgelenk des Angreifers (schmale Innenseite) von innen unten (Kamm-Griff). Meinen rechten Arm führe ich von rechts innen nach links außen unter dem rechten Arm des Angreifers entlang, hake meine rechte Hand (Daumen voran, Handfläche zu mir) rückwärts in die rechte Ellenbeuge (oben) des Angreifers ein und ziehe den rechten Arm des Angreifers (Ellenbogen voran) in Richtung meiner rechten Schulter, aber nicht auf meine rechte Schulter. Dann führe ich meine rechte Hand (unter dem rechten Arm des Angreifers entlang) wieder nach vorn und übernehme (von rechts) das rechte Handgelenk (Unterseite) des Angreifers, strecke meinen rechten Arm und schiebe so den rechten angewinkelten Arm des Angreifers hinter dessen Rücken nach diagonal unten (dabei links an dessen Oberarm vorbei), während ich meine linke Hand löse und auf der Stelle stehen bleibe. Der Angreifer fällt (Sturz rückwärts).

Hand-Schieber mit rechts (von rechts innen nach links außen) **und „leichter Bogen"** (Handgelenk-Hebel 9, S. 21) **= Kniestoß-Abwehr 4**

Ich halte dem Ziehen des Angreifers an meinen Schultern stand und bleibe auf der Stelle stehen. Mit meiner rechten Hand (-fläche links, Fingerspitzen unten, Hand und Unterarm bilden eine Gerade) schiebe ich das, zum Kniestoß gegen mich angewinkelt angehobene, rechte Bein des Angreifers an dessen Oberschenkel (Innenseite) von innen (zwischen seinen Beinen) nach links außen, führe dann meine Arme mittig zwischen den Armen des Angreifers bis auf die Höhe seiner Arme (Schulterhöhe) nach oben und schlage dann mit meiner rechten Handkante (Kleinfingerseite, Handfläche zu ihm, Fingerspitzen oben) von innen nach außen gegen sein linkes Handgelenk (schmale Innenseite) und damit dessen linken Arm von meiner rechten Schulter. Ähnlich tue ich das auch mit links, schiebe aber hier nur und führe gleichzeitig meine rechte Hand (Handrücken oben, Fingerspitzen links, Kleinfingerseite zum Angreifer) vor meinem Bauch nach links und drücke meine(n) rechte(n) Daumen (-kuppe) zwischen Daumen und Zeigefinger seitlich auf die/den rechte/n) Hand (-rücken) des Angreifers. Weiter mit Handgelenk-Hebel „leichter Bogen".

Kind in Wiege-Stellung zu Boden = Kniestoß-Abwehr 5

Ich setze meinen rechten Fuß einen langen (Ausfall-) Schritt nach hinten und gehe gleichzeitig links in die Hocke. Dabei setze ich meinen rechten (Ober-)Arm mit dem Ellenbogen voran (mit Druck) auf den Oberschenkel (waagerecht) des zum Kniestoß gegen mich angewinkelt angehobenen rechten Beines des Angreifers (nahe dessen Knie wegen der Hebelwirkung, mein rechter Unterarm senkrecht). Gleichzeitig drücke ich mit meiner linken Hand den Angreifer an dessen rechter Schulter nach hinten (Kamm-Griff), bis mein linker Arm gestreckt ist und der Angreifer nach hinten aus dem Gleichgewicht kommt. Dann klappe ich meinen rechten Unterarm über links außen nach unten und führe ihn von links außen nach rechts innen unter dem rechten Bein des Angreifers entlang (seine Kniekehle in meiner Ellenbeuge). Mit meinem linken Arm an der rechten Schulter des Angreifers schiebe ich nun nach links und mit meinem rechten Arm unter seiner rechten Kniekehle schiebe ich das angehobene rechte Bein des Angreifers im Bogen zu dessen Körpermitte, wodurch sich der Angreifer mit seiner rechten Schulter voran auf mich zu dreht. Meinen rechten Fuß ziehe ich dabei an meinen linken Fuß heran und sobald ich während der Drehbewegung, die der Angreifer auf seinem linken Bein auf mich zu macht, Körperkontakt habe, setze ich meinen linken Fuß einen Schritt nach links hinten und lege den Angreifer mit dem Rücken auf dem Boden ab (sein Kopf links von mir).

Kreuz-Block und „Mawashi-Hiza-Geri" zum Kopf = Kniestoß-Abwehr 6

Ich setze meinen rechten Fuß einen Schritt nach hinten, halte meinen Oberkörper gerade und meinen Kopf hinten, forme meine Hände zu Fäusten (Handflächen zu mir), überkreuze meine Arme (linker unten) und blocke so von oben (mit Druck) den Oberschenkel des zum Kniestoß gegen mich angewinkelt angehobenen rechten Beines des Angreifers nahe dessen Knie (wegen der Hebelwirkung). Dann führe ich meine Arme mittig zwischen den Armen des Angreifers bis auf die Höhe seiner Arme (Schulterhöhe) nach oben und schlage dann mit meinen Handkanten (Kleinfingerseiten, Handflächen zu ihm, Fingerspitzen oben) von innen nach außen gegen die Handgelenke des Angreifers (schmale Innenseiten) und damit dessen Arme von meinen Schultern. Nun fasse ich mit meiner linken Hand (-fläche) von links den (Hinter-) Kopf des Angreifers (von seiner rechten Seite her), ziehe seinen Kopf zu mir herunter und führe gleichzeitig mit meinem rechten Bein einen „Mawashi-Hiza-Geri" zu seinem Kopf aus.

Kreuz-Block (Abwandlung) mit „O-Soto-Gari" (Abwandlung) (Fuß-Wurf 3, S. 114, hier um seinen Kopf) = Kniestoß-Abwehr 7

Ich setze meinen rechten Fuß einen Schritt nach hinten, forme meine Hände zu Fäusten (Handflächen zu mir), überkreuze meine Arme (mein linker Arm unten) und blocke so von oben (mit Druck) den Oberschenkel (waagerecht) des zum Kniestoß gegen mich angewinkelt angehobenen rechten Beines des Angreifers (nahe dessen Knie wegen der Hebelwirkung). So schiebe ich das rechte Bein des Angreifers in der angewinkelt angehobenen Stellung nach rechts innen, wodurch sich der Angreifer mit seiner rechten Schulter auf mich zu dreht. Ich löse meine Hände und führe meinen rechten Arm von rechts (von der linken Schulter des Angreifers) um den Nacken des Angreifers. Meinen linken Fuß drehe ich nach links und meinen Oberkörper neige ich nach links vorn. Weiter mit „O-Soto-Gari" ab: [...] und führe mein rechtes Bein zwischen meinem linken und seinem rechten Bein hindurch nach schräg vorn und sogleich (ohne Schwung zu holen) um sein rechtes Bein herum nach rechts und schwinge es angewinkelt und quasi rückwärts von hinten durch seine Beine und sichele [...].

Kreuz-Block (Abwandlung) **mit am Kragen ziehen nach hinten unten = Kniestoß-Abwehr 8**

Ich setze meinen rechten Fuß einen Schritt nach hinten, forme meine Hände zu Fäusten (Handflächen zu mir), überkreuze meine Arme (mein linker Arm unten) und blocke so von oben (mit Druck) den Oberschenkel (waagerecht) des zum Kniestoß gegen mich angewinkelt angehobenen rechten Beines des Angreifers (nahe dessen Knie wegen der Hebelwirkung). So schiebe ich das rechte Bein des Angreifers in der angewinkelt angehobenen Stellung nach rechts innen, wodurch sich der Angreifer mit seiner rechten Schulter auf mich zu dreht. Ich löse meine Hände und fasse mit meinen eng beieinander liegenden Händen von hinten mittig den Kragen des Angreifers und ziehe den Angreifer daran ruckartig senkrecht nach hinten unten. Sobald der Angreifer sein Gleichgewicht nach hinten verliert, löse ich meine Hände und der Angreifer fällt auf den Rücken (Sturz rückwärts).

Ausfallschritt mit **Bein aufladen** und **„O-Soto-Gari"-** Abwandlung (Fuß-Wurf 3, S. 114, hier um seinen Kopf) **= Kniestoß-Abwehr 9**

Noch bevor das rechte Bein des Angreifers nah genug ist, um mich zu treffen, hebe ich mein rechtes Bein angewinkelt an und drehe mich auf meinem linken Fußballen um 90 Grad nach links, schiebe mein rechtes Bein mit Schwung diagonal vor dem Körper des Angreifers entlang von links außen nach rechts innen und dabei unter das zum Kniestoß gegen mich angewinkelt angehobene rechte Bein des Angreifers [es schiebt sich auf meinen Oberschenkels (Hinterseite)]. Mit meiner linken Hand (linker Arm angewinkelt) halte ich mich dabei von innen am rechten Handgelenk des Angreifers fest und ziehe seinen rechten Arm im Bogen nach links um mich herum. Gleichzeitig führe ich meinen rechten Arm von rechts (von seiner linken Schulter) um den Kopf des Angreifers. Meinen linken Fuß drehe ich nach links und meinen Oberkörper neige ich nach links vorn. Weiter mit „O-Soto-Gari" ab: [...] und führe mein rechtes Bein zwischen meinem linken und seinem rechten Bein hindurch nach schräg vorn und sogleich (ohne Schwung zu holen) um sein rechtes Bein herum nach rechts und schwinge es angewinkelt und quasi rückwärts von hinten durch seine Beine und sichele [...].

doppelter Kniestoß mit rechts = Kniestoß-Abwehr 10

Ich drehe mich auf meinem linken Fußballen leicht nach links und führe mein rechtes Bein (Knie voran) angewinkelt diagonal nach links oben und stoße das rechte Knie des Angreifers seitlich (Innenseite) von innen nach links außen weg. Dann setze ich mein rechtes Bein wieder zurück in die Ausgangsposition rechts neben meinen linken Fuß, führe meine Arme mittig zwischen den Armen des Angreifers bis auf die Höhe seiner Arme (Schulterhöhe) nach oben und schlage dann mit meinen Handkanten (Kleinfingerseiten, Handflächen zu ihm, Fingerspitzen oben) von innen nach außen gegen seine Handgelenke (schmale Innenseiten) und damit dessen Arme von meinen Schultern. Nun fasse ich mit beiden Händen den (Hinter-)Kopf des Angreifers und ziehe diesen auf mein angewinkelt angehobenes rechtes Bein (Knie).

Unterarm-Schieber mit links und „O-Soto-Gari" (Abwandlung) (Fuß-Wurf 3, S. 114, hier um seinen Kopf) = Kniestoß-Abwehr 11

Ich gebe dem Ziehen des Angreifers an meinen Schulter etwas nach, setze meinen linken Fuß einen Schritt nach vorn links außen und drehe mich um 90 Grad nach rechts (mein rechter Fuß vorn), gehe entweder leicht in die Hocke oder (bei einem kleinen Angreifer) knie links ab und gehe rechts in die Hocke. Mit meinem angewinkelten linken Arm (Unterarm senkrecht) schiebe ich das zum Kniestoß gegen mich angewinkelt angehobene rechte Bein des Angreifers solange von links außen nach rechts innen, bis sich der Angreifer auf seinem linken Bein so weit gedreht hat, dass er sein Gleichgewicht verliert. Ich richte mich wieder auf, drehe meinen linken Fuß nach links und neige meinen Oberkörper nach links vorn. Weiter mit „O-Soto-Gari" ab: [...] und führe mein rechtes Bein zwischen meinem linken und seinem rechten Bein hindurch nach schräg vorn und sogleich (ohne Schwung zu holen) um sein rechtes Bein herum nach rechts und schwinge es angewinkelt und quasi rückwärts von hinten durch seine Beine und sichele [...].

Unterarm-Schieber mit links und Faustrücken-Schlag mit links sowie Faust-Schwinger mit rechts = Kniestoß-Abw. 12

(Ansatz analog Kniestoß-Abwehr 11)

Unterarm-Schieber mit links und diagonaler Handballen-Stoß mit rechts zum Kinn = Kniestoß-Abwehr 13

(Ansatz analog Kniestoß-Abwehr 11)

25. FUSS-TRITT- und FUSS-STOSS-ABWEHREN

gelb 1 / orange 2 / grün 3 / blau 4 / violett 5 / 1.braun 6 / 2.braun 7 / 3.braun 8 / 1.Dan 9 / 2.Dan 10 / 3.Dan 11 / 4.Dan 12 / **5.Dan 13 Stück**

FUSS-TRITT

Wir stehen Angesicht zu Angesicht. Der Angreifer führt mit seinem rechten Fuß einen Tritt (auf Bauch-Höhe) gegen mich aus.

Ausweich-Variante 1: für die Techniken 1 und 2:**- mit links nach links außen und Rechtsdrehung -**
Ich weiche nach vorn links aus, setze dazu meinen linken Fuß einen Schritt nach schräg vorn links und drehe mich um 90 Grad nach rechts, stehe im rechten Winkel zur rechten Körperseite des Angreifers und habe beide Beine gleichmäßig belastet (mein rechter Fuß vorn, mein linker hinten, Schulterbreiter stabiler Stand). Das fast gestreckte rechte Bein des Angreifers befindet sich nahezu waagerecht vor meiner Brust.

Bein-Anheber = Fuß-Tritt-Abwehr 1

Ich fasse die rechte Ferse des Angreifers zuerst mit meiner linken Hand (-fläche) von links unten (von dessen Fußgelenk her) und mit meiner rechten Hand (-fläche) von rechts unten (von dessen Fußsohle her) und hebe/schiebe daran mit beiden Händen das rechte Bein des Angreifers kraftvoll, ruckartig und solange nach links oben in Richtung Kopf des Angreifers, bis der Angreifer auf seinem linken Fuß rückwärts hüpft, schließlich das Gleichgewicht verliert und fällt (Sturz rückwärts).

am Bein zu Boden rütteln = Fuß-Tritt-Abwehr 2

Ich fasse den rechten Fuß des Angreifers mit meiner linken Hand (-fläche) von unten (Ferse) und mit meiner rechten Hand (-fläche, Daumenseite oben) um dessen rechte Fußsohle herum von rechts innen oben (Fuß-Spann), gehe wieder vor den Angreifer (in seine Tritt-Richtung), laufe ruckartig rückwärts, ziehe und rüttle dabei sein rechtes Bein hin und her, bis der Angreifer stolpert und stürzt (Sturz seitwärts).

Ausweich-Variante 2: für die Techniken 3 bis 6 **- mit links nach links außen und Bein fangen -**
Ich setze meinen linken Fuß einen Schritt nach schräg vorn links außen, ziehe meinen rechten Fuß kurz an meinen linken Fuß heran (ohne

abzusetzen) und auf der Schrittlinie meines linkes Fußes wieder nach rechts (quasi unter das rechte Bein des Angreifers). Dabei schwinge/drehe ich (wie im Vorbeigehen) meinen rechten (Unter-)Arm unter dem nahezu waagerecht gestreckten rechten Bein des Angreifers nach rechts (innen) und fange quasi dessen rechtes Bein (mein rechter Unterarm senkrecht). Ich stehe weiter Angesicht zu Angesicht mit meiner rechten Körperseite links am rechten Bein des Angreifers (Außenseite) und klemme dessen rechtes Fußgelenk zwischen meinem rechten Ober- und Unterarm (Ellenbeuge) ein (mein Oberarm und mein Unterarm bilden den Buchstaben V).

Knie-Zieher von innen nach außen = Fuß-Tritt-Abwehr 3

Ich führe meine linke Hand über das rechte Bein des Angreifers hinweg nach rechts innen, fasse mit dieser (Handfläche) dort von oben das rechte Knie des Angreifers und ziehe dieses nach links außen (auf mich zu), während ich mich mit meinem(r) linken Fuß/Schulter voran nach links hinten drehe und mit meinem rechten Arm (sein rechtes Fußgelenk in meiner Ellenbeuge) den rechten Unterschenkel des Angreifers im Bogen über seine Körpermitte ebenfalls nach links außen schiebe, wodurch sein rechtes Bein einknickt (Knie links). Der Angreifer muss auf seinem linken Bein rückwärts hüpfen und fällt seitwärts.

Knie-Schieber von außen nach innen = Fuß-Tritt-Abwehr 4

Ich setze meine linke Hand (-fläche) von links außen am rechten Kniegelenk (Außenseite) des Angreifers an und schiebe/rolle dessen rechtes Knie über oben nach innen, wodurch sich das rechte Bein des Angreifers in meiner rechten Ellenbeuge mit dem Knie nach innen unten und sich der Angreifer (von sich aus gesehen nach links) dreht. Der Angreifer muss auf seinem gebeugten linken Bein (in Oberkörperbeuge) vorwärts (von mir weg) hüpfen und fällt (Sturz vorwärts).

Hüft-Schieber (mit Diagonal-Schritt links) = Fuß-Tritt-Abwehr 5

Mit meiner linken Hand fasse ich die rechte Hüfte (Gürtel) des Angreifers, drehe mich um 90 Grad nach rechts, führe mein linkes Bein vor dem Angreifer entlang zu dessen linkem Bein, setze meinen linken Fuß von vorn kommend um und quasi rückwärts links außen neben den linken Fuß des Angreifers (unsere Füße auf gleicher Höhe, Zehenspitzen in dieselbe Richtung, meine Kniekehle an seinem Knie) und stehe mit meiner linken Körperseite unter der Körpermitte (im Schritt) des Angreifers. Das rechte Bein des Angreifers dreht sich dabei in meiner rechten Ellenbeuge mit dem Knie nach unten und der Angreifer insgesamt (von sich aus gesehen nach links). Mit meiner linken Hand an seiner rechten Hüfte schiebe ich den Angreifer quasi über mein linkes Bein (bildlich: ein Bein stellen). Der Angreifer kann sich mit keinem Schritt nach vorn abfangen und fällt (Sturz vorwärts).

Fuß-Hebel (in meiner rechten Ellenbeuge) **= Fuß-Tritt-Abwehr 6**
Ich drehe mich um 90 Grad nach rechts (mein rechter Fuß vorn), rutsche mit meinem rechten Arm unter der rechten Wade des Angreifers zu dessen rechtem Fußgelenk und klemme/verspanne dort seinen Unterschenkel mit meiner rechten Ellenbeuge. Mit meiner linken Hand fasse ich von außen diagonal nach innen über dem rechten Schienbein des Angreifers entlang um meinen rechten Unterarm (senkrecht) herum von innen auf seinen rechen Fuß (-spann), fasse dann mit meiner rechten Hand meinen linken Unterarm (Kamm-Griff) und drehe diesen nach vorn innen (Gas wegnehmen), während ich mit meiner linken Hand den rechten Fuß des Angreifers nach links innen unten drehe.

Ausweich-Variante 3: für die Techniken 7 bis 9 **- mit rechts nach rechts und pendeln -**
Ich setze meinen rechten Fuß einen Schritt nach rechts und pendele mit meinem Körper per Gleichgewichtsverlagerung erst mit nach rechts und, sobald der Fuß-Tritt links an mir vorbei gegangen ist, wieder nach links. Dabei schwinge/drehe ich (wie im Vorbeigehen) meinen linken (Unter-) Arm unter dem nahezu waagerecht gestreckten rechten Bein des Angreifers nach links (außen) und fange quasi dessen rechtes Bein (mein linker Unterarm senkrecht). Ich stehe weiter Angesicht zu Angesicht mit meiner linken Körperseite rechts innen am rechten Bein des Angreifers (Innenseite) und klemme dessen rechtes Fußgelenk zwischen meinem linken Ober- und Unterarm (Ellenbeuge) ein (mein Oberarm und mein Unterarm bilden den Buchstaben V).

Knie-Zieher von außen nach innen = Fuß-Tritt-Abwehr 7
Ich führe meine rechte Hand über das rechte Bein des Angreifers hinweg nach links außen, fasse mit dieser (Handfläche) dort von oben das rechte Knie des Angreifers und ziehe dieses nach rechts innen unten, wodurch sich das rechte Bein des Angreifers in meiner linken Ellenbeuge mit dem Knie nach innen unten und sich der Angreifer insgesamt (von sich aus gesehen nach links) dreht. Mit beiden Händen schiebe ich den Angreifer dann nach vorn (von mir weg) und der Angreifer muss auf seinem gebeugten linken Bein (in Oberkörperbeuge) vorwärts (von mir weg) hüpfen und fällt (Sturz vorwärts).

Knie-Schieber von innen nach außen = Fuß-Tritt-Abwehr 8

Ich setze meine(n) rechte(n) Hand (-ballen) von rechts innen am rechten Kniegelenk (Inennseite) des Angreiferifers an und drücke/schiebe dessen rechtes Knie nach links außen, während ich mit meinem linken Arm (Ellenbeuge) das rechte Bein des Angriefers auf der Stelle halte. Der Angreifer muss auf seinem linken Bein rückwärts hüpfen (von mir aus gesehen nach links, von ihm aus gesehen nach rechts) und stürzt.

Schulter-Schieber und Bein stellen = Fuß-Tritt-Abw. 9

Beim Zurückpendeln nach links setze ich meinen linken Fuß einen Schritt nach links vorn [quasi unter das von mir mit meinem linken Arm (Ellenbeuge) hochgehaltene rechte Bein des Angreifers], stemme gleichzeitig meinen rechten Arm diagonal gestreckt in die rechte Schulter des Angreifers und drehe mich leicht nach links. Mein rechtes Bein setze ich von innen nach außen um das linke Bein des Angreifers herum (unsere Zehenspitzen in entgegengesetzter Richtung, meine Zehenspitzen schräg links). Während ich mit meinem linken Arm (Ellenbeuge) den Angreifer über dessen rechtes Bein nach links lenke, drücke ich den Angreifer mit meiner rechten Hand an dessen rechter Schulter nach hinten und dann nach links. Weil ich mit meinem rechten Bein sein linkes Bein blockiere, kann er nicht weg und fällt wie über eine Bank seitlich nach hinten (Fallschule seitwärts links).

FUSS-STOSS

(bildlich, als wolle der Angreifer (von vorn kommend) mit seinem rechten Bein einen Schritt durch mich durchmachen)

Ausweich-Variante 1: für die Techniken 10 bis 15 **-mit links nach links außen und Arm-Pendel-**

Ich setze meinen linken Fuß einen Schritt nach schräg vorn links außen und ziehe meinen rechten Fuß nach. Gleichzeitig winkele ich meinen rechten (Unter-)Arm nach links oben an (waagerecht) und forme dabei meine Hand zur Faust - so hole ich Schwung. Dann klappe ich meinen rechten (Unter-)Arm zurück nach rechts unten und leite so das rechte Bein des Angreifers erst mit meiner rechten Faust rechts an mir vorbei nach hinten, öffne dabei aber meine Faust, drehe sie nach links (Handfläche oben), fasse den rechten Fersenspann des Angreifers von unten (hohle Hand) und ziehe das rechte Bein des Angreifer weiter in dessen Tritt-Richtung. Währenddessen drehe ich mich um 90 Grad nach rechts und stehe im rechten Winkel mit meinem Bauch zur rechten

Körperseite des Angreifers. Hat der Angreifer seinen rechten Fuß aufgesetzt, steht er in langer Schrittstellung (bildlich: Ansatz Spagat).

Unterarm-Würge "offene Hände" = Fuß-Stoß-Abwehr 1 (10)
Ich führe meinen nach hinten gestreckten rechten Arm zurück, winkele ihn dabei an und hebe ihn bis in die Waagerechte nach oben (Höhe Hals des Angreifers). Der Angreifer rennt gegen/in meine rechte Ellenbeuge. Ich winkele meinen rechten Arm weiter (um den Hals des Angreifers) an und fasse mit meiner rechten Hand (-fläche unten) von oben in meine linke Hand (-fläche oben, meine Daumen überkreuzen sich). Mit meiner linken Hand ziehe ich meinen rechten Unterarm gegen die linke Hals-Seite des Angreifers (sein Hals befindet sich zwischen meinen Unterarmen). Ich drehe/schnicke meine Hände (Hand in Hand) in der Waagerechten nach rechts und ziehe damit meinen rechten Unterarm noch weiter zu mir und somit gegen den Hals des Angreifers.

„O-Soto-Gari" (Abwandlung) (Fuß-Wurf 3, Seite 114, hier um seinen Kopf) **= Fuß-Stoß-Abwehr 2** (11)
Ich führe meinen nach hinten gestreckten rechten Arm zurück, winkele ihn dabei an und hebe ihn bis in die Waagerechte nach oben (Höhe Hals des Angreifers). Der Angreifer rennt gegen/in meine rechte Ellenbeuge. Ich winkele meinen rechten Arm weiter (um den Kopf des Angreifers) an. Mit meinen(r) linken Fuß/Schulter voran drehe ich mich um 90 Grad nach links. Mein rechtes Bein, welches hinter der Schrittlinie des Angreifers steht ... Weiter mit „O-Soto-Gari" ab: [...] führe ich zwischen meinem linken und seinem rechten Bein hindurch nach schräg vorn und sogleich (ohne Schwung zu holen) um sein rechtes Bein herum nach rechts und schwinge es angewinkelt und quasi rückwärts von hinten durch seine Beine und sichele [...].

„Ko-Soto-Gari"-Abwandlung **links** (Fuß-Wurf 5, S. 115, hier mein rechter Fuß und sein linker Fuß) **= Fuß-Stoß-Abwehr 3** (12)
Ich führe meinen rechten Arm hinter dem Rücken des Angreifers an dessen rechter Schulter vorbei zu dessen linker Schulter, fasse diese mit meiner rechten Hand und ziehe die linke Schulter des Angreifers auf mich zu, wodurch der Angreifer in einer Oberkörper-Rückwärtsdrehung (von ihm aus gesehen nach links hinten) auf mich zu kommt und breitbeinig mit dem Rücken zu mir steht. Ich setze meinen linken Fuß einen Schritt nach links und meine rechte Fußsohle von hinten an der linken Ferse des Angreifers an und fege dessen linken Fuß nach vorn von mir weg.

„Ko-Soto-Gari" (Abwandlung) **rechts** (Fuß-Wurf 5, S. 115, hier mein linker Fuß und sein rechter Fuß) **= Fuß-Stoß-Abwehr 4** (13)
Ich drehe mich um 180 Grad nach rechts (gleiche Blickrichtung), fasse mit meiner linken Hand von hinten die rechte Schulter des Angreifers und ziehe diese nach hinten unten. Gleichzeitig setze ich meine linke Fußsohle von hinten an der rechten Ferse des Angreifers an und fege den rechten Fuß des Angreifers nach vorn (in dessen Tritt-Richtung) von mir weg.

Genital-Tritt von hinten / am Kragen ziehen nach hinten unten = Fuß-Stoß-Abwehr 5 (14)
Mit meinem rechten Fuß (-Spann) trete ich dem Angreifer von hinten in den Genitalbereich. Dann fasse ich mit meinen eng beieinander liegenden Händen von hinten mittig den Kragen des Angreifers und ziehe den Angreifer daran ruckartig senkrecht nach hinten unten. Sobald der Angreifer sein Gleichgewicht nach hinten verliert, löse ich meine Hände. Der Angreifer fällt auf den Rücken (Sturz rückwärts).

Nerven-Druckpunkt linke Wade **= Fuß-Stoß-Abwehr 6** (15)
Ich gehe links in die Hocke, knie rechts ab und drehe mich mit meinem Oberkörper nach rechts zum Angreifer. Mit meiner linken Hand fixiere ich den linken Fuß (Fersenspann) des Angreifers auf dem Boden und mit meinem rechten Unterarm (Ellenbogen voran) drücke ich von oben nach unten in den Nervendruck-Punkt mittig seiner rechten Wade.

26. ABWEHREN IN DER BODENLAGE

gelb 1 / orange 2 / grün 3 / blau 3 / violett 4 / 1.braun 4 / 2.braun 5 / 3.braun 6 / 1.Dan 9 / 2.Dan 10 / 3.Dan 11 / 4.Dan 12 **/ 5.Dan 13 Stück**

Angriff-Variante 1: Würge von vorn / zwischen meinen Beinen
Ich liege auf dem Rücken. Der Angreifer kniet zwischen meinen Beinen (Angesicht zu Angesicht) und würgt mich mit beiden Händen von vorn am Hals. Meine Arme/Hände sind frei.

Nieren-Schere (Schere 6, Seite 99) **= Abwehr Bodenlage 1**

Kopf-Schere (hinten, Schere 7, S.100) **= Abwehr Bodenlage 2**

Würge-Schere (vorn, Schere 8, S.100) **= Abwehr Bodenlage 3**

Kopf-Dreher und Abkippen = Abwehr Bodenlage 4
Ich führe meine Beine angewinkelt von außen nach innen über die Unterschenkel/Kniekehlen des Angreifers und hake meine Fußgelenke von innen nach außen in die Fußgelenke des Angreifers ein. Dann schlage ich ruckartig mit meinen Handkanten (Kleinfingerseiten, Handflächen oben) von innen nach außen gegen die Handgelenke des Angreifers, damit dessen Hände von meinem Hals weg und ziehe mit meinen Füßen die Beine des Angreifers in die Streckung. Der Angreifer fällt auf mich. Mit meiner linken Hand (-fläche) fasse ich den Hinterkopf des Angreifers von links (Gegenlager), meine rechte Hand (-kante, Kleinfingerseite rechts) setze ich senkrecht (Fingerspitzen oben) von links an der rechten Seite von Kinn und Nase des Angreifers an und drehe den Kopf des Angreifers über rechts nach links hinten (aus Sicht des Angreifers nach links) und schiebe dabei solange weiter, bis meine rechte Hand (-fläche) an der rechten Wange des Angreifers anliegt (Tendenz über dessen Nase). Gleichzeitig drehe ich mich nach links, der Angreifer kippt nach links von mir runter und ich schwinge mich auf ihn. Ich stelle mein linkes Bein zum Hock-Stand auf (mein rechtes kniet), fixiere mit meiner linken Hand seine rechte Hand am Boden und führe mit rechts einen Schlag gegen den Angreifer aus. Oder ich lege den Angreifer fest, z.B. mit „Tate-Shiho-Gatame" (Boden-Festhalter 12, Seite 72). Oder ich wende Z- oder Viereck-Hebel 1 (Seite 19) an.

Angriff-Variante 2: Würge im Reit-Sitz von vorn
Ich liege auf dem Rücken. Der Angreifer sitzt im Reit-Sitz (Angesicht zu Angesicht) auf mir und würgt mich mit beiden Händen von vorn am Hals. Meine Arme/Hände sind frei.

Kopf-Dreher und Abkippen = Abwehr Bodenlage 5
Wie Abwehr Bodenlage 4, nur kann ich hier meine Füße nicht einhaken. Der Angreifer kippt nach links von mir runter und rollt seitlich nach links weg von mir, während ich mich nach rechts rolle und aufstehe.

Z- oder Viereck-Hebel 1 (Abwandlung / Handgelenk-Hebel 1, S. 19) **mit Abkippen = Abwehr Bodenlage 6**
Ich führe meine rechte Hand von rechts außen über/vor dem linken Arm des Angreifers nach links, drehe meinen Oberkörper dabei leicht nach links mit, und fasse die rechte Hand des Angreifers (Zangen-Griff, mein Daumen von seinem Handrücken her zwischen seinen Daumen und seinen Zeigefinger, meine Finger von seiner Kleinfingerseite in seine Handfläche). Ich hake meinen linken Mittelfinger von links außen oben in die rechte Ellenbeuge des Angreifers ein, ziehe nach links und sein rechter Arm knickt nach links ein. Gleichzeitig reiße ich die rechte Hand des Angreifers nach rechts innen von meinem Hals weg und halte sie mit Abstand mittig vor den Bauch des Angreifers. Dann fasse ich mit meiner linken Hand von links auch die rechte Hand des Angreifers (Handfläche an Handfläche) und kippe mit beiden Händen (meine rechte Handfläche an seinem rechten Handrücken) die rechte Hand des Angreifers nach vorn, indem ich mit meinen Daumen am Zeigefinger des Angreifers von unten nach oben und gleichzeitig mit meinen kleinen Fingern das hochkant stehende rechte Handgelenk (Kleinfingerseite) des Angreifers von oben nach unten drücke. Dann drücke/schiebe ich den angewinkelten rechten Arm des Angreifers in Richtung dessen linker Brust nach oben und dann im Bogen in dessen rechte Schulter. Dabei hebe ich meine rechte Schulter an und drehe mich leicht nach links. Der Angreifer kippt nach links von mir runter und rollt seitlich nach links weg von mir, während ich mich nach rechts rolle und aufstehe.

Beten und Abkippen = Abwehr Bodenlage 7
Ich lege meine Handflächen aneinander und führe meine Hände rechts außen am linken Arm des Angreifers vorbei nach oben, setze meine Hände dort mit dem linken Handrücken voran am linken Oberarm des Angreifers an, rutsche bis zum linken Ellenbogen des Angreifers hinunter und drücke dabei den linken Arm des Angreifers zunächst nach links in die Streckung und dann kräftig weiter nach links. Der Angreifer

kippt nach links von mir runter und rollt seitlich nach links weg von mir, während ich mich nach rechts rolle und aufstehe.

Oberschenkel-Kneifer = Abwehr Bodenlage 8

Ich klappe meine Hände nach innen, kneife jeweils mit Daumen und Zeigefinger in die Oberschenkel (Hinterseite) des Angreifers und drücke diese in Richtung meines Kopfes. Der Angreifer löst die Würge, um sich hinter meinem Kopf abzustützen und bewegt sich dabei im geknieten Grätsch-Stand über mich hinweg.

Angriff-Variante 3: Der Angreifer **hält mich im Boden-Festhalter** 1 „Kesa- Gatame“ (S. 68).

Nerven-Druckpunkt hinterm Ohr und Finger-Hebel = Abwehr Bodenlage 9

Je nachdem, wie korrekt der Angreifer den Boden-Festhalter ausführt und wie tief er entsprechend seinen Kopf hält, drücke ich meinen Zeigefinger in den Nerven-Druckpunkt hinter seinem Ohr (-läppchen), a) wenn er seinen Kopf korrekterweise tief hält, dann meinen linken Zeigefinger in den Nervendruck-Punkt hinter seinem linken Ohr und drücke solange, bis ich rückwärts aus der Festhalte heraus rutschen kann oder b), wenn er seinen Kopf fälschlicherweise nicht tief genug hält, dann meinen rechten Zeigefinger in den Nervendruck-Punkt hinter seinem rechten Ohr und drücke solange nach links oben, bis der Angreifer nach links über mich hinweg kippt. Dann greife ich mir einen Finger des Angreifers für einen Finger-Hebel.

Angriff-Variante 4: Würge von hinten/oben

Ich liege auf dem Rücken. Der Angreifer kniet im Vierfüßler-Stand hinter/über mir und würgt mich mit beiden Händen/Armen senkrecht von oben, d.h. er kommt über meinen Kopf und fasst von vorn meinen Hals.

Aufsetzen / Arm-/Schulterhebel = Abwehr Bodenlage 10

Ich fasse mit meiner rechten Hand nach hinten (Unter- über Oberarm, Kleinfingerseite oben) und so das rechte Handgelenk des Angreifers (Zangen-Griff) von rechts außen. Meinen linken Arm schiebe ich über meinen Kopf und unter die rechte Achsel des Angreifers, drücke den Angreifer von dort mit meinem linken Unterarm nach links vorn unten in Richtung neben mein linkes Bein und setze mich dabei auf (Oberkörper aufrecht, Beine am Boden gestreckt). Der Angreifer kippt mit dem

Gesicht voran nach schräg links an mir vorbei auf den Boden. Meinen linken Unterarm drücke ich in das rechte Schultergelenk des Angreifers. Mit meiner rechten Hand führe ich den gestreckten rechten Arm nach links neben meine linke Körperseite, halte ihn weiter mit rechts fest und lehne meinen Oberkörper nach links (Fixierung).

Kopf-Dreher von hinten = Abwehr Bodenlage 11

Ich führe meine Arme nach hinten (Unter- über Oberarme) zwischen die Arme des Angreifers und schlage mit beiden Handkanten (Kleinfingerseiten, Handflächen oben) die Arme des Angreifers von innen nach außen von meinem Hals weg. Damit der Angreifer nicht auf mich fällt, hebe ich meine bereits angewinkelten Arme (Unterarm-Außenseiten) schützend bis über meinen Kopf nach oben. In dieser Stellung fasse ich mit meiner linken Hand (-fläche) von links den Hinterkopf des Angreifers (Gegenlager). Meine flache rechte Hand (Handfläche zum Angreifer, Kleinfingerseite rechts, Fingerspitzen hinten) schiebe ich von links kommend über Kinn und Nase (rechte Seite) des Angreifers, dessen Kopf sich dadurch nach (von ihm aus gesehen) links dreht, presse meine rechte Hand dann flach auf das Gesicht des Angreifers und drehe mit beiden Händen seinen Kopf über rechts nach links. Der Angreifer kippt nach links.

an den Ohren ziehen / Knie-Stoß = Abwehr Bodenlage 12

Ich führe meine Arme nach hinten (Unter- über Oberarme) zwischen die Arme des Angreifers und schlage mit beiden Handkanten (Kleinfingerseiten, Handflächen oben) die Arme des Angreifers von innen nach außen von meinem Hals weg. Damit der Angreifer nicht auf mich fällt, hebe ich meine bereits angewinkelten Arme (Unterarm-Außenseiten) schützend bis über meinen Kopf nach oben. In dieser Stellung fasse ich mit beiden Händen die Ohren des Angreifers, ziehe daran seinen Kopf nach vorn über meinen Kopf in Richtung meiner Füße und winkele ein Bein an (Knie-Stoß zum Kopf). Mit meiner rechten Hand halte ich das rechte Ohr des Angreifers weiter gefasst und drücke mit meinem rechten Zeigefinger zusätzlich und solange in den Nerven-Druckpunkt hinter dem rechten Ohr (-läppchen) des Angreifers nach links oben, bis der Angreifer nach links kippt.

Angriff-Variante 5: Tritt von vorn gegen mein linkes Bein

Ich liege auf dem Rücken, stütze mich aber auf meinen Unterarmen auf, habe meinen Kopf oben und meine Beine angewinkelt aufgestellt, was sie zum Ziel macht. Der Angreifer will mir mit seinem rechten Fuß von gerade vorn gegen mein linkes Bein zu treten.

Angreifer Bananen-Schale (Schere 5, S. 99) **= Abwehr Bodenlage 13**

Angriff-Variante 6: Tritt von links gegen mein linkes Bein
Ich liege auf dem Rücken, stütze mich aber auf meinen Unterarmen auf, habe meinen Kopf oben und meine Beine angewinkelt aufgestellt, was sie zum Ziel macht. Der Angreifer will mir mit seinem rechten Fuß im Bogen von links kommend gegen mein linkes Bein treten.

Scheren-Wagenheber (Schere 4, S. 98) **= Abwehr Boden 14**

Angriff-Variante 7: Tritt von links gegen meine linke Hüfte
Ich liege auf dem Rücken (Beine gestreckt) und habe meine Hände auf meinem Bauch liegen. Der Angreifer will mir mit seinem rechten Fuß im rechten Winkel von links kommend gegen meine linke Hüfte treten.

Tritt zulassen und Unterarm-Drücker = Abwehr Boden 15
Mit meiner linken Hand (-fläche) fasse ich von links hinten das rechte Fußgelenk des Angreifers, drehe mich auf meine linke Körperseite und drücke mit meiner rechten Hand (-fläche) das rechte Knie des Angreifers a) von außen nach innen (dann gegen die Außenseite) oder b) von innen nach außen (dann gegen die Innenseite) – je nach Stellung von Fuß/Bein des Angreifers. Der Angreifer knickt mit seinem rechten Bein a) nach innen oder b) nach außen weg und fällt.

Angriff-Variante 8: Stampf-Schritt
Ich liege auf dem Rücken und habe meine Hände auf meinem Bauch liegen. Der Angreifer will mir mit seinem rechten Fuß im rechten Winkel von links kommend mit einem Stampf-Schritt von links oben auf meine(n) Brust/Bauch treten.

Stampfschritt-Abwehr = Abwehr Bodenlage 16
Ich drehe mich unter dem Stampf-Schritt des Angreifers auf meine linke Körperseite, fasse mit meiner linken Hand (-fläche) von links hinten das linke Fußgelenk des Angreifers, drücke mit meinem rechten Unterarm (Außenseite) von innen nach außen gegen das linke Knie (Innenseite) des Angreifers. Der Angreifer knickt mit seinem linken Bein weg und fällt auf seine linke Körperseite.

27. NELSON-ABWEHREN

gelb 0 / orange 0 / grün 1 / blau 1 / violett 2 / 1.braun 2 / 2.braun 3 / 3.braun 3 / 1.Dan 6 / 2.Dan 6 / 3.Dan 6 / 4.Dan 6 / **5.Dan 6 Stück**

Der Nelson-Angriff ist folgender: Der Angreifer kommt von hinten, schiebt seine Arme unter meinen Achseln erst nach vorn vor meine Brust, klappt seine (Unter-)Arme dann nach oben (winkelt seine Arme also nach hinten an), schiebt seine Hände hinter meinen Nacken, führt sie dort zum Kirchen-Beten zusammen (Finger in Finger, Hände aber „aufgeklappt" in einer Linie), zwingt mich so in die Oberkörperbeuge und hat mich im Festhalte-Griff.

Angriff-Variante 1:

Der Angreifer hat seine bereits leicht angewinkelten Arme lediglich unter meinen Achseln nach vorn schieben können (seine Unterarme waagerecht zum Boden) – hier habe ich seine (Unter-)Arme mit meinen (Ober-)Armen dann aber bereits klemmen können.

Achsel-Klemmen beidseitig mit Kleinfinger-Hebeln beidseitig = Nelson-Abwehr 1

In dem Moment, in dem der Angreifer seine Arme unter meinen Achseln nach vorn schiebt, winkele ich meine Arme an und presse mit meinen (Ober-)Armen die (Unter-)Arme des Angreifers nahe seiner Ellenbogen links sowie rechts an meine Körperseiten / klemme diese unter meinen Achseln. In dieser Klemm-Position setze ich (jeweils von den Handrücken des Angreifers kommend) meine Daumenkuppen senkrecht von hinten an das linke sowie rechte Kleinfinger-Gelenk (Außenseite) des Angreifers, welches dem jeweiligen Handrücken des Angreifers am nächsten ist. Mit meinen aneinander liegenden Fingern umfasse ich jeweils von außen nach innen den linken sowie rechten kleinen Finger (Innenseite) des Angreifers. Ich kippe meine Hände nach vorn und biege mit meinen Fingern die kleinen Finger des Angreifers im Bogen über meine Daumen nach hinten unten (Finger-Hebel).

Achsel-Klemme(n) / Kleinfinger-Hebel rechts - rechts / Arm-Strecker über seine rechte Schulter = Nelson-Abwehr 2

In dem Moment, in dem der Angreifer seine Arme unter meinen Achseln nach vorn schiebt, winkele ich meine Arme an und presse mit meinen (Ober-)Armen die (Unter-)Arme des Angreifers nahe seiner Ellenbogen links sowie rechts an meine Körperseiten / klemme diese unter meinen Achseln. In dieser Klemm-Position lege ich meinen gestreckten rechten Daumen (Innenseite oberstes Gelenk zur Kuppe) im rechten Winkel von rechts außen (von hinten, seinem rechten Handrücken her) an das Kleinfinger-Gelenk (Außenseite) des Angreifers, welches dem rechten Handrücken des Angreifers am nächsten ist, und schiebe die aneinander liegenden und gestreckten Zeige- sowie Mittelfinger meiner rechten Hand analog von hinten zwischen rechtem Ringfinger und rechtem kleinen Finger des Angreifers hindurch und fasse mit diesen von seiner rechten Handfläche her das rechte Kleinfingerglied (Innenseite) des Angreifers, welches der Kleinfingerkuppe am nächsten ist. Mit meinem rechten Zeige- sowie Mittelfinger biege ich den rechten kleinen Finger des Angreifers im Bogen über meinen rechten Daumen nach unten (Finger-Hebel), löse die Arm-Klemme(n) beidseitig und drehe mich mit dem Hebel auf meinem rechten Fuß (-ballen, um nah am Angreifer zu bleiben) ganz eng und mit meinem(r) linken Fuß/Schulter voran um 180 Grad nach rechts hinten, stehe Angesicht zu Angesicht zum Angreifer mit meiner rechten Körperseite leicht vor/neben der rechten Körperseite des Angreifers, setze meinen linken Fuß aber nur auf die Höhe meines rechten Fußes. Unter Aufrechthaltung des Hebels führe ich den angewinkelten rechten Arm des Angreifers im Bogen über dessen rechte Schulter, bis sein Oberarm sich in etwa waagerecht zum Boden befindet. Dann ziehe ich den rechten Arm des Angreifers mit dem Ellenbogen voran (quasi rückwärts) auf meine rechte Schulter und klappe dabei den rechten Unterarm des Angreifers (Oberseite) auf den rechten Oberarm (Oberseite) des Angreifers. Dann setze ich meinen rechten Fuß einen Schritt nach vorn an der rechten Körperseite des Angreifers vorbei hinter dessen Schrittlinie, wodurch der Angreifer ins Hohlkreuz kommt, strecke meinen rechten Arm und schiebe den angewinkelten rechten Arm des Angreifers nach diagonal unten. Der Angreifer fällt (Sturz rückwärts).

Achsel-Klemme(n) / Finger-Hebel (ganze Hand) rechts - rechts) **/ Kreuzfessel-Griff = Nelson-Abwehr 3**

In dem Moment, in dem der Angreifer seine Arme unter meinen Achseln nach vorn schiebt, winkele ich meine Arme an und presse mit meinen (Ober-)Armen die (Unter-)Arme des Angreifers nahe seiner Ellenbogen links sowie rechts an meine Körperseiten / klemme diese unter meinen Achseln. In dieser Klemm-Position fasse ich mit meiner rechten Hand die rechte Hand des Angreifers von rechts (von zwischen dessen Daumen und Zeigefinger) - meinen Daumen lege ich im rechten Winkel von hinten an die Finger-Gelenke (Außenseiten) des Angreifers, die dem rechten Handrücken des Angreifers am nächsten sind, und die

Finger meiner rechten Hand im rechten Winkel von vorn und vom rechten Zeigefinger sowie der rechten Handfläche des Angreifers her auf sämtliche Finger der rechten Hand des Angreifers (Innenseite). Mit meiner rechten Hand biege ich alle Finger der rechten Hand des Angreifers im Bogen über meinen rechten Daumen nach unten (Finger-Hebel), löse die Arm-Klemme(n) beidseitig und drehe mich mit dem Hebel auf meinem rechten Fuß (-ballen, um nah am Angreifer zu bleiben) ganz eng und mit meinem(r) linken Fuß/Schulter voran um 180 Grad nach rechts hinten, stehe Angesicht zu Angesicht zum Angreifer mit meiner rechten Körperseite leicht vor/neben der rechten Körperseite des Angreifers und setze meinen linken Fuß einen Schritt nach vorn, drehe mich aber auf meinem linken Fußballen aber sogleich um weitere 180 Grad nach rechts bzw. mit meinem(r) rechten Fuß/Schulter voran nach rechts hinten und stehe mit meiner linken Körperseite an der rechten Körperseite des Angreifers (dieselbe Blickrichtung) - eine Drehung also um 360 Grad nach rechts neben den Angreifer. Ich setze meinen linken Handballen von schräg unten am rechten Ellenbogen (Unterseite) des rechten angewinkelten Arms des Angreifers an und drücke den rechten Ellenbogen des Angreifers über vorn oben nach vorn unten, während ich mit meiner rechten Hand die rechte Hand des Angreifers mittels des Hebels so weit nach hinten auf mich zu ziehe, dass ich den rechten Unterarm des Angreifers in meine linke Ellenbeuge legen kann. Mit meiner linken Hand (-fläche) fasse ich auf den rechten (Ober-)arm des Angreifers nahe dessen Ellenbeuge (Kammgriff). Mit meiner rechten Hand (-fläche) fasse ich auf meine(n) linke(n) Hand (-rücken) und mit beiden Händen führe ich den rechten Arm des Angreifers schwungvoll nach vorn, dann nach rechts vor meinen Bauch und wieder nach links hinten. Der Angreifer kommt aus dem Gleichgewicht. Ich klemme den rechten Arm des Angreifers mit dem Ellenbogen hinter meine linke Hüfte (öffnen/schließen) und drücke den rechten Arm des Angreifers mit meiner linken Hand weiter nach unten. Mit meiner rechten Hand fasse ich diagonal über den Hinterkopf des Angreifers das Kinn des Angreifers und ziehe den Kopf des Angreifers mit dem Kinn voran nach links oben (Blick auf dessen linke Gesichtshälfte).

Achsel-Klemme(n) / Finger-Hebel (ganze Hand) rechts - rechts) **/ Kanu-Paddel** (Abwandlung: sein Arm ist angewinkelt) **= Nelson-Abwehr 4**

Analog Nelson-Abwehr 3 bis [...] eine Drehung also um 360 Grad nach rechts neben den Angreifer [...]. Ich setze bereits dabei meine linke Handfläche am rechten Ellenbogen des Angreifers an, die dann übergeht zur Handkante und dann zum Unterarm und führe so den angewinkelten rechten Arm des Angreifers in einem Bogen über oben nach vorn unten. Gleichzeitig drehe ich mich mit meinem rechten Fuß voran mittels kleiner Tippel-Schritte (mein linker Fuß dreht sich dabei auf der Stelle) im Halbkreis nach rechts hinten.

(Hinter-)Kopf-Nuss nach hinten = Nelson-Abwehr 5

In dem Moment, in dem der Angreifer seine Arme unter meinen Achseln nach vorn schiebt, winkele ich meine Arme an und presse mit meinen (Ober-)Armen die (Unter-)Arme des Angreifers nahe seiner Ellenbogen links sowie rechts an meine Körperseiten / klemme diese unter meinen Achseln. In dieser Klemm-Position kippe ich meinen Kopf ruckartig nach hinten und treffe den Angreifer mit meinem Hinterkopf im Gesicht/vor die Nase.

Angriff-Variante 2:

Während der Angreifer seine bereits leicht angewinkelten Arme versucht, unter meinen Achseln nach vorn zu schieben ...

Zusammenbruch = Nelson-Abwehr 6

... strecke ich meine Arme senkrecht nach oben und lehne mich mit meinem oberen Rücken nach hinten an die Brust des Angreifers. Dadurch schocke ich den Angreifer und schiebe ihn gleichzeitig leicht nach hinten. Da ich damit auch meinen Gleichgewichtsstand aufgebe, rutsche ich so angelehnt von der stehenden über die hockende in die sitzende und schließlich in die liegende Position und laufe dabei mit meinen Füßen nach vorn. In der Endposition auf dem Rücken mit meinem Kopf zwischen den Füßen des Angreifers liegend, aber nicht hinter dessen Schrittlinie, lasse ich meine Beine angewinkelt aufgestellt, schlage mit meinen Handkanten (Kleinfingerseiten, Handflächen oben) von innen nach außen in die Kniekehlen des Angreifers. Während ich mich dann auf meine linke Körperseite drehe, führe ich mit rechts einen Fauststoß in den Genitalbereich des Angreifers aus und lege meine rechte gedrehte Hand (-fläche, Handrücken zu mir, Fingerspitzen nach links hinter ihn, Daumen an den Fingern anliegend) von innen kommend im rechten Winkel an das linke Knie (Innenseite) des Angreifers. Nun auf meiner linken Körperseite liegend, klappe ich meinen linken Arm angewinkelt außen am linken Bein des Angreifers vorbei nach hinten (in Richtung hinter den Angreifer) und klemme/blockiere das linke Bein des Angreifers. Mit meiner rechten Hand schiebe ich das linke Knie des Angreifers noch stärker nach außen (von mir weg), als ich mit meinem linken Unterarm den linken Fuß (-knöchel) des Angreifers auf mich zu ziehe. Der Angreifer knickt mit dem linken Bein ein und fällt nach hinten.

Angriff-Variante 3:

Der Angreifer hat komplett gefasst, d.h. er hat mit den Fingern seiner beiden Hände bereits ineinander gegriffen (Kirchen-Beten), diese mit den Handflächen an meinen Hinterkopf geführt, aber er hat meinen Kopf noch nicht nach unten gedrückt. Ich stehe leicht im Hohlkreuz.

Handrücken-Stirn-Drücker mit diversen Folge-Techniken = Nelson-Abwehr 7

Ich lasse meinen Kopf hinten, greife mit den Fingern meiner Hände ineinander (meine Hände in einer Linie geöffnet) und führe sie mit den Handrücken voran an meine Stirn. In dieser Haltung drücke ich mit aller Kraft meine nun angewinkelten (Ober-) Arme mit den Ellenbogen voran vor meiner Brust zusammen (bildlich wie am Butterfly-Gerät im Fitnessstudio). Dann weiter mit Nelson-Abwehr-Technik 2, 3 oder 4.

Sprung in Hocke und Kniestand mit Unterarm-Drücker = Nelson-Abwehr 8

Ich lasse meinen Kopf hinten, winkele meinen rechten Arm an (Unterarm senkrecht), drehe meinen Unterkörper nach rechts hinten und springe mit meinem rechten Bein (vorn) in die Hocke und knie mit links (hinten) ab (meine rechte Körperseite zum Bauch des Angreifers). Beim Sprung hacke ich mit meinem rechten (Ober-)arm in die rechte Ellenbeuge des Angreifers (nach unten), wodurch sich der Griff des Angreifers löst. Im Hock-/Knie-Stand fasse ich mit meiner linken Hand das rechte Fußgelenk des Angreifers von vorn und mit meiner rechten Hand (-kante, Kleinfingerseite, Fingerspitzen links, Handfläche unten) drücke ich von innen nach außen gegen das rechte Knie (Innenseite) des Angreifers. Der Angreifer knickt mit rechten Bein weg und fällt.

Angriff-Variante 4:

Der Angreifer hat komplett gefasst, d.h. er hat mit den Fingern seiner beiden Hände bereits ineinander gegriffen (Kirchen-Beten), diese mit den Handflächen an meinen Hinterkopf geführt, meinen Kopf nach unten gedrückt und mich in die Oberkörperbeuge gezwungen.

Klemmen / Übergang zum Boden = Nelson-Abwehr 9

Ich versuche so gut es geht, meine angewinkelten Arme an meinen Körper zu pressen und so die Arme des Angreifers zu klemmen. Dann ziehe/winkele/hocke ich meine Beine an. Der Angreifer wird den Griff noch nicht lösen, aber das Gleichgewicht nach vorn verlieren und auf mich drauf fallen. Meine Chance, die Situation am Boden zu lösen.

IX ABWEHRTEIL B

Ich versuche immer, dem Angreifer die Waffe wegzunehmen und diese zu sichern, um so einen weiteren Angriff mit dieser Waffe zu verhindern.

28. STOCK-ABWEHREN (Kurz-Stock = Tanbo = 0,46 m lang)

gelb 2 / orange 3 / grün 5 / blau 6 / violett 7 / 1.braun 8 / 2.braun 9 / 3.braun 10 / 1.Dan 12 / 2.Dan 14 / 3.Dan 16 / **4.Dan 18** / 5.Dan 20 **Stück**

Angriff-Variante 1: von oben
Wir stehen Angesicht zu Angesicht. Der Angreifer hält einen Stock in seiner rechten Hand und kommt, diesen über seinen Kopf erhoben, von vorn auf mich zu.

durch die Beine (Abführ-Technik 20, S.55) **= Stock-Abwehr 1**

Oberschenkel-(Ver-)Stecher mit **Arm-Versteifer-(Rolle)** (Messer-Abwehr 16, Seite 246) **= Stock-Abwehr 2**
Entscheidend ist das Weiterführen des Stocks – Technik aus Gründen der Wiedererkennung nicht umbenannt.

„Age Uke" rechts (and. Schlag-Abw. 18, S. 204) **= Stock-Abw. 3**

"Age Uke" links (and. Schlag-Abw. 19, S. 205) **= Stock-Abw. 4**

Angriff-Variante 2: offener Schwinger von links
Wir stehen Angesicht zu Angesicht. Der Angreifer hält einen Stock in seiner rechten Hand und kommt damit in einem offenen **Schwinger** von seiner rechten Schulter. Der Angriff kommt für mich von links.

Scheren-Wagenheber (Schere 1, S. 96) **= Stock-Abwehr 5**

Gleit-/Wisch-Block **mit** **Vertikal-Körper-Rolle** **und** **Ellenbogen-Empi** **rückwärts** (Alternative: plus **Z-Hebel 1 - 4**) (andere Schlag-Abwehr 1, Seite 196) **= Stock-Abwehr 6**

Ohr-Hörer **links** (linke Hand, rechtes Ohr) **/ Schulter-Rührer / „Mawashi-Hiza-Geri" / „O-Soto-Gari"** (andere Schlag-Abwehr 12, S. 201) **= Stock-Abwehr 7**

Hausmeister-Wurf 2.0 (Hüft-Wurf 4, S.104) **= Stock-Abwehr 8**

S-Block **links / gerader** **Faustschlag** **mit rechts zum Kinn** (andere Schlag-Abwehr 11, S. 201) **= Stock-Abwehr 9**

S-Block links / Block **mit rechts zum** **Schlüsselbein / Knie-Stoß** **mit rechts** **= Stock-Abwehr 10**

Ich setze meinen linken Fuß einen Schritt gerade nach vorn (in den Angreifer hinein), winkele meinen linken Arm an und schwinge nur meinen linken Unterarm in einem kurzen Bogen nach links, klappe zusätzlich meine linke Hand (nahezu waagerecht zum Boden) nach links (Kleinfingerseite voran, Fingerspitzen links) und fasse mit dieser (mit Schwung und voller Power, Kamm-Griff) von innen unten nach außen den rechten Oberarm (Bizeps) des Angreifers knapp oberhalb der Ellenbeuge. Ich treffe den Oberarm des Angreifers hart, wodurch dessen Schlag abrupt gestoppt wird (Block, mein linker Unterarm und sein rechter Unterarm liegen parallel aneinander, nur in entgegen gesetzten Richtungen). Mit meiner rechten Hand (-kante, Kleinfingerseite) schlage ich kurz und hart auf das rechte Schlüsselbein des Angreifers, drehe meine rechte Hand dann nach rechts (Daumen unten), fasse den Hinterkopf des Angreifers, ziehe den Angreifer zu mir herunter und führe mit rechts einen Kniestoß gegen dessen Kopf aus.

Angriff-Variante 3: Schwinger **von rechts**

Wir stehen Angesicht zu Angesicht. Der Angreifer hält einen Stock in seiner rechten Hand, beugt seinen rechten Arm und kommt mit einem Handrücken-Stock-Schwinger von seiner linken Schulter her. Der Angriff kommt für mich von rechts.

Abfedern **und** **Kanu-Paddel** (andere Schlag-Abwehr 15, S. 203) **= Stock-Abwehr 11**

Handkanten-Block mit rechts / **Rückwärts-Drehung** nach rechts / **Arm klemmen** mit links / den **Angreifer weg schleudern** (andere Schlag-Abwehr 16, S. 203) = **Stock-Abw. 12**

Handkanten-Block mit rechts / **Rückwärts-Drehung** nach rechts / **Arm klemmen** mit links / **Stoppen** und **Gegen-Drehung** mit **Hand-Kipp**-Hebel (andere Schlag-Abwehr 17, Seite 204) = **Stock-Abwehr 13**

Angriff-Variante 4: Stich zum Bauch

Der Angreifer hält den Stock mit seiner rechten Hand von oben und führt diesen von gerade vorn (auf Bauchhöhe) auf mich zu.

Abwehr-Stellung für die Techniken 14 - 19

Ich setze meinen linken Fuß einen Schritt nach schräg vorn links, drehe mich um 90 Grad nach rechts, stehe im rechten Winkel zur rechten Körperseite des Angreifers (rechter Fuß vorn, Schulterbreiter Stand) mit Blick auf den (waagerecht zum Boden) rechten Arm (Außenseite) des Angreifers. Ich halte meine Hände (Handballen) so, als wolle ich sein rechtes Handgelenk von außen blocken.

Ruder-Technik 1 = Stock-Abwehr 14

Ich rutsche von dort nach rechts direkt auf den Stock und fasse diesen mit beiden Händen von oben (Kamm-Griff), mit meiner linken nahe seiner rechten Hand, mit meiner rechten weit rechts nahe der Stock-Spitze (Abstand meiner Hände 20 cm). Mit meiner rechten Hand fasse ich fester und steuere den Stock, mit meiner linken Hand halte ich den Stock nur leicht (Schlaufe). Mit meiner rechten Hand führe ich den Stock mit dessen Spitze voran erst nach diagonal links unten auf den Angreifer zu, seine Spitze dann 20 cm tiefer als sein Ende, welches der Angreifer festhält. Hier fasse ich um und mit meiner rechten Hand wieder nahe der Stock-Spitze, nur jetzt andersherum und von unten (mit links Kamm-Griff von oben, mit rechts Kamm-Griff von unten). Mit beiden Händen schiebe ich die Stock-Spitze (steuere mit rechts) in einem Bogen nach links oben außen über die rechte Hand des Angreifers hinweg und weiter in Richtung meiner linken Hüfte nach unten (die Stock-Spitze nun 20 cm höher als das Stock-Ende). Dem Angreifer wird der Stock quasi über die Innenseite seines rechten Daumenballens aus der Hand gedreht, der Daumen von den Fingern abgespreizt und seine Hand aufgebogen. Der Angreifer kann den Stock nicht länger halten. Ich löse meine linke Hand, führe mit meiner rechten

Hand das Stock-Ende (jetzt Spitze) hinter meinen rechten Unterarm (Unterseite, ausserhalb des Sichtfeldes des Angreifers).

Ruder-Technik 2 (Daumen gegen Stock) **= Stock-Abwehr 15**

Ich rutsche von dort nach rechts direkt auf den Stock und fasse diesen mit beiden Händen von oben (Kamm-Griff), mit meiner linken nahe seiner rechten Hand, mit meiner rechten weit rechts nahe der Stock-Spitze (Abstand meiner Hände 20 cm). Mit meiner rechten Hand fasse ich fester und steuere den Stock, mit meiner linken Hand halte ich den Stock nur leicht (Schlaufe). Mit meiner rechten Hand führe ich den Stock mit dessen Spitze voran erst nach diagonal links unten auf den Angreifer zu, seine Spitze dann 20 cm tiefer als sein Ende, welches der Angreifer festhält. Mit beiden Händen schiebe ich die Stock-Spitze (steuere mit rechts) in einem Bogen nach links oben außen über die rechte Hand des Angreifers hinweg. Dem Angreifer wird sein Daumen von seinen Fingern abgespreizt und seine Hand aufgebogen. Ich fasse mit meinem linken Daumen unter seinen rechten Daumen (meine Daumenunterseite nahezu parallel auf seiner Daumenoberseite, Daumenkuppen in dieselbe Richtung) und drücke diesen nach oben gegen den Stock. Mit den Fingern meiner linken Hand fasse ich auf den Stock und ziehe diesen nach unten gegen den rechten Daumen des Angreifers (Schmerz). Dann fasse ich mit meiner rechten Hand um und wieder nahe der Stock-Spitze, nur jetzt andersherum und von unten im Kamm-Griff, und kippe die Stock-Spitze nach links oben (bildlich: Lösen einer Radmutter mittels Rad-Schlüssel).

Ruder-Technik 3 (Schaufeln) **= Stock-Abwehr 16**

Ich löse meine rechte Hand, schlage mit ihr (Handfläche) kurz im rechten Winkel von rechts auf die Stock-Spitze und damit den Stock dem Angreifer ein Stück aus dessen rechter Hand in Richtung seiner rechten Ellenbeuge, fasse den Stock dann aber wieder wie zuvor (Kamm-Griff von oben) und führe/steuere mit meiner rechten Hand die Stock-Spitze erst nach vorn innen oben in Richtung Angreifer, sodass sich das Stock-Ende (jetzt die Stock-Spitze) unter dem rechten Handgelenk des Angreifers nach links außen schiebt. Ich führe mit meiner rechten Hand die Stock-Spitze (jetzt das Stock-Ende) im Bogen nach unten auf mich zu, wodurch sich die jetzige Stock-Spitze von links außen über seinem rechten Handgelenk nach rechts innen schiebt.

Handrücken-Stock-Hebel = Stock-Abwehr 17

Nach kompletter Ausführung der Ruder-Technik 3 „Schaufeln“ fixiere ich mit meiner linken Hand die gedrehte rechte Hand (-fläche oben, Daumen links) des Angreifers von links, damit diese sich nicht zurück dreht, ziehe den Stock mit meiner rechten Hand nach rechts aus der rechten Hand (-fläche) des Angreifers heraus und schiebe diesen dann von rechts nach links unter die/den rechte(n) Hand (-rücken, unten) des Angreifers. Dann greife ich jeweils von links oben mit den Fingern meiner linken Hand den Stock und mit meinem linken Daumen den rechten Daumen des Angreifers. Mit den Fingern meiner rechten Hand greife ich jeweils von rechts oben den Stock und mit meinem rechten Daumen den rechten kleinen Finger des Angreifers. Dann biege ich Daumen und kleinen Finger der rechten Hand des Angreifers (und quasi auch seinen rechten Handrücken) über unten nach vorn in Richtung Angreifer um den Stock herum (Gas geben, seine Handfläche zu mir).

rein schlagen / Nerven-Druckpunkt / Hand-Kipp-Hebel = Stock-Abwehr 18

Ich fasse mit meiner linken Hand die rechte Hand des Angreifers (Zangengriff) von oben (seine Daumenseite). Ich löse meine rechte Hand, schlage mit ihr (Handfläche) kurz und im rechten Winkel auf die Stock-Spitze und damit den Stock dem Angreifer ein Stück aus dessen rechter Hand in Richtung seiner rechten Ellenbeuge, fasse den Stock dann aber wieder, nur dieses Mal von dessen Unterseite. Mit meiner linken Hand fasse ich den Stock und den rechten (Unter-)Arm des Angreifers und ziehe den Stock an den rechten (Unter-)arm des Angreifers (Zangen-Griff). Dann drehe ich den rechten (Unter-)Arm des Angreifers zu mir (Gas geben, seine Handfläche dann oben) und klappe mit meiner rechten Hand an der Stock-Spitze den Stock senkrecht nach oben, wodurch sich das Stock-Ende in den Nerven-Druckpunkt mittig auf der Innenseite des rechten (Unter-)armes des Angreifers drückt und dessen rechter Arm einknickt (sein Unterarm dann senkrecht, seine Fingerspitzen oben, sein Oberarm waagerecht zum Boden). Ich drehe mich mit meinem(r) rechten Fuß/Schulter voran um 90 Grad nach links (Angesicht zu Angesicht). Weiter mit dem Hand-Kipp-Hebel.

Stock-Flieger und **Hand-Kipp-Hebel** (Handgelenk-Hebel 33b, (kleiner Bogen, ohne Kontakt) **= Stock-Abwehr 19**

Ich fasse mit meiner linken Hand das rechte Handgelenk des Angreifers (Zangen-Griff) von oben (Daumenseite). Mit meinem rechten Handballen oder den Fingerknöcheln schlage ich von außen so stark gegen den rechten Handrücken des Angreifers, dass dem Angreifer der Stock aus der Hand fliegt. Ich drehe mich mit meinem(r) rechten Fuß/Schulter voran um 90 Grad nach links (Angesicht zu Angesicht) und setze (aus der Fußstellung vom Block heraus) meinen linken Fuß direkt einen Schritt nach hinten links. Weiter mit dem Hand-Kipp-Hebel.

29. MESSER-ABWEHREN

gelb 2 / orange 3 / grün 5 / blau 6 / violett 7 / 1.braun 8 / 2.braun 9 / 3.braun 10 / 1.Dan 12 / 2.Dan 14 / 3.Dan 16 / 4.Dan 18 / **5.Dan 20** Stück

Angriff-Variante 1: Schlitzer von unten
Der Angreifer hält mit der rechten Hand den Griff des Messers von oben (Daumen und Zeigefinger sind der Klinge am nächsten) und führt das Messer im Bogen von unten nach oben auf mich zu.

Abwehr-Stellung 1 für die Techniken 1 - 6
Ich setze meinen rechten Fuß einen Schritt nach rechts, drehe mich mit meiner linken Schulter nach links hinten und ziehe meinen linken Fuß ein Stück zum Schulterbreiten stabilen Stand zurück (mein linker Fuß bleibt vorn, mein rechter hinten), Blick auf die Innenseite des rechten Arms des Angreifer, der sich nun fast in der Waagerechten befindet.

Halb-Kreis (von innen - unten rum / **Diagonal-Schritt links / Hände an Stirn /** mit **Tippel-Schritte**n unter seinem Arm entlang **/ über** seine rechte **Schulter abkippen** (andere Schlag-Abwehr 5, Seite 198) **= Messer-Abwehr 1**

Halb-Kreis (von innen - unten rum **/ Hände an Stirn / Halbkreis-Schritt rechts rückwärts** (bis Rücken an Rücken) **/ über meine rechte Schulter abkippen** (andere Schlag-Abwehr 6, Seite 199) **= Messer-Abwehr 2**

Kreis mit Messer-Stich in seinen Bauch **= Messer-Abwehr 3**
Ich setze meine rechte Hand (-kante, Daumenseite, Daumen weggeklappt, Kontaktpunkt ist der Zeigefinger) im rechten Winkel von innen unten an das rechte Handgelenk des Angreifers und führe so den rechten Arm des Angreifers mit Schwung erst nach oben, dann nach rechts in Richtung Kopf des Angreifers (rückwärts auf mich zu) und über unten wieder in die Ausgangsstellung (bildlich: die Uhr eine Stunde vorstellen). Dabei drehe ich nur meinen rechten Arm im Uhrzeigersinn sowie meine rechte Hand in etwa der Hälfte der Drehung nach rechts und fasse mit dieser die rechte Hand des Angreifers von rechts unten

(seine Handflächenseite). Dann fasse ich mit meiner linken Hand die rechte Hand des Angreifers von links unten (seine Handrückenseite), hebe mit beiden Händen den rechten Arm des Angreifers nach oben und setze meinen rechten Fuß einen langen Schritt nach schräg links vorn durch den entstandenen Vorhang (unter dem rechten Arm des Angreifers entlang) hinter die Schrittlinie des rechten Fußes des Angreifers. Dabei drehe ich mich nach links und stehe kurzzeitig im rechten Winkel mit meinem Rücken zum Angreifer. Dann drehe ich mich mit meinem(r) linken Fuß/Schulter voran um weitere 90 Grad nach links hinten (Blickrichtung wie der Angreifer), ziehe meinen linken Fuß ein Stück zurück (unsere Füße fast auf einer Quer-Linie) und führe mit beiden Händen den rechten Arm des Angreifers nach unten, dabei über meine linke Schulter sowie an meiner linken Körperseite vorbei und das Messer in den Bauch des Angreifers. Mit meinen Händen fixiere ich dabei das/den Messer (-griff) von hinten, damit es beim Stich nicht nach hinten rausrutscht.

Ohr-Hörer rechts und Schultern-Nacken-eine-Linie (Handgelenk-Hebel 22, S. 26 / andere Schlag-Abwehr 28, S. 209) **= Messer-Abwehr 4**

Ohr-Hörer rechts (rechte Hand, linkes Ohr) **und Handgelenk-Hebel 9 - 13** („leichter Bogen" bis „große Schlange", S. 21 - 22 / andere Schlag-Abwehr 27, S. 209) **= Messer-Abwehr 5**

Abwehr-Stellung 2 für die Techniken 6 - 8

Ich setze meinen linken Fuß einen Schritt nach vorn links außen neben den Angreifer, drehe mich um 90 Grad nach rechts und stehe im rechten Winkel zum Angreifer mit Blick auf die Außenseite des rechten Arms des Angreifers. Mein linker Fuß ist hinten, mein rechter vorn (schulterbreiter stabiler Stand).

Ohr-Hörer links (linke Hand, rechtes Ohr) **und Handkipp-Hebel** (Handgelenk-Hebel 33b, S. 31, „kleine Schüssel" ohne Kontakt zu meiner Brust über seine Ellenbeuge, andere Schlag-Abwehr 26, S. 208) **= Messer-Abwehr 6**

Der rechte Arm des Angreifers mit dem Messer befindet sich noch unterhalb der Waagerechten und ich habe mit meinem linken Fuß einen längeren Schritt gemacht als bei „andere Schlag-Abwehr 26", um in sicherem Abstand hinter das Messer zu kommen.

Halb-Kreis (von außen - unten rum / **Diagonal-Schritt links / Hände an Stirn / mit Tippel-Schritten unter seinem Arm entlang / über meine rechte Schulter abkippen** (andere Schlag-Abwehr 5, S. 198) **= Messer-Abwehr 7**

Ich lasse das Messer bis in die Waagerechte an mir vorbei gehen. Dann setze ich meine linke Hand (-kante, Daumenseite, Daumen weggeklappt) von unten am rechten Handgelenk des Angreifers an und führe dessen rechten Arm einen Halb-Kreis (bildlich: Nordhalbkugel) rückwärts bis vor dem Angreifer wieder in die Waagerechte. Weiter mit andere Schlag-Abwehr 5, Seite 198.

Halb-Kreis (von außen - unten rum / **Hände an Stirn / Halbkreis-Schritt rechts rückwärts** (bis Rücken an Rücken) **/ über meine rechte Schulter abkippen** (andere Schlag-Abwehr 6, S. 199) **= Messer-Abwehr 8**

Angriff-Variante 2: Stich zum Bauch

Der Angreifer hält mit der rechten Hand den Griff des Messers von oben (Daumen und Zeigefinger sind der Klinge am nächsten, die Messerspitze zeigt nach vorn) und führt das Messer gerade nach vorn auf mich zu.

Messer-Flieger 1 und Hand-Kipp-Hebel (Stock-Abwehr 19, S. 239) **= Messer-Abwehr 9**

Angriff-Variante 3: fuchteln

Wir stehen Angesicht zu Angesicht. Der Angreifer hält das Messer in der rechten Hand, fuchtelt damit vor mir umher und zwingt mich, die Hände nach oben zu nehmen.

Messer-Flieger 2 [Handkanten-Schläge (von links und von rechts)] **und Hand-Kipp-Hebel** (Handgelenk-Hebel 33b, Seite 31, „kleine Schüssel")**] = Messer-Abwehr 10**

Ich führe meine leicht angewinkelten Arme nach oben sowie nach von in Richtung Angreifer und schiebe gleichzeitig meinen rechten Fuß einen kleinen Schritt nach vorn. Ich krümme beide Hände und schlage mit der linken Hand (-kante, Kleinfingerseite) von links außen gegen den rechten Handrücken des Angreifers und gleichzeitig mit meiner rechten

Hand (-kante, Kleinfingerseite) von rechts innen gegen die Innenseite des rechten vorderen Unterarms und damit das Messer aus der Stoßrichtung. Weiter mit Hand-Kipp-Hebel 33b.

Angriff-Variante 4: Stich zum Hals

Abwehr-Stellung für die Techniken 11 - 14
Ich weiche nach vorn links aus, setze dazu meinen linken Fuß einen Schritt nach schräg vorn links und drehe mich um 90 Grad nach rechts, stehe nun im rechten Winkel zur rechten Körperseite des Angreifers und habe beide Beine gleichmäßig belastet (mein rechter Fuß vorn, mein linker hinten, Schulterbreiter stabiler Stand). Der gestreckte rechte Arm des Angreifers befindet sich waagerecht zum Boden auf Höhe meines Hales. Meine Hände habe ich leicht gewölbt mit den Handflächen/-ballen am rechten Arm des Angreifers (blocke aber nicht), meine linke an seinem Ellenbogen (damit dieser nicht durchschlägt), meine rechte an seinem Handgelenk.

Hals-Stecher = Messer-Abwehr 11

Ich führe meine linke Hand über den rechten Arm (Ellenbogen) des Angreifers nach innen, drehe sie dabei nach rechts (Handrücken rechts, Daumenseite unten) und ziehe mit meinem nach unten abgespreizten linken Daumen (Außenseite) in der rechten Ellenbeuge des Angreifers dessen rechten Arm mit dem Ellenbogen voran quasi rückwärts auf mich zu. Gleichzeitig drehe ich meinen Oberkörper nach links und drücke mit meiner rechten Hand (-fläche) am rechten Handgelenk des Angreifers dessen rechten (Unter-)arm so stark im Bogen nach links auf den Angreifer zu, dass dessen rechter Arm einknickt und sein(e) rechte(r) Hand (-rücken) gegen sein Gesicht schlägt (Schock). Mit meiner rechten Hand fasse ich die rechte Hand des Angreifers von hinten (Kleinfingerseite) und verhindere so das Rausrutschen des Messers, ziehe daran seinen rechten (Unter-)arm wieder nach hinten auf mich zu (klappe dessen rechten Arm also wieder ein Stück auf), ziehe meinen rechten Fuß an meinen linken Fuß heran und setze meinen linken Fuß dann einen Schritt nach links (weiter hinter den Angreifer) und, immer noch im rechten Winkel zur rechten Körperseite des Angreifers stehend, schiebe/drücke mit meiner rechten Hand den rechten (Unter-)arm des Angreifers wieder mit Schwung und im Bogen nach links auf den Angreifer zu, während ich gleichzeitig mit meinem linken Daumen in der rechten Ellenbeuge des Angreifers dessen rechten Arm mit dessen Oberarm senkrecht (Ellenbogen oben) an meine linke Brust ziehe. Dabei drehe ich meinen Oberkörper nach links und steche das vom Angreifer gehaltene Messer von vorn oben diagonal in dessen Hals, wodurch der Angreifer ins Hohlkreuz kommt.

Handgelenk-Hebel über seiner Schulter **= Messer-Abw. 12**

Ich führe meine linke Hand über den rechten Arm (Ellenbogen) des Angreifers nach innen, drehe sie dabei nach rechts (Handrücken rechts, Daumenseite unten) und ziehe mit meinem nach unten abgespreizten linken Daumen (Außenseite) in der rechten Ellenbeuge des Angreifers dessen rechten Arm mit dem Ellenbogen voran quasi rückwärts auf mich zu. Gleichzeitig drehe ich meinen Oberkörper nach links und drücke mit meiner rechten Hand (-fläche) am rechten Handgelenk des Angreifers dessen rechten (Unter-)arm so stark im Bogen nach links auf den Angreifer zu, dass dessen rechter Arm einknickt und sein(e) rechte(r) Hand (-rücken) gegen sein Gesicht schlägt (Schock). Mit meinem linken Daumen noch in der rechten Ellenbeuge des Angreifers ziehe ich dessen eingeknickten rechten Arm mit seinem Ellenbogen voran auf meine rechte Schulter. Mit meiner rechten Hand (mein Daumen von rechts und im rechten Winkel von unten in seiner Handfläche und meine Finger von rechts und im rechten Winkel von oben auf seinem Handrücken), kippe ich die rechte Hand des Angreifers nach senkrecht unten (Fingerspitzen unten) und ziehe seine Hand weiter in Richtung seines rechten Ellenbogens.

Hals-Aufschlitzer = Messer-Abwehr 13

Ich führe meine linke Hand über den rechten Arm (Ellenbogen) des Angreifers nach innen, drehe sie dabei nach rechts (Handrücken rechts, Daumenseite unten) und ziehe mit meinem nach unten abgespreizten linken Daumen (Außenseite) in der rechten Ellenbeuge des Angreifers dessen rechten Arm mit dem Ellenbogen voran quasi rückwärts auf mich zu. Gleichzeitig drehe ich meinen Oberkörper nach links und drücke mit meiner rechten Hand (-fläche) am rechten Handgelenk des Angreifers dessen rechten (Unter-)arm so stark im Bogen nach links auf den Angreifer zu, dass dessen rechter Arm einknickt. Ich führe den rechten (Unter-)arm des Angreifers links am Kopf (rechte Seite) des Angreifers vorbei über dessen rechter Schulter nach hinten (ich klappe quasi seinen rechten Unterarm auf seinen rechten Oberarm, jeweils die Innenseiten aufeinander) - so hole ich Schwung. Ich stehe noch immer im rechten Winkel mit meinem Bauch zur rechten Körperseite des Angreifers und ziehe nun mit meiner rechten Hand am rechten Handgelenk des Angreifers dessen rechten (Unter-)arm über dessen rechter Schulter zurück (klappe dessen rechten Arm also wieder auf und das bis zur Streckung) und schlitze dabei mit der Rückseite des Messers die rechte Halsseite des Angreifers auf.

Gesicht-Schlag und „Age Uke" mit **rechts = Messer-Abwehr 14**

Ich führe meine linke Hand über den rechten Arm (Ellenbogen) des Angreifers nach innen, drehe sie dabei nach rechts (Handrücken rechts, Daumenseite unten) und ziehe mit meinem nach unten abgespreizten linken Daumen (Außenseite) in der rechten Ellenbeuge des Angreifers dessen rechten Arm mit dem Ellenbogen voran quasi rückwärts auf mich zu. Gleichzeitig drehe ich meinen Oberkörper nach links und drücke mit meiner rechten Hand (-fläche) am rechten Handgelenk des Angreifers dessen rechten (Unter-)arm so stark im Bogen nach links auf den Angreifer zu, dass dessen rechter Arm einknickt und sein(e) rechte(r) Hand (-rücken) gegen sein Gesicht schlägt (Schock). Mit meiner rechten Hand fasse ich das rechte Handgelenk des Angreifers (Zangen-Griff), ziehe daran seinen rechten (Unter-)arm wieder nach hinten auf mich zu (klappe dessen rechten Arm also wieder ein Stück auf). Dann drehe ich mich auf der Stelle nach links (mein linker Fuß vorn), ziehe mit meinem linken Daumen in der rechten Ellenbeuge des Angreifers nun dessen rechten Arm mit dem Ellenbogen voran quasi rückwärts auf meine rechte Schulter, während ich mit meiner rechten Hand am rechten Handgelenk des Angreifers den rechten Unterarm des Angreifers nach unten auf dessen Oberarm drücke. Dann drehe ich mich mit meinem(r) linken Fuß/Schulter voran rückwärts nach links hinten, nehme den Angreifer mit, der dreht sich analog rückwärts nach links und fällt auf seine linke Körperseite. Mein linker Daumen bleibt in der rechten Ellenbeuge des Angreifers.

Angriff-Variante 5: Stich von oben

Der Angreifer hält mit der rechten Hand den Griff des Messers von unten (der kleine Finger ist der Klinge am nächsten, die Messerspitze vorn) und führt das Messer in einem Bogen von oben nach unten.

Abwehr-Stellung für die Techniken 15 -17

Ich setze meinen linken Fuß einen Schritt nach vorn links außen hinter die Schrittlinie des rechten Fußes des Angreifers, drehe mich um 90 Grad nach rechts und stehe im rechten Winkel zum Angreifer mit Blick auf dessen rechte Körperseite [mein linker Fuß hinten, mein rechter Fuß vorn (schulterbreiter stabiler Stand), sein rechter Fuß steht mittig zwischen meinen Füßen]. Der rechte Arm des Angreifers befindet sich mit dem Messer in der Abwärtsbewegung auf Höhe meines Bauches.

Oberschenkel-Stecher = Messer-Abwehr 15

Ich fasse mit meiner rechten hohl geformten Hand von rechts vorn auf die zur Faust geballte rechte Hand des Angreifers (damit das Messer beim Auftreffen nicht nach hinten aus der Hand des Angreifers heraus rutscht und die Stichwirkung abmildert) und mit meiner linken Hand den rechten Ellenbogen des Angreifers von außen (Kamm-Griff). Mit beiden Händen leite ich die Bewegungsenergie des Angriffs zum Stich in den rechten Oberschenkel des Angreifers um/weiter.

Oberschenkel-(ver-)stecher mit Hüft-Schlitzer und Bauch-Stecher = Messer-Abwehr 16

Komplette Ausführung von Messer-Abwehr 15 „Oberschenkel-Stecher". Treffe ich mit der Messerspitze jedoch nicht den Oberschenkel des Angreifers, führe ich mit beiden Händen (mit links an seinem Ellenbogen, mit rechts von rechts auf seiner Faust) den rechten Arm des Angreifers zwischen mir und seinem rechten Bein entlang nach links bis hinter den Angreifer (lasse seinen rechten Arm quasi bis fast in die Waagerechte auspendeln). Mit meiner linken Hand fasse ich dann das rechte Handgelenk des Angreifers von außen oben (Kamm-Griff) und führe mit beiden Händen (meine rechte Hand noch von rechts auf seiner rechten Faust) den rechten Arm des Angreifers mit Schwung auf der Höhe sowie an seiner rechten Hüfte wieder zurück nach rechts vorn und das so, dass das Messer seine rechte Hüfte aufschlitzt. Sobald sich der rechte Arm des Angreifers wieder vor dem Körper des Angreifers befindet, ändere ich (ohne meine Fußstellung zu verändern) wieder die Richtung des rechten Arms des Angreifers. Dazu löse ich meine linke Hand und führe meinen linken Arm angewinkelt unter dem rechten Arm des Angreifers nach innen (Handrücken links, Fingerspitzen oben), spreize meinen linken Daumen ab und ziehe mit deinem (Außenseite) quasi rückwärts in der rechten Ellenbeuge des Angreifers dessen Arm auf mich zu sowie nach oben, wodurch sein rechter Arm noch oben einknickt (Ellenbogen oben), während ich mit meiner rechten Hand an der rechten Hand des Angreifers dessen (Unter-)arm nach vorn schiebe/drücke für einen Stich in den Bauch des Angreifers.

Oberschenkel-(ver-)stecher mit gedrehtem Hüft-Schlitzer und Armstreckung = Messer-Abwehr 17

Analog zu Messer-Abwehr 16 „Oberschenkel-(ver-)stecher mit Hüft-Schlitzer und Bauch-Stecher", Abwandlung: Vor dem Zurückführen des rechten Arms des Angreifers von hinter dem Rücken des Angreifers nach vorn vor den Angreifer klappe ich das rechte Handgelenk des Angreifers nach innen oben (meine rechte Hand drehe ich nach links) und schlitze mit mehr Schwung und weiter oben an der rechten Hüfte des Angreifers entlang und ziehe den rechten Arm des Angreifers dann so weit nach rechts, bis dieser vollständig gestreckt ist.

Oberschenkel-(ver-)stecher mit **Arm-Versteifer-(Rolle) = Messer-Abwehr 18**

Analog zu Messer-Abwehr 16 „Oberschenkel-(ver-)stecher mit Hüft-Schlitzer und Bauch-Stecher", Abwandlung: Ich führe mit beiden Händen (mit links an seinem Ellenbogen, mit rechts von rechts auf seiner Faust) den rechten Arm des Angreifers zwischen mir und seinem rechten Bein des Angreifers entlang nach links bis hinter den Angreifer und dort bis in die Senkrechte. Kurz vor der Senkrechte löse ich den Griff meiner linken Hand und fasse mit dieser von links das rechte Handgelenk des Angreifers (Zangen-Griff), während ich mit meiner rechten Hand am rechten Arm des Angreifers vom Unter- bis zum Oberarm herunter rutsche (um den Arm zu versteifen). Für einen Moment löse ich dann meine rechte Hand, um dem Angreifer das Messer wegzunehmen und dieses zu sichern. Während ich mit meiner linken Hand am rechten Handgelenk des Angreifers dessen rechten Arm in der Senkrechte halte, klappe ich meine rechte Hand nach links (Fingerspitzen links, Handfläche zu mir) und fasse mit dieser von rechts um den rechten Arm des Angreifers herum dessen Ellenbogen und hacke richtig ein. Dann drehe ich meine rechte Hand nach rechts, versteife den senkrecht stehenden rechten Arm des Angreifers dadurch zusätzlich, und ziehe diesen ruckartig auf mich zu (ich ziehe mit rechts mehr als ich mit links den rechten Arm des Angreifers hoch halte). Dann gehe ich nach 45 Grad links rückwärts und ziehe den Angreifer mit dessen Körpervorderseite zu Boden.

Angriff-Variante 6: Stich als offener Schwinger von links

Der Angreifer hält mit der rechten Hand den Griff des Messers von oben (Daumen und Zeigefinger sind der Klinge am nächsten) und führt das Messer bei leicht gebeugtem Arm im Bogen und waagerecht zum Boden von rechts nach links. Für mich kommt der Angriff von links.

Vorhang mit **Stich in Bauch = Messer-Abwehr 19**

Ich winkele meinen rechten Arm nach oben an (Unterarm senkrecht, Fingerspitzen oben) und setze meinen rechten Fuß einen langen (Diagonal-)Schritt nach vorn und dabei links am rechten Fuß des Angreifers vorbei, drehe mich nach links und setze meinen rechten Fuß mit den Zehenspitzen nahezu um 180 Grad nach links gedreht (Ferse voran nach rechts) so auf, dass meine rechte Kniekehle Kontakt zur rechten Kniekehle des Angreifers hat. Währenddessen schlage ich mit meiner rechten Hand (-kante, Kleinfingerseite, Fingerspitzen oben) in die rechte Ellenbeuge des Angreifers, sodass der rechte Arm des Angreifers einknickt. Gleichzeitig fasse ich mit meiner linken Hand von unten kommend und dann von vorn die/den rechte(n) Hand (-rücken) des Angreifers (Kamm-Griff) und ziehe mit dieser den rechten Unterarm des Angreifers über meinem Kopf hinweg nach links hinten auf den Angreifer zu und führe so das Messer in seiner rechten Hand (ich fasse von hinten auf den Griff, damit es nicht durchrutscht) in seinen Bauch. Insgesamt habe ich mich um 180 Grad gedreht und befinde mich in derselben Blickrichtung wie der Angreifer mit meiner linken Körperseite an dessen rechter Körperseite, knie mit rechts und hocke mit links.

Handkanten-Schlag mit rechts (Daumenseite) **in Oberkörper-Beuge mit Arm-Schieber mit links und Knie-Dreher** (andere Schlag-Abwehr 14, Seite 202) **= Messer-Abwehr 20**

Angriff-Variante 7: Handrücken-Schwinger von rechts

Der Angreifer hält mit der rechten Hand den Griff des Messers von oben (Daumen und Zeigefinger sind der Klinge am nächsten) und mit der Klinge an sein linkes Ohr, beugt seinen rechten Arm und führt einen Handrücken-Schwinger gegen mich aus. Für mich kommt der Angriff von rechts.

Abfedern und Kanu-Paddel (andere Schlag-Abwehr 15, S. 203) **= Messer-Abwehr 21**

Handkanten-Block mit rechts / Rückwärts-Drehung nach rechts / Arm klemmen mit links / den Angreifer weg schleudern (andere Schlag-Abwehr 16, S. 203) **= Messer-Abwehr 22**

Handkanten-Block mit rechts / Rückwärts-Drehung nach rechts / Arm klemmen mit links / Stoppen und Gegen-Drehung mit Hand-Kipp-Hebel (andere Schlag-Abwehr 17, Seite 204) **= Messer-Abwehr 23**

30. PISTOLEN-ABWEHREN

gelb 0 / orange 0 / grün 1 / blau 2 / violett 3 / 1.braun 4 / 2.braun 5 / 3.braun 6 / 1.Dan 7 / 2.Dan 8 / 3.Dan 9 / 4.Dan 10 / **5.Dan 11** Stück

Viele glauben, man könne sich gegen einen Pistolen-Angriff generell nicht verteidigen. Wenn der Angreifer sofort schießt, egal aus welcher Distanz, dann stimmt das. Steht der Angreifer jedoch nah und zwingt mich zu "Hände hoch", habe ich eine kleine Chance. Denn die Pistole vermittelt dem Angreifer ein so starkes Gefühl der Überlegenheit, dass er nicht bemerkt, wenn ich mich bewege und zur Ablenkung noch rede.

Angriff-Variante 1: von vorn zum Kopf

Der Angreifer hält die Pistole in seiner rechten Hand und zielt damit von vorn auf meinen **Kopf** und sagt „Hände hoch!".

Abwehr-Variante für die Techniken 1 - 5:

Ich nehme meine Arme nur leicht nach vorn oben und schiebe meinen linken Fuß vorsichtig am Boden nach vorn, während ich mein rechtes Bein leicht beuge und die linke Ferse nach 45 Grad innen drehe (stabiler Stand). Dabei schwinge ich meinen Oberkörper nach 90 Grad rechts, indem ich meine rechte Schulter nach hinten unten und meine linke Schulter nach vorn oben aus der Schusslinie nehme (bildlich: Welle). Dann drehe ich meinen Unterkörper analog nach rechts und setze meinen rechten Fuß sogleich einen Schritt nach hinten. Ich stehe mit meiner linken Körperseite im rechten Winkel zur rechten Körperseite des Angreifers (nicht mit dem Rücken), blocke mit meiner linken Hand (-kante, Kleinfingerseite) das rechte Handgelenk des Angreifers zunächst nur von außen und rutsche dann direkt mit meinem linken angewinkelten Arm über seinen rechten Arm nach innen, fasse mit meiner linken Hand von links innen die Pistole (und auf die Finger der rechten Hand des Angreifers) und mit meiner rechten Hand von rechts außen auf die rechte Hand des Angreifers und damit auch auf die Pistole. Dann klemme/ziehe ich mit meinem linken Unterarm (Innenseite) den rechten Unterarm des Angreifers an meine linke Körperseite.

Schuss seitlich "rücklings" = Pistolen-Abwehr 1

Nun lege ich meinen rechten Zeigefinger auf den rechten Finger des Angreifers, der am Abzug ist. Ich lehne mich leicht nach links und drücke mit meiner linken Achsel seinen rechten Arm (Ellenbeuge) ruckartig nach unten („rein hacken") und ziehe dabei mit beiden Händen seine rechte Hand nach links oben (sein Arm knickt ein, sein Unterarm senkrecht, mein Blick zum Angreifer). Sobald die Pistole in Diagonal-Stellung nach hinten unter`s Kinn des Angreifers zeigt (Schlitten unten), könnte ich mit meinem rechten Finger auf seinem rechten Finger den Schuss lösen und der Angreifer würde sich selbst erschießen.

Finger-Hebel im **Abzug-Schutz** (Pistole waagerecht unter dem rechten Arm des Angreifers) **= Pistolen-Abwehr 2**

Nun löse ich meine rechte Hand und schlage mit ihr (Handfläche) im rechten Winkel von rechts oben auf den Pistolen-Schlitten (nahe der Mündung), wodurch die Pistole mit dem Lauf senkrecht nach unten klappt (Mündung unten). Ich fasse mit meiner rechten Hand den Pistolen-Griff von oben (also von hinten) und halte die Pistole quasi falsch herum (mein Daumen und mein Zeigefinger nahe der Griffunterseite). Meinen linken Arm wickele ich nach links außen an und drehe mich mit meinem(r) rechten Fuß/Schulter voran um 90 nach links vorn (Angesicht zu Angesicht / mein linker Fuß vorn, ich ziehe ihn nur ein kleines Stück zurück). Meine rechte Hand drehe ich erst leicht nach links, damit der Abzug-Schutz der Pistole richtig auf den rechten Zeigefinger des Angreifers rutscht, dann nach rechts und führe die Pistole im Bogen (Mündung voran) unter dem rechten (Unter-)Arm des Angreifers entlang von unten nach links oben (Pistole quer/waagerecht liegend) und drehe die Pistole dort nach rechts (Mündung Richtung Bauch des Angreifers, Pistolen-Schlitten links = Festhalte per Fingerhebel). Meine linke Hand nehme ich zur Unterstützung mit an die Pistole. Je nachdem, wie doll ich drücke, könnte sich der Angreifer mit seinem rechten Finger noch immer am Abzug nun selbst erschießen.

Finger-Hebel im Abzug-Schutz (Pistole in Normalstellung von links über dem rechten Arm des Angreifers) **= Pistolen-Abwehr 3**

Wie Pistolen-Abwehr 2 bis: [...] Meine rechte Hand drehe ich erst leicht nach links, damit der Abzug-Schutz der Pistole richtig auf den rechten Zeigefinger des Angreifers rutscht [...], dann weiter: und führe die Pistole (Mündung voran) links neben dem rechten Arm des Angreifers wieder nach oben (Schlitten oben). Dazu fasse ich mit meiner linken Hand die Pistole normal, mit meiner rechten Hand weiter falsch herum (Kleinfingerseite oben) und schiebe mit beiden Händen die Pistole über den rechten Arm des Angreifers nach rechts (Mündung Richtung Bauch des Angreifers, Pistolen-Schlitten oben = Festhalte per Fingerhebel. Je nachdem, wie doll ich drücke, könnte sich der Angreifer mit seinem rechten Finger noch immer am Abzug nun selbst erschießen.

Angriff-Variante 2: von vorn zur Brust

Der Angreifer hält die Pistole in seiner rechten Hand und zielt damit von vorn auf meine **Brust** und sagt „Hände hoch!".

Schuss gedreht im Bogen / in der Waagerechten **nach hinten** (auf Bauchhöhe) **= Pistolen-Abwehr 4**

Nun lege ich meinen rechten Zeigefinger auf den rechten Finger des Angreifers, der sich am Abzug der Pistole befindet. Meinen linken Arm (meine Hand nicht) löse ich von seinem rechten Arm, drehe mich mit meinem(r) rechten Fuß/Schulter voran um 90 nach links vorn (Angesicht zu Angesicht / mein linker Fuß vorn, ich ziehe ihn nur ein kleines Stück zurück), drehe mit beiden Händen die rechte Hand des Angreifers in Normal-Stellung nach links und halte diese dann (rückwärts) vor meinen Bauch (Mündung der Pistole zur Brust des Angreifers, Schlitten oben). Mit meinem rechten Finger auf dem rechten Finger des Angreifers könnte ich den Schuss lösen.

Schuss gedreht im Bogen **nach hinten** und **Hand-Kipp-Hebel** (Handgelenk-Hebel 33b, im Bogen über seine rechte Ellenbeuge, ohne Kontakt, S. 31) **= Pistolen-Abwehr 5**

Nun löse ich meinen linken Arm (meine Hand nicht) vom rechten Arm des Angreifers, drehe mich mit meinem(r) rechten Fuß/Schulter voran um 90 nach links vorn (Angesicht zu Angesicht / mein linker Fuß vorn, ich ziehe ihn nur ein kleines Stück zurück), drehe mit beiden Händen die rechte Hand (Finger oben) des Angreifers mit der Pistole nach links oben (Lauf senkrecht) und weiter nach links zum Hand-Kipp-Hebel.

Pistolen-Flieger und Hand-Kipp-Hebel (Handgelenk-Hebel 33b, kleiner Bogen über seine rechte Ellenbeuge, ohne Kontakt) **= Pistolen-Abwehr 6**

Ich bleibe auf der Stelle stehen. Als leicht versetzte Scher-Bewegung blocke ich zuerst mit meiner linken Hand (-kante, Kleinfingerseite als leicht geöffnete Faust) von links außen die/den rechte(n) Hand (-rücken) des Angreifers und unmittelbar danach mit meiner rechten Hand (-kante, Kleinfingerseite als leicht geöffnete Faust) von rechts innen den rechten Unterarm des Angreifers (Innen-/Unterseite) des Angreifers kurz hinter seinem rechten Handgelenk. Weiter mit dem Hand-Kipphebel.

Arm-Brecher (über meine rechte Schulter) **= Pistolen-Abw. 7**

Ich nehme meine Arme angewinkelt nach oben, schiebe meinen rechten Fuß einen Schritt nach vorn, drehe meinen Oberkörper nach links, fasse mit meiner rechten Hand das rechte Handgelenk des Angreifers von innen unten (Zangen-Griff) und führe mit meiner linken Hand über den rechten Arm des Angreifers hinweg (von dessen Hand zu dessen Schulter) einen Faustschlag gegen sein Kinn aus. Auf meinem rechten Fußballen (Ferse voran) sowie mit meinem(r) linken Fuß/Schulter drehe ich mich nach links hinten (mein Rücken zu ihm, mein linker Fuß vorn), fasse mit meiner linken Hand sein rechtes Handgelenk von innen (die Finger meiner Hände oben, die Daumen unten), hebe mit beiden Händen den rechten Arm des Angreifers gestreckt (Ellenbogen unten) auf meine rechte Schulter und ziehe ihn dann ruckartig (Kontaktpunkt = Ellenbogen) nach unten. Mit meiner linken Hand (weil ich mit ihr in seine rechte Hand greifen kann), fasse ich von links (innen) die Pistole und schiebe diese nach vorn aus seiner rechten Hand, drehe mich mit meiner linken Schulter nach links hinten und führe mit links einen Ellenbogen-Empi rückwärts in seinen Bauch aus, drehe mich mit meinem(r) rechten Fuß/Schulter voran um 180 nach links vorn (Angesicht zu Angesicht), ziehe meinen linken Fuß zurück (gehe aus ihm heraus) und richte mit beiden Händen die Pistole auf den Angreifer.

Arm-Brecher (über meine rechte Schulter) und **Schlag mit dem Pistolen-Griff zum Kopf = Pistolen-Abwehr 8**

Wie Pistolen-Abwehr 7 bis: [...] und schiebe diese nach vorn aus seiner rechten Hand [...], dann weiter: drehe mich mit meinem(r) linken Fuß/Schulter voran um 90 Grad nach rechts, übergebe die Pistole an meine rechte Hand (fasse von oben / der Mündung her auf den Lauf). Im rechten Winkel mit meiner rechten Körperseite zum Angreifer stehend, schlage ich mit meiner rechten Hand den Pistolen-Griff gegen die rechte Kopfseite des Angreifers, drehe mich mit meinem(r) rechten Fuß/Schulter voran um 90 Grad nach rechts hinten (Angesicht zu Angesicht) und setze meinen rechten Fuß einen Schritt nach hinten.

Angriff-Variante 5: von links

Der Angreifer hält die Pistole in seiner rechten Hand und zielt damit von links auf meine linke Kopf-Seite.

Kehlkopf fassen = Pistolen-Abwehr 9

Ich beuge meinen Oberkörper leicht nach vorn (um aus dem Schuss-Feld zu kommen) und nehme gleichzeitig meine Hände nach oben (die linke schneller als die rechte), drehe dabei meinen Oberkörper nach links und fasse mit meiner linken Hand das rechte Handgelenk des Angreifers von innen (Innenseite, Zangen-Griff)), drücke den rechten Arm des Angreifers nach links außen und leite so einen möglichen

Schuss ab. Ich drehe mich auf der Stelle / meinem linken Fußballen nach links, setze meinen rechten Fuß in einer Linksdrehung einen Schritt auf den Angreifer zu und fasse mit meiner rechten Hand (Zangen-Griff) den Kehlkopf des Angreifers.

Ohr-Hörer links (linke Hand, rechtes Ohr) **/ Schulter-Rührer / „Mawashi-Hiza-Geri" / „O-Soto-Gari"** (andere Schlag-Abwehr 12, S. 201) **= Pistolen-Abwehr 10**

Angriff-Variante 3: von rechts sowie
Angriff-Variante 4: von hinten
Der Angreifer hält die Pistole in seiner rechten Hand und zielt damit von rechts auf meine rechte Kopf-Seite bzw. von hinten auf meinen Kopf.

Abweichung zur jeweils angegebenen Ursprungs-Technik ist, dass ich meinen rechten Fuß nach hinten schiebe und mit meinem(r) linken Fuß/Schulter voran eine anfängliche Drehung um 180 Grad bzw. 270 Grad nach rechts vorn zum Angreifer mache. Und auch hier mache ich während der Drehung eine Oberkörper-Welle, indem ich meine rechte Schulter nach unten und meine linke Schulter nach oben aus der Schusslinie nehme.

Schuss seitlich **"rücklings"** (Pistole 1, S. 249)) **= Pistole 11**

Finger-Hebel im Abzug-Schutz (Pistole waagerecht unter dem rechten Arm des Angreifers / Pistolen-Abwehr 2, S. 250) **= Pistole 12**

Finger-Hebel im Abzug-Schutz (Pistole in Normalstellung von links über dem rechten Arm des Angreifers / Pistolen-Abwehr 3, S. 250) **= Pistolen-Abwehr 13**

Schuss gedreht im Bogen **nach hinten** (Pistolen-Abwehr 4, S. 251) **= Pistolen-Abwehr 14**

Schuss gedreht im Bogen **nach hinten** und **Hand-Kipp-Hebel** (Pistolen-Abwehr 5, S. 251) **= Pistolen-Abwehr 15**

Kanu-Paddel (Fauststoß-Abwehr 1, S. 185) **= Pistolen-Abw. 16**

31. ABWEHREN GEGEN ANDERE WAFFEN

gelb 1 / orange 2 / grün 3 / blau 4 / violett 5 / 1.braun 6 / 2.braun 7 / 3.braun 8 / 1.Dan 9 / 2.Dan 10 / 3.Dan 11 / 4.Dan 12 **/ 5.Dan 13 Stück**

(Techniken aus Gründen der Wiedererkennung teils nicht umbenannt)

Angriff-Variante 1: Keule von oben
Der Angreifer hält eine Keule in seiner rechten Hand und kommt, diese über seinen Kopf erhoben, von vorn auf mich zu.

„Age Uke“ mit **rechts** (Stock-Abwehr 3, S.235) **= AgaWaffen 1**

„Age Uke“ mit **links** (Stock-Abwehr 4, S.235) **= AgaWaffen 2**

durch-die-Beine-Leiter (Abführ-Technik 20, S. 55) **= AgaWa3**

Oberschenkel-(Ver-)Stecher mit **Arm-Versteifer-(Rolle)** (Messer-Abwehr 16, S. 246) **= Abwehr gegen andere Waffen 4**

drauf treten bei Angriff mit Bo (Lang-Stock = 1,82 m) **= AgaWa5**
Ich weiche aus (nach links oder rechts) und sobald die Bo-Spitze den Boden berührt, trete ich auf den Bo (mit links oder rechts) und diesen dem Angreifer aus den Händen. Ich führe eine Schlag-Kombination aus.

Angriff-Variante 2: Handrücken-Schwinger mit Kette
Der Angreifer hält eine Kette in seiner rechten Hand und kommt mit dieser in einem Handrücken-Schwinger von seiner linken Schulter her. Der Angriff kommt für mich von rechts.

Abfedern und Kanu-Paddel (andere Schlag-Abwehr 15, S. 203) **= Abwehr gegen andere Waffen 6**

Handkanten-Block mit rechts / Rückwärts-Drehung nach rechts / Arm klemmen mit links / Stoppen und Gegen-Drehung mit Hand-Kipp-Hebel (andere Schlag-Abwehr 17, Seite 204) **= Abwehr gegen andere Waffen 7**

Angriff-Variante 3: **offener Schwinger** mit **Kette**
Der Angreifer hält mit rechts eine Kette und kommt in einem offenen Schwinger von seiner rechten Schulter. Der Angriff kommt von links.

Ohr-Hörer links / Schulter-Rührer / „Mawashi-Hiza-Geri" / „O-Soto-Gari" (andere Schlag-Abwehr 12, S. 201) **= AgaWa 8**

Hausmeister-Wurf 2.0 (Hüft-Wurf 4, S. 104) **= AgaWaffen 9**

S-Block links / gerader Faustschlag rechts zum Kinn (andere Schlag-Abwehr 11, S. 201) **= AgaWaffen 10**

S-Block links / Block mit rechts zum Schlüsselbein / Knie-Stoß mit rechts (Stock-Abwehr 10, Seite 236) **= AgaWaffen 11**

Scheren-Wagenheber (Schere 1, Seite 90) **= AgaWaffen 12**

Angriff-Variante 4: **Angriff mit einer Flasche zum Bauch**
Der Angreifer hält mit seiner rechten Hand den Flaschen-Hals und führt die Flasche mit dem abgeschlagenen Boden voran gerade auf mich zu.

Messer-Flieger mit Hand-Kipp-Hebel (Stock-Abwehr 19, Seite 239) **= Abwehr gegen andere Waffen 13**

Angriff-Variante 5: **Angriff mit einer Flasche zum Hals**
Der Angreifer hält mit seiner rechten Hand den Flaschen-Hals und führt die Flasche mit dem abgeschlagenen Boden voran zu meinem Hals.

Hals-Stecher (Messer-Abwehr 10, S. 242) **= AgaWaffen 14**

Hals-Aufschlitzer (Messer-Abwehr 13, S. 244) = **AgaWaffen 15**

Gesicht-Schlag und „Age Uke" mit **rechts** (Messer-Abwehr 14, S. 245) **= Abwehr gegen andere Waffen 16**

Handkanten-Schlag mit rechts (Daumenseite) **in Oberkörper-Beuge mit Arm-Schieber mit links und Knie-Dreher** (andere Schlag-Abwehr 14, Seite 202) **= Abwehr gegen and. Waffen 17**

X SCHLUSSWORT

Geschafft. Die (erneut) unzähligen Stunden vor`m Rechner haben ein Ende. Mir ist bewusst, dass es schwere Kost ist und dem Leser viel abverlangt wird. Aber: „Es ist (auch) noch kein Meister vom Himmel gefallen." Ich habe Eselsbrücken eingebaut und auch die Art zu beschreiben (wieder) umgestellt, weil ich durch mein intensives Studium ein anderes Verständnis für die Techniken entwickelt habe. Ich bedanke mich einerseits für das Interesse am Domrös-Style des Jiu Jitsu und andererseits meinem Großmeister Norbert Domrös von Herzen für die Vermittlung seines Lebenswerkes. Wem Fehler auffallen, der möge mir diese verzeihen! Denn dieses Buch entstand (das Warum steht im Vorwort) zusätzlich zu meiner beruflichen Tätigkeit (und ich bin kein Autor), neben allen sonstigen Verpflichtungen und basiert zu einem Großteil auf rein geistiger Arbeit, weil ich nur bei meinen Aufenthalten in der Shitaya-Sportschule unter professioneller Anleitung trainieren kann. Deshalb rate ich allen Interessierten mit räumlicher Nähe zur Shitaya-Sportschule: Nutzt diese Chance und die noch größere Ehre, persönlich von einem Großmeister unterrichtet zu werden. All Diejenigen, die diese Chance nicht haben, beneiden Euch darum, ich eingeschlossen!

Im gleichen Verlag erschienen ist folgender Roman des Autors:
Titel „Noch Namenlos“
Was sonst eher eine Mutter tut, tut hier ein Vater. Er macht sich Gedanken um ungeborenes Leben, über die wohl längste Reise, die ein Kind jemals allein unternehmen wird. Über neun Monate hinweg lässt er diejenige Eizelle Woche für Woche die Geschichte ihrer Schwangerschaft erzählen, die mit der Geburt seines ersten Kindes seinen Höhepunkt erfährt.

Und demnächst erscheinen wird folgender Roman des Autors:
„Geboren im Wartheland"
Die Geschichte einer Familie, erzählt aus der Perspektive verschiedener Mitglieder. Sie beginnt Anfang des 20. Jahrhunderts in einer deutschen Provinz inmitten Polens und führt über Flucht, Gefangenschaft, Zwangsarbeit in eine neue Heimat an unterschiedlichen Orten in Deutschland. Weil nie wirklich darüber gesprochen wurde, deshalb habe ich versucht, das Leben meiner Vorfahren aus dem wenig Überlieferten zu rekonstruieren, Lücken sinnvoll zu schließen und damit eine Geschichte zu haben, an die er glauben kann, dass es so gewesen sein könnte. Denn die Chance, jemals noch etwas darüber erfahren zu können, die gibt es nicht mehr. Leider.

Impressum

Umschlaggestaltung: Harald Rockstuhl, Bad Langensalza

Titelbild: Norbert Dömrös, Privatsammlung

Umschlagrückseitenfoto: Norbert Dömrös, Privatsammlung

Die 1. Auflage erschien 2012 mit der ISBN 978-3-86777-475-8.

2. bearbeitete und erweiterte Auflage 2022
ISBN 978-3-95966-658-9

Satz und Layout: Thomas Schött

Druck und Bindearbeiten erfolgten in Deutschland

Gedruckt auf alterungsbeständigem Papier nach ISO 9706

Die Deutsche Nationalbibliothek verzeichnet diese Publikation in der Deutschen Nationalbibliografie. Detaillierte bibliografische Daten sind im Internet über *http://dnb.d-nb.de* abrufbar.

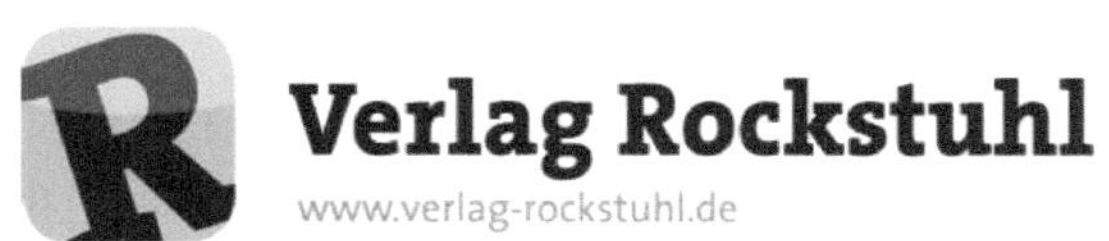

Inhaber: Harald Rockstuhl
Mitglied des Börsenvereins des Deutschen Buchhandels e.V.
Lange Brüdergasse 12 in D-99947 Bad Langensalza/Thüringen
Telefon: 03603 / 81 22 46 Telefax: 03603 / 81 22 47
www.verlag-rockstuhl.de